沈渭滨先生纪念文集

《沈渭滨文集》编委会 编

上海人民出版社

《沈渭滨文集》编委会

沈渭滨（1937–2015）

20 世纪 80 年代七宝镇浴堂街书房

1954 年 10 月 6 日入伍后

1954 年荣获三等功勋章

1961 年上海师范学院毕业留影

“文化大革命”期间于上海市七宝中学任教时留影

与七宝中学 1968 届高中学生合影

1960 年沈渭滨、汤先华结婚照

2015 年 3 月 5 日夫人汤先华生日，两人最后一张合影

1968 年与子女合影

1988 年在长女家合影

20 世纪 60 年代七宝镇沟水弄卧室兼书房

20 世纪 90 年代七宝镇宝隆新村书房

政治
女强人
慈禧
道光十九年
—从禁烟到战争
迄今首部鸦片战争前史专著
近代
JINDAI
中国历史大事年表
沈渭滨 主编
上海辞书出版社
晚清女主
曾经沧海
CENG JING CANG HAI
中国当代史问答
一百题
历史百题丛书
沈渭滨 主编
困厄中的近代化
蒋廷黻著
《中国近代史》导读
东京大学法政系博士研究生必读书
天国寻踪
太平天国一百问
中国近代史
張謇存稿
孙中山与辛亥革命
孙中山与辛亥革命
孙中山与辛亥革命
沈渭滨
姜鸣
阿拉上海人——
一种文化社会学的观察
上海谭
复旦大学出版社
洪仁玕
上海人民出版社

沈渭滨部分著作

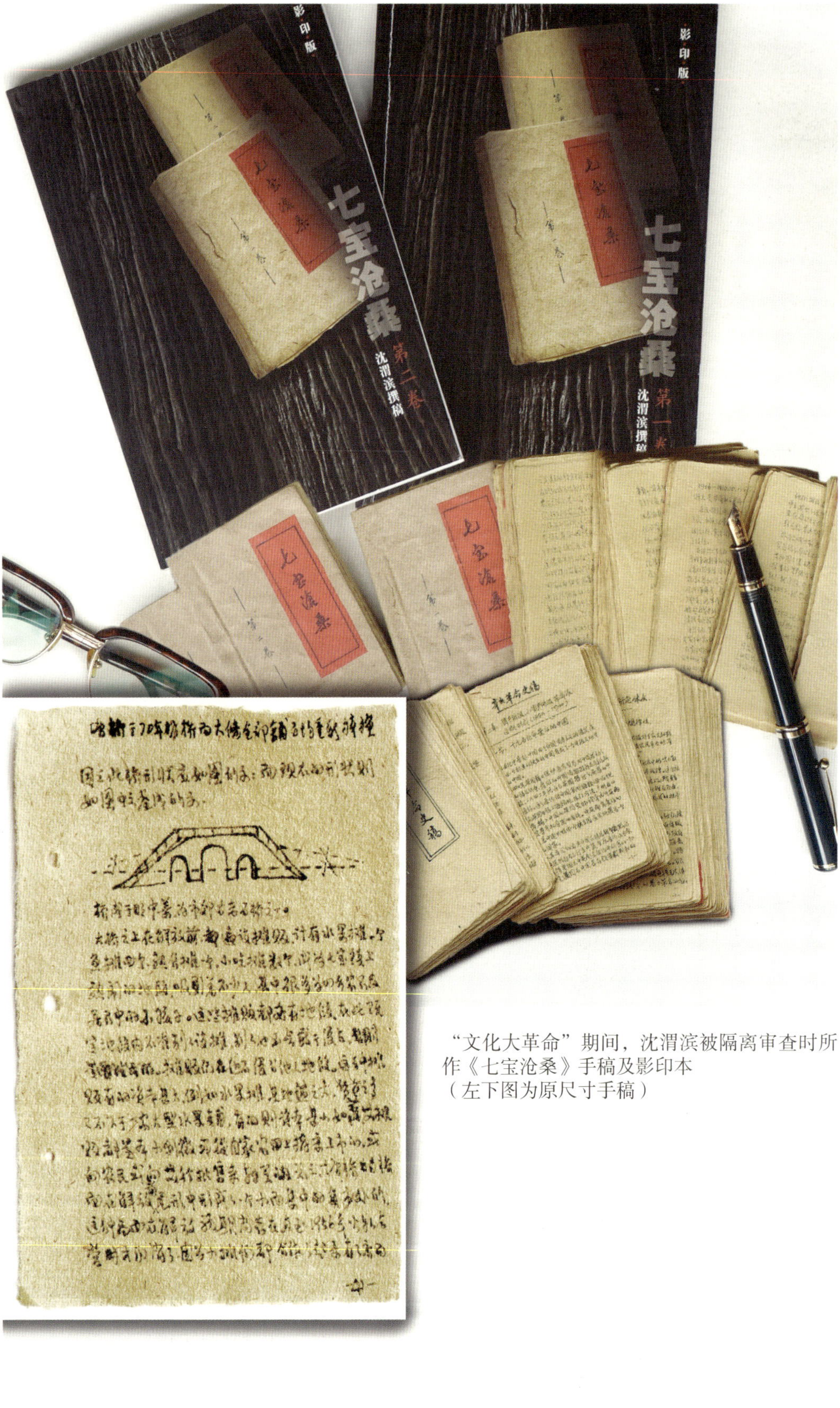

“文化大革命”期间，沈渭滨被隔离审查时所作《七宝沧桑》手稿及影印本
（左下图为原尺寸手稿）

沈渭滨部分工作日记及退休日记

部分报刊专访沈渭滨的报道

《新华文摘》《历史研究》刊载的沈渭滨部分论文

20 世纪 80 年代于延安革命纪念馆前留影

1996 年广州翠宁宾馆孙中山塑像前留影

绍兴鲁迅纪念馆留影

蒋介石温泉别墅留影

1996 年澳大利亚墨尔本留影

1998 年日本东京留影

"租界与近代中国社会讨论会"合影，第三排左六为沈渭滨

沈渭滨在上海电视台艺术人文频道"世说新语"栏目中主讲《揭秘慈禧真相 · 慈安之死》

沈渭滨任大型历史记录片
《大辛亥》策划、顾问

2003 年在“上海开埠 160 周年国际学术讨论会”上作报告

沈渭滨去世后学生自发在复旦大学校园内挂出的
悼念横幅及千纸鹤

目录

一、生平小传

二、朋辈之间

三、师恩道义

四、七宝乡情

五、学术追述

六、亲情追念

七、大事年表

后　记

序一

我尊重的老师和挚友

——怀念沈渭滨先生

沈渭滨先生是我尊重的老师和挚友。我是1993年到复旦大学文博系任教以后认识他的，当时文博系与历史系同属文博学院，我们是同事。第一次见到他，好像是在他的教研室闲聊，他十分健谈，神采飞扬，给我留下深刻印象。

后来我申请加入中国民主促进会，他还很高兴地向我表示支持，这时才知道他是民进会员。1995年以后，我开始参加复旦民进支部的组织生活，与他有了更多的交往。凡是他来参加活动，气氛一定热烈。他知识渊博，思维敏捷，观点鲜明，富有理性。他平易近人，热情待人，没有架子。大家都喜欢听他发言、与他交流。

他知道学院需要创收，就请已经在当企业家的学生，向学院提供一个设计项目，王立诚兄和我为此赶到他位于七宝镇的府上，这是一幢两层楼的旧式住宅，坡顶木窗，靠窗是大书桌，室内整洁干净，可见主人的讲究。他领我们去洽谈，一路上随处都有他的学生或朋友，都很热情而又礼貌地向他问好，可见他在当地的人缘和声望。

他退休以后，我很少与他联系和见面，但时常惦记他。在他去世前大概1个月，民进复旦支部老主委、中文系吴立昌教授发来邮件，约了支部的几位老会员及家属去七宝古镇相聚，并想请沈渭滨先生预订好午餐的地方。复华公司的戚进勤教授、新闻学院的张骏德教授、国际文化交流学院的竺老师及我都参加了。临出发时，张骏德教授说，沈渭滨先生联系不上，他夫人说他在医院治疗，但没细说病情。我们到他府上了解情况，才知道他这几年健康状况并不稳定，几次住院治疗，但他都很坚强和开朗，还在坚持研究，甚至还在住院时抽烟。这次查出肝肿瘤，在中山医院的重症监护室，病情很不乐观，家属不能接触，只能隔着小窗看看。他觉得不自由，很孤独，又很无奈，显得焦虑苦闷。我们听了心情也很沉重，只能祈祷他能挺过来。不久就接到他去世的噩耗，不胜悲痛。

在追悼会上，从大家的致辞中，我得知了他更多的事迹，包括他对爱人和子女、学生和朋友的情谊和帮助，他对七宝和复旦、教育和学术的付出和贡献，深受教育，加深了对他的了解和敬重。他一生执著追求，事业上勤勉而严谨地探索真谛，所以取得了丰硕的成果，生活中热情而规矩地增进情谊，所以得到了众人的敬重。作为民进会员和复旦同事，我为有这样的前辈而感到骄傲。

沈渭滨先生的生平事迹很丰富，学术成就也很丰富。我期待着从汇编的纪念文集中了解他更多的事迹和成就，而我能记述的，仅仅是一些他与民进有关的、非学术性的情况，以此表达对他的感佩和怀念之情，也是我的责任。如果这篇怀念文章被排在文集中“序”的位置，那是我们民进成员受到礼遇，我实在不敢当，并深表感谢。

蔡达峰

（蔡达峰　复旦大学文博系教授，民进中央副主席、上海市委主委）

序二

沈老师和他的故里七宝古镇

沈渭滨老师去世已快一年，我们常念起他。他是大学里的一名教授，我们七宝人更多地把他看作“老七宝”，而经常谈起他。

沈老师是七宝人，生于斯，长于斯，又终老于斯。七宝文化滋养了他，他又为丰富多彩的七宝文化添上重彩。

七宝是一个有着一千多年历史的上海古镇。今天上海近郊古镇绝大多数被历史湮灭，唯七宝还是生气勃勃，这是一个值得探讨的话题。原因很多，依我看，七宝古镇历尽劫难而不灭，主要还是连绵不断的文化传承所致。

七宝作为一个古镇，自然有它与上海其他古镇许多相同的地方，但也显示了其特质，经历历史的洗刷，积累了多元的文化层，加上独特的地理位置，形成了独树一帜的七宝文化。

这里产生过许多美丽的传说。“七宝，七宝”，连这个地名，民间的说法也是因于传说的七件宝，每件宝还附着不止一个故事，虚虚实实，有异想天开之功。这些传说，包括哪几件“七宝”，几乎代代有代代的说法，人人有人人的谈法，而都那么富有色彩，以致有文献记载的地名由来反而不彰。大家宁可认传说，而不认字字确凿的文献，七宝人个个是创造者。这是七宝文化的熠熠之光。

七宝又是创新无穷、名物迭出的地方。许多在上海市郊常见的东西，在这里都变成了有名堂的物产，再加上“七宝”的大名，就名闻沪上。一种土布、一种甜瓜、一种白酒，就变成了名布七宝尖、名瓜七宝黄金瓜、名酒七宝大曲。江南常见的湖羊肉，到了七宝，就是江南名肴七宝白切羊肉。哪怕是一枚小小的秋虫，只是明代宫廷的孑遗，而在七宝这个地方能孳生为名蟋蟀铁砂青，力克群虫，无敌天下。

千年雨露滋润，七宝蔚为艺术之乡，百工名家辈出。清末浙江海宁皮影，到了七宝面貌一新，以其清亮的乡音，成为上海皮影的百家之宗。七宝茶馆百年不绝的琤琤弦声，永远是上海评弹演艺的一个重要标杆。宋元间有大家赵孟頫盘桓于郡东第一刹七宝教寺，留下清永的诗句。明一代画家金铉，画作高逸冲淡，清帝乾隆好而摹之。徐三重的《采芹录》，备及儒释道之义和士大夫、乡民的处世之道，堪比《菜根谭》，为清代《四库全书》所集。民国外交家张维城力排日本反华阴谋，维护中国权益，表现了高扬的民族气节和折冲樽俎的智慧。生物学家宋时杰，缔造南京中山陵的绿化，是南京绿化的先驱，开创国内成功移栽常绿大树之先例。雕塑家张充仁脚踏东西文化两头船，奠基了中国现代雕塑艺术。

七宝又是一个市井气十足的古镇。在如此逼仄的“三尺地面”里，大家做生意讨生活，养儿育女，有算计，也有凡事退一步的宽容，和平相处。人人深谙生存之道，趋利避害；又懂得万事如何拿捏，做事不出格。

沈老师就是七宝文化的产物，他在这种环境中长大，饱受七宝文化的营养。他又是七宝文化的添砖加瓦者，对七宝来说，沈老师是当代七宝文化最具象征意义的标杆。

沈老师是继张充仁之后，又一个七宝文化的代表人物，其卓越的中国近代史研究成就，是七宝文化的又一高峰。他续燃了七宝文化的香火，如果没有他，当代七宝文化将出现一个极大的空白。一个地方的历史，如要为人称道，除了重大历史事件的发生、文物典章的生成，更重要的是精英人物的出现。这个道理放在任何地方都能说得过去。沈老师的学术成就为世所公认，但和许多名家不同的是他终生生活在故里，其众多的学术成果产生于七宝这个地方，更凸显了七宝的地方文化意义，也更彰显了沈老师作为七宝人的文化价值。近二三十年来，许多人为探视沈老师，或与他切磋学术，从全国各地或上海其他地区赶到七宝来，七宝这个地名就和沈老师连在一起，许多人称他为七宝沈渭滨。对七宝的认知，或许就是这样先从沈老师开始。当这些朋友风尘仆仆走下车，走进七宝南北大街，再拐弯进小巷到沈家，实际上已先领略了这个古镇的江南水乡风光，最终把沈老师和七宝古镇混为一体。而沈老师在电视台，用夹杂七宝口音的普通话说慈禧，讲光绪，七宝人多少有点得意。大家不会把他当大学教授在做节目，首先是看作七宝人在电视台讲中国的历史。

沈老师在七宝的文化意义，还在于他长期在故里的七宝中学教书，培养了一大批学生，为七宝中学发展成为上海名校，贡献了力量。沈老师当了复旦教授，在学术界很有名声后，也从不讳言其在七宝中学教书的经历。确实，这是他生命中的重要阶段。1961 年他大学毕业后到七宝中学，正是七宝中学从一个普通的完中向市重点中学转换的时期。他带着刚在重要学术期刊《学术月刊》发表的处女作，带着对教师生活的期待，进了这样一个在上海市郊排得上号的中学堂，七宝中学为他提供了一个不同于一般中学的舞台。同时，他的到来，为本来师资力量就非常雄厚的学校，带来了新鲜空气，活跃了一般中学少见的学术气氛，促使七宝中学的师资队伍向更高目标发展，使得当时的大批农村学生有幸能得到在全上海也数得上的优质教育。在七宝中学，他和其他老师一起培育了一大批农村学生，他们不少人后来成为七宝地区各项事业的骨干，还出现了一批学有专长的各种人才。通过五十多年的努力，地处市郊的七宝中学终于发展成上海中学中的名校。七宝中学能有今天，因素有多方面，学校前期打下的扎实基础，以及像沈老师这样的优秀教师，努力形成的学校传统和校风，不可抹煞。正是包括沈老师在内的全体教师晨钟暮鼓般的锲而不舍，七宝中学才修成正果。七宝中学的成功，对七宝来说意义非同一般，七宝中学，再加上古镇，七宝有了两个展示深厚文化积淀的坐标。

沈老师生活在故里，对故里的建设自然也是关心多多。20 世纪 90 年代，在经济大潮中，出现七宝古镇拆除与保留之争。古镇经历了一千多年，到了存亡的关键时刻。现在回头看，这种争议归根结底还是历史文化的自信力。最后是七宝人几乎是众口一词的保留，从乡情、历史传统的制高点保全了古镇。这是一次民间力量自发对地方文化的捍卫，有各色各样的人参与其中，沈老师自然也是其中一位。他对要拆除古镇的做法斥之为“岂有此理”。作为精英分子的一个代表，其鼓动性和讲话的分量自不待说。2000 年，七宝古镇在争罢拆与不拆之后，终于进入修复改造。在修复过程中，区、镇领导再三强调挖掘七宝的历史文化，由此成立七宝老街修复文化顾问小组，沈老师是小组成员中唯一的教授，他是小组里的定海神针。每周一次例会必到，他赞赏老街的修复思路，但非常不满古镇标志性古建筑塘桥的修复，认为这是亵渎文物，破坏了明代桥梁的结构，还一直追问换下来的旧桥石去了哪里。对文化顾问小组提出的设立张充仁纪念馆的建议，沈老师当场提出时不我待，趁热打铁，赶快写报告给领导。事后沈老师对此事感到非常快慰，认为这是文化顾问小组的一大贡献。确实，张充仁纪念馆建成后成为上海一个重要的人物馆，七宝古镇的一个主要标志。后来，他当仁不让，撰写了记录这次古镇修复改造过程的两块重要碑记《修葺七宝老街碑记》和《蒲汇塘桥重修记》。在古镇修复过程中，还发生了一桩有意思的事。有人掮着领导的牌头，以策划编辑七宝古镇旅游书来七宝招摇撞骗。沈老师和其他小组成员戳穿了这个把戏，予以迎头痛击。事后沈老师感到无比痛快。沈老师长期关心地方文史，在他年轻时，就写过不少与七宝有关的文章。2006年《七宝镇志》开始编纂，他以极大的热情支持这项工作。虽然他不直接参与镇志的编纂，但凡纲目制订、评稿、审稿，均参与其中，使得志书有较高的水准。

沈老师对七宝的建设满腔热情，总抱着建设性的态度，有时在公开场合讲的话，让领导有些尴尬，但我们总能感到他讲话的热度。20世纪90年代，七宝老街周边地区建设热火朝天，但老街仍无卫生设施，电话通讯落后，商业凋敝，死气沉沉。沈老师不止一次向镇领导提出尖锐批评。但当老街修复改造后面貌一新，一个市里的权威不明实际情况，说了些不负责任的话，沈老师站出来帮老街的修复改造工作说话。这些看似前后矛盾的态度，其实质都是出于对故里的爱。

作为一个大学教授，一直生活在故里，生活在老街，这是非常难能可贵的。他名声很大，收入不菲，小辈也有出息，从经济上来说，他是有条件迁出老街，住到较高档的住宅区去。但他一直未迁出，从北大街→沟水弄→浴堂街李家房子→宝隆新村，转来转去，未出老街范围。我想，沈老师已是从血液里就习惯于老街的味道，喜欢碰到老街里的左邻右舍的老熟人，更愿意听到或在乎人家叫他一声“沈老师”。但对我们七宝来说，有这样的老人住在老街里，七宝文化的根还未动摇。

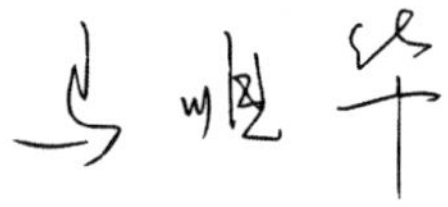

（马顺华　七宝镇党委书记）

一、生平小传

半世坎坷皆为字，一生惬意是文章

——沈渭滨先生传

先生生于战乱，与当代中国历史相沉浮，早年生活就非事事如愿，年轻的画家梦想破灭后，立志从事历史学研究，因此在中学政治教师职业之余，下苦功在史学园地辛勤耕耘。先生本性善良、性格倔强，虽长期接受爱国主义教育，从小追求进步，但在风云变幻的政治强力面前，完全不能自主，被政治运动所挟裹。就在这个过程中，陷入被隔离、批斗、审查、检讨的漩涡。无论先生遭受何种磨难，他都未曾忘记他的学术王国，借书、买书、读书，将不断的思索行诸文字，这不仅帮助他度过艰难岁月，也凝练了文字，加深了对现实与历史的认知，砥砺了思想。经受政治洗礼后，先生对历史的认知更为深入、透彻，在40岁之后，突破所受阶级斗争的史学教育的藩篱，思考、求索，愈老弥坚，终成中国近代史研究的一代名家。

一

1937年6月23日，先生生于上海县七宝镇北大街22号。家无房产田地，自祖父起即依靠经营糊子店过活，传至父辈改营饭馆业，名沈宏兴饭馆，响油鳝丝是其招牌。父亲沈士良，生于1907年，身材甚高，敦厚老实，曾上私塾，书法极好，以道士为业。七宝道士属正一派，行法诵经，讲究吹、敲、写、念、弹、唱六字诀，均通书法音律、纪年历法。母亲冯秀珍，生于1908年，精明能干，性格豪爽，在家经营菜馆，是家里的顶梁柱。先生无论是身材、面貌，还是性格、动作都酷似母亲。

先生出生时，家里已有两个姐姐，大姐已11岁。因此，他的降临对这个小家庭来说，可谓大好的喜事。先生出生仅一个多月，上海“八一三”抗战烽烟即起。不久，日本帝国主义的铁蹄踏进上海，七宝成为沦陷区。如此境况下，家里生活可想而知。靠父亲为人做法事、母亲经营所得，小家庭生活还过得去。父母也非常重视对先生的培养，父亲从小监督先生习字，激发了先生对绘画的兴趣与爱好。母亲从小注重先生的衣着（主要是整洁）仪表，待人接物的礼仪。

1944年，汪伪政权已摇摇欲坠，先生7周岁，到了入学年龄。9月进七宝明强国民学校读小学。学校由七宝乡绅1905年创设，原名明强学堂，曾先后改名明强两等公学、七宝小学、七宝中心国民学校等，是七宝地区最为有名的小学。小学期间，先生善于思考，上课积极发言，各门功课都很优秀，并表现出书法、绘画才能，极受书法很好的语文老师张赞虞喜爱。先生生性安静，当其他小朋友热衷于各种儿童游戏和玩耍时，他却喜欢安静地读书，流连于隔壁泰源祥南货店包东西的旧书报，也常常光顾小人书摊头，当然更喜欢临摹小人书上的人物画像。先生从不打人骂人，凡事爱讲道理，口才极好，曾参加以“礼义廉耻”为题的演讲比赛。

这期间，外面的世界发生了巨变。抗战胜利，国民政府复员，内战旋即爆发。1949年5月，上海解放，上海市人民政府建立。学校也有了新的变化，先生参加了少先队，并担任过中队长。1950年5月，为纪念上海解放一周年，学校组织绕镇游行，先生男扮女装扭秧歌（因个头小，学校女生少）。7月，小学毕业，考取上海市农业职业学校普通科。

农业职业学校由七宝乡绅创建于1947年，隶属上海市教育局，分畜牧科、农科和普通科，畜牧科、农科为中等专修科，普通科为初级中学。初中期间深受美术、音乐教员、少先队校辅导员王瑜影响，对绘画产生浓厚兴趣，技艺大有长进，曾负责校墙报美术。王瑜时尚帅气，特别在一二年级期间对先生思想与成长影响甚大。1953年3月，由校少先队推荐，先生加入青年团，并任小组长、支部委员。

是年7月，先生初中毕业。为实现绘画理想，他既没有像其他同学报考普通高中，更没有如大多数同学报考普通中专，而是报考行知艺术师范学校美术专业。该校前身为1939年陶行知所创行知艺术学校，1951年6月改名，是当时上海地区非常有名的艺术学校。结果未被录取，失学在家。先生一贯要强，眼见同学们纷纷上学，很是苦闷。11月，经学校和市郊团委的介绍，参军成为志愿兵，前往福建龙岩福建军区干部文化学校文教队当学员，开始了军旅生涯，时年仅16岁。

军队是个大课堂，在文教队学习3个月后，1954年1月，先生担任军区干部文化学校见习教员。10月转任学校干部处缮写员。当年，因工作积极，经军区党委批准，荣立三等功。其间，业余时间外出写生，喜欢速写、素描、水彩、水粉和油画；与战友刘远

“因在美术爱好的一致”而交好，他帮助先生“分析一些问题”，提高了先生的“思想觉悟”；结识龙岩地方青年画友谢耀承。后虽相隔千里，但先生与他们的友谊却自始至终。①

1957 年服役中于福州西湖公园写生

1956 年 1 月，先生被调往福州福建军区干部队，曾任干部队档案员。10 月调任军区工程兵司令部设计科绘图员。其间曾任福州军区报社驻军区首届体育文化大会特约记者，并于 1956 年 7 月在《福州日报》发表《民间艺术的广阔前途》，是为先生第一篇见诸报刊的文章。

在部队四年，先生进步不小，不仅荣立三等功，而且从龙岩调到福州，做绘图员，当记者，作为一名军人经历可谓丰富，其文学才情与绘画本领也得到了相当程度的发抒。但他并不满足“小富即安”的状态，对知识的渴求与对自我提升的要求，使他当听闻原来的初中同学高中毕业纷纷考取大学以后，立刻心生复员考大学的愿望。向部队提出申请，未获批准。1957 年 5 月，转任军区训练大队六中队学员。再次申请复员，终获批准，回家

① 刘远 1956 年复员，在龙岩专署文化科工作，与先生一直保持联系。谢耀承后成为著名画家，尤擅土楼山水，被誉为“谢土楼”。2013 年，曾赠送先生由吴伯雄题签的《谢土楼画册》。

1954 年荣获三等功勋章

复习高考。

先报考中央美术学院华东分院（今中国美术学院），体检结果色弱，画家理想彻底破灭。但先生终不能忘情于绘画，立意研究美术史。以调干生名义考入上海第一师范学院历史系。可学校历史系没有美术史专业，曾想转系或转学校，自然都没有结果，最终只得安心于历史系。慢慢地，先生发现了历史的魅力，产生了兴趣，并决心走历史研究的学术道路，一旦确定就“紧咬不放”。

上海第一师范学院前身为1954年成立的上海师范专科学校，1956年分为第一师范学院（文科）和第二师范学院（理工科）。第一师范学院校址明晏路，第二师范学院校址桂林路。1958年两校合并为上海师范学院，校址桂林路。从明晏路搬到桂林路，对先生而言，离家更近了。读书期间，先生与同学和睦相处，并赢得“小老”的尊号。“小”指他个子不高也不胖，“老”讲他比较成熟，特别是学习好，被同学看作“小先生”、“不是助教的助教”。他课余阅读不少马列著作，回答问题往往引经据典，马克思怎么说，列宁怎么说，毛泽东怎么说。有老师课堂提问时竟不叫他名字，径直说“马列主义起来讲一讲”。

1958 年与上海师范学院部分同学合影（右一为沈渭滨）

虽不能专门研究美术史，但唐代是中国美术发展的关键朝代，因此先生最初立志研究唐史。后来，他认识到中国近代史更接近现实，现实生活中的许多因素都可以从中探寻到源头。中国近代史不仅是中华民族深受列强侵伐、不断下沉的屈辱史，也是中华民族长期抗争不断上升、从王朝专制走向民主共和的奋进史，更是中国从传统农业国向现代工业国转型的关键起步时期。先生这种选择与转变，除寻找现实的历史之因外，还有从近代纷繁复杂的历史演化中寻找“治世良方”的考虑，显示了先生“以史经世”的关怀。在这个转变过程中，著名历史学家、中国会党史研究的奠基人魏建猷先生对他影响甚大。魏先生建议他从事辛亥革命史研究，因为“近代史上所有发生的大事都可以在辛亥革命中得到体现和引申”。可见先生从事学术研究起步就得到名师指导，选定了一个具有广阔发展前景，且可上溯和下延的研究领域，为他后来学术研究领域的不断拓展奠定了基础。

因学习成绩突出，1960 年 6 月，与 8 位同学一道被学校派到上海社会科学院历史研究所实习，参加编写《上海人民革命斗争史》。在研究所一年，先生思想活跃，经常向汤志钧等老一辈请教，与吴乾兑等同辈交好，互相砥砺，讨论学术，引起了汤先生的瞩目，“总是尽所能相告”。可以说，在历史所一年的实习，具体参与学术研究，大大提升了先生学术研究的能力，极大地影响了他未来的学术道路。他自己也总结说：“一年来，不仅获得了许多知识，发表了学术论文，而且学到了一整套科研方法，提高了独立工作能力。科研中能踏实地从资料入手，从大量资料中初步形成了对辛亥革命在上海的各个问题的看法。”

1961 年 4 月，先生第一篇学术论文《试论辛亥革命时期的社会主要矛盾——与夏东元先生商榷》在《学术月刊》发表。先生第一篇学术论文就进入辛亥革命研究的前沿，抓住问题的本质，对已有研究提出商榷，鲜明地亮出自己的观点，显示出缜密的思考与思辨的才能。《学术月刊》是当时全国除《历史研究》外最好的刊载历史论文的刊物，对一个在校大四学生而言，在该等刊物发表文章的难度可想而知。在同学中第一个发表学术论文，不仅在同学中激起反响，对他自己影响也很大。几十年后，先生回忆起仍有些激动：“当自己手写的字变成铅字的时候，激动的心情可想而知。……这篇文章的发表对我是一个非常大的推动。”论文的发表，更坚定了先生从事历史研究的决心。

大学期间，先生不仅获得了学识，选定了未来的学术道路，也收获了爱情。一开学就结识了绘画世家出身的同学汤先华，并一同成为校学生社团美术组成员（先生后来担任组长）。汤老师父亲汤寅，出身江苏武进大族，是清代著名书画家汤贻汾后裔，上海文史馆第一批馆员。先生与汤老师在共同的学习、美术活动中逐步加深了解，确定恋爱关系，并于 1960 年 1 月结婚。两人互敬互爱，长相厮守，“度过了欢乐浪漫的青春期，经历了十年‘文革’时期的风雨，体会了生死与共的患难”。

大学毕业后，先生与汤老师一同被分配到由上海市和上海县共管的七宝中学，担任高中专职政治课老师。七宝中学为先生母校七宝农校初中部与南洋模范七宝分校于 1956 年合组而成，1961 年成为上海市重点中学。在学校，先生无论是担任班主任还是教学都极其认真出色，将学生都不太喜欢的政治课讲得风生水起，得到学生们的喜爱和尊敬。曾与学生王孝俭、沈燧清、冯纪康等展开“历史到底是谁创造的”讨论，激发了学生的热情，活跃了学校的氛围，影响甚大。1965 年印度尼西亚发生“九三〇”政变后，先生在学校大礼堂举行关于这次政变的讲座，并回答同学们的提问，其阵势如同召开新闻记者招待会。王孝俭回忆说：

> 现在想来，按照当时肃杀的政治气氛，这样的事不要说一个中学了，即便是北大、复旦恐怕也不宜做。沈先生穿着洗白了的蓝卡其中山装，左胸别着校徽，滔滔不绝，讲了政变前和政变中的印尼形势及今后走向。

当时国家正号召青年奔赴新疆，支援边疆建设。青年们热血沸腾，自告奋勇响应党的召唤。家长们毕竟有经验，深知此行的艰苦与艰难，许多人并不认同孩子们的冲动。先生乃与同事王根寿、陈佐鼎等共同编导一部独幕话剧《补课》，批评“落后”的家长，讴歌“进步”的青年。话剧大意是高中毕业生顾松松和华玉芳积极响应党的号召，报名参加边疆建设。华玉芳得到其作为老工人父亲华友德的同意，顾松松却遭到了其作为中学教师的父亲顾志及的反对。顾妈以新旧社会对比帮助女儿说服丈夫，华友德也以老邻居友谊劝导顾志及，使他提高了认识，同意了女儿的选择。这时顾志及想起华玉芳请他补讲关于新疆地理课的事情，怀着惭愧的心情向老工人说：“谢谢你这位老师给我补了一课。”今天看，完全是紧跟风潮的意识形态化的创作宣传，而且工人一定是进步的，知识分子一定是落后的。这一方面反映了先生与七宝中学老师们关心国家大事，积极投入国家建设的姿态，更展示二十多岁的青年知识分子多方面的才华。话剧于 1963

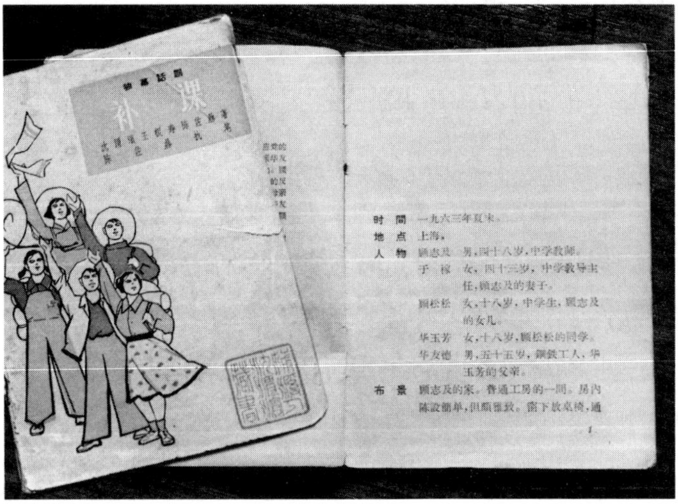

《补课》剧本

年冬参加了在市工人文化宫举行的上海市教育系统汇演，获得一等奖，先生不仅是编剧之一，而且担任化妆、布景。《补课》后曾由上海电影剧团演出，上海广播电台广播。第二年4月上海文艺出版社以“群众演唱小丛书”出版，反响甚大，6月就第2次印刷。

1961年于上海市七宝中学任教时留影

更为重要的是，在繁重的教学、班主任工作之余，先生从未忘记他的学术理想。“哪怕工作再忙，我总要抽空看自己的专业书。中学里我一直担任高中班主任，每天晚上陪学生上完晚自习，安排学生关灯休息后，才回家，接着再坚持看三小时的专业书籍，做了大量笔记”。这样下“狠工夫”，几乎没有一天在晚上十一二点钟之前睡觉。长期的努力，先生取得了成果，从中享受到了学术的愉悦与满足。1963年8月在《江海学刊》发表《论同盟会中部总会的成立》，指出同盟会中部总会虽然是一个革命性组织，对革命有客观的促进作用，但不可否认宋教仁、谭人凤等人创设该会主观上有对抗孙中山的意图，是“分裂同盟会的一种恶劣行为”。这一论点引起学界广泛关注，影响甚大，论文后曾收入辛亥革命史研究会编《辛亥革命史论文选（1949—1979）》、林增平等编《辛亥革命》（中国专题史研究丛书）等。该文同样显露出先生注重思辨的史学研究特色。1965年与同学冯元魁、李茂高合作在《历史研究》发表《论“防鬼反为先”——驳李秀成问题讨论中的几种论调》；与同事章培昌合作在《文汇报》发表《论农民政权的两重性及其转化变质的问题》。为了进一步提升自己的学术研究能力与水平，先生也准备报考史学方面的研究生，这使学生们“大开眼界”。因那时读完大学本科参加工作后还渴望继续读书，更上一层楼者实在稀少，学生们对他更加尊敬。1961年，先生曾聆听华东师范大学历史系陈旭麓先生关于辛亥革命史的分期与研究方法的演讲，深为陈先生所折服，于是将陈先生作为终身追慕的导师。1963年曾报考陈先生研究生，惜未能考取。但从此不断向陈先生请教学习与研究中的问题，与陈先生建立起深厚的师生情谊。

二

正当先生在人生道路上意气风发向前迈进，史无前例的“文化大革命”开始了，他深深地卷入了这场中华民族的劫难。7 月，有大字报称先生为学校“资产阶级反动学术权威”。10 月底到 11 月初，先生与同事步行串联，经枫泾、嘉善、临平等地到杭州，参与各种辩论。回校后，与汤老师等组织“经风雨”教师战斗队，参与学校“文化大革命”。学校的红卫兵组织很快分化合组为“红三司”和“革司”两派，先生同情“红三司”。两派斗争非常激烈，常有武斗发生，最终“革司”力量强大，迫使“红三司”组织成员和“经风雨”教师战斗队撤离学校。更为严重的是，家里也时时遭到对立派学生的打砸骚扰，无奈之余不得不举家出走（只留下老父守家），分散寄居大学同学和大姐家。其间曾在浦东上钢三厂画巨幅领袖像和宣传画。直到 1969 年学校全面复课才回校上课。

1971 年春节过后不久的一次全校教师大会上，先生突然被宣布为“炮打林副统帅的 5·16 反革命分子”，而遭隔离审查。先生当场抗议。隔离室在男生宿舍二楼楼梯转角处，是依墙用木板隔成的约两平方米的房间。就是在这个狭小的空间里，被剥夺自由的先生，以他惊人的毅力，凭借对文字、对家乡、对历史的爱好，在 6.3 厘米宽、9.3 厘米长的草纸上，写就 5 万余字《七宝沧桑》两卷和 10 万余字《辛亥革命史稿》第一章，给后人留下一份见证中华民族苦难时代一个知识分子的语言抗争与宝贵财富。先生后来曾较详细地回忆他以文字、思想对抗强权的过程：

> 隔离之初，我怒不可遏。踢墙捶门，抗议不断。二三天后自知无用，稍稍安静。躺在床上，闭目沉思，决定以静制动，与……作持久战，看汝审出个什么结果，如何了结。
>
> 心态平静后，思考该怎样度过将来漫长岁月？这时，以往养成的读书写作习惯袭上心头，思路豁然明朗。我想虽然无书可读，但可以将平日读过的史籍默写梳理，凭记忆写点心得，也算不枉这类似牢狱的日子，给自己也给后人留点东西。
>
> 主意既定，困扰随之而来。隔离室除一瓶蓝黑墨水、一支钢笔外，别无长物。没有纸张，何能写作？……不给片纸，显然只图剥夺我的人身自由，不需我作所谓“交代罪行”之类。那么纸从何来？谚曰：“急能生智”，果不其然！某次大便，突然想到何不写在大便用的手纸上？既无须对方别供纸张，又不会引起监管者察觉。有此奇想，兴奋之极。……
>
> 谋定后动，于是，我开始晚上记忆，白天写作。为了节约用纸，也为了不引起对方猜疑，我把手纸裁成香烟盒大小，用蝇头小字写作。一段时间下来，监管者见室内

> 异样安静，遂开启木墙小窗一窥究竟。见我端坐课椅，又怒目相对，慌忙关窗离开。因为课桌椅壁立于窗下，窗约一人高，为监管者视线所不及，难以看到桌上纸笔。

葛兰西在狱中写下《狱中札记》，丰富和发展了马克思主义理论，木心在狱中也创作几十万言，历史上更有不少的杰出之士在监禁之所留下了人类思想的结晶。但他们或有自由的写作空间与纸笔，或可以自由地借阅参考图书，不像先生这样完全是“地下”写作状态。而且因需求手纸“大大超过正常用量”，致使传言他身患痢疾一类泻肚子病，汤老师也忧心忡忡。隔离期间，他写就的《七宝沧桑》两卷被誉为 1949 年后七宝人自己撰写的第一部七宝镇志，而《辛亥革命史稿》第一章总结了此前相关辛亥革命的研究与思考，奠定了他以后继续研究与撰写“辛亥革命史”的基础。

隔离期间的先生不仅失去了人身自由，连阅读报刊的权利也被剥夺。“九一三”事变后，他“炮打”的“林副统帅”已经成为“敌人”，但还是被隔离。直到近两个月后的 11 月 1 日，对先生的隔离审查才被撤销，改为留校劳动改造。到次年 12 月初，结束留宿学校两年之久的生活，可以回家睡觉，先生日记记载说“阖家欣喜”，愉悦之情溢于笔端。即使在艰苦的劳动之余，先生也不忘读书，时刻提升自己。自学英语，翻译 Robinson Crusoe (《鲁滨逊漂流记》)，购买周一良等主编《世界通史·近代部分》等书，借阅张难先《湖北革命知之录》、张舜徽《中国古代史籍校读法》、《纲鉴易知录》等，“深感自己读古书太少，学力差甚”，

“文化大革命”期间，被隔离审查时不能看报读书，只能看毛选。这是在毛选上写的读书笔记

并“拟于明年内不读闲书，一意将八册《辛亥革命》做完卡片”，并继续撰写《辛亥革命史稿》。

对于强加先生的罪名，那“长达四年的地毯式调查取证”，却充分证明了先生的清白与无罪。1973年2月，经先生与汤老师多次向上级申诉，组织宣布“经过审查，问题已清，批评教育，不予处分，没有结论”。在先生与汤老师向上级领导主动要求调离七宝中学前提下，汤老师调七宝号上小学任全科老师，先生调华漕初级中学任初三政治教师。被剥夺的人民教师权利得以恢复，先生重回讲堂。在华漕中学，上课之余，先生继续撰写《辛亥革命史稿》，购买阅读历史专业书，往母校上海师范学院资料室、华东师范大学资料室看阅资料，拜见陈旭麓、魏建猷、汤志钧、方诗铭等师辈。将已撰成的《辛亥革命史稿》部分手稿请陈先生指教，陈先生极为称赏，建议在结构上予以调整。

1973年7月，一场“批林批孔”运动在中华大地轰轰烈烈地展开，影射史学“儒法斗争”成为潮流。对于这一运动的内幕与内情及其所要达到的目的，先生自然完全不知晓。应少年儿童出版社邀请，与同学冯元魁、李茂高等合作撰写《历史上劳动人民的反孔斗争》，介入这一潮流。在《文汇报》发表《西汉前期的反复辟斗争》，参与撰写上海人民出版社出版的《法家人物故事》，撰有《荀况》、《少正卯》、《吴起》、《李悝》、《晁错》、《汉武帝》等。这些人物故事都是在“儒法斗争”的大框架下批判儒家弘扬法家，自然不能脱离观念先行的“影射史学”，但先生想象力之丰富、文字之精炼、文采之斐然，在娓娓道来的故事中得到了淋漓尽致的表现。

先生教学、写作之余，常常向陈旭麓先生请教，也时时拜访陈先生在华师大新村的住处，日记中不时有拜访陈先生不遇的怅惘之绪。先生的才华与对史学的痴迷也深为陈旭麓先生所赏识。1971年陈先生被借调到复旦大学历史系上班，主持编写“中国近代史丛书”。后来，复旦大学历史系接受编纂一部《中国近代史》的任务，因金冲及、胡绳武等已调北京，此事也由陈先生领衔主持。陈先生感到编写人员不够，乃于1975年9月从华漕中学借调先生到复旦，试用期三个月。试用期满，12月正式调入复旦大学历史系，进入《中国近代史》编写组。由此，先生职业角色由一个中学政治课老师转变为著名大学历史系专门从事教学与研究的历史教师，这一转变不仅改变了先生个人的人生命运，也为中国近代史学界迎来了一位具有真才实学的著名历史学家，他将在中国近代史这门学科的众多领域留下深深的印记。

《中国近代史》编写组不在五角场复旦大学本部上班，而是借原上海社会科学院历史研究所办公。因离家较远，交通不便，先生常常住宿历史研究所，学校有事时才到复旦。先生主要负责《中国近代史》第二次鸦片战争部分的撰写，分“亚罗号事件”、“英法联军进攻与天津条约”等章节。同时参与陈先生等主持的盛宣怀档案资料整理工作，借阅大量慈禧太后史料，准备撰写慈禧传记，也曾去市青年宫讲授“第二次鸦片战争”、“辛亥革命”等课程。初稿完成后，先生负责全卷的修改。在改稿过程中，有人传言先生既不去学校参加运动，修改文稿又非常缓慢，怀疑他在搞“私货”。对于这种传言，先生很是惊讶，在《日记》中说：“来复旦年余，每日工作十一到十二小时，连阅读看书均无时间，私货写作毋庸论矣。退而言之，大学教师若不广泛阅读，又不在课余钻研、写作，岂非误人子弟，于教育无所补益。”可见，调到复旦以后，先生全身心投入《中国近代史》的编写中，八小时上班时间之外，将下班的时间也全部奉献，几乎放弃了长期以来养成的阅读习惯。因此，对于传言他搞“私货”，很是委屈。学术研究特别是人文社会科学，本来是研究者个人创造力的发抒，具有相当程度的私人性。在那个不尊重知识、当然更不尊重知识产权的时代，学术研究完全成为公共性的事务，研究者个人不仅不能在上班时间搞“私货”，业余时间也不能。先生虽然也长期身处这种意识形态的漩涡之中，但他并不认同这一公认的准则与规则，以为作为大学教师，要通过广泛的阅读来不断更新自己的知识体系，以满足学生们的要求；更为重要的是，要在课余从事艰苦的学术研究，并将自己的研究心得行诸文字，传输给学生，这样学术才能进步，学生们也才能有新的收获，否则就是“误人子弟”。这是先生后来之所以取得巨大学术成就，并深受学生爱戴的根本原因。

1978年1月中旬，《中国近代史》第一卷修改完毕，先生在日记中说：“第一卷三十万字均已改定，此书我虽仅写六分之一，但全书统稿凡四月，花尽心血，内中甘苦惟有我知。”因受时代的影响，该书质量不高，用作教材又太繁杂，最终未能出版，真正枉费了主持人陈先生、先生及各位撰稿者的心血，当然也是对人才的浪费与戕害。

乌云毕竟已散去，历经坎坷的先生不再为政治风暴所侵袭与困扰，走出困惑，迎来了他“一生惬意是文章”的岁月。

三

梁漱溟因其父梁济自杀曾致函陈独秀探讨自杀的原因，其中有言：“当四十岁时，人的精神充裕，那一副过人的精神便显效用来，于甚少的机会中追求出机会，攫取了知识，构成了思想，发动了志气，所以有那一番积极的作为。在那时代便是维新家了。”梁漱溟说梁济在40岁时精力充沛，抓住机会汲取新知识，思想变动成为维新派。“文革”结束先生也刚好40岁，国家各项事业慢慢步入正轨，他全身心投入教学和科研中，其情形从他1978年的年终总结可见：“一年来所作工作主要是编写讲义，此外做了一些论文及读书笔记，累计约二十余万字，不可谓少。”在笔耕时代，主要工作之外，一年读书笔记和写论文超过二十万字，其勤奋可以想见，他自己也有些自负地说“不可谓少”。

自1978年开始，先生开始介入复旦大学历史系教学中。当年为本科生辅导中国近代史，主讲第二次鸦片战争与辛亥革命部分。1979年9月，开始主讲“中国近代史”课程（两人合开），并晋升为讲师，有了中级职称。1980年2月，开始独立为本科生讲授“中国近代史”，并指导学生毕业论文。此后作为本科生中国近代史课程主讲老师，连续讲授多年。1982年9月开始为本科生开设辛亥革命史选修课，学期结束先生在日记中说：“此系余到复旦后第一次开选修课，因此全力以赴，力求深、新，不求全、多，学生及青年教师均反映较好。”他长期在此领域耕耘，多有所获，上课又全力以赴，自然反响极好，也有青年教师慕名而来。“辛亥革命史”作为本科生选修课连续讲授多年，后来又成为研究生选修课。1982年11月，开始给研究生开设中国近代史专题研究、经典著作研究。1983年9月为本科生开设“太平天国史研究”选修课。1985年2月为本科生开设“中国近代军事史”选修课，9月继续为研究生开此选修课。可见先生作为历史系中国近代史主干教师，不仅长期为本科生上中国近代史通史课，而且先后就自己擅长的研究领域为本科生或研究生开出“辛亥革命史”、“太平天国史”、“中国近代军事史”等课程。1985年，先生晋升副教授（1987年补评）。

先生是历史系上课极好的老师之一。他非常注重上课礼仪，给学生们留下了深刻印象。与往往以“睡眼惺忪或落魄文人面貌示人”的一些复旦文科教授不同，先生对自身形象要求甚高。“每次来上课，必然是头发梳得整整齐齐，胡子刮得煞清，中山装的风纪扣紧锁，皮鞋擦得锃亮”。“沈先生一亮相，就与众不同：个子不高，戴一副秀琅架黑框眼镜，头发梳得一丝不苟……他经常穿一件黑色的呢制中山装，胸前永远别着红校徽，‘复旦大学’四个毛体字熠熠闪光”。其“衣冠楚楚，风度翩翩”，头势和腔调酷似著名演员李纬在电影《蓝色档案》扮演的军统特工赵康，因此同学们一度叫他“军统特务”。他听后，哈哈大笑。在大学里，很少有老师注重上课前学生、老师互相敬礼，但他却严格执行。有学生如是回忆：

沈渭滨师在上课时，一般在进入教室后，会先站在讲台后把讲义整齐放在讲台中央，并在桌面上整齐排好粉笔、黑板擦和香烟，然后走到讲台边，站立着，用眼神示意课代表，由课代表高喊一声“起立”，正在交头接耳的同学们凌乱地站起来，应付着对着沈师胡乱点下头。沈师依然以标准的立正姿势站立着，眼光从左至右扫视了一遍以各种姿势站立着的学生们，然后向学生们深深鞠上一躬。……从学期第一课到学期结束，上沈师的课，这样的礼仪是必不可少的过程。

其实，这并非仅关礼仪，还有提醒学生开始上课的作用。当然，先生上课之所以深受学生们喜爱，并非这礼仪，而是他上课的内容与形式及善于表达的口才。不同的学生有相同的记忆：

沈老师对于学生是有很大引力磁场的。这首先是因为他上课棒，充满激情，条理清晰。同时，所讲课程，大多也都有自己的心得体会，决不人云亦云。他擅长的研究领域是太平天国史和辛亥革命史，但从其一开始讲授鸦片战争，就把全班同学给吸引住了。——姜鸣

沈师讲课十分受学生喜欢，除了功底深厚，内容精彩外，语速不紧不慢，条理清楚，遣词造句十分严谨规范，非常适合学生做笔记，写下来，就是一本合格的讲义。——李颂申

听沈先生上课，就像听“学术说书”，他声音洪亮，吐字清晰。讲历史人物，讲得有声有色；讲历史细节，他讲得身临其境。比如讲太平天国东王杨秀清逼宫洪秀全：“东王噶大功劳，岂止九千岁？”听得我们就像在东王府听证一样。……沈先生也喜欢讲流派、思潮和学术争论，“洪秀全的胡子”是他的老生常谈。有时候，他也卖关子、抖包袱，听得入神处，他会猛然打住：“这个问题的展开需要时间！”——张国伟

先生曾因教学工作成绩优秀，荣获学校二等奖。也曾因教学有声誉，派往外系或外校为学生主讲中国近代史。

先生上课严肃，课下却与学生打成一片。下课后与学生聊天，十分随和，对学生的问

询，总是回答周到。他认为复旦的学生就应该出挑、卓越、与众不同。他曾问学生到复旦来学什么？同学们回答学知识。他却说："错。你们到复旦来是学思想，学思考方式，用独特的思考，去解决实际的问题。这是复旦和其他学校不一样的地方。"他会在学期中间开设一个专题讨论，要求学生认真阅读史料和前贤研究著述，写出不超过5000字的发言提纲。讨论时，他结合自己治学经验，讲解历史论文的写作分选题、收集资料、作资料长编、写初稿、改稿、定稿六个步骤，并提出观点正确、材料丰富、文辞优美三个标准。他崇尚刘知几"史才、史学、史识"和章学诚"能具史识者，必具史德"，要求学生以此为目标努力提高自己。

教学之余，先生学术研究勃发，从1979年在《复旦学报》第6期发表《清代闭关政策有自卫意义吗?》开始，到1997年正式退休，其间出版著作（含资料集）十余种。其中比较重要的有著作（以出版时间为序）《洪仁玕》、《阿拉上海人——一种文化社会学的观察》(与姜鸣合著)、《孙中山与辛亥革命》，主编《中国近代军事史论文索引》、《中国当代史问答一百题》、《近代中国科学家》、《中国历史大事年表·近代卷》(1994年编成，1999年出版)，合作编辑与撰稿《近代中国资产阶级研究》、《张謇存稿》、《太平天国历史地图集》、《中国革命史纲》等，也是《中国近代史词典》、《辞海·中国近代史分册》等主要撰稿人之一。发表重要论文近60篇，全面展现了他的学术研究成就，其中大多数论文或被人大复印资料或被《新华文摘》转载，影响极大。发表各类文章（包括读史札记、随笔、书评、序言等）四十余篇，展示他各方面的才华与提携后进的胸怀。1986年因科研成绩突出，复旦大学曾颁发荣誉证书。

先生认为作为某个研究领域精深专家自然可贵，而且也很必要，但作为一名大学教师，需要面对学生们的各种疑问，知识自然不能局限于一个专业领域，他给自己设定了成为一个"会通型"史家的道路。在不断拓展研究领域的同时，先生也积极思考中国近代史的研究范式，并突破已有藩篱，寻找新的研究范式。先生接受教育与从事历史研究的初期，中国近代史研究范式正是由"以阶级斗争理论为指导，以阶级分析为研究方法，以政治是经济的集中表现为基本线索"的近代史体系所笼罩。这种范式也深深地浸透到先生的血液中，笼罩了他的研究与写作。但随着研究的深入，他不满意这种简单化的以政治史为经、事件史为纬的革命史研究范式，在不断地探索过程中，逐渐成为"近代化"研究范式的拥护者与实践者。这种研究范式把近代中国置于中国近代化历程来观察，研究中国如何、怎样从传统走向近代，探寻中国走向富强之路。

从反思“文革”出发，先生第一个课题是研究清代的闭关自守政策，写成文稿超过5万字，也曾在1978年复旦大学第十二届科学报告讨论会作报告，发表论文指出清代的“闭关政策”是清政府维护统治总政策中的一个重要环节，“它在实施过程中，不能防范外国资本主义的侵略，反而给中国社会带来了严重后果”。由此，他开始对鸦片战争进行多方面的研究。遵照陈旭麓先生1839年与1840年是“头发与头”的关系的教诲，专注于以往语焉不详的鸦片战争前中外关系及英国发动侵华战争的原因这一“头发”研究，最终成果为晚年出版的专著《道光十九年——从禁烟到战争》。在书中，他意味深长地说：“落后国家在时代大变动中发生趋同时代潮流的历史性大转折，取得社会进步与价值观的更新，往往是在一种被扭曲了的历史进程中表现出来。这就是正义和非正义，进步与反动在历史大潮中的辩证法。明乎此，我们就可以在表达自己的民族义愤时，保持着历史学家的冷静态度和睿智的观察力。”

他还从思想文化与知识分子角度切入，先后发表《论鸦片战争前后林则徐的经世思想》、《睡眼方开与昏昏睡去——鸦片战争与中国士大夫散论》(被《新华文摘》转载)、《〈南京条约〉与中国士大夫散论》等重要论文，对鸦片战争期间及战后中国士大夫对西方势力与西方文化的认识态度做了极为精当与细密的分析，指出在鸦片战争中官僚士大夫多经历了由自大转为自卑的过程，尚未入仕的读书人和虽入仕尚未沾染官场积习的中小官僚，多战前倡导禁烟，战时积极参战，战后则开眼看世界。中国传统文化无论是积极向上还是因循消极的各个层面，都在不尽相同的士大夫身上表现其深沉的影响。对鸦片战争在中国近代史的重要性，也曾发表《鸦片战争与学习西方》、《1840年：中国从封闭走向世界的转折点》等进行阐释，以为鸦片战争“划开了中国的古代与近代，标志着半殖民地半封建社会的开端”；鸦片战争“本意是要把中国变成英国的商品市场和原料供应地”，“然而侵略者始料不及的是，它在轰开中国大门之时，也轰醒了中国人”，由此中国人为了反侵略而开始了向西方学习的艰难历程。还发表有《1844—1858年外国传教士对中国内地的渗透》、《1843—1847年广州与上海对外关系的检讨》等，对鸦片战争之后中国社会的变动进行了研究。

先生认为辛亥革命是近代史上比较正规意义的资产阶级民主革命，太平天国是中国历史上规模最大的农民战争，若在研究辛亥革命的同时，在太平天国史上下点功夫，不就可以把近代史贯穿起来吗？他在上海社会科学院历史所实习时，深为罗尔纲先生《忠王李秀成自传原稿笺证》所吸引。1965年，与同学合作在《历史研究》发表《论“防鬼反为先”——驳李秀成问题讨论中的几种论调》，开始涉足太平天国史研究。在中国近代史教学中，太平天国运动也是非常重要的内容。因此，研究清代闭关自守政策后，他马上在太平天国史研究领域开拓。有鉴于太平天国研究起点高，已有成果可谓汗牛充栋，先生以他曾有军队当兵的经历，敏锐地认识到相关军事史方面研究却很薄弱，特别是太平军方面几乎无人问津。他率先对太平军水营进行研究，写成《太平军水营述论》一文，参加1979年5月南京举行的“太平天国史学术讨论会”，获得广泛好评，在二百余篇论文中脱颖而出，收入《太平天国史学术讨论会论文选集》(仅选论文45篇)。该文详细研究水营建立、编制、职能，确切论证水营的作战得失，被誉为“研究太平天国水师得力之作”。

起步就得到学界肯定，坚定了先生研究太平天国军事史的决心。此后相继发表《太平军二破江南大营战役研究》、《1853年太平军南京战役研究》、《太平军水营“岳州成立说”质疑》等，从军事史角度对太平天国运动中的一些疑难问题提出了独到的见解。由此，俨然成为太平军军事史研究权威，被邀请参与《中国军事百科全书》的编写，负责《上海小刀会起义战争》、《太平军》、《太平天国军制》等条目的撰写；为《太平天国历史地图集》等撰写《太平军二破江南大营图考》、《上海小刀会起义形势图》、《1860年太平军二破江南大营图考》等；为《清代人物传稿》撰写胜保、刘丽川等人传记。在太平天国史研究中，先生不仅勇于创新，也勇于对已有定论提出质疑。1982年出版的《洪仁玕》一书，是陈旭麓先生主持的“中国近代史丛书”之一种，也是先生第一本单独出版的作品，虽仅有8万余字，却是当时最详尽的洪仁玕传记。陈旭麓先生曾评价说，该书“对洪仁玕一生的经历、行事、思想及其坚贞的节操，写得井井有条，有很大的可读性，是一本进行爱国主义教育的好读物。其中对《资政新篇》的评述，有独到见解，并对洪仁玕‘经考五科不售’等事迹作了考订，因而亦具学术性”。先生认为洪仁玕《资政新篇》仅是近代中国向西方学习的一个逐步的阶梯，构成了从地主阶级改革派到资产阶级改良派政治主张的中间环节。1980年在《北方论丛》发表《洪秀全创立“上帝教”质疑》一文，对洪秀全创立“拜上帝教”这一进入教科书的定论提出不同意见。他通过考证结论说洪秀全尽管根据自己的理解，从中国的实际出发解说了西方的上帝，并以教徒的身份进行传教，撰写了一系列宗教作品，但并没有建立什么新宗教，更不是教主。后人为了解释洪秀全理解的上帝有别于西方的上帝从而认为他创建了一个新宗教“拜上帝教”。这是“为了解释历史的需要，而不是历史事实本身。解释历史与历史事实两者是不能混淆的”。后来他还相继发表《洪仁玕的宗教改革》、《析太平天国宗教“耶儒合流”格局》等对太平天国的宗教进行研究与阐释。

正是对太平天国军事史的研究引发了先生对整个中国近代军事史研究的巨大兴趣与热情。1979年5月在南京的“太平天国史学术讨论会”期间，他与军事科学院张一文、辽宁大学张玉田、东北师范大学陆方、南京陆军指挥学院舒翼等教授一起倡导从事近代军事史研究。这直接促成了后来中国近代军事史学术讨论会与中国近代军事史研究会的成立，因此先生也成为中国近代军事史研究会创始理事。次年下半年，他在历史系组织由青年教师和高年级本科生参加的军事史研究兴趣小组，原初成员有青年教师傅德华，学生刘申宁、何锡容，后相继有郭太风、姜鸣等加入。先生根据各人兴趣和意愿，制定研究方向，希望由此能对中国近代军事史的各个领域都有所开创，傅德华军事人物、刘申宁兵器史、何锡容和姜鸣海军史、郭太风军制史等。后来先生招收的研究生苏贻鸣、奚纪荣也继续从事军事史研究，苏贻鸣军事教育、奚纪荣空军史。这些人不少都成为中国近代军事史研究的专家，如姜鸣对海军史、刘申宁对淮军史、奚纪荣对空军史的研究。因对军事史研究的特殊兴趣，先生也曾有意调往空军政治学院，并与华强等人策划成立军事历史研究所。他以为军事历史研究所成立后，应发行一份报纸，创办一份刊物，出版一套包括陆海空及武器装备等内容的“中国近代军事史研究丛书”。虽未成行，但促成《军事历史研究》创刊，“中国近代军事史研究丛书”启动，后因各种原因搁浅，姜鸣的《龙旗飘扬的舰队——中国近代海军兴衰史》和华强、奚纪荣的《中国空军百年史》是其成果。他还组织复旦历史系与空军政治学院党史教研室、军事科学院战略研究部三室相关同仁共同编写《中国近代军事史论文索引》一书，为查阅和检索已有的研究成果提供了方便。

与此同时，先生自己在总结以往研究得失的基础上，力图从总体上把握中国近代军事史的一些总体性问题与普遍性方向，先后发表《论中国近代军事史的研究对象与分期》、《中国近代军事史研究述评》（与夏林根等合作）、《中国近代军事思想概论》（与奚纪荣合作）、《中国近代军事史研究四十年》（与苏贻鸣合作）等论文，从宏观上对中国近代军事史的未来发展方向做出前瞻，在军事史学界激起强烈反响，前三篇论文相继被《新华文摘》转载，从而开创了中国近代军事史研究的新局面。《论中国近代军事史的研究对象与分期》从中国近代军事史学科体系的建设角度出发，认为中国近代军事史研究对象包括近代中国不同阶级的政治集团进行军事斗争的动机和目的、军事人物及军事思想、军队建设及战争四个方面。并以统治阶级的军队建设为纲，辅以近代史上的重大战争，说明军队使用的目的、方法、过程以及通过使用推动军事思想的发展，构成中国近代军事史的网络系统。据此将中国近代军事史的发展分为1840年鸦片战争到1864年太平天国失败、1864年湘军解散到1895年甲午战争结束、1895年袁世凯小站练兵到1911年辛亥革命、1912年民国建立到1919年五四运动前四个时期。《中国近代军事思想概论》认为中国军事思想的近代化过程是中国人迈出中世纪、走向世界的一个纪录，发展迅速，道路独特，从鸦片战争开始到20世纪20年代，仅仅用了80余年时间就到达了大体近似西方的面貌，并取代了中国传统军事思想的地位，成为中国军事活动的指导思想。与此同时，近代中国新出现的各种观念形态中，军事思想的近代化是萌发最早而又发育得极不充分的一个领域，近代中国没有形成完备的军事思想体系、没有一部系统的军事学术著作，甚至没有一个代表性的军事思想家。他也有撰写《中国近代军事通史》的宏伟规划，但因近代军事史的整个学术构架还没有完全厘清，许多专题性研究有待深入，这一计划最终未能实现。

对于先生参与发起的中国近代军事史研究，曾业英在《五十年来的中国近代史研究》中曾有高度评价，并有如下不无遗憾的述说："80年代初中期起，沈渭滨在复旦大学、张玉田在辽宁大学、陆方在东北师范大学开设了中国近代军事史的课程，其中沈渭滨的学生已有初步的群体效应，然随沈渭滨等人陆续退休，非军事类的院校中，中国近代军事史不再是常设的课程了。"这造成直到今天，中国近代军事史的学科体系仍未建成。

随着社会史、区域文化史研究的兴起，先生也积极投身其间，曾购买不少社会学著作研读，也曾在《世界汉语教学百科辞典·专论》中发表《中国社会发展论》。自20世纪80年代后期，开始关注区域文化史研究，主要研究海派文化。1990年发表在《文汇报》的《"海派"文化散论》，对海派文化的渊源、特征、内涵等做出了条分缕析的论述，指出"不同的区域文化之间没有优劣之分，只有各自不同的特点，需要取长补短"。其后，又相继发表《海派文化生成的社会环境论纲》、《重视海派文化研究》等，剖析了海派文化产生的社会环境与社会机制。并与学生姜鸣合作撰著《阿拉上海人——一种文化社会学的观察》，从"阿拉上海人"形成历史、生活方式、价值观念、商业意识与创造力、性格与文化情趣等方面，较为全面地解剖了上海人。先生曾计划由海派文化出发，转入上海文化史研究，并以上海文化史为基础，进而进行区域文化史的比较研究，特别是海派、京派、岭南和湖湘四个文化圈的比较，找出各自特有的内在属性。虽仅停留于计划层面，但亦显示了先生治学视野的宽广与当时的雄心。

当然，先生涉足的所有研究领域中，他用力最多、也最有成就的还是他一开始就进入的辛亥革命研究。不过，他不再局限于早期关注的革命党，而是从中国人寻求中国近代化道路的角度出发，首先关注的是作为“资产阶级民主革命”的主力资产阶级。1980年他与杨立强合作在《历史研究》发表《上海商团与辛亥革命》，宣告他进入中国近代资产阶级研究领域。陈旭麓先生曾评价该文说：

> 从掌握资料到分析问题，都下了扎实的工夫，是一篇较高质量的论文。过去对近代中国资产阶级的研究偏重工业资产阶级，很少研究商业资产阶级。此文就上海商团成立的经过及其在辛亥革命时光复上海的战斗作用，作了前所未有的全面论述，促进了对近代中国商业资产阶级的研究。继此文之后，出现了广州、武汉商团及苏州商会研究的文章。

此后又发表《略论辛亥革命时期中国民族资产阶级的性格》(与杨立强合作、《新华文摘》转载)、《论资产阶级立宪派研究中的几个问题》等论文，进而指出具有两面性的民族资产阶级在辛亥革命这个上升时期革命性是其主要方面，重新评估了民族资产阶级在辛亥革命中的重要作用。由此他与杨立强上溯资产阶级的诞生、下延资产阶级的发展演化，发表《论五四运动前近代中国的时代中心》、《再论近代中国的时代中心》等论文，提出并严密论证了“民族资产阶级是近代中国的‘时代中心’”的看法：地主阶级改革派向往着中国回到三代之治的“盛世”；地主阶级洋务派希望中国回到“乾嘉盛世”；农民革命领袖洪秀全希望建立“通天下皆一式”的“地上天国”；维新派提出过空想社会主义的“大同”世界方案；革命派孙中山提出了“创建民国”的政治纲领。“所有这一切，只有‘创建民国’的主张……得到了实现”，虽然尔后民国成了一块“空招牌”，但经过辛亥革命的洗礼，中国人民要民主不要封建，要共和不要君主专制独裁，成为不可逆转的历史潮流。所以说，鸦片战争之后反帝反封建、建立民主共和国、发展资本主义，是时代的历史要求，担当此大任的只有资产阶级，“资产阶级作为时代中心的历史地位是客观存在的”。这一石破天惊的论断给中国近代化历程中最为重要的力量之一民族资产阶级在近代中国极高的历史地位，引发了学界对中国民族资产阶级研究的新热潮，开启了中国近代史研究的新方向。正因他与杨立强合作发表了上述重量级论文，在史学界激起强烈反响，也引起《历史研究》编辑部的关注，直接促进了复旦大学历史系与《历史研究》编辑部合作于1983年9月在复旦召开了“近代中国资产阶级研究”讨论会，并联合编辑《中国资产阶级研究》及续辑两书。

秘密会社是维系中国社会的一股非常重要的力量，在历次运动与革命中都扮演着极为重要的角色。先生曾较长时间关注秘密社会，发表《国内有关天地会起源与性质研究述评》等。他也注意到会党在辛亥革命中的作用，发表论文《论辛亥革命时期的会党》，认为会党在辛亥革命中是革命派联系下层社会的纽带。还撰有《会党与政党》等论文，辩证地指出会党与政党虽然是两种不同性质的组织，但近代中国的政党中有会党的因素与影子，会党与政党也会相互利用以达到各自目标。同时，先生还发表《一八九四年孙中山谒见李鸿章一事新资料》、《中国近代知识分子的形成及其政治觉醒》等论文，探讨了孙中山和近代知识分子的革命性转变。

正是在全面研究了辛亥革命的各种力量、各种因素与革命性质等之后，先生对已几易其稿、超过 60 万字的《辛亥革命史稿》进行全面整理，并最终聚焦于“孙中山与辛亥革命”这一主题，于 1993 年推出 36 万字的专著《孙中山与辛亥革命》，成为先生一生中最为重要的成果，也成为辛亥革命史研究的标志性成果。本书以传记史与事件史相结合，力图从上下、左右、前后寻求社会历史的变动与孙中山思想发展的纷繁复杂的互动关系，通过孙中山反映一个时代，通过一个时代来观照一个人的成长；以孙中山的思想和活动为脉络，多方位穿插了 19 世纪末期和 20 世纪初期中国社会的思潮起落、人才消长、群体聚散、物候代谢，并以众多的肖像和曲折的事态写出了革命与朝廷、革命与改良的矛盾、革命团伙内部的矛盾。正如杨国强先生在序言中所说，全书以叙事、说理、辨疑、讨论汇贯圆融见风格，并在许多地方表现出先生富

1994 年拜谒陈宝琛墓留影

有个性的思考和见解。

此外，先生发表有《上海城市民众与上海小刀会起义》(人大复印资料转载)、《论陈宝琛与“前清流”》(《新华文摘》转载)、《朝鲜“壬午兵变”与中韩关系述论》(上、下)等非常重要的论文。“小刀会”一文指出：上海开埠后，随着对外贸易中心地位的确立，城市经济的行业结构、市民群体的阶层和职业结构都发生了不同于开埠前的变化。上海小刀会起义就是在近代上海社会转型初期，由秘密结社领导的城市反清武装起义。这次起义以上海土客籍各地域帮派为基本成员，其中以粤闽籍商民尤其是游民阶层为主体。作为城市反清起义，有着不同于太平天国农民起义的诸多特点，并对上海城市近代化走向产生了重大影响。“陈宝琛”一文以陈宝琛为个案，指出晚清清流作为权力争斗的调节器和社会矛盾的平衡器，虽具有准集团化倾向，但作为“言官”，手中既无实权，自身又短于实践，一旦权力争斗调节器作用消失，清流党的消失也就不言而喻。而超过3万字的长文“壬午兵变”更是全面考察了壬午兵变对中朝关系的影响，1997年版《人物年鉴》专门有历史学家沈渭滨发表《朝鲜“壬午兵变”与中韩关系述论》条目予以记载。

先生在个人性的学术研究之外，也积极参与组织学术活动，并领衔组织一些课题的开展，诸如参与整理张謇文稿、上海总商会档案等，其中主编《近代中国科学家》和《中国历史大事年表·近代卷》值得专门述说。先生总是不满足于已有研究领域，不断地开拓进取。他认为科学技术在近代中国历史变迁中的作用无意中被历史学界所忽视，因此组织身边学人杨勇刚、戴鞍钢、陈祖恩、夏林根、王少普等，并邀请林庆元等编撰《近代中国科学家》。他一方面亲自选定了在数学、物理学、化学、植物学、医学、天文地理学、地质学以及造船、筑路、制兵器、飞机设计和水利建设等各个领域有杰出贡献的二十余位科学技术专家；另一方面，要求撰稿者尽可能从传主的日记、著述，传主的乡志、碑铭文搜寻线索，并吸取近代中国科学技术史方面的研究前沿成果。在成文和定稿的过程中，他亲自求教于有关学者和专家，以核对部分科学家传记中一些科学原理、定理、术语的理解和描述是否准确。《中国历史大事年表·近代卷》的编撰更凝结了先生十余年的心血与精力，他自己曾有记述说：

1982年，上海辞书出版社在《中国历史大事年表》古代卷付梓之际，即着手近代卷的编辑计划，约请方诗铭先生主编。那时，我恰好参与由恩师陈旭麓先生、业师魏建猷先生及方诗铭先生主编的《中国近代史词典》的统稿工作。方先生为提携后进，在与陈师商量后，要我协助他编近代年表。我诚惶诚恐地接受了方先生的好意，接着便与方先生讨论编写原则与写作计划。……计划三年完成。

进行不久，方先生说自己太忙，让我独立完成。我一方面对前辈学术雅量十分感激，另一方面又对自己能否短时间内完成计划信心不足。这时旭麓师鼓励我知难而进，不要辜负方先生的一番厚意；魏师也希望我接手，从编著年表中提高自己。在师长和出版社的支持下，我决定以一人之力完成这项艰巨任务。

但工程量实在太大，三年时间过去，仅编写了四分之一。于是先生在征得出版社同意之后，改弦易张，变独撰为分工合作，约请杨勇刚、华强、姜鸣、郭太风、夏林根、陈宗海、胡毅华、傅德华等参与，数易其稿，终于在 1994 年完成了这一浩大繁复的工程。

虽然先生教学与科研成就是如此之突出，但在职称评定上却是困难重重，直到 1996 年 5 月即副教授晋升 11 年之后、他退休前一年才评上教授。1997 年 6 月，先生年满 60 岁，正式退休。

四

上引梁漱溟致陈独秀函中梁漱溟还说："到了六十岁，精神安能如昔？知识的摄取力先减了，思想的构成力也退了，所有的思想都是以前的遗留，没有那方兴未艾的创造，而外界的变迁却一日千里起来，于是乎就落后为旧人物了。"可退休之后的先生却完全不是这样，不仅知识的"摄取力"没有减少，"思想的构成力"也未消退，学术热情更为发抒，成果更为丰硕。著作方面，除将 36 万字的《孙中山与辛亥革命》增订为 52 万字并于 2011 年辛亥革命 100 周年再版之外，还出版有论文集《困厄中的近代化》、随笔集《曾经沧海》、专著《晚清女主——细说慈禧》及其通俗版《政治女强人慈禧》，并将早年的研究成果《道光十九年——从禁烟到战争》整理出版。影响最大的自然是《中国近代史·导读》①，并已反复出版了多个版本。主持"国家清史工程·传记·光绪朝（上）"，并圆满完成。发表重要论文四十余篇，书评、序跋及其他文章六十余篇。以 2007 年为例，出版

① 此系沈渭滨先生为蒋廷黻先生所撰的《中国近代史》一书所作的"导读"，原题为"蒋廷黻《中国近代史》导读"，最早收录在 1999 年上海古籍出版社出版的《中国近代史》一书中，2014 年华东师范大学出版社以《蒋廷黻著〈中国近代史〉导读》为书名出版。——编者注

《晚清女主——细说慈禧》之外，发表重要学术论文7篇，其中5篇被人大复印资料转载，一篇被《新华文摘》转载，另发表文章2篇。这些成果，即使是一个年轻有为的在职学者似乎也难望其项背。

与此前不断在史学研究领域开疆拓土不同，退休以后的先生思想更为成熟，不断突破以往陈说提出了一个又一个学术新观点，更对历史学研究现状进行反思与反省。

1999年，近五万字的《中国近代史·导读》由上海古籍出版社出版，掀起了史学界对蒋廷黻及其五万余字《中国近代史》的认知又一个潮流。该书不断重印和再版，2001年香港三联书店收入"大师小作丛书"；2004年上海古籍又推出插图本；2014年华东师范大学出版社出版精装本《蒋廷黻著〈中国近代史〉导读》。对于蒋廷黻书，陈旭麓先生早在1987年为岳麓书社版撰写《重印前言》时就曾予以高度评价，在那个时代掀起不小的波澜。因此马勇先生说："沈老师接续乃师陈旭麓先生的讨论，对蒋廷黻及其近代史给予极高评价。在某种意义上可以说，过去20年中国近代史学界推崇蒋廷黻以及现代化研究模式，陈旭麓先生、沈渭滨先生是最重要的两位推手，学术界从他们两位那里获得了不少启示。"

蒋廷黻一本仅5万余字的小书，为什么引起陈旭麓先生和先生两代知识分子的高度关注，并予以推介，先生更是为此写出了与原著几乎相同篇幅的"导读"？先生在"导读"中给出了详尽的答案。曾任国民政府行政院政务处长、驻苏联大使、驻联合国常任大使的蒋廷黻，是民国时期学人从政的典型。留美获得哥伦比亚大学史学博士，深受美国"新史学"潮流影响，并接受了作为"新史学"基石的进化史观，注意用实证的方法探求史事之间的因果联系，强调史学的训戒功能和历史教育的普及。回国后曾任南开大学历史系教授、清华大学历史系主任，以史学改革称誉一时，在中国近代外交史方面有开创之功。与胡适等创办《独立评论》，倡导知识分子关心时政，为国家建设贡献力量，1935年弃学从政。《中国近代史》是他1938年春夏之交赋闲期间为"艺文丛书"所写，该丛书乃陶希圣等人"为因战争流离失所的民众和青年对知识的渴求和对国家前途的关心所感奋"而编辑出版。在这本"厚积薄发"的小书中，蒋廷黻开宗明义提出：

> 近百年的中华民族根本只有一个问题，那就是：中国人能近代化吗？能赶上西洋人吗？能利用科学和机械吗？能废除我们的家族和家乡观念而组织一个近代的民族国家吗？能的话，我们民族的前途是光明的；不能的话，我们这个民族是没有前途的。

因为在世界上，一切的国家能接受近代文化者必能富强，不能者必遭致惨败，毫无例外。并且接受得愈早愈速就愈好。日本就是一个好例子。

先生以为蒋廷黻就是在“以史为鉴”、“以史经世”的支配下，围绕中华民族能否走出落后的“中古”状态进入“近代化”，能否废除狭隘的“家族观念和家乡观念”，组织“近代民族国家”这一主题，论析了自鸦片战争到抗日战争前的中国历史。

先生以为蒋廷黻并非仅仅是叙述性史家，他在《中国近代史》中还建构了一套分析框架和通史体系即先生心仪的“近代化”研究范式，并指出蒋廷黻是费正清“冲击—反应”模式的“始作俑者”。因篇幅的原因，蒋廷黻建构的这个“近代化”研究范式很粗糙，“完全是以政治史为经、事件史为纬，以点带面、一线相系的典型作品”，但其在中国近代史研究范式发展史上的地位不言而喻。因此先生说：“如果对当代中国史学近20年来的近代史研究稍加回顾，就会惊讶地发现，我们正在致力于蒋廷黻提出的近代化研究，而且大部分研究者在不同程度上重复蒋廷黻早在60年前建构的话语系统，乃至使用他那套分析框架，那么对他和他的著作给予重视、进行研究，其意义也就不言而喻了！”由此出发，先生在“导读”中分析了中国近代史研究范式转变，从蒋廷黻等代表的“初见端倪的近代通史体系”，发展到陈旭麓先生《近代中国社会的新陈代谢》以社会史会通的近代史体系，并对陈先生的体系给予极高的评价。认为《近代中国社会的新陈代谢》是“回应历史新时期史学改革呼声的第一个代表性的作品”，不仅为学术界提供了一个“可以借鉴、参照甚至可以选择的新思路、新体系和新框架”，而且还昭示：“一个新体系的诞生和传统有着割不断的联系，学术上的民族虚无主义是不可取的，只有在真正理解传统之后超越传统，革新才有生命力。”

退休以后，先生仍在辛亥革命史领域孜孜以求。经过长时间思考，先后发表《辛亥革命与东南地区社会结构变迁》（笔谈）、《辛亥革命与东南地区社会结构变迁论纲》、《辛亥革命与中国近代史的开端》（访谈）之后，于2002年发表《论辛亥革命与东南地区社会结构的变迁——兼论中国近代史的开端》（人大复印资料转载）一文，指出辛亥革命为晚清经济、文化最发达的东南地区社会转型提供了契机，开启了近代中国政治构架、政治规范和政治运作程序在这一地区的转型；传统的士农工商群体分野被冲破，新的社会阶级阶层产生；促进了民族工业的发展，加速了农村经济的变化和城乡经济的联动。因此，他联系此前对中国近代史发展演化的总体性把握，提出了辛亥革命是近代史开端的重要观点。他认为1840年作为中国近代史的开端并不具备界标意义，因此后的中国政治上仍是王朝统治，经济上依然是小农经济的汪洋大海，社会心态上向西方学习社会影响也极小。也就是说，鸦片战争以来，中国社会虽然已经被拖入世界资本主义体系，社会转型应该说已经开始，但是在辛亥革命之前无论是社会经济、社会意识形态都还处于转型的准备阶段，没有达到转型的临界点。辛亥革命促成了中国政治结构的真正转型，冲破了传统的等级制度和尊卑有序观念，促使社会经济与社会结构产生转变。因此，辛亥革命不仅是近代中国社会转型的重大转折，而且也是中国近代史的真实起点。

先生对孙中山三民主义体系也进行了深入思考，成为他晚年学术思想的亮点。他认为孙中山“三民主义”作为一个建设近代国家和近代社会的理论体系，其内部存在不可调和的自我矛盾，2005年发表《论“三民主义”理论中国家与社会的关系》(人大复印资料转载)，指出民生主义的目标和民权主义的政府建构，是自相矛盾的两极：民生主义本质上是一个以培育中产阶级为目标的社会改造方案；民权主义设计的却是个“大政府小社会”模式，为国家权力挤压社会自治空间留下隐患。在尔后实践中产生的弊端，值得人们思考和总结。此后，他继续思考，先后发表《“民生主义”研究的历史回顾——孙中山“民生主义”再研究之一》(人大复印资料转载)、《平均地权本议的由来与演变——“民生主义”再研究之二》(人大复印资料转载)，对“民生主义”做出了非常翔实与严密研究与阐述，特别指出“平均地权”作为“民生主义”主要内容之一，其最终目标是“要使农民成为具有独立经济地位和独立人格的自耕农，随着农村经济的发展，形成农村中的中产阶级”。

他还将“三民主义”理论置于中华文化演化的历史进程中思考，以为孙中山“三民主义”是中华文化近代转型第一个完整的理论体系，因而提出“孙中山是推进中华文化转型的第一人”。以儒学为核心，儒、道、释兼容并包的中华文化，到宋明理学已趋于极致、僵滞，失去了继续发展与变革的内驱力，已经无法适应“三千年未有之变局”的近代中国社会。近代自魏源、林则徐以来，历代仁人志士对冲破传统文化与近代文化转型之间的瓶颈，作出了一次又一次努力，但无论是曾国藩的“经世致用”、张之洞的“中体西用”，还是康有为的“托古改制”、梁启超的“新民说”虽都曾煊赫一时，但终囿于文化背景与政治识见，难以形成完整的理论体系从而使中华文化得以更新。孙中山以他中西学问兼备的通识提出的“三民主义”理论，既“承袭了中国固有的学理，又规抚了西方学说之适用于中国实际者”，成为中华文化近代转型的第一个“具有完备形态并影响社会意识”的理论体系。

2011年适逢辛亥革命百年，应出版社之邀，先生以四个月时间对《孙中山与辛亥革命》一书进行增订，增加字数超过15万字，除将上述相关研究融进之外，还有更为深入与深刻的思考，如辛亥革命的动力问题。众所周知，辛亥革命史研究，约在20世纪70年代前，学者们较多关注革命派的研究，把辛亥革命解释为革命派艰苦奋斗的成功。自80年代起，经过改良与革命的讨论，学者们开始重视立宪派的作用，认为辛亥革命是革命派与立宪派共同努力的结果，研究视野有所拓展。在增订本中，先生突破了以政治派别作为观察革命的唯一动力，观点鲜明地提出了社会合力是促成辛亥革命爆发的全新观点。为此，他从清政府自改革和辛亥革命关系的角度进行分析，认为"辛亥革命是与清王朝'自改革'相反相成的革命"，指出正是朝廷的洋务运动、戊戌维新和晚清新政这三次"自改革"的层层递进，为辛亥革命奠定了思想基础、人才基础、制度基础、经济基础和社会基础。这就把辛亥革命研究推向一个更广阔的视野，把革命对立面纳入了研究对象之中，从时段和空间上扩展了研究的深度和广度。还从辛亥革命时期的会党与发动农村的关系，论述了当时下层社会在促成革命爆发和推进中的重要作用；从满汉矛盾的存在和发展指出满汉矛盾也是"社会合力"的一个重要组成部分。从革命唯一动力论到革命派与立宪派互相作用论，进到社会合力论，反映了新时期以来我国史学界对辛亥革命动因研究的逐步深化与深入。可以说，先生在增订本中提出"社会合力论"的观点，把辛亥革命研究推向了一个新阶段，拓展了这项研究的视野，面向当时社会各个阶层，有助于辛亥革命史的研究深度、广度和力度的展开。因此，增订本被林家有先生誉为一部"跨世纪的、意蕴常新的著作"。

在太平天国史领域，先生对以往的定论提出一个接一个的质疑。1998年，他发表《洪秀全与基督教论纲》继续质疑洪秀全创办"拜上帝教"这一定论。他认为洪秀全1843年阅读《劝世良言》后，只是成了基督教的信徒，并未创立所谓"拜上帝教"的新宗教；1844年偕冯云山入桂是为了劝世人敬拜上帝，不拜邪神偶像；《二训一歌》的主旨在于更好传道，不是为了构作反清革命理论。1849年后，洪秀全被逼上梁山后才利用宗教发动和组织起义。面临太平天国研究的萧条冷寂局面，2000年先生发表《太平天国研究需坚持实事求是的科学态度》，指出过分强调阶级斗争、美化太平天国及其领袖仍是研究存在的主要问题，只有从观念上、方法上改变老一套的规范性话语系统，坚持实事求是的科学态度才能改变这一状况。由此，他对太平天国运动以往话语系统提出了全面质疑。在2001年发表的《太平天国史研究的十大问题》中，他还只是对太平天国运动的革命性提出质疑，认为“太平天国是农民造反运动，不是反封建性质的农民革命”，“太平天国政权无论从形式上、本质上都是一个新王朝。它和清王朝一样腐败、专制”等。后来他完全否认太平天国是农民战争，2010 年发表《“太平天国农民战争”说质疑》，说太平天国和太平军基本成员不是农民，其斗争目标和宗旨是反清复汉，并没有反映和表达农民的利益，因此难以定性为农民起义和农民战争，不如称之为“太平天国反清战争”更为妥切。

随着社会文化史的兴起，历史研究中往往只见社会结构、社会流动与社会变迁，创造历史的人物难现身影。先生也曾心仪社会文化史，但他从未忽略人物在历史变动中的作用，人物研究在他超过半个世纪的学术生涯占据非常重要的地位，也是他最出彩的研究领域。“作为一个学者，特别是历史学家，评价一个人与事件要放到当时的历史语境中去判断、思考，要有一种知人论世的态度。”先生常常这样说，也这样做。他总是能抓住人物的独特个性及人物在历史变动中改变的社会历史因素，并辩证地看待历史人物的命运。在辛亥革命史研究中，他既反对神化孙中山，也不同意恣意贬低孙中山，而为世人正确理解孙中山提供了一个完整而丰满的形象。

除革命家孙中山外，慈禧太后这个影响中国近代史近半个世纪的晚清女主是先生长期关注的另一个人物。2007 年，《晚清女主——细说慈禧》一书出版，为他的慈禧研究做出了一个阶段性的总结。先生在“序言”中说他对慈禧很早就有研究兴趣，“二十多年来，在教学之余，断断续续地看了一些史料，也思考了一些问题，并且试写了若干章节”。他以为慈禧太后“从 1861 年垂帘听政以来，统治清王朝长达 48 年之久。其间做了许多误国害民乃至妥协卖国的勾当，但也做了不少顺应潮流、有利于社会进步的好事。尽管主观上是为了清王朝的长治久安，但客观上确实有利于中国走出中古状态，面向近代化。对她的评价，不应该一棍子打死，而应实事求是，取知人论世的态

《清末女主——细说慈禧》部分手稿

度”。该书系上海人民出版社“细说中国历史丛书·后妃系列”，属于高级历史普及读物，大部分内容是在先生已有学术传记性著述基础上按照“细说体”要求删繁就简、进行压缩而成。有鉴于此，该书出版后，先生有志于接续已有稿件，撰写一本学术性的慈禧大传，但终因精力与身体原因，在撰写完成“国家清史工程”传记组委托的“慈禧传”之后，未能向前一步达成心愿，将他对慈禧三十多年的系统性研究成果贡献给学界，这也成为先生终身遗憾之一。

“国家清史工程”是21世纪初史学界最为重大的学术工程，先生曾多次受邀对工程的实施与纂修体例等建言，他以他对历史的感悟、整个清史的宏观把握和传统史学修撰的认知，先后发表有《清史编纂体裁之我见》、《清史纂修与太平天国的历史地位——对〈清史〉通纪纂修的几点意见》（人大复印资料转载）等，提出自己的理解与见解。2005年，先生接受国家清史工程委托，担任“传记·光绪朝（上）”项目主持人，并亲自撰写其中20人。经过7年的艰辛努力，2012年8月，先生写就了近5000字的结项报告，对项目开展以来出现的各种情况进行了总结，并对稿件质量（特别是资料运用方面）进行了分析，宣告项目终于完成。其间先生曾因脑梗住院，血压和血糖也一直降不下来。清史项目的承担与完成，极大地损伤了他的身体。

自2000年，先生家乡七宝镇老街开始分期修复，由闵行区会同七宝镇政府成立修复指挥部，下设文化顾问小组，先生被聘为顾问，对修复和修建建言不少。其间奉命撰写《蒲汇塘桥重修记》（由沪上著名书法家戴小京书丹，立石于蒲汇塘桥北堍东侧）、《修葺七宝老街碑记》（由七宝青年书法家杨耀扬书丹，立石于北首钟楼广场之碑廊），已成为七宝老街旅游景点。并撰有《七宝古镇巨变》、《重刊〈蒲溪小志〉前言》、《保护古镇就是保护历史文脉》等，提出古镇是中国历史文脉的聚合地，保护古镇就是保护文脉，保护历史遗产。由此，他深入地方史志研究，先后发表《乡镇志是研究上海人文历史的重要文献——以〈蒲溪小志〉为例》、《晚清村镇志纂修的成熟及其人文历史价值——以江南名镇志〈诸翟村志〉为中心的分析》等论文，指出乡镇作为城市和农村的中介，在城市近代化过程中具有特殊地位，对以往乡镇志研究，对研究人文历史具有相当价值；晚清村镇志的修撰深受章学诚“志学”理论影响，已经越过明末清初村镇志纂修的草创阶段而趋于成熟。提出了方志研究方面的一家之言。

先生晚年以他在历史学领域几十年摸爬滚打的经验与体会，对历史学科现状及其未来发展也有思考。发表《历史学科必须面对现实拓展研究领域》，指出历史学家应该而且必须对现实深切关怀，注意现实与历史的关系，并不断从现实的挑战中发现新的研究课题，形成新的学科理论生长点，以发挥史学的社会功能。并提出历史学应拓展研究的三个方向，一是大力加强科学社会学的研究，尽快推进这一新兴学科分支的形成和发展；二是利用历史学的优长，整合城市规划、城市功能、城市管理、市政建设、城市生态等诸多学科，形成一门自然科学与社会科学有机结合、理论与应用兼而有之的城市史研究新学科；三是引进社会史研究方法，加强社会形态、社会结构、社会转型等研究。撰写《史学三议》，反思史学界目前存在的三大弊端。一是"通识、通才之难见"，原因是专题研究的日渐细碎化，缺乏宏观与通观的把握、理论上的思考，希望在目前大量的专题研究基础上总结、升华，对一些重大问题、带有普遍性的问题进行中观、甚至宏观思考。二是"'纪念史学'之误导"。他认为目前纪念史学误导史学研究的主体本性（误导史学工作者偏离自己的研究方向，诱使史家失去说真话的"良知"），造成学术虚假繁荣、恶化了学术空气。因此，他呼吁认真规范"纪念史学"，少一些说空话、大话、假话的"纪念史学"会议，多一些真正有研究深度与广度的"纪念史学"研讨。三是"史学研究辅助学科之缺乏"。呼吁恢复传统史学研究四大辅助学科即版本学、目录学、训诂学、考据学。

先生并不完全是象牙塔学者，他也非常注意史学的普及与宣传。他常常说，一个历史学家除撰写学术论文之外，还应学会写散文，能将象牙塔里的学术研究成果传输给社会大众。他也一直致力于这方面的工作，在报刊发表不少通俗文章，曾结集为《曾经沧海》出版，也曾主编《天国寻踪——太平天国一百问》等。晚年先生更是倾心于此，撰写《爱情戏冲淡了重大主题》、《历史上的纪晓岚与和珅》、《关于历史与历史剧的思考》、《〈走向共和〉中孙中山形象小议》、《历史与历史剧》等评说相关历史电视剧与真实历史之间关系的文章，也撰有《警惕日本右翼势力复活日本军国主义》、《社会主义新农村应该姓农》、《敬老崇文好传统》等，展现历史学家对现实问题的思考。他更积极投身于新的电视媒介，传播历史与历史思考。仅从2008年以来，在《细说慈禧》出版后，应电视台邀请，将之通俗化为《慈禧真相》，并亲自上台主讲摄录。于2008年6月2日开始在上海艺术人文频道"世说新语"栏目播出，共22集，后将讲稿整理为《政治女强人慈禧》出版。参与策划的电视纪录片《刺客令》（十集）、《北洋军阀》（十集）、《大辛亥》（共五集）先后于2008、2009、2011年在上海电视台纪实频道黄金段首播，《科举》（五集）2013年在中央电视台纪录频道"特别呈现"首播。另外，还先后参加上海电视台纪实频道《宋教仁被刺》、《光绪之死》等纪录片摄制与访谈，接受广东电视台"解密档案"栏目、香港凤凰大视野频道《太平天国史》、深圳电视台《光绪之死》、安徽电视台《淮军》等纪录片摄制与采访。

五

师道尊严在先生身上得到了充分体现。对业师魏建猷先生终生尊敬，曾撰有《魏建猷与会党史研究》，介绍魏先生的学思历程及其在中国会党史研究上的重要地位。对曾在实习期间指导自己做研究的汤志钧先生，也是每年寄送贺卡或电话拜年。对早年曾惠教的陈锡祺先生也常怀感恩之情。对恩师陈旭麓先生更是尊敬有加。“文革”结束后，陈先生领导的《中国近代史》编写组是留历史研究所还是回复旦，“颇费周折，众心不一，工作也无法开展”。1977 年 2 月曾定下分两摊，杨立强、李华兴、陈宗海等回学校，先生在日记中记载说，他虽以回学校为愿，但考虑到当时所里仅剩下陈旭麓先生一人“不妥”，乃决定以所为主，学校有事亦去。可见他对陈先生的感情。陈先生不幸去世后，他先是与周武合作撰写《薪尽火传——悼念恩师陈旭麓先生》，并大力传扬陈先生的新陈代谢体系，撰成《略论陈旭麓先生的中国近代史新体系》、《〈新陈代谢〉与当代中国史学》等。将《孙中山与辛亥革命》、《道光十九年》等著作题献给陈先生，在《中国历史大事年表·近代卷》前言最后说：“最令我负疚的是，因为我安排教学、写作和编撰本卷的计划不善，从接受任务到成书付梓前后达十余年，致使敦促和教导我的陈师、魏师未能亲闻书香。告罪之余，只能以此卷的出版表示深切的怀念了。”先生常常以陈旭麓先生为榜样教诲学生，曾致力于陈先生的年谱和传记编撰，但因资料等原因，并未最终完成，这成为先生一再念叨的遗憾。

先生对老师尊敬，相应地，对学生和青年学者亦爱护与提携有加。他除组织复旦大学历史系本科生和青年教师成立军事史研究小组，培养了一批军事史研究人才，也帮助不少本科生修改学期作业，并推荐到相关学术期刊发表，正如张国伟回忆说：“对于学生的读书报告和论文，他批改得十分认真，遇到妙文，他会批道：‘文章不错，请投《复旦学报》。’这在当时，是对学生的最高褒奖。”对自己的学生自不用说，别人的学生只要向他请教，他也会全心全力予以指导。因此，学界有不少人的第一篇论文都是先生修改并推荐发表的。任何人，无论是身边的熟识者还是远方的陌生人，只要有人向他请教，他都仔仔细细地阅读，翻找资料仔细核对，挑出其中的硬伤与史实错误、甚至史料引用的不妥，工工整整地将修改意见旁注其间，然后深思熟虑，从选题、论域、方法与逻辑，甚至资料等方面，提供系统性的修改意见，提出可商榷的论点，并以工整小楷集中写好，提供给作者。对于姜鸣在读大学二年级时的、不超过5000字的读书报告，先生给出了超过六百字的评语，除表扬性词句“学习态度是认真的，能注意阅读原始资料，认真做好提纲，在分析问题时有钻研精神，敢于发表自己的见解。在表达自己的思想时，注意到文字的运用和结构的铺排”；“提纲有论点、有论据、有论证，言之有物，而且有自己的见解，是符合专业要求的”之外；更多的是建设性的批评，诸如“不少论点应展开而未展开”、“不少表述缺乏学术风度”、“有的提法……没有注意问题本身有上下、左右、前后的多种联系”、“有的提法前后还小有矛盾”等；也有建设性建议，诸如“重要论点一经提出，必须展开予以论证”、“凡文中的论点、论据、论证的表述，一定要有学术性”等。

罗苏文先生1986年底认识先生，1987年以《论清末民初的圣约翰大学》（约2万字）请教于先生。他利用五一假期细致审阅，写出了全面、详细的意见、建议两页稿纸，先指出论文存在的问题：基本是事实叙述，很少议论；资料仅限于圣约翰大学自己的资料，不全面；文字太口语化。然后提出自己的建议：改题目为《圣约翰大学述论》，或以此篇为基础重新写，题目为《论圣约翰模式》，并建议后者若以《论圣约翰模式》为题，需阐明以下几点：为什么要研究学校模式，圣约翰模式的内涵、形成过程及其原因、圣约翰模式的横向分析、圣约翰模式的影响及作用、结论。上述事例并非个案，而是通例。一篇学术论文如是，博士论文与书稿也是这样，如学生辈戴鞍钢的书稿、张剑的博士论文、庄安正的《张謇年谱》文稿等。

除为年轻后辈修改论文、书稿外，先生也为不少后辈的著作撰写序言，以示提携。这些人中自然有不少人是自己的学生，如姜鸣的《龙旗飘扬的舰队——中国近代海军兴衰史》，杨勇刚《中国近代铁路史》，郭太风、杨勇刚主编《中国革命史论》，郭太风《迈向现代化的沉重步履》，沈飞德《民国第一家：孙中山的亲属与后裔》，张剑《科学社团在近代中国的命运：以中国科学社为中心》，华强、奚纪荣等著《中国空军百年史》等；更有慕名而来者，如王建华《半世雄图——晚清军事教育现代化的历史进程》，徐昭英《徜徉其中》等。写作“序言”是费心费力的事情，不通读书稿，先生不会下笔。同样，先生也为后辈学人的著作撰写书评，如姜鸣《龙旗飘扬的舰队》和《被调整的目光》，周育民《晚清财政与社会变迁》等。

正因为先生如此对待学生和青年后辈，他也就有不少的私淑弟子，如同济大学的杨勇

与郭太风合影

刚教授、南京师范大学的谢世诚教授等，更有不少人也奉他为师，如南通大学庄安正等。因历史的原因，先生自己招收的研究生并不多。学生们每年正月初五到他家聚会，已经延续近三十年，成为学界佳话，其中多是他本科学生与私淑弟子。2006 年 3 月 20 日，东华大学教授郭太风因心脏病突发在五官科医院去世。郭自复旦本科跟随先生从事军事史研究，几十年间与先生相从甚密，被每年初五聚会众弟子推为大师兄，也深受先生器重和赏识。郭去世后，先生曾在日记中说："太风今年虚岁六十，遽然远行，令余伤感不已。白发人送黑发人，何其悲哉！……太风一走，余失股肱，学界少一俊彦，东华人文学院失去栋梁。于公于私，皆一大损失，天公何其恶虐也！！"由此可见先生对学生的感情。

先生自小身体素质不错，当兵更增强了他的体质。但自 1987 年 7 月，因脉管炎开刀截去一根脚趾后，疾病就开始缠绕于他（后又先后截去两根脚趾）。缠绕先生多年的脉管炎对先生无论是生活质量还是学术研究都造成极大的影响。当年 11 月，先生曾在致张一文先生的信函中说：

> 三个多月来，我每时都像受刑罚那样，苦不堪言。最糟的是晚上痛得无法睡眠。可以说三个月来没有睡过一次好觉，每天晚上只能坐着打个盹，所以人被折磨得十分疲劳衰弱。

对于脉管炎病因，三次手术医生都没有找到，直到 2000 年 10 月查出糖尿病以后，才找出糖尿病是元凶。因此，先生认为现代医学虽然非常发达，大大提升了人类的平均寿命，但水平还非常低下，不仅根本不能解决许多的病症，甚至还不能早期发现，也不能很好地解决病因与病原。他认为科学目前对人自己的认识还非常粗浅，譬如并不清楚人体是如何正常运行的，对人类的思维活动原理也不了解。当然，当人类真正对自身认识清楚之后，人类也许就进入到毁灭的阶段：可以通过科学来控制人类的所有活动。

先生晚年糖尿病、高血压等病症缠身，但他并不以病魔为意。他一生将学术视为生命，对他而言，没有思考与写作的生存是毫无意义的。因此，即使到晚年，他仍像过去一样为学术而奔波。且看他2009年的学术活动：

1月　参加七宝《黄金瓜》创刊首发仪式。

2月　接受新华社记者电话采访有关“高中学生文理分科”问题。

3月　作为主席参加东华大学历史研究所硕士论文答辩会；参加民革召开的“马林文本展”评审会。

4月　赴海南参加“宋耀如及其时代国际学术研讨会”。

7月　接受广东电视台“解密档案”项目采访。

8月　参加在山东大学举行的“清代的秘密结社与农民战争暨第二届中国秘密社会史”国际研讨会；接受香港凤凰大视野频道访谈相关太平天国史。

11月　参加云翔寺修复落成五周年暨《云翔寺志》学术研讨会，做大会发言。

12月　作为专家出席纪念国务院命名上海市国家历史文化城23周年暨孙中山铜像揭幕仪式并发言；接受深圳电视台采访拍摄“光绪之死”。

先生凡事认真、一丝不苟，因此在学界留下了“认真”名声。无论是出席什么会议，只要有发言，他都要详详细细地写好发言稿，时间实在来不及，也至少要写好发言提纲。因此，只要先生出席会议，往往会成为会议关注点。以七十多岁的年龄，一年参加如此多各类学术活动，写作论文、发言稿、电视采访提纲等，都在消耗着先生的体力和精力。

先生在这样永不停息的思考中，走到了生命的尽头。2011年10月，在去上海大学作学术报告时出现步履不稳、略微颤抖，但仍坚持做完报告，事后被诊断为轻微脑梗。2014年10月底，突发心肌梗塞，虽经抢救从鬼门关回来，并通过在中山医院的医治而有所恢复，但经此大劫，身体受到极大的损伤。终因弥漫性肝癌（这又是一直没有发现的病灶），于2015年4月18日凌晨7时在上海中山医院去世。

与恩师陈旭麓合影

复旦大学历史系 1985 届毕业生及全体教师合影

20 世纪 80 年代在复旦大学讲课（刊于 National News）

与复旦大学学生郭太风、刘申宁、姜鸣（左起）合影

与七宝中学学生合影

与七宝中学师生合影

与东华大学硕士毕业生合影

与当年就读上海师范学院时的同学合影

2005年与就读七宝农校初中时的同学合影

2008 年春节师生聚会

2014 年 10 月学生王孝俭为老师注射胰岛素

2010 年 1 月 29 日沈渭滨、汤先华金婚庆典

2012 年春节师生聚会

在《七宝镇志》编修指导组会议时审稿

在七宝老街改造时与文化指导小组部分成员合影

在七宝老街改造时与专家及领导合影

参加《古镇七宝》首发式与作者、编者及古镇文化顾问小组成员合影

参加七宝乡土刊物《黄金瓜》座谈会，与作者、编者及有关专家合影

为七宝老街修复撰写《修葺七宝老街碑记》

为召稼楼老街所题对联

为七宝教寺所题“汉唐遗韵”

为召稼楼老街礼耕桥所撰写的对联

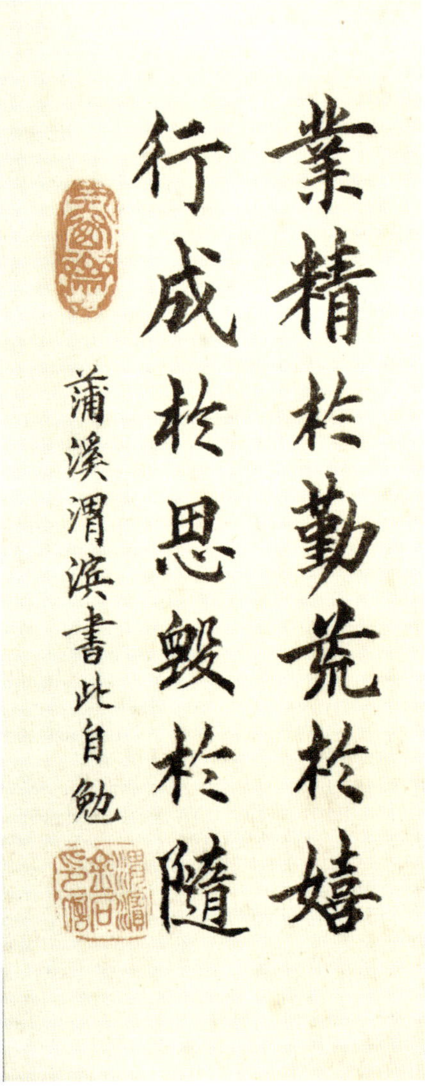

书法：自勉

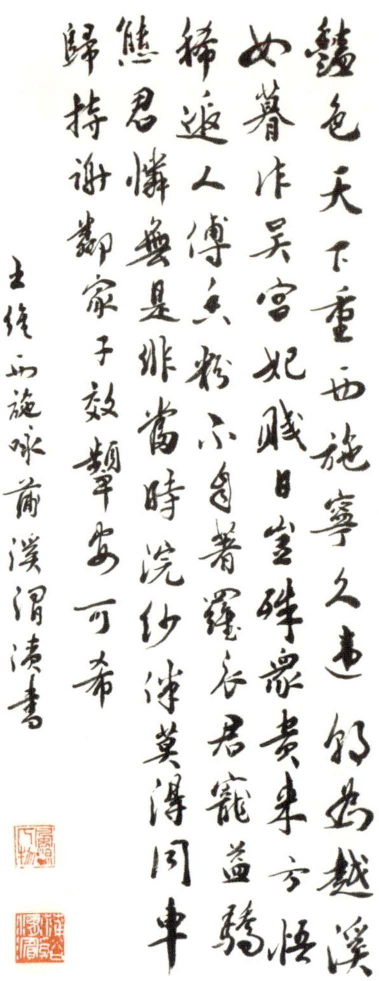

书法：录王维诗《西施咏》

钢笔速写：松江泗泾东泗桥展望（1957 年）

水粉：列宁像

速写：人物（1957 年）

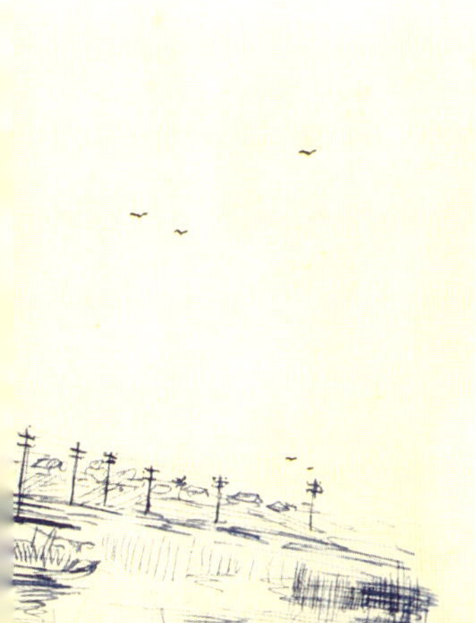

沈渭滨去世后各媒体报纸上的有关追思、纪念文章

2015年6月在复旦大学举行的沈渭滨教授追思会

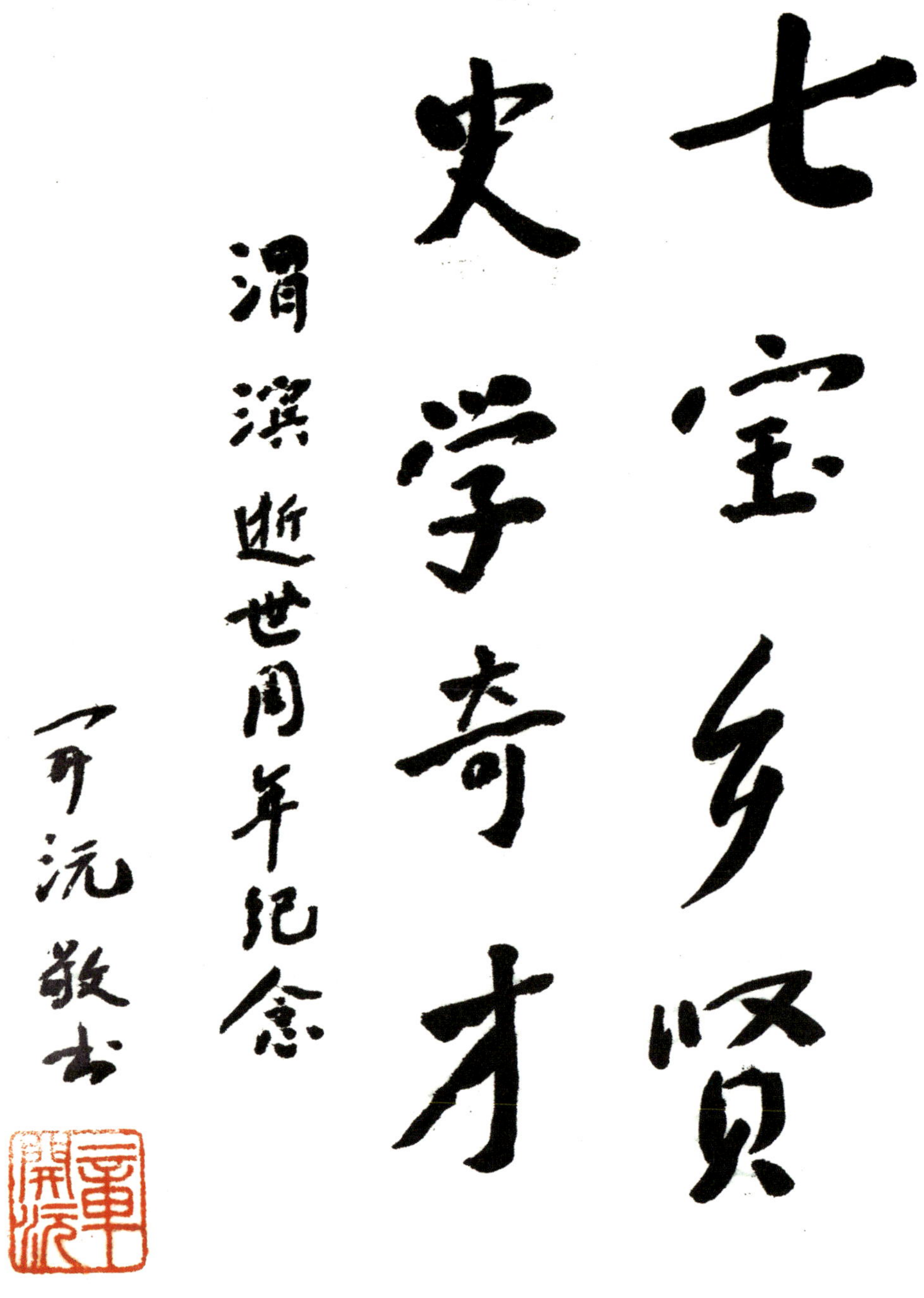

著名历史学家、教育家、华中师范大学老校长章开沅教授题词

二、朋辈之间

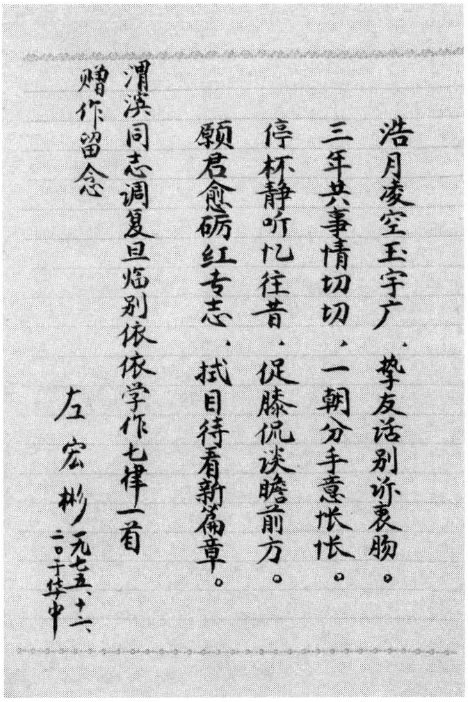

浩月凌空玉宇广、挚友话别诉衷肠。
三年共事情切切、一朝分手意怅怅。
停杯静听忆往昔、促膝侃谈瞻前方。
願君愈砺红专志、拭目待看新篇章。

渭溪同志调复旦临别依依学作七律一首
赠作留念

左宏彬 一九七五、十二、二〇于华中

笑对痼疾　奋笔疾书

汤志钧

每逢岁末，总会接到沈渭滨同志的贺卡和电话，今又岁末，却再也接不到了。

还是上世纪五十年代末，接到魏建猷同志的电话，说是他们学校的应届毕业生想到我的工作单位——上海社会科学院历史研究所实习。不久，单位里来了好几位年轻人，其中就有沈渭滨。他的专业是中国近代史、晚清史和孙中山与辛亥革命。当时他还年轻，思想却很活跃，经常向我问学，讨论学术问题，我总是尽所能相告。后来，他调到复旦大学任教。一名不是复旦毕业的本科生调到复旦，已属不易，登堂讲学，就更不简单了。他能说会讲，言必有据。字也写得很有功力，每天用毛笔写日记，我曾笑着对他说：“你手写的日记，既有史料价值，也是书法善本啊！”

2004年与渭滨在枫泾小镇上的合影

近几年来，他的身体日见虚弱，却笑对痼疾，奋笔疾书。可惜天不假年，过早地离开了人世，他写的《孙中山与辛亥革命》，却为研究中国近代史者所推许。

（汤志钧　上海社会科学院历史研究所研究员）

怀念与哀思

茅家琦

渭滨教授比我年轻，他匆匆地走了，我感到十分意外。

在学术上，我与渭滨教授是同行，都是教中国近现代史的。但我们的往来，主要在“文革”以后。

他给我的印象是思想活跃，在学术研究方面，具有冷静的态度和睿智的观察力。在这一个方面，我想说一说阅读了他的最后一部著作《道光十九年——从禁烟到战争》以后的感受，借以表达对渭滨教授的怀念和哀思。

我赞成华东师范大学出版社对这部著作的评价：“迄今首部鸦片战争前史专著。”

渭滨教授回忆了他的尊师陈旭麓教授对写这部著作的指导思想和建议：“本书写作初期，恩师陈旭麓先生得知我有将鸦片战争的起始年改为1839年之想，立即写信给我表示不同意这种观点。信中指出：1839年与1840年的关系是头发与‘头’的关系，我们要说的是‘头’，不是‘头发’，当然也要注意‘头发’，不是‘秃子’，不知你以为然否？”在陈旭麓老师的教导下，渭滨教授将这部著作“定位在时贤著作中语焉不详的‘头发’上，专讲鸦片战争前夕的中外关系以及英国策动侵华战争的原因。”①

我想举这部著作中对“九龙之战”以后形势的分析为例，展示作者的思想。作者写道：“林则徐经此一战，……认为仅凭广东师船即可使‘奸夷胆落’。他与邓廷桢于9月6日向外国商人货船发布告示，历数义律挑起战争的罪行及王朝军队的强大。”②“处于深宫的道光皇帝，接到林则徐‘九龙之战’捷报后，立即朱批林则徐等的奏折说：‘既有此番举动，若再示以柔弱，则大不可，朕不虑卿等孟浪，但戒卿等不可畏葸’，并发布上谕称：

① 沈渭滨著：《道光十九年——从禁烟到战争》，华东师范大学出版社2014年版，第326—327页。
② 同上书，第283页。

‘我兵先后奋勇，大挫其锋，该夷等自必畏慑投诚，吁求免死。惟当此得势之后，断不可稍形畏葸，示以柔弱。’……著林则徐等相度机宜，悉心筹画。如果该夷等畏罪输诚，不妨先威后德，倘仍形桀骜或佯为畏惧，而暗布戈矛，是该夷自外生成，有心寻衅，既已大张挞伐，何难再示兵威。”①

正是这种弥漫于君臣之间的天朝自大和轻视对手的文化心态，成为导致鸦片战争中国失败的根本原因。

我个人认为，这一大段论述正显示渭滨教授思想活跃，在学术研究方面，具有冷静和睿智的观察力。这种精神，值得弘扬。

（茅家琦　南京大学历史系教授）

① 沈渭滨著:《道光十九年——从禁烟到战争》，华东师范大学出版社 2014 年版，第 284 页。

做学问最难得的是认真

——沈渭滨教授追思会上的发言

陈　绛

我自1977年到复旦，与沈渭滨同一个教研组，迄今算来已垂四十年。年初退休教师春节茶话会，大家谈起，都说沈先生心脏动过手术，结果情况不错，听后深感欣慰。没料到，4月中姜鸣打来电话，告诉我沈先生病危。我想马上到医院去看他，姜鸣劝我不要去，说去也无益，他已不能说话。打电话给汤老师，汤老师说，沈先生已住入重症监护室，只能隔着玻璃看望他，也劝我不要去。沈先生生前多次邀请我到七宝他家，我想来日方长，不料就此永别，太令人遗憾了。沈先生学问做得比我好，走得却比我早（他78，我86），他能写能讲，太有才了，老天也太不公平了。

与渭滨老友的合影

沈先生给我印象最深的是他的认真。做学问最难得的是认真。他不但备课认真，写作认真，批改作业、回答来信也一样认真。看他那一笔一画的娟秀书法，无不体现他的认真。不潦草，不敷衍了事，这就是他处世待人的特点。

沈先生给我印象最深

的另一个优点就是爱护学生，爱护年轻的后进学者。他周围有许多学生，特别是搞军事史的学生像姜鸣，都同他特别亲近，喜欢接受他的指导。他去世的几天，我从网上读到两篇悼念他的文章，一篇作者是南通的庄安正，一篇名忘了，都不是他教过的学生。前者由于张謇年谱，同他有联系；后者在外地，沈老师只是他学位论文评阅人，交往并不是很多，但都著文怀念他，感激他的热情指导。这几天报纸上、网上怀念他的文章很多，我都来不及一一细读，由此可见他的感人之深。我想一个老师能做到这一点，沈渭滨先生不但一生无憾，而且应当含笑于九泉了。

2015 年 12 月 28 日，陈绛先生在患病出院后，再次给编委会发来怀念沈渭滨先生的文字：

渭滨老友与我相交相知垂四十年，平生治学不辍，诲人不倦，我素敬佩。不意先我而行，遽归道山。今其门人友好集议裒编文章，永作纪念。我近来衰病侵寻，病榻缠绵，执笔维艰，爰以当日追思会上发言以应，藉表怀思。老友泉下有知，当不罪我。

陈绛记于沪西虹桥疗养院旧址，时年八十有六。

（陈绛　复旦大学历史系教授）

哭渭滨　悼渭滨

张一文

2015年4月中旬的一天清晨，上海的一位老同志忽然打来电话，说是沈渭滨老师去世了。我一时愕然。缓过神来我说：不是说春节你去看他时还是很好的吗，怎么这么快就去世呢，我们都难以理解。自此以后相当长的一段时间，我情绪低落，闷闷不乐，总是接受不了这一铁的事实，时常眼睛湿润，总想起和他交谈、通话的情景。记得春节前后，我两次去电话，因他病重，都是汤先华老师接的，因此失去了与他直接通话的机会，从而留下终身遗憾。

我与沈渭滨同志相见相识于1979年，那时在南京参加太平天国史学术讨论会，这是"文化大革命"后学术界第一次会议，到会的国内外学者三百多人，收到论文二百余篇。在这次会下，首先由关心晚清军事史的沈渭滨同志倡导，并召集了辽宁大学的张玉田教授、东北师范大学的陆方教授、南京陆军指挥学院的舒翼教授等几位关注晚清军事史的同仁，并要我来牵头，组成一个无形的研究近代军事史的沙龙。以后在这几位的热心倡导和积极奔走呼吁以及各大单位的支持下，终于开成了1986年在北京军事科学院举行的第一次中国近代军事史学术讨论会。由于老沈十分关心晚清军事，故我们编纂《中国大百科全书》和《中国军事百科全书》条目时，都请他撰稿和审稿。他写的稿子，总是条分缕析，字迹清秀，令人称羡。他在审稿时，总是以一贯严谨的治学态度，对条目字斟句酌，一丝不苟。此后，我们还利用百科条目审稿的由头，请他以及另几位教授，到北京军事科学院相聚了一次，人们把这次与会专家，视为国内研究中国近代军事史的中坚力量。

正由于沈渭滨先生在学术上的造诣以及他的为人，我们渐渐成了亲密无间的挚友。我每次去上海，总要到七宝镇他的住所拜访，他的老房子以及后来的新房子，我都去过和住过。1995年我和夫人曾在他家住了几天，他和汤先华老师总以上宾相待，甚至把"牙床"也让给我们睡；以致我们第二次到他家商讨住不住时，要将"不睡牙床"作为一个条件提出来。2003、2005 年，我由深圳回老家路经上海时，又在他家住过。在我们相聚的日子里，谈话常常天南海北，海阔天空，国内国际，无所不谈，我们在许多学术问题上所见略同，感到颇有收益。我们出版了图书，都互相赠阅。1994 年我出版了《太平天国军事史》，请他撰写书评，他欣然应诺，且十分认真，在肯定书的成就和优点的同时，也指出书中的缺点和问题，并不因为是熟人而稍稍留有情面。

与渭滨的合影，那时他是多么意气风发

记得早年在我们的攀谈中，唯一有分歧的是有关养生健康问题，我赞成“生命在于运动”，他则主张“生命在于静止”。这大概是他早年身体尚健康时的想法。本来，一个人要健康长寿，养生在动，养心在静，两者要做到并不容易，但不可偏废，决不可强调一而忽略另一。老沈在对待这一问题时是有所偏废的，他在“养生在动”的方面太忽略了。

大概到了上世纪 80 年代中后期，他得了足疾脉管炎。他在 1987 年 11 月的信上说：“三个多月来，我每时都像受刑罚那样，苦不堪言。最糟的是晚上痛得无法睡眠。可以说三个月来没有睡过一次好觉，每天晚上只能坐着打个盹，所以人被折磨得十分疲劳衰弱。”这可以算是在养生方面尝到了苦果，自此之后，稍稍注意锻炼了。1993 年 7 月的信上说：

“我对自己的身体确实不大放在心上，有时想想，人生在世，无非要做点事业，不如乘能做事的时候多做一点。可能是这种漫不经心的人生哲学，我自知有点对自己过意不去，但积习难改，只好如此。”这时他对他的身体提高到“人生哲学”的高度，似乎有所认识，但如他所说“积习难改”。1997 年底的信上说：“烟已抽得较少，但仍不肯锻炼，只是临睡时、起床前，在床上做做胸腹手臂按摩，叩叩牙齿，算作运动。平时很少出门，有时好几天足不出户。总之，以静为主，不想大动。……不吃补药，只爱吃肉，近来稍稍吃点鱼，但仍不以为有滋味。喜欢浓油赤酱，不爱清淡。一切顺胃口自然，不注意追求营养。生活多随习惯，顺其自然，不太看重规律，不刻板制定作息时间，照此执行。这种生活方式，可以美其名曰潇洒，其实是懒散哲学，庸人而已！”他写的与他的“生活方式”基本相符，甚至对自己有些苛责，但要改变“以静为主”的生活方式还来得及。1998 年 9 月的信上说：“看来，身体第一，比什么都重要。可惜觉悟太晚，已经难以如愿了。”这时显得有些悲观。2000 年 10 月的信上说：“本周一我去医院检查血糖，经化验，血糖竟然超过 11，医生嘱咐必须严格控制饮食，切忌有宴饮之举。……我以往的脉管炎，看来与糖尿病极有关系。……可怜十几年来，竟然没有一个医生在我治脉管炎时，注意我是否有糖尿病！”这时他突然确诊了糖尿病，对于一个缺乏一定医疗常识的人来说，的确是很难招架应付的。沈渭滨先生的病以及最后的病故，留给了我们不少经验教训。

2014 年 6 月收到沈渭滨先生最后一封信，他在信上说：“我近年来身体越见衰弱，高血压常在 180/60 左右，头晕目眩，行步维艰，终日躺在小楼看书写字，不知能苦撑多久。”想不到他“苦撑”还不到一年，病魔就夺去了他的生命。一个成熟的中国近代史、晚清史专家，留下他的学问、留下他的家人和朋友，就这样悄悄地走了。我只能祝福他一路走好！

（张一文　中国军事科学院研究员）

晚来的悼念

——深切怀念老友沈渭滨教授

林家有

2015年，广东中山市孙中山研究会在中山市举办“‘孙中山与中国梦’学术研讨会”，廖大伟教授对我说：“林老师，沈渭滨先生最近病逝了。”听小廖一说，我愕然了，因为我有点耳背，我怕听错了，闹出笑话，就问小廖：“渭滨先生真的走了？”小廖点头说：“是。”此时，我低头沉默无言，过了半刻，我则自言自语：“沈老友走了，我又失去一位相识多年的老友。”当时的心里真不是滋味，老在想，老沈您不该这样匆匆地，连个招呼都不打就远走了，就这样去见马克思了，真有点不近人情。后来一想，几个月前，渭滨兄曾给我来信，说近期老躯欠安在休养。但他不说是什么病，也不说因何欠安。他可能是怕将病情真实对我一说，会引起我的担心，便隐瞒自己的真情，默默地告别他为之奋斗终生的学术生涯，以及他从教数十年的复旦大学的同事、学生和朋友，走到另外一个世界去继续从事他的事业、静静地安眠、好好地休息了。

我与渭滨兄同年生，又做同样的工作，在大学教书，从事中国近代史、孙中山与辛亥革命史的研究，而且对近代中国，以及对孙中山的许多看法和对问题认识的观点又基本相同或相似，可以说是同一个战壕里的战友。近二十年，我们接触的机会较多，沈兄是上海宋庆龄研究会的副会长、中山学社的重要成员，我也曾是中山大学孙中山研究所、广东孙中山研究会和孙中山基金会的负责人之一，两地经常开会，不是我往上海跑，就是渭滨兄到广东来。只要我们相见就无所不谈，但谈得最多的还是学术问题，相谈之中不仅相互交流工作情况，也谈到学术界一些人对孙中山和辛亥革命的看法，但我们的态度基本相同，只要是学术问题不必过多干预，你谈你的，我说我的，各说各话，让时间和历史去检验。

渭滨兄是个难得的人才，他擅长思辨、史学功底扎实深厚，又擅长考据，非常严谨，同是一个人、一件事只要在他的笔下就变得有趣、耐看，而且他做学问非常认真，对于史事一点不马虎，使你读后很难给他挑毛病。记得，1990 年，当时国家教育委员会委托我主编大学历史系选修课教材，经中山大学孙中山研究所几位同事一年多的努力终于编成一部 50 万字的《辛亥革命运动史》，由中山大学出版社于 1991 年出版，该书出版后我即题赠渭滨兄，请他批评指教。同年在一次会议时，渭滨兄对我说，尊著收读，并讲了不少鼓励和恭维的话。然后，他又说，近年他在复旦大学开设“孙中山与辛亥革命”的课，写了许多专题讲座稿件，你们的《辛亥革命运动史》教材已出版，本来不需要再编撰《孙中山与辛亥革命》教材了，但经考虑我还是将其整理出版，供研究和教学人员参考。我听后极力鼓励他加紧整理出版，让读者有更多的选择，这不仅对教师对学生也是一种学术的推动。渭滨兄经过一年多的努力，他的《孙中山与辛亥革命》一书，终于在 1993 年由上海人民出版社出版。该书是渭滨兄积多年研究的成果，具有严肃谨慎、视角新颖、内容深广、力学深思的特点，说明渭滨兄对孙中山及其领导的辛亥革命的研究已有相当的深度，他对孙中山的探索，以及孙中山领导的辛亥革命的成功与失败都有深入的研究。他的书不仅给人提供知识，也为读者思考孙中山和辛亥革命提供许多智慧和启迪。2011 年辛亥革命 100 周年时，渭滨兄又对该书进行增订，经过他 4 个多月艰辛劳作，终于在 6 月完成书稿增订任务。当书增订完时，他又给我来信要我为他写个推荐函给上海人民出版社。该书上海人民出版社于 2011 年 10 月辛亥革命 100 周年纪念时以精装本推出，渭滨兄当然心中无限喜悦和高兴，但也在此书出版时由于紧张带来的疲劳累垮病倒了。他给我来信说：“家有兄，像这类急迫的写作任务真的不能再干了。”此后，真的如他所说，他的“老弱之躯”真的一天不如一天。

诚如杨国强教授在为他的《孙中山与辛亥革命》一书的序言中所说：沈渭滨老师“他喜欢热闹，也耐得住寂寞”，他真的是具有如此个性和执着的学人。近十多年来，渭滨兄走起路来不太利索，但他手持拐杖，嘴里叼着烟，真有大派学人的风度。我们只要见面，他总喜欢谈天说地，讲自己，论学术，也有时谈起他学书法、写字赠字，别人给他高价报酬的趣事，让人乐个不停。记得，2008 年我和渭滨兄到海南参加“宋耀如及其时代国际学术讨论会”，在海口、文昌、三亚几天考察期间，他时而跟你侃大山，让你乐此不疲，时而叼着烟默言不语，不知他在思考什么。样子怪怪的，但显得十分可爱、可亲。渭滨兄的学问很好，但他不盛气凌人，更不居高临下教训别人。他属于低调不张扬的文人。然而，有时他又爱热闹，只要他与张磊先生在一起，就像一对相声演员在演相声，有说有捧，两位都十分喜言善辩，都有语言天分，有时在车上大家都疲乏不堪，闭着眼在休息时，他俩则不知疲倦地说个不完。有时我陪伴在这两位先生的左右，听他们发表高论，他们多数是在谈学问，但也爱天南地北讲各地名人趣事，不仅使我听到了许多闻所未闻的事，也使我很受教益。我非常敬佩他俩的知识渊博，也赞叹他俩的口才本事。然而，遗憾的是我想从中插话也难得有机会开口。此后数年在上海参加孙中山的学术研讨会，或参加纪念宋庆龄的各种会议时都与渭滨兄在一起，但我发现渭滨兄的高谈阔论少了很多，文章也不怎么写了，我问他身体如何？他说："不好。老弱之躯，经受不住疲惫的折腾，余生有限，还是悠着点好。"有时他也跟我说起他接受国家清史人物传任务，花去他无数精力，他有点后悔当初接受这个艰难的任务，但是了解渭滨兄的人都知道，他是一个闲不住的人，他做事认真，真有点"活着干，死了算"的个性。

渭滨兄是一位在中国近代史、孙中山与辛亥革命研究上卓有成就的学者。他的逝世是历史学界的一个损失，也使我失去了一位知心的朋友。自他走后，只要我与他的学生在一起，都会谈起他的人生经历，回忆起他做人、教书、写书的许多往事。他的学生称赞他讲课讲得好，做学问很执着，留下不少文化精品。我们都认为，他多活几年，不仅对上海的孙中山、宋庆龄和宋氏家族研究会继续发挥他的指导作用，对于他的学术成就也会有进一步的提升。老友真诚难忘，往事桩桩，言犹未尽。我永远怀念渭滨兄，他是一位辛勤一生的史坛精英。他虽然到了另一个世界，但他具有一种永不熄灭的精神光芒，照亮别人，毁灭自己。

一路走好，渭滨兄，我崇敬你，赞美你，怀念你。

（林家有　中山大学历史系教授）

最后的乡绅

王家范

渭滨离开我们去逍遥世外，已有一年了。料想他在那里正安心地继续描写他所崇拜的老师，《陈旭麓传》有望杀青，一定觉得自己过得有滋有味。看明清士人传记，那时很少有活过古稀之年的，我们已经很幸运了。人都会有解脱世俗羁绊的一天，像卢梭所说的，诀别人生才可能获取完全的自由。一生之中，能够做的都去做了，所有是非恩怨荣辱得失，瞬间甩得一干二净；飞到那个地方去，无欲无求，无喜无悲，好话坏话都听不到了，随意说与思，任性读与写，这是何等的痛快！

渭滨长我一岁，向以兄长视之。虽平日往来甚稀，但惺惺相惜，心灵间的沟通有如神助，向无障碍。我相识渭滨比较晚。记得 1988 年 12 月 1 日晚，应陈辛电话急召，慌慌张张奔赴二村陈府，室内已经坐满了悲戚不已的陈门弟子，正在商议后事。不少我是第一次相见，其中包括国强。渭滨当时在座，经介绍才知也是先生的门生。陈先生不喜欢自己弟子在系内走动，平日管束甚严（个别暗中不受管束，有穿逾之心，先生竟未有察觉），所以好些人，过去我并不怎么熟悉，非华东师大出身的渭滨更是初次谋面。从此之后，“陈门”一词不胫而走，迩遐相传；因各种机会，我也慢慢走近了这一批“薪火传承”者，逐渐对“陈门”有较深的了解。还不足 30 年，经岁月的洗涤，有立马变脸批判先生学术的，有后来不爱惜同门情义自取其辱的，也有逐渐疏离先师宗旨曲学阿世的，乃千古如此，殊不足怪。但自称私淑弟子的渭滨，一直奉先生为再生父母，凡有关维护门风师教的，他都容不得半点沙子；见猥琐诟秽，则拍案而起，敢怒敢言，有甚于嫡传弟子，由此我对渭滨也就格外地敬重。

有一件事，我过去从未跟人说过。好多年之前，吴云溥还在主持《上海滩》杂志，举办一个座谈会，于某处设宴款待客人。我从未为《上海滩》写过稿，猜想是沈飞德好意推荐。席间，有位报界老编辑，很熟悉上海的掌故。他突然对着我说：“你知道吗？上海滩学界，现今有三个畸人，你就是其中的一个。”自然，我当时莫名地惊愕，冷水浇背。在上海滩上才刚混迹十来年（大约80年代开始），居然摊上一个怪怪的诨号，怎能不凉且酸？心里嘀咕：归奇顾怪，无非是说有一股不合时流的坏癖性，入不了《儒林传》，进不了《文苑志》，挑了个好听的词儿，叫做“畸人”。毕竟不熟，当时不敢深究来历，便装做好奇，打岔问：“那，另二位是谁？”他立即报上大名：“李培栋，沈渭滨。你是老三。我们多次听过你们在社科界会上的发言，不同于众，朋友间便有此风议。”想想，另两位，相识后都非常讲得来，正好合了臭味相投之谚。曾几何时，碰在一起，侃侃而谈，嬉笑怒骂，率性自为，而今却先后离我而去，真不免感到有茕茕孑立形影相吊的孤独！

朋友间则喜欢笑称渭滨为“乡绅”，这倒是一个石骨铁硬，经得起推敲的诨号。他那讲究的衣着拐杖，眉目之间，举止派头，都满溢出绅士的风度，远近有口皆碑。论做实事，他热心为清代《蒲溪小志》和《紫隄村志》整理出版作长序，呼吁重视乡镇志的史学价值；积极顾问七宝老街的修复，书写立石纪事碑文，告示后人切勿破坏历史；又为新《七宝镇志》的编纂把脉建言，撰写家乡蒲汇塘史实考订文章，追本溯源，以水环境保护为念，等等，都在自觉地把自己当作乡绅来要求，身体力行，引以自傲。七宝镇上的士民，也把渭滨当乡绅那样礼敬有加，走在街上，招呼不绝。若是讨得他的墨宝，便喜不自胜，逢来客就拿出来炫耀，说这是沈老先生给我写的。他不摆架子，不拂乡亲心意，有求必应，说写就写。我早知道渭滨酷好书法，天天磨砚挥洒，却从没有见过他的墨迹。他曾答应给我写一幅字，以为来日方长，未予催逼，至今却缺了家藏一宝。犹记得前几年的仲秋，他带我们去参观他曾顾问设计的召稼楼镇景点。特意绕过正门牌坊，从西边秦裕伯路入口处进入，但见灰瓦青砖的门楼上，有一幅石镌楹联亮在眼前：“江流东泻闻航头涛声，海光西映眺惠南沃野”，下署“沈渭滨”。我便大叫起来：“好不风光啊！”此时，他果然露出了狡黠的微笑。渭滨时常有老顽童式的天真烂漫，讲到自己的得意之处，形之于色，不加虚掩。平素不喜欢忸怩作态，耻于逢迎权贵阔佬，更不愿低三下四，人说其傲，也不冤枉。在官气日浓、人情世故极深的学府与史坛上，因此而屡中暗箭，直至吃明亏，黄连在口，有言难辩，但他却从不觉得有什么可以提防和后悔的。我就是我，喜怒哀乐一任由衷而发，这倒也是承袭了几分古代乡间狂士的癖性遗传。

渭滨与我，一出生于上海七宝，一出生于昆山陈墓，市镇所在亦同属兄弟侪辈，天生有缘分。2007年9月，《探索与争鸣》准备组织“保护古镇”圆桌会议，大家都为此举叫好点赞，公推渭滨做一方地主。到那天，集合了多名谈话高手，在七宝茶楼上团团而座，

与渭滨合影

品茗大侃。我俩忘情于高谈阔论，几近失态。幸好邓公伟志幽雅有致，作了一篇高瞻远瞩的总结，据说后来竟获得“关爱传统文化的领导人的批示”（主编秦维宪语）。但若论乡绅，究名责实，渭滨确实是，而我不是。我早早离开家乡，长年漂泊异地，是典型的浪子在外，对家乡无有任何贡献。大概从废科举开始，镇上的士子为谋生，陆续走出市镇，成名发达均在外，从此就落脚于城市乃至海外。随后子孙繁衍，后代都已经不认得乡下祖宗了。愈后则愈甚，我的情况只是其中的一个例子。进而再问，而今不仍然是如此，我们的学生有几个返回乡村老家的？像渭滨那样，长期生活于斯，扎根本土，热衷乡土文化建设的，少之又少，真是民国以后的异数，硕果仅存的文化孑遗。重读渭滨和我为这一期笔谈所写的文章，我们都深悉乡村市镇面临的未来命运，字里行间渗出的是一种掩饰不住的悲哀与忧愁。看似为市镇文脉的传承打气接力，积极建言建策，其实还不如说是在为最后乡镇文化的死绝送行，哭道情，唱挽歌。所以，在写此悼文时，心里一直在问：渭滨之后，还会有乡绅吗？恐怕是最后的一个了。

（王家范　华东师范大学历史系教授）

追怀沈渭滨教授

杨国强

与渭滨教授相识近三十年，此日追想往事，在言谈咳唾、喜怒哀乐都已消失之后，留在我们眼前的，是一个本色而执着的学者，一个尽心尽力的老师，一个可以做朋友的好人。

我初见渭滨教授，是在20世纪80年代的后期。那天聚在陈（旭麓）先生书房里的七八个人，大半是长我十多岁的大师兄辈，加以书房本来就既狭且小，所以我的位置是在门口的方凳上。这个位置可以旁观，可以静听，其间为我留下深刻印象的一个细节，是渭滨教授在侃侃而谈之际稍停，然后拿出一包香烟，向四面让过之后，一边点火吸烟一边说："老沈是个大烟鬼，香烟里面出观点！"在我的闻见之知里，由此流露出来的显然自负，又因其不经意地随口说来而更加真实，但以当时的直接感受而论，此中似乎并无迫人的盛气。

后来日久而熟悉，熟悉而相知，我又更多地知道了一点他昔日的曲折和一路走来的不容易。对于人生中的这一段经历，他曾统括地谓之"半世坎坷皆为字"。感慨之中有无奈，有屈抑，也有意不能平。他们那一代读书人，大半都有一种为时代所造就，并常常萌生出理想主义的政治情怀，但面对一个动乱年代，这种小人物的政治情怀又很容易在潮起潮落和潮来潮去里变成一派不知路向的懵懂。而后是尘埃落定之日，因身在懵懂之中的太听话和太不听话所派生出来的文字表达，常常都会在事后的追究里与各种恩怨相牵杂，变成个人非常具体的麻烦与挫折。有此一段经历，此后的人生便不能不从走出"半世坎坷"开始，而这个过程里可以倚为精神凭仗的，其实已只剩下自己对自己的评判，自己对自己的信任，自己对自己的证明，以及自己对自己的引导了。这种盘陀心路最终都归向了学术，同时是心路里的层层曲折，也最终形成了他后半生的品格和气象。我想，当日他所流露而使我印象深刻的那种自负里，相当一部分应是多年来以自尊、自信、倔强和执着作自我支撑的过程所积留的痕迹。其中多的是甘苦自知，所以一为发舒，内里又少见迫人的盛气。

由“半世坎坷”到终以史学成名，是在不懈不怠的一路力行中实现的。渭滨教授以著述严谨为风格，文字之外，又能善谈，但立言之际绝不信口开河。我好几次目睹过他听人发言之极其专注，其间时或常脱下眼镜，以极细的蝇头小字在纸片上疾书，之后开口作论说，则言之滔滔，中气十足，一扫往日的老态。虽阐述之中有论争，有辩驳，而皆以学术论学术，人所共见的，俱是一种书生的认真。在我的印象中，他多年治史，关注的始终都在近代历史中的政治一面。这种选择和倾向里，应当有着早年形成的那种政治情怀的影响和支配。而在我有限的知识范围和认知范围里，一个能够在读史中有会于心地获得真知灼见的历史学家，无分古今，无分中外，多半都是有一点政治情怀的人。在这一方面，我至今犹自记忆深刻的，是我的老师陈旭麓先生当年自述怀抱，而以以史经世为向往之所在。若以这些类比作观照，显然是曾经把渭滨教授引到漩涡里的政治情怀，又在实际上造就了他的史学视野和史学识断。这种互相矛盾的人生意义，很容易使人想起梁启超说的“万事祸为福所倚，百年力与命相持”。孔子说“五十而知天命”，又说“不知命无以为君子”。但儒学论天命，其实正是以天命之不可知为前提的。所以《礼记》把“不怨天，不尤人，君子居易以俟命”当作正确态度；孟子把“夭寿不贰，修身以俟之，所以立命也”当作正确的态度。申而论之，“俟命”说的是命不可知，所以顺境逆境，人都只能在与命相安中保持一腔静气。“立命”说的是命不可知，所以成败利钝无从先测，但无论成败，理之所在和义之所归的事则不能不做。然则孔子说的“知命”，旨义固在守定于前一面和后一面之间，因与命相安以见人在局限之中，又由力命相持而见人能自我伸张。三十多年里，渭滨教授的人生路迹和史学路迹正穿行于两者之间，以儒学的道理相度量，亦可谓知命。

20世纪80年代，我辈在史学一行里还只能算是学徒，而渭滨教授则已在陈（旭麓）先生深加器重之列。其间口耳相传，我曾听到过陈先生有称他为“鬼才”之说。古人以“得作才鬼，胜于顽仙”分品类，显见得在陈先生眼中，他算得上是上品人物。后来读陈旭麓文集，又见先生留下的书信里，以写给渭滨教授的为独多。文字留痕，记述的都是交谊。但对我辈来说，由此形成的便是一种距离，加上年龄的差异构成了另一种距离，因此我与渭滨教授，以及与他同辈的大师兄们早年并没有太多交往，更加容易亲近的，倒是远在北京的茅海建。一直到二十多年以前，我和渭滨教授之间有过一次聊天，漫谈之中，他很突然地对我说，自己曾作曾国藩传，积稿已十数万字，但读了我两篇论曾国藩的文字之后，即停笔不写了。言次一脸恳切肃穆。由于事出意外，当时我既愕然，又哑然，复歉

与渭滨教授合影

然。而过去的那种距离感，则因之而一时全消。此后的岁月里，我们见面的次数仍然不算多，但每次都能长谈，正是在这种沟通和交流之中，渐积地形成了我对他的了解。

以世路里的常态相推断，作为一个经历过“半世坎坷”的人，心头一定会留下种种个人恩怨。而积之既久，一为宣泄亦在天理人情之中。但渭滨教授之异乎寻常，是他能够做到始终不提旧事。我从来没有听到过他追溯旧怨以诉愤懑；也没有听到过他以一己之私意品评学界之内和之外的人物，是以其“半世坎坷”的具体情节，其实很少有人真能了然。但与这种不出恶声的平静成为对比的，是事涉学界公是公非，则常要引出他的直言褒贬，间或由褒贬而愤激，极端的时候还会血脉贲张。褒贬、愤激、血脉贲张都显示了一个学人内在的血性，也为斯世斯时的士林保留了一点残存的清议。而与这种对比同时存在的另一种对比，是不修旧怨的渭滨教授又极重知恩和感恩。就我的记忆所及，他讲述陈旭麓先生对他的知遇之恩；魏建猷先生对他的引导之恩；陈锡祺先生对他的奖掖之恩，常常至再至三，动心动容。在这种已属往事师生情谊里，我们能够感受到的是一种不会随时光流逝而消散的人间温暖。两种对比所显示的都是人生在世经历的片段和细节，但我在旁观中感受到的是渭滨教授的心地自厚。而心地自厚是可以形成感染力和感召力的。因此，多年来一直都有不少学生聚在他的周围。这些人从青年到壮年，从壮年到垂老，久已见过世情百态，其不变的敬意则始终归于老师；而作为一个老师，渭滨教授能够得到学生内心的敬意和长久的敬意，其实已经得到了这个世界上最难得到的东西了。

（杨国强　华东师范大学思勉高等研究院资深研究员）

回忆老友沈渭滨教授

刘其奎

2015 年 4 月 18 日，老友沈渭滨教授不幸逝世。去世的前两天，我和老伴前往中山医院重症监护室探望。隔窗相望，他因欠我一篇文债而表示歉意。2014 年下半年我筹备出版《静真斋史志文集》之时，曾电约他为文集写一篇序言。他电告我序言不写了，待文集出版之后他一定写一篇读后感。可后来他身体每况愈下，无力践约。故此，在临终前不忘向老友致歉，其重情重义，使我潸然泪下。

老友离去，倍感悲痛，回忆与沈教授四十多年的交往，一幕幕旧事清晰地呈现在眼前。

一、七宝中学浴室偶遇

1972 年 1 月间，作为“六指导员反革命集团成员”之一的我，正在奉贤干校监督劳动改造，突接复旦大学历史系工宣队通知，要我立即返校去七宝参加《上海七一人民公社史》的编写工作。编写组由七一人民公社干部、土记者 3 人，上海人民出版社老编辑 2 人和复旦大学历史系教师 5 人（我是其中之一）共 10 人组成。编写一部公社史不是一朝一夕、几个星期几个月所能完成的，需要积数年（实际上是三年）之功才能编成。这样编写组就要有一个固定的地点，安下心来长期住下去。为此，先是选点七宝中学，后又移至七宝农校作为编写组住宿、活动、编写的基地。

在七宝中学选择的是一幢二层小楼，厕浴样样具备，搭伙在教师食堂，生活还算安逸。

时间长了，与七宝中学的老师逐渐熟悉。我发现有一位个头不高、面孔瘦弱的女教师，天天头戴草帽，认认真真地打扫校园和厕所。出于好奇，我打听到那位打扫卫生的女教师名叫汤先华，她的先生正隔离审查。这是我第一次知道沈教授夫人的名字，但当时还不知道她就是沈教授的夫人。

在我们居住的小楼北面是一排教室，最顶层的一个房间我发现经常有人来往。据校内人员讲，屋内正隔离着一位“学术权威”，但我不知其人姓何名谁。当时正值炎夏，一个星期六的晚上，其他有家眷的教师都回家度周末，我单身一个留守值班。待我去楼下淋浴室沐浴时，发现有一位年龄和我相仿的男士也在冲凉。此人个头不高，面有愁云，不苟言笑，与我对视，问我是何单位。我答称是复旦历史系的教师，正在编写《上海七一人民公社史》。当时各自都心知肚明，他正在受审，我正处监视使用，话多有失，彼此都不再多语。事后得知他就是沈渭滨，那位打扫卫生的女教师正是他的夫人汤先华老师。

二、严师出高徒

沈渭滨“文革”期间在中学被作为“学术权威”受批斗，与他率真的性格以及在学术上崭露头角有关。“文革”的中期，沈渭滨由七宝中学调至华漕中学任教，并加入了中共党组织成为一名共产党员。此时，正值“批林批孔”大潮之后，复旦和华师大两校历史系编写《中国近代史丛书》，并委任华师大历史系教授陈旭麓先生主持这项工作。因为沈渭滨早在上世纪60年代研究孙中山和辛亥革命史时就受到过陈旭麓先生的指导和帮助，陈先生非常赏识沈渭滨的学识才华，故吸收沈参加《中国近代史丛书》编写组，从事中国近代史丛书的编写工作。1975年12月经陈旭麓先生推荐，沈渭滨被调至复旦大学历史系中国近代史教研室从事中国近代史、晚清史的教学与研究。

正因为陈旭麓先生的助力，沈渭滨进入复旦从事教学和历史研究的愿望才能得以实现。沈渭滨在其《孙中山与辛亥革命》一书的初版后记中曾记述了对陈先生的感激之情：“自从1961年我首次聆听陈师关于辛亥革命史分期与研究方法的讲座后，我就一直把他视作终生追慕的导师。1963年曾报考过陈师的研究生，惜乎未能录取。此后，又多次向陈师求教过学习与研究中的问题。1975年我试写的辛亥革命史稿第一卷，就经陈师过目和评判。后来与陈师接触多了，更是经常得到指点与开导。”所以在沈渭滨的著作、文章及言谈中，提及陈旭麓先生，他总称之为“恩师”，这确实是他的肺腑之言。

在沈渭滨教授的寓所有一副自撰的对联：“半世坎坷皆为字，一生惬意是文章”，这是对自己人生性情的真实写照。具体言之，至“文革”结束后的前半生，他经历过种种磨难和受过不少委屈；改革开放之后，国势安定，历史科学迎来明媚的春天，他寄情于教书育人与潜心于史学研究，两者都取得了瞩目的成就，这是对沈教授最大的精神慰藉。

教书育人的实践证明，名师不一定出高徒，而严师一定会出高徒。沈教授上课充满激情，条理清晰，内容充实，寓意深刻，有独到见解，决不人云亦云。他口才好，板书漂亮。在复旦历史系上课，堪称头牌。他关心、爱护、指导学生，更加严格要求学生。他结合课堂教学，指导学生开展专题讨论，并要求学生认真查阅史料，参考别人的研究成果，写出发言提纲。他结合自己的治学经验，指导学生从选题、搜资料、做长编、写初稿、改稿、定稿等六个步骤完成一篇论文的写作。他提出一篇优秀文稿必须具备观点正确、材料丰富、文辞优美三个标准。他强调作为文人必须具备德、才、学、识修养，遵循我国史学传统，在考据、义理、辞章三方面下功夫。正因为沈渭滨教授对学生如此严格、精心要求，几十年来哺育出一批批优秀学子，例如姜鸣、郭太风、刘申宁、廖大伟等都成为史学领域的栋梁之材、知名的史学专家。究其成因，恩师沈渭滨功不可没，这也充分验证了：名师不一定出高徒，而严师定能出高徒。

三、史学研究的开拓者

沈渭滨教授专治中国近代史，在鸦片战争、太平天国、清末新政、辛亥革命诸多领域，他的研究都很有建树。他兴趣广泛，学识渊博，对近代中国军事史、经济史、文化史、社会史以及近代人物和上海地方史志等领域的研究，也有很深的造诣。史学界很多人称赞他是“通才型”的历史学家。

他先后出版过《孙中山与辛亥革命》、《蒋廷黻著〈中国近代史〉导读》、《困厄中的近代化》、《晚清女主——细说慈禧》、《道光十九年——从禁烟到战争》、《中国近代史大事年表·近代史卷》等多部学术专著。他还主持并完成“国家清史工程·传记·光绪朝（上）”的项目，其中《蒋廷黻著〈中国近代史〉导读》是日本大学中国问题专修生的必读书。他的代表著作《孙中山与辛亥革命》一书，1993年初版，2001年重印，2011年增订再版，在学界产生过很大的影响。

沈渭滨教授学术生命的旺盛期是在上世纪80年代之后。真理标准问题的讨论，解除了人们的思想禁锢，史学领域的研究禁区一个个被冲破。此时的沈教授思想焕发出勃勃生机，论文一篇篇发表，著作一部部出炉。在与其聚会餐饮之际他笑口常开，说古论今，无话不“侃”。谈到学术问题，他引经据典，滔滔不绝，妙趣横生。那时他在复旦历史系中国近代史教研室从事教学与研究，我在中国现代史教研室除了给学生开设民国史专题研究课外，重点从事汪伪政权史、国民党新军阀史以及民国军事人物等研究。大家常在一起切磋和交流教学和科研的心得体会。

在与沈渭滨教授学术交流中，他强调不以论带史，而是论从史出，研究要广泛收集占有资料，进行深入细致的分析，然后得出正确的结论。他还强调，研究要从宏观到微观，也或从微观到宏观，从上下、左右、前后注意多方面的联系，不能简单化、公式化。他常常对中国近代史研究固有的结论审慎思辨、敢于创新，提出他分析研究的新思想、新结论。例如，哪个阶级是近代中国的时代中心，学界的说法不一，有说是地主阶级改革派；有说是地主阶级洋务派；有说是农民阶级；有说是康有为为首的维新派等。为此，沈渭滨教授与杨立强先生合作，撰写了《再论近代中国的时代中心》一文，提出：“地主阶级改革派向往着中国回到三代之治的‘盛世’；地主阶级洋务派的练兵制器，希望中国回到‘乾嘉盛世’，让清王朝得以‘中兴’；农民革命领袖洪秀全希望建立‘通天下皆一式’的‘地上天国’；维新派首领康有为拟出过空想社会主义的‘大同’世界方案”；“革命派旗手孙中山提出了‘创建民国’的政治纲领，设计了建立资产阶级共和国方案的各项步骤。”“所有这一切，只有‘创建民国’的主张得以实现。虽然后来民国成了一块空招牌，但经过辛亥革命的洗礼，中国人民要民主不要封建，要共和不要君主专制独裁，成为不可逆转的历史潮流，顺之者昌，逆之者亡。所以说，鸦片战争之后的八十年，反帝反封建，建立民主共和国，发展资本主义，是时代的历史要求，担当此大任的只有资产阶级，资产阶级作为时代中心的历史地位是客观存在的”。沈教授的这一分析是符合中国历史发展的客观实际的，得到史学界多数人的赞誉。

再如，沈教授在《道光十九年——从禁烟到战争》一书中，以大量事实，剖析、批判了清王朝闭关自守的腐朽落后性以及世界资本主义发展的大势，从而揭示了鸦片战争一定会爆发的历史必然性。书中指出，“闭关政策虽有微弱的自卫意识，本质上则是自然经济和传统文化支撑下一项愚昧落后的政策”，“落后国家在时代大变动中发生趋同时代潮流的历史性大转折，取得社会进步与价值观的更新，往往是在一种被扭曲了的历史进程中表现出来。这就是正义与非正义、进步与反动在历史大潮中的辩证法。明乎此，我们就可以在自己的民族义愤时，保持着历史学家的冷静态度和睿智的观察力”。这话说得鞭辟入里，何等的深刻啊！

沈教授在中国近代史研究领域开拓创新的见解还有很多，例如：他那篇《中国近代史·导读》点赞并同意蒋廷黻先生关于近代中国的主题是现代化。在《孙中山与辛亥革命》(增订本)一书中提出中国近代史的开端不是从明清之际，不是鸦片战争，更不是洋务运动、中日甲午战争，而是辛亥革命。他认为中国社会结构的真正转型始于辛亥革命，故此，辛亥革命理应成为中国近代史的开端，等等。

我极其赞赏沈教授治学的严谨、求真、务实、一丝不苟。他的《孙中山与辛亥革命》大作在书后注明引证的资料共有410种，计有：报刊17种、文集与史料84种、年谱传记58种、著作与论文集103种、论文(不含在论文集中所收文章)135种、工具书13种。从这些数字中不难看出沈教授做学问付出的心血和汗水何其多也!

有人说沈教授有霸、傲二气，初与他接触我也有同感，我曾当面向他提出过。但接触多了，我感到他还是谦虚谨慎、平易近人、闻过即改的。有例为证。《道光十九年——从禁烟到战争》后记中特别提到：本书写作初期，恩师陈旭麓先生得知我有将鸦片战争的起始年改为1839年之想，立即写信给我表示不同意这种观点，先生的教导，犹如醍醐灌顶，我立即趋府，与先生多次讨论，终于改变了我以前的看法，决定彻底改写。专讲鸦片战争前夕的中外关系以及英国策动侵华战争的原因。书名改为《道光十九年——从禁烟到战争》。可见，沈教授并不固执己见。我觉得，他认为正确的，决不随风跟雨，定会坚持己见，争论到底。

四、造诣很深的方志专家

1993年我由复旦调任上海市地方志办公室副主任，分管修志业务工作。1997年沈渭滨教授退休，此后我们之间的交往、沟通、研讨大多以编修地方志为话题。我知道沈教授对编修地方志造诣很深，我就留意让他参加有关重大的地方志工作研讨会、重要的志书评审会以及全市性的志书评奖会，每次他都乐意参加，并能提出重要的中肯的参考意见。1997年在苏州东山召开《上海通志》篇目研讨会，时任通志总纂室主任的王孝俭同志在会上详细阐述了要抓住资料的整体性和资料的完整性来调整上海通志的篇目和内容结构。沈教授从资料性是志书的本质属性出发，非常赞同王孝俭的意见，并当面向上海市地方志编纂委员会常务副主任林克和市志办主任黄美真、以及常务副主任的我力挺王孝俭的想法和做法，认为王孝俭提出通志的资料整体性和完整性，是抓住了通志的要害。

多年来，方志界存在着趋时、浮躁两大弊病。有人著书否定编修地方志是我国特有的优良文化传统，否定前人总结的地方志具有“存史、资治、教化”六字功能，否定修志的公益性，说什么“编修地方志已经成为产业”。还有地方志机构听命于长官意志，地方志机构趋于行政化、机关化。有的方志工作者打着“创新”的旗号，要否定、冲破方志编纂要坚持“记述体”、“述而不作”等原则规范，要搞什么“新创”等。

针对上述种种问题，近年来我从修志的实践出发，以大量事实先后撰写了《编修地方志应注意的问题——兼对〈中国现代方志学〉若干问题的批评》、《编修地方志要讲政治，但不能“政治化”——学习胡乔木同志关于地方志工作讲话的思考》、《关于地方志机构性质和职能若干问题之我见》、《志书凡例指导思想如何表述之我见》等文章。每篇文章成稿后我都恭送沈渭滨教授过目，并征求他的意见。第一文和第二文因多种原因，刊发并不顺利，沈渭滨教授获悉后说：“我赞成你的观点，两篇文章对编修地方志都有重要的现实指导意义，一定要设法发表”。他随即打电话和上海社科院历史研究所主办的《史林》杂志社的周武同志联系，该文在2007年该刊第4期上发表。不久，中国人民大学资料复印中心全文复印并向国内订购资料单位发送。《编修地方志要讲政治，但不能“政治化”》一文，后寄送《广西地方志》，于2007年在该刊第4期以打头的第一篇文章发表。这里我除了对沈教授关照文章发表颇多助力表示感谢外，更敬佩他慧眼识志，不愧是造诣很深的地方志专家。

说他对地方志的造诣很深，还可以从他参加志书的评审体现出来。2013年的9月，他应邀参加《九星村志》的评审。他从地方志对史学研究所发挥的价值角度写了近千字《简评九星村志》评议稿。他认为：《九星村志》“是一部优秀的新编村志，……是近年来难得的一个地方志精品”。并列出三个小标题加以说明：

> 一、《九星村志》具有可靠的存史价值。存史是地方志特具的功能，《九星村志》在这方面极为显著。全书120万字，都以翔实的资料说话，不着浮词，没有空话套话，而且各项统计都有扎实可靠的出处来源，真实反映了九星村历史发展的历程。……为已出的新编村史所无，对历史研究极有价值。我作为历史学家，对此极有体会。
>
> 二、《九星村志》充分显示了中国农民的巨大创造力。九星村原是七一地区的贫穷村，……土地资源逐步减少，村民流向外村和集镇，村民集体贫困。……九星村

难能可贵地利用天时、地利、人和的有利条件，……从发展仓储的失败中，确立了经营、管理市场，到成立控股公司，使村民入股，……闯出一条集体致富的道路，充分说明了九星村人的伟大创造力。

历史上的社会学研究，十分重视中央和地方的关系，……旧方志的传统，往往只记到地方政府的县级，对县级村镇中的地方士绅的自治都语焉不详，甚至没有述及，从而使研究者束手。九星村志以各种详细资料，……为研究农村自治、改革创新，提供了社会学的一个范例。

三、《九星村志》为新修村镇志提供了若干参考价值。1. 村镇志编纂必须突出本村、本志的特点（工业、农业、旅游、第三产业）——谋篇布局；2. 村镇志必须坚持详实可靠的存史功能（宅基、收益、分配）——鲜活详实；3. 村镇志必须贴近村民的生活和需求（为农民所喜、所忧）——乡土气息、教化作用。

以上是我择录的沈教授关于《九星村志》评议语的部分内容。他的不足千字的评语言简意赅、内容精辟。特别重要的是，他提出了编纂村镇志必须掌握的三项原则，并以这三项原则点评了《九星村志》，充分显现了沈渭滨教授修志造诣之深的功力。我认为这三项原则既坚持了地方志的编纂规范，也符合当代的修志实际，当今修志工作者应该学习、借鉴。

沈渭滨教授关心、热爱、指导修志，还体现在他乐意为旧志作序的工作上。2002年，王孝俭同志请他为上海县两本清代的小志《蒲溪小志》和《紫隄村志》的整理本作序，他欣然答应。在《紫隄村志》序言中，他凭着深厚的方志研究功力，提出中国地方小志成熟于清雍正年间，为地方小志的起始年代划定了一条红线，对地方小志的编纂具有重要意义。

我精读了《蒲溪小志》的序言，洋洋洒洒近万言之多，相当精彩，可堪称当今评议旧志的不刊之作。在其序言的最后，沈教授语重心长又极其精辟地谈及编纂村镇志的意义：

乡镇作为城市与农村的中介，在城市近代化过程中具有特殊意义。要说明城市经济的发展，不研究市镇的经济功能，就难以理解农村经济与市场的关系，要阐述都市文化的辐射与影响，不研究市镇文化对乡村的作用，就很难解释都市文化的效应和张力。从某种意义上说，传统农业社会的变迁史本质上就是乡镇社会的发展史。所以城市史研究，不应停留于城市市区的研究，必须拓展到作为城市和农村之中介的集镇研究，这样才能更好地阐明城市近代化的尝试与力度。尤其在当代城乡一体化的建设中，发掘乡镇的历史文化特点，对加速乡镇的城市化进程，正确处理城乡关系，具有重要的现实意义。①

这是沈教授积多年史志研究的经验之谈，含义深刻。

沈教授撰写的序言，还披露了一条极具存史价值的历史资料："道光十六年五月二十五日（1836年7月8日）时任江苏巡抚林则徐于该年浚毕蒲汇塘后，循镇民之请永留拦潮大坝，以防黄浦江泥沙经龙华港内灌之禀词批文。林氏批文，体现其关心民瘼，注重河工之经世致用一贯吏风。"这一重要史料，1963年中山大学历史系中国近代史教研室和研究室在编《林则徐集》时，其中《公牍》一册缺道光十六年各类公牍，而《蒲溪小志》所录该年林则徐批文，恰可拾遗补缺（批文见《蒲溪小志》第22页至23页）。这一资料的发现，弥补了林则徐研究的缺失，也可以说是沈教授在治志的历程中，为林则徐研究立了一大功。

与沈渭滨在一次学术会议的留影

一生惬意是文章。沈渭滨教授在世时寓乐于文。但愿他驾鹤西去，在极乐世界与恩师陈旭麓先生继续开怀畅饮，无文不"侃"，以文求乐吧！

（刘其奎　上海地方志办公室教授）

（曾发表于《上海地方志》）

① 《蒲溪小志》，上海古籍出版社2003年版。

我印象中的沈渭滨教授

武克全

从报上得知复旦大学历史系沈渭滨教授病故的噩耗，我很突然，十分痛惜与惆怅，上海又失去了一位热情、有为的史学专家。

我是在1979年到上海社联担任史学会专职干部后认识沈渭滨的。那时，全国理论界经历了真理标准的大讨论，人们思想解放，社联及所属学会的活动很多，这样就很自然地和沈渭滨这样思想活跃的学者开始熟悉起来。三十多年来，沈渭滨教授留给我的印象是颇为深刻的，他待人热情、思想开放、知识丰富，在教育界、史学界称得上是一位“性情中人”。

沈渭滨对史学研究十分专注和执着，成绩斐然。他大学毕业后在中学当政治教师，后来担任复旦大学历史系教授，并在辛亥革命、孙中山、清末新政等领域的研究中取得了不少有影响力的成果，在上海乃至全国史学界具有一定的声望。沈渭滨能有这样的成绩，同他有与众不同的学术潜质有关，更与他对史学研究的执着和专注分不开。在我国前辈史学家中，曾为中学教师者不乏其人，但“文革”后像沈渭滨这样出类拔萃的已极其少见了。

沈渭滨十分热心公益事业。他待人没有架子，善于与人交流，对公益工作有口皆碑。我任史学会专职干部时，为了帮助中学历史老师了解史学界的研究信息，曾邀请大学有关老师作过多场史学动态讲座。沈渭滨教授对此项工作极为支持，有请必到，从不推诿，讲座内容丰富、生动，深受大家欢迎。沈渭滨也是上海社联主办的《探索与争鸣》的热心作者，经常贡献如何办好刊物的意见。上海中山学社是上海市民革等民主党派主办的研究孙中山的学术团体，沈渭滨教授也是这个团体的积极参与者，为编辑出版《近代中国》专刊做了许多实在工作。在电视台，我也常常看到他西装革履讲课的身影。沈渭滨是闵行区七宝镇人，在政协我多次听到闵行区的委员表扬他为家乡文化建设做的许多事情。有人说沈渭滨是“七宝名士”，看来这不完全是戏言。

沈渭滨堪称尊师爱生的模范。沈渭滨崇敬老师，特别是对华东师大历史系的陈旭麓先生，那是众所周知的。他同陈旭麓先生没有名义上的师承关系，但对先生的知遇之恩铭记不忘。沈渭滨十分关爱复旦大学历史系的学生。我在社联期间，曾有几位他的毕业生来这里工作，他们会经常回忆沈老师如何关心他们的往事，而沈渭滨也多次向我介绍这些学生的情况，关心他们的进步。沈渭滨与学生这种关系，在当今也是不多见的。

沈渭滨对于人生道路上的波折能坦然面对，乐观开朗，把精力集中在自己喜欢做的事情上。老天不负苦心人，他在史学研究方面取得那么多的成就，显然是同他的这种精神境界分不开的。其实，沈渭滨的人生经历并不复杂，他病故后很多人在怀念他，说明了他在人们心中的价值！

（武克全　上海市社会科学联合会研究员）

对一位老同学的回忆

——沈渭滨逝世周年的纪念

陈书林

沈渭滨，是我在上海师范学院（今上海师范大学）历史系求学时的同学，是同班级、同宿舍四年的老同学。

记得1957年开学第一天，我到师院报到时，在宿舍里遇到的第一位同学就是沈渭滨。他操着一口流利的普通话，非常热情地招呼我，帮我打开水、整理床铺、挂蚊帐……让我感到惊讶的是，他帮我叠的被子，方方正正地像被刀切过似的。后来才知道，他是从部队考进来的。他把解放军的优良传统、优良作风带到学校来了。

在他的影响下，我们班特别是我们宿舍的同学，在四年的日子里始终和睦相处，相互帮助。无论是下工厂锻炼或是到农村劳动，同学之间从来没有发生过争吵，感情上十分融洽、和谐。

随着时间的流逝，沈渭滨在同学中获得了“小老”的尊号。这是一位温州来的小胡同学叫出来的，很快得到大家的认同。“小”是指他的个子不高，不大也不胖；“老”是讲他在各方面都比较成熟，特别是在学习上比较出众。我们同学都把他当“小先生”看待，视他为“不是助教的助教”。

我们在学习上每遇疑难问题，就会去请教沈渭滨。他总是不厌其烦给你讲得一清二楚，非让你弄懂不可。每遇考试前，同宿舍同学总喜欢跟他一起复习。有一次，《中国古代史》考试复习，我请教了他一个问题：讲述明代资本主义萌芽情况。沈渭滨滔滔不绝地从江南苏州地区稀疏地出现“手工工场”开始，讲到“机户出资”、“机工出力”，形成雇佣关系等，有理有据，完满无缺。后来考试时，居然考到了这个题目，我的答题自然大大地得益于他的指点，考试成绩得了个“优”。

沈渭滨在学生时代，看了大量的有关马克思、列宁和毛泽东的著作。他在回答老师的课堂提问时，往往会引经据典，马克思怎么说，列宁怎么说，毛泽东怎么说。后来有一位教中国古代史的老师，在课堂提问时竟不叫他的名字，而叫他“马克思主义起来讲一讲”，沈渭滨也就立即站起来回答问题。其时同学们也都笑开了！

沈渭滨在学习上毫无保留地帮助同学，在政治思想上也很关心大家。我到校不久，在院刊上发表了一篇小文章《和团委谈谈心里话》，表达自己要求加入共青团的愿望。沈渭滨看到后，就鼓励我说：“你有这种要求很好，这是一个青年应该走的道路。今后你要多向组织上汇报思想情况，多谈谈心……”在临近毕业前，我被批准加入了组织，成了一名光荣的共青团员。

沈渭滨是一位多才多艺的人。他具有绘画特长，画的肖像画特真又酷。他曾给我画过一张素描肖像，同学们一眼就能看出画的是我。他曾担任过校部“学生社团美术组”的组长。他还会演话剧，曾在学校东部音乐厅上演过由我编写的话剧中的一个角色。他又是个体操运动员，双杠上的动作很优美，是班级里顶尖的一个。他写的字也很漂亮，这大概同他的绘画才能有关。

总之，沈渭滨给我们的印象：是一位很有本领、很有才能、很优秀的人。

1960年下半年到1961年上半年，师院历史系与上海历史研究所合作搞科研，课题为“上海近代人民革命斗争史”，由沈渭滨与我等8位同学参与。从周一到周六，每天从漕河泾校部出发，去徐家汇上海历史研究所上班，早出夜归，风雨无阻。我们一起学习、工作，共同搞研究。他是我们同学中第一个出成果、发表学术论文的人。论题为《试论辛亥革命时期的社会主要矛盾——与夏东元先生商榷》，发表在《学术月刊》1961年第4期上，他在我们同学中起了一个带头作用。

1961年我们从师院毕业走上工作岗位，同学们各自东西，各忙自己的事业，其间又历经“社教”运动与十年“文革”。十余年间，老同学很少相互联系。直至1977年恢复高考，我到复旦去参加高考阅卷，才从友人处得悉沈渭滨在复旦历史系任教。

在复旦阅卷七天的时间里，我们几乎天天见面。我每天早上到复旦，总见沈渭滨在念英语。我问他：“学英语何用？”他答：“有利于查找历史资料。”可见他志存高远，他是在为更高层次上进行历史研究作准备。

1978年夏，高考历史阅卷工作在师院进行，沈渭滨也参与了。虽然我俩不在一个试题组，好在仍在同一楼层阅卷，休息时便能相聚。当时他跟我讲的一句话，至今不忘。他说：“教育的春天来了，科研的春天来了，我们可以一展身手了！”

复旦有一位姓唐的先生，在阅卷期间曾与我谈起沈渭滨。他说："他能在复旦站住脚跟，很不容易。这是他的为人，他聪明，学术成就突出，又得到学生欢迎，学生喜欢听他的课……"

我有一个学生考上了复旦大学历史系，后来还成了硕士研究生。1983年暑假期间，我在南汇大团镇的街上碰到她，随口问起："沈渭滨有没有给你们上课？"

她告诉我："沈先生上我们'中国近代史'的课。他的课，言必有据，言之成理，是最受学生欢迎的老师。"

1981年6月，南汇县教育局教研室历史教研员与我商量，打算请一位大学老师到南汇来讲一讲"辛亥革命"问题，以作为辛亥革命80周年的纪念活动。我即同沈渭滨联系，他大力支持，当即答应下来。这次活动，非常成功。当时南汇县各中学的历史老师差不多全都来了，一间大教室挤得满满的。

沈渭滨的演讲，有声有色，抑扬顿挫的语调，舒展自如的板书，不时地还有几个同内容般配的手势动作，时常会引发听讲者的阵阵笑声。这次演讲从辛亥革命的起因、经过及其意义，讲得深入浅出，取得了很好的效果。演讲结束，赢得了长时间的掌声。主持本次报告会的陈安富老师（我的高中班主任老师、时任教研室副主任）评论说：

> 今天沈先生的演讲，给我们上了一堂深刻、生动又难忘的历史课，也给我们上了一堂非常好的政治课，我们表示十分的感谢！因为考虑不周，后悔没把报告会安排在大会堂举行，如果能让全县教师都来参加听讲，那该多好！可惜了，今后有机会请沈先生再来演讲。

一位姓孙的女教师对我讲："我工作近30年，从来没听到过这样生动的报告。"当年，《解放日报》发表了沈渭滨有关辛亥革命的纪念文章。

上世纪90年代，大学同年级、同班级同学相继退休，老同学多次在不同场合聚会，相聚甚欢。我们许多同学多次去过七宝沈渭滨的家，他也多次到老同学家里聚会。相会叙友情，仿佛重又回到了当年学生时代。

2011年12月，我与杨申强、卞杏英、冯元魁、钱昌明、华士珍、陈维照、董立庸等十多位老同学造访沈渭滨寓所，兼游七宝古镇。在他的会客厅里，大家天南地北、海阔天空地畅谈胡吹，真可谓其乐融融。在这次活动中，沈渭滨向每位老同学赠送了他的新版

我们大学同学一次聚会合影：右起第二、三是沈渭滨、汤先华夫妇；左起第二为我、第四为冯元魁

《孙中山与辛亥革命》，并以娟秀的书法签上自己的大名。

也是在那次相聚中，他把我引入他堆满书籍的书房——抱墨轩，若有所思地对我说："陈书林，我再也不写了！写这本书（指《孙中山与辛亥革命》），差不多要了我的命。"

我听后，心里感到一阵说不出的酸楚。这时，在他堆满书籍、只露出一点仅够供书写空间的书桌上，我又看到一叠手稿：《道光十九年——从禁烟到战争》。沈渭滨看我惊呆的模样，笑了笑说："这是文债呀！"

我接着说："你要多休息，要保重身体！"

其后三年，我们老同学多有来往，过年时，相互都有祝福。2015 年除夕上午，我打电话给沈渭滨，他的夫人汤先华接了电话。我说："汤先华，沈渭滨在吗？"

"他还在睡觉，还没起床呢！"汤答。我再问：

"沈渭滨身体怎样？"

"比前一段日子好多了，谢谢！"汤再答。

"向你们全家拜个早年！

“谢谢，谢谢！”汤的话音刚落，沈渭滨同我通上了电话。我说：“沈教授、沈先生，向你们全家拜个早年，祝你全家身体健康，阖家幸福！”

他笑着回答：“陈书林，你这个老浦东，谢谢你！你到七宝来，你一个人来谈谈。我年老体衰，来日不多，你来谈谈！”我听到这话，心中有一种不祥感觉。就顿了一下接着说：“来日还多，待到春暖花开日，七宝相聚时。”

他说：“好，好！我等你。”

谁知，4月20日，接到老同学杨申强来电：“沈渭滨已于18日仙逝！……”

悔呀，真后悔呀！我怎么没有立马去七宝？4月22日，我与杨申强、冯元魁、陈维照等老同学，在龙华殡仪馆含泪送了沈渭滨最后一程。

回忆往事，恍若眼前。沈渭滨驾鹤西去已近一年。天人相隔，音讯难续，唯有唏嘘。雪泥鸿爪，写出上述文字，谨寄哀思。

（陈书林　上海浦东新区原大团中学副校长）

亦师亦友　沈公渭滨

盛永华

2015年4月18日的清晨，我正在北京首都机场待机飞往广州，忽接友人电话，告知沈渭滨老师刚刚离开了我们。这是个无法令人相信并拒绝接受的噩耗。尽管也知道沈教授身体不太好，但已经多年，看到他仍然活跃在学术舞台上，且才思敏捷，精力充沛，怎么能毫无预兆就驾鹤仙去呢？我的第一反应就是友人搞错了，马上电话询问上海方面的其他朋友，待消息得到证实后，禁不住泪如雨下，与沈教授近30年的交往，如电影片段般一幕幕浮现于脑际。

我和沈渭滨教授相识于改革开放后在广东召开的关于中国近代史和孙中山、宋庆龄的学术研讨会议。会议中沈老师每有发言，立论总有新意，论据充分条理清晰，且语调抑扬顿挫，十分吸引听众，我十分爱听沈教授的发言。那时，为了将在“文革”中被搅乱颠倒的历史和史学界拨乱反正，史学界的许多前辈学者包括胡绳、刘大年、李侃、龚书铎、金冲及……“冲锋在前”，推动着历史研究特别是中国近代史研究重新走上正确的轨道，指导着研究蓬勃地开展。他们通常是会议的发起者、指导者、参与者。当时我是文物出版社的编辑，出席学术会议主要是学

与沈公的合影

习和组稿。带着对前辈学者和老师们的仰望，以学生的虔诚态度吸纳着各种新知识、新观点。我既写不出论文，更胆怯于发言。一次会议间休息时，沈教授径直走到我跟前说："永华同志，为什么在会议上你总不发言？"这是老师对学生的拷问。我老实告诉沈教授：第一我对中国近代史只学过通史，对专题都没有专门学习和研究；第二在老师们面前说话我很胆怯。沈教授意味深长地看着我说："你好面子啊！参加学术会议首先应该交论文，写论文的过程就是研究的过程……积极参加交流是最好的学习。"这是我与沈教授的第一次直接交流，虽已事隔二十多年，但仿佛如昨。经过几次会议之后，我和沈教授熟悉起来，我很自然地称他为沈老师，他对我称呼也省却了"同志"二字。

又有一次，也是在会议间的茶歇，沈老师很认真地对我说："你在会议发言时为什么总是念稿？你的论文已经交给大会了，你只需介绍要点就行，最好讲一些论文外的思考或介绍一些相关材料……这样发言的效果会更好。"甚至有一次，他说："你的发言不像学者，像个学生。你研究宋庆龄是有相当成果的，为什么一点不自信？"当时我既惭愧又感动，老师对学生的指导如此之具体！之后，我慢慢克服了胆怯的心理，习惯了脱稿发言与交流，沈老师常给以鼓励。有时他会说"你今天发言很好"，有时他会指出我某个问题没说清楚。听着沈老师说"真的，你的发言我都是很认真听的……"看着他一脸认真，除了感激之外，还觉得沈老师有几分天真可爱。

近一二十年，沈老师对宋庆龄研究倾注了很大的热情和关注，努力推动着方兴未艾的宋庆龄研究。沈老师知道我在进行宋庆龄的学习和研究后，十分关心。1991 年 5 月 26 日，为纪念宋庆龄逝世 10 周年，《人民日报》以一整版发表我的题为《宋庆龄对孙中山的理解与影响》一文，沈老师看到后十分高兴，他从上海打长途电话给我，加以鼓励。他说，"过去因为人们对宋庆龄了解不多，宋庆龄逝世后，研究者首先要着力于搞清她一生做了什么。现在你开始对她的思想进行探讨了，开了一个好头，希望继续努力……"1993 年宋庆龄诞辰 100 周年，我的宋庆龄研究论文集《宋庆龄论》也于当年出版，那是我的习作。我把书送给沈老师请教，他在认真审读后，给了我很多肯定和鼓励，也提出不少问题进行商榷。比如，他认为就当时的资料，还不足以说清楚宋庆龄与共产国际的关系；国共分裂后，宋庆龄的思想发展轨迹论述得不够清晰；新中国成立后，宋庆龄的主要贡献是否就在妇女儿童工作方面？甚至对论文中论点的提出、史料的使用等，都提出具体的意见和建议。这不但对我修改论文有所帮助，而且对今后的宋庆龄研究有着指导作用。在与上海的宋庆龄研究者共同合作七年之后，《宋庆龄年谱（1893—1981）》于 2006 年出版。作为

"上海宋庆龄研究会"副会长的沈老师在《年谱》的首发式上作了热情洋溢的发言，他肯定《年谱》的学术地位和作用，认为是宋庆龄研究"从纪念史学进入到真正的学术研究的标志"，给予很高的评价；而在首发式以后，沈老师曾不止一次向我指出《年谱》中的一些"硬伤"，并希望有机会修订再版。老师的拳拳之心可见一斑。

为宣传弘扬孙中山和宋庆龄两位伟人的思想业绩，上海孙中山宋庆龄文物管理委员会策划编辑出版《孙中山》、《宋庆龄》两本普及读物，邀请沈老师担任学术指导。其时沈老师年事已高，身体也饱受疾病折磨，但他还是欣然允诺。为了培养年轻的研究人员，管委会要求下属单位的青年同志分别撰稿。由于经验等方面的原因，有些稿子的质量不尽如人意，修改量很重。我还清楚地记得沈老师多次带病与编委会同仁一起讨论书本的提纲、内容，很多时候是集体逐段、逐句、逐字地审读和改动。一天下来，看到沈老师疲惫的身躯和倦容，使人心疼。集体审稿后，沈老师还对《孙中山》一书做了最后的审定和统稿。为了该书按时高质量出版，有同事告诉我沈老师如何在上海的酷暑中挥汗如雨逐字推敲。该书出版获得成功，受到广大读者好评。

沈渭滨老师是性情中人，他热爱生活，热爱家庭、热爱学生、热爱朋友、热爱家乡……出席学术会议，沈老师的穿着总是时尚而得体，在穿着较为单一古板的历史学界，沈老师常常成为一抹亮色。当我打趣他"衣冠楚楚"时，沈老师就一脸郑重地说："这是尊重会议，尊重别人，尊重自己"；然后又嘿嘿一笑说："生活应该是丰富多彩的！"会后闲谈时，沈老师偶尔会从怀中口袋里取出夫人的照片给我看，还带几分顽皮地问："怎么样？"沈夫人漂亮大方，秀丽端庄，当我发出由衷的赞美时，沈老师立刻会现出童真般的笑脸，让人忍俊不禁。我曾与友人到沈老师家中去拜访，沈老师和夫人热情接待，我们除了交谈共同关心的问题外，沈老师还让我们参观他的藏书——有些是珍品和善本；展示他以俊逸的蝇头小楷所写的日记和堪称艺术品的沈夫人的画作。沈老师可爱的小外孙女是他必不可少的重要话题，他讲如何培养小孩的阅读习惯，课余时间让孩子学习舞蹈、画画……接受艺术的熏陶，还让我们欣赏孩子的照片，看着天真可爱的小外孙女，沈老师笑脸如花。这时我只看到一位幸福慈祥的外公，感受到一个充满文化氛围的和美温馨之家。

出席学术会议，除了学术交流外，常常也是学者们"以会会友"的机会。我曾多次出席上海中山学社举办的有关孙中山的研讨会和上海宋庆龄研究会举办的孙、宋研讨会，基本都与沈老师"为伍"，有幸在会上会下请教于沈老师。会议的晚饭后，沈老师不时会邀请外地学者聚谈。记得一次茶叙中，我和沈老师还为孙中山是"联共"还是"融共"发生了激烈的“讨论”。最后，当然是学生得到教益。有时，沈老师会“自荐”带我们在住地附近散步，欣赏上海夜景。散步中，沈老师还不忘关照：“永华，你先生是上海人，你一定要带点上海特产和小吃回去，他一定会很高兴的。”沈老师那认真而生动的表情，至今仍历历在目。

沈老师深深地热爱自己的家乡——上海七宝镇。大概是2006年夏，在参加一次有关宋庆龄的研讨会之后，沈老师邀请我和张磊老师等参观七宝镇。当时沈老师走路已经有点不太方便，但他还是兴致勃勃拄杖而行，与夫人一起亲自给我们当“导游”，边走边如数家珍般介绍七宝镇的历史人文地理……为家乡骄傲之情溢于言表。走着走着，看到一块石刻立于小河之浜，那是介绍七宝镇历史文化的石碑，记载了七宝的文化传统、渊源和成就，由沈老师撰文。然后我们来到七宝镇的一处茶馆，几位七宝镇的年轻的文化工作者已在等候。落座之后品着香酽的普洱茶，沈老师娓娓介绍七宝喝茶的习俗；和我们商讨如何推进孙中山、宋庆龄研究，还和几位年轻人讨论今后如何开展七宝的文化工作……。

如此执着于事业、热爱生活的沈公怎么会轻易离开他所钟情的一切？我只当这是一次长时间的别离！在事业中，在朋友中，在学生中，在爱您的亲人中，沈公您永远不会离去！

（盛永华　原中国文物研究所副所长、研究员）

感恩渭滨先生

黄明同

三个月前的一天，老领导张磊教授告知我：“沈渭滨教授走了！”得此噩耗，心中一阵难过，记得去年冬天，我还和他通过一次电话，怎么就如此匆匆地走了？当时，我已经来不及给他献花圈，更由于赶着出版的书稿，也没给沈夫人汤老师去电慰问。近得悉将有纪念文集出版，让我有机会聊表对恩师的感激与缅怀，消除我心中那份遗憾!

渭滨先生，是著名的史学大家，在近代史、辛亥革命史、孙中山等领域的研究，造诣极深，成果丰硕。有幸能在1990年的一次学术研讨会上相识，二十余年间，尽管见面次数不多，但他对我的指导与帮助极大，终生难忘。

就年龄而言，渭滨先生与我也算是同龄人。说来也巧，我们不仅都是“30后”，他大我3岁，却同在1957年考入大学，同是1961年毕业，还同是读的师范院校，毕业后大家都当了老师。这样的同龄人，彼此间没有地域的间隔，每次在学术会上相遇，总像是老朋友那样，有谈不完的话。然而，就学术而言，我是孙中山研究队伍的晚到者，该是他的学生辈了，彼此的学术地位差距极大，正因此，他对我的帮助与指导甚多，确实是我的恩师。他从来没有师道尊严，没有大家的派头，总是那么和蔼可亲，平易近人。对晚辈，他那带着微笑的教诲，那没有架势的交谈，令人在不知不觉中接受他的指导与帮助。

1990年，在“孙中山与亚洲”学术研讨会上，我认识了渭滨先生，之后的若干年，彼此没有联系。21世纪初，在学术会上相遇时，他谈到曾在那次会议安排的舞会上，邀我跳舞，被我拒绝。有这事？我完全没有印象，但我还是认真向他解释，说我一辈子从未进过舞池，也真不会交谊舞，只在中学阶段跳过集体舞而已，他却因此封了我一个“冷美人”的绰号。重新提起这件小事，我发现他处事十分认真，记忆实在过人，这种品格，大概是研究历史的人须具备的天赋吧，或许也是他能成为著名史学家所特有的内在基因。

可以说，渭滨先生对我的指导与帮助是在2007年之后。2007年11月，第二届孙中山基金会在澳门与中山组织两个学术研讨会，分别以“孙中山与华人世界”与“孙中山思想与和谐社会”为主题。在中山会议上，他作了关于民生主义研究回顾的发言，肯定了我在1991年发表的论文《孙中山民生主义性质的再探究》的看法。他的发言，固然给学术会议添加了一点活跃气氛，显现了他求真求是的品格，但对我来说则是一种肯定。那是我进入孙学研究领域之后，获得的第一个肯定!

渭滨先生的这个肯定，是对我研究孙中山的莫大的鼓励与鞭策；可以说，它成为我坎坷人生之旅的一个加油站。在2007年的学术会上，渭滨先生发言的观点，见诸其《民生主义研究的回顾》(《江海学刊》2007年第4期)。在文中，渭滨先生全面而详尽地回顾了民生主义研究的全过程，并梳理了各种学术观点。他认为民生主义是三民主义的重要组成部分，也是学界在解读中争论最多的部分，但他强调，“通过20世纪中国革命和中国现代化的认知，特别是中共十一届三中全会以来思想解放思潮的洗礼”，“学术界对孙中山社会主义的理解，出现了与以往主流观点不同的看法”；他对“得风气之先的广东，本是孙中山研究的重镇，出现新见解”予以肯定。在文中，他以颇长的篇幅引述了我的《孙中山民生主义性质的再探究》的观点，指出我是依据孙中山本人对民生主义的多元解释，而认定孙中山的民生主义是集诸种社会主义之所长而构想出来的理想社会，给民生主义赋予了多种属性，尽管没有确定孙中山的社会主义属性，“但可以说她不同意把它归之为资本主义和资产阶级主观社会主义之类的说法”。在文中，他欣然地称，“从1991年黄明同提出多种性之说，到2001年黄彦认定孙中山属于早期社会主义者”，“前后整整十年，当我回顾这段研究历程时，对学界的不懈追求，学术研究的无所底止，感慨不已”。字里行间洋溢着渭滨先生的喜悦之情，体现出他对学界研究动态的密切关注，对学术研究的推进，以及对学术研究新突破的高度评价与肯定。这体现着他对学术的执着追求，他的无畏的学术勇气，以及他对学界新人的扶持，这是多么可贵的道德品格与学术精神！渭滨先生走了，我们应当把他的这种精神留下，世代相传!

渭滨先生学识渊博，其研究不仅在史学方面了得，而且在文化的涵养与研究上也非常过人。他曾送我两本著作，一是重版的《孙中山与辛亥革命》，一是《晚清女主——细说慈禧》，前者是史学专著，后者则是极富文艺学色彩的人物传记性著作了。

2010年，在广州召开了“从孔夫子到孙中山”的学术会议。会议报到的那天，渭滨先生来得很早，他告诉工作人员，说如果黄明同来了一定要先到他的房间。我到了他房间，他显得格外高兴，说我和几位年轻人所写的《孙中山的儒学情结》，他粗看了，很好，并表示资料太多，但这本书一定要带回上海。这，是他对我的研究的又一次肯定。大会发言时，渭滨先生以“孙中山：推进中华文化转型的第一人”为题，作了精彩的发言，受到与会者的好评。看来，他是有备而来的，对孙中山文化思想的研究，虽与我们不谋而合，但他大家的功力，我们后来者只是望其背项而已！

会后，渭滨先生的论文在上海《孙中山宋庆龄文献与研究》刊物上发表，排在刊物之首。论文洋洋洒洒过万字，全面而系统地分析孙中山在中华文化转型中的历史地位与贡献。首先，论文回顾了中华文化在近代面临的历史转折，揭示转型的历史必然，梳理了作为中华文化核心的儒学在不同阶段上的发展历程，对学理的透彻分析，线索的清晰勾勒，足见渭滨先生相当深的国学基础，以及超乎当代一般史学家的中华文化涵养之功力。论文进而揭示了近代志士仁人推进文化转型的具体过程，强调“孙中山不是一般意义上的儒士，而是一个受过西式教育系统训练、立志推翻清王朝的革命家”，他“在革命实践中，既承袭了中国固有的学理，又规抚了西方学说之适用于中国实际者，创造性地提出了‘三民主义’，成了推进中华文化近代转型的第一人”。论文还详尽地、充分地阐述了三民主义的各个部分，是如何既承袭固有的、规抚西方的，尔后进行创新，有理有据，令人信服。他还不无感慨地说，“历史往往以诡异莫测的方式完成它的逻辑发展过程，中华文化的近代转型不是由精深儒学的儒士来实现，而是让一个被儒士瞧不上眼的民主主义革命家充当第一推手”。这富有哲理的结论，是何等之深刻！那正是文史兼通的大家的大手笔！尽管后来深圳大学一名年轻人撰文与他商榷，但渭滨先生以充分的史料为依据，又进行入微的分析，而后做出创新性的结论，那创新性的理论突破，一时不为世人所接受，也在所难免。学习他这种不以权威的是非为是非的“贵疑”与创新精神，才是对他的最好的悼念！

我最后见到渭滨先生，是在2011年上海中山学社举办的纪念辛亥革命100周年学术研讨会上。当时的他，由于糖尿病的折磨，已经十分消瘦，中气显得不足。几天的会议，用餐时他与夫人汤老师，常常和我坐在一块。昔日的交谈，他常常说到夫人，谈及他们彼此的恩爱、家庭的温馨，并多次邀我到他们家作客，但匆匆而过的时光，未留给我拜望他一家的机会。这次上海会议，能如愿见到事业成功的他，还有他那背后的贤内助，实在令人对他倍加敬佩。他，不仅奔事业，还经营家庭，浇灌爱情，不仅事业成功，而且家庭幸福，无愧为学者的楷模！

渭滨先生，“半世坎坷皆为字，一生惬意是文章”，笔耕不辍，“视学术为生命”，为我们留下了太多太多的启迪，以及最最珍贵的精神财富！我们不仅对他感恩与缅怀，更应对他的道德品格、创新精神、未竟的事业继承与弘扬！

（黄明同　广东省社会科学院研究员）

相识相知　受益良多

——追忆沈渭滨先生

华　强

4月18日中午，奚纪荣电话告诉我沈渭滨先生仙逝，我怔住了，一时无语。沈师一向开朗豁达，虽有高血压、糖尿病等慢性病缠身，但不致命，怎么说走就走了呢？

我与沈师亦师亦友，相识相知已经有三十多年了。

1983年，“太平天国定都天京130周年学术研讨会”在南京召开，其间在扬州考察一天。那天在扬州富春茶社晚餐，我担负会议接待工作，在餐桌上认识沈师。沈师那时四十来岁，正是风华正茂的年龄。头发黑亮，一丝不苟，眼睛炯炯有神。穿着一件彩条衬衫，系着领带，一身海派打扮，不像其他老师穿着那么随意，给我留下深刻的印象。

与沈老师的合影

然而，相识容易相知难。我与沈师从相识到相知是因为我第二年到上海工作，而且工作单位距复旦大学很近。我到单位报到后，到复旦大学看望沈师，沈师得知情况后非常高兴。他告诉我，每周他有一天雷打不动在复旦讲课，希望我常常到复旦来坐坐。

此后，我大约每周到复旦去一次。在沈师的办公室里，我们的话题非常宽泛，但基本上围绕着中国近代史的人和事。沈师思路开阔，口才极好。他滔滔不绝，我洗耳恭听，其间受益良多。我一直以沈师为师，但沈师非常谦虚，他说我们是朋友。

那个时候，我所在的单位正在招兵买马。沈师被我们单位看中，一度拟调入我单位。沈师非常认真，他与我多次策划成立军事历史研究所的事情，计划研究所成立以后着手三件事：一是发行一份报纸。当时我单位已经创办《党史信息报》，我担任编辑，沈师认为党史与军事史相通，不必再起炉灶，嘱咐守住阵地，尽可能多的发表军事研究信息；二是创办一份杂志，名为《军事历史研究》，刊登有分量的军事历史研究的论文；三是准备出一套包括陆海空及武器装备等内容的《中国近代军事史研究丛书》。

沈师的意见，单位领导十分重视。沈师尚未调入单位，《军事历史研究》杂志经过一番筹备就开始出版发行了。《中国近代军事史研究丛书》也开始启动，沈师分别安排落实了海军史、空军史、装备史等各书的写作人选。后来由于种种原因，沈师未能调入我单位，《中国近代军事史研究丛书》计划搁浅。我与奚纪荣已经开始启动的《中国空军百年史》，就是沈师计划的一部分，后来单独出版。姜鸣的海军史也单独出版了。《中国空军百年史》出版的时候，沈师为此书写了一篇热情洋溢的序。

上个世纪90年代初，沈师约数人参与他主编的《中国历史大事年表・近代卷》，这是我第一次与沈师合作编书。在编书过程中，我感到沈师工作非常严谨，难怪他为此书前后打磨了十多年时间。此书终于在1999年由上海辞书出版社出版。我觉得这是耗费沈师精力最多的一本书。因为此书有多人参与，质量难免参差不齐。沈师对作者的稿件一个字一个字地用心修改。我看沈师工整的小楷，非常感动。我特意保留一份沈师手改的书稿，展示给我的学生，让大家一起学习沈师严谨的学习态度和学术风格。

2000年，为配合中央电视台拍摄的电视剧《太平天国》播出，我和沈师应上海市委宣传部之约，合作编写了《天国寻踪》一书，由上海远东出版社出版。电视剧《太平天国》播出后，上海市委宣传部、《解放日报》邀请沈师和我等四人在每天电视播放后作点评。2000年7月10日到8月28日，沈师每天认真地收看2集电视，报社踏准点电话采访，当晚即上《解放日报》网络版“专家评说”。报社后来又搞了一个“太平天国一百问”，受到读者欢迎。电视剧全部播放后，上海市委宣传部和《解放日报》召开了一个小型座谈会，沈师在会上作了一个十分经典的发言，为电视剧《太平天国》的播出和我们一个多月的点评做了一个总结。

沈师对我的老师祁龙威非常尊重。他说“祁公虽不是我的业师，但我一直以师长视之”。2013年11月，祁龙威先生去世。我打电话给沈师，沈师很难过，嘱咐我代办花圈，其后他撰写了一篇悼念祁龙威先生的文章《知遇之恩，永怀不忘——痛悼祁公仙逝》。沈师的文章收入《朴学的守望者——纪念祁龙威文集》，2014 年祁龙威先生逝世一周年时出版。

我怎么也想不到，沈师收到这本文集不过三四个月就匆匆离开了他眷念的人世和他热爱的事业。我遗憾未能见沈师最后一面。

2014 年初，上海太平天国史研究会筹备在本年召开大型学术研讨会。我向沈师报告会议筹备情况，沈师十分支持，表示届时只要身体许可，一定到会。沈师说，文章不写了，表示歉意。11 月中旬，会议即将召开。我嘱会议组预留一个有冰箱的套房给沈师夫妇。打电话给沈师，汤老师告诉我沈师因为血压高，刚刚入住医院。会议结束后，我打算看望沈师，汤老师说，等一段时间吧，他现在血压不稳定，需要静养一下。春节前，我再次与汤老师相约，确定某日下午看望沈师。中午的时候，汤老师来电，说上午有几个朋友与沈师相谈，沈师因为高兴而激动，血压一下子升高了，汤老师建议推迟看望。

4 月 11 日，奚纪荣告诉我，沈师日前检查出肝癌，生命进入倒计时，我很是吃惊，怎么会是肝癌呢？从来没有听说过沈师肝脏不好啊。由于当时正在学校连日担任考评工作，一直到 4 月 17 日才告一段落。于是与几位朋友相约，准备 18 日到医院看望沈师。18 日中午，我到超市为沈师选购了几件保健品，不想回来就接到沈师去世的噩耗。我立即赶到七宝，沈师家正在布置灵堂。看着沈师微笑的遗像，我真是感慨万千。沈师往日的音容笑貌霎时间浮现在眼前。在沈师的遗像前，千言万语化作一句话：

沈师，你一路走好！你牵挂的史学事业后继有人！

（华　强　南京政治学院上海校区教授）

（本文曾删减发表于《中国社会科学报》2015 年 8 月 17 日）

为人为学之楷模　亦师亦友之知己

崔美明

沈渭滨先生走了！史学界陨落了一颗耀眼的学术之星，世上又少了一位正直善良的人、一位敢说真话的人、一位有学问的人、一位视学术研究如生命的人，我则痛失了一位亦师亦友的知己。当接到汤先华老师的报讯电话时，我不禁潸然泪下，二十多年的往事一幕一幕地浮现在眼前……

上世纪80年代，我在一次学术会议上结识了渭滨先生。他的坦荡、睿智、幽默、热情，顿时令我有一见如故之感。作为一名与学术界联系密切的编辑，自然十分珍视每一位潜在的作者。于是，渭滨先生的居住地七宝成了我经常前往的地方，从浴堂街到宝隆新村，无数次留下了我的足迹。

随着交往的深入，我与渭滨先生很快就从编辑与作者的关系变为无话不谈的朋友，彼此有着太多共同的语言和共同的看法，他对我的编辑工作也给予了许多令人感动的帮助。

由我责编的“细说中国历史丛书”因作者黎东方先生逝世，为之作序的邓广铭先生、顾毓琇先生、唐振常先生也先后作古，故此后由其他学者补写的四本“细说”一时找不到熟悉这套丛书的老一辈专家写序。此时，我立即想起了渭滨先生：我们曾经不止一次地谈起过这套丛书，而且他还有独特的精辟见解，我决定请他出山。渭滨先生听了我的要求，觉得有些为难。他说自己是研究近代史的，似乎不适合为古代史的著作写序；而且，原先写序的几位老先生辈分这么高，自己望尘莫及。然而，在我反复陈述理由和恳切要求下，他慨然应允。不久，一篇洋洋洒洒数千字的序言便送到了我的手中。序言不仅总结归纳了“细说体”著作“融会贯通、取精用宏、深入浅出”三大特点，肯定了黎东方先生对于“细说体”的贡献，而且对补写四本“细说”的作者和作品一一作了恰如其分的评价。看完这篇文字优美、内容贴切、质量上佳的序言，我不禁喜出望外，但也深知，渭滨先生为了写好这篇序言，对于已出之书和未出之清样，必定花费了巨大精力反复研读，对此心中深感歉疚。在学术界许多人都不免考虑“经济效益”的今天，又有多少人能不计稿酬的菲薄而作如此倾力的付出呢？

渭滨先生在学术研究上的深入和严谨是人所共知的，而他独立思考、坚持真理、决不人云亦云的学术精神更是令人敬佩。记得在上世纪90年代的一次太平天国学术讨论会上，有一位外地来沪参加会议的老教授提出了关于洪秀全的一个新观点。当时不少人都不能接受，但又不愿得罪那位德高望重的老先生，大家还劝已被确定第二天大会发言的渭滨先生不要涉及这一话题。渭滨先生笑笑说，学术观点与尊敬长者是两回事，我不会隐瞒自己的观点。第二天发言时，他不仅涉及这一话题，而且有依据、有分析，毫无保留地表达了否定的看法，赢得了长时间的热烈掌声。之后，他又主动与老先生沟通，得到了老先生的理解和赞赏。

渭滨先生的人格魅力时时散发着凝聚人心的奇异光彩，令人如沐春风，不由自主地愿意与他交往。他的家中经常是高朋满座，复旦、华师大、上师大、社科院的许多中青年学者都是他家的座上客；每次参加学术会议的间隙，他住的房间总是人气最旺，好像在召开小型的学术研讨会。我的作者、朋友，如著名电视节目主持人曹可凡、网络作家梅毅（赫连勃勃大王）等，在与渭滨先生见面后，都成了他的朋友。曹可凡专程与我一起前往七宝渭滨先生家中拜访。梅毅在出版自己的多卷本文集时，托我一定要请渭滨先生作序。当我把渭滨先生精心写就的序言传真给他后，他立即打电话要求我把原件寄去，原来爱好书法的梅毅，看到了渭滨先生刚劲而娟秀的字迹后，竟然起了要将此作为“字帖”的念头。

我在策划“细说中国历史人物·后妃系列”时，与渭滨先生说起，考虑在这一系列中将慈禧列入，希望他能承担写作任务。当时，渭滨先生尽管校内外学术活动繁忙，手头还有不少其他工作，但他立即欣然答应。原因之一是他对于慈禧多年的深入研究，有不少新的发现，希望能打破已有的定论，以客观、公允的视角写出一个真实的慈禧。原因之二当然就是他对我工作的支持。于是，就有了《晚清女主——细说慈禧》这本整个“后妃系列”中最具学术光辉的著作。

2011年是辛亥革命100周年，作为辛亥革命史研究专家的渭滨先生频繁出席各种学术会议，应邀作有关学术报告，接受报纸、电视台等媒体的采访……忙得分身乏术。此时，我社其他编辑部想重版渭滨先生前几年所写的《孙中山和辛亥革命》一书，托我向渭滨先生转达这一意愿。我虽知渭滨先生特别繁忙，但想到此书是现成的作品，只需翻阅审读一下便可重印，不会占用太多时间，就同意代为转达，此后也不曾过问此事。孰料几个月后，便得知渭滨先生因小中风住院。他出院后，我去他家探望，汤老师告诉我，为了补充新的资料，使几年前出版的《孙中山和辛亥革命》更具学术价值，渭滨先生另外增加了整整十多万字，而且为了让出版社赶在辛亥革命100周年前出版，他日夜伏案疾书，终因劳累过度而倒下了。我听后不禁自责不已：我应该知道渭滨先生对于学术研究是如此严谨，对于研究成果是如此追求完美，他怎么会让几年前写的书按原样出版？这次他幸好得以痊愈，且未留下后遗症，否则我真的无法原谅自己。

此后，我再也不向渭滨先生求索任何书稿，包括他曾经向我允诺的《慈禧大传》。与健康相比，任何事情都应当靠后！况且，他还承担着国家清史编纂项目的繁重任务。

2014年10月，我带了一位年轻编辑一起去七宝看望渭滨先生。那天他精神很好，谈了许多为人为学的道理和感想，告诫年轻人做编辑工作一定要正直、真诚、勤奋、努力，这样才能取得作者的信任，出得了好书。中午一起出门用餐时，我笑对汤老师说，沈先生健步如飞，我们都快跟不上了。席间，他妙语如珠，谈笑风生，大家一起度过了愉快的一天。谁能料想，这次见面后不久，就听说渭滨先生发病进了医院。当我再次去七宝探望时，他身体已经十分虚弱，连说话都感到吃力。此后一段时间，我因日夜陪侍重病的老母，竟未能去中山医院见渭滨先生的最后一面，实在是永远无法弥补的遗憾！

这几年，身边几位能推心置腹的朋友相继离去，自己心中常感悲凉。如今渭滨先生又驾鹤西去，我的失落和痛惜之情更是难以言表。然而，这毕竟是无法抗拒的自然规律，如今只能在此追忆往事，缅怀故人，寄托心中无限的哀思。

（崔美明　上海人民出版社编审）

望之俨然　即之也温

——记忆中的沈渭滨老师

周　武

沈渭滨老师去世不觉间已近一年，这篇文章在我心里盘旋也已很久，但每次提笔，脑子里浮现的，全是2015年4月22日下午在龙华殡仪馆银河厅告别沈老师的那个悲伤情景：银河厅两侧，甚至连通往银河厅的过道两旁都排满花圈、花篮和挽联，从四面八方赶来送别的人群足有数百人之多，把银河厅内外挤得水泄不通。沈老师一辈子讲究“衣势”，他的学生们当天全部西装领带，以一种更庄重的方式来送别老师，并藉此寄托无尽哀思，表达他们对老师的哀悼、敬意和不舍。沈老师只是一个退休教授，一辈子的教书匠，用他自我调侃的话说，只是一个“乡曲陋儒”，没有当过一天任何级别的官，但他却以自己的师德和文章，感动周围的师友、学生和他的七宝乡亲。这个情景，从某种程度上也印证了多年来在我心目中形成的沈老师形象：一个感召了无数学子的老师，一个博雅而具锋芒的学者，一个有情怀的历史学家。

可能跟很多人不同，我认识沈老师始于一次不快的聚会。大约在1988年九十月间，陈旭麓先生召集师门在师大二村对过的一家餐馆聚会，席间先生说起上海某高校有意延揽他一名学生，他建议让我去试试。饭桌上其他师兄都说是好事，唯独沈老师不赞成，并脱口而出：“你看看我老沈。”尽管此前我对沈老师个性张扬、恃才傲物、喜欢骂人等种种传说早有耳闻，但当时年少气盛，听到这个话，内心的不爽可以想见，就差“你是你我是我”没说出口。后来跟沈老师有所交往之后，我才明白沈老师说这个话纯粹出于善意，是对我的爱护。而且我发现沈老师“望之俨然，即之也温”，跟各种传说并不一样，至少他对我们这些晚辈其实是温煦的，从不拿名家架子。可能因为我是当年陈先生年龄最小的学生，沈老师对我格外照顾，每次碰到，总不忘加上一句：有空来玩。陈先生去世后，《书林》杂志编辑约沈老师写一篇追悼陈先生的文章，他即邀我一起合写。我到社科院工作以后，他的鼓励与支持从未间断，对我，他几乎可以说是有求必应。我办《史林》，向他约稿，他不但自己支持，还给我介绍作者，推荐好稿。2015 年我创办《上海学》集刊，他又特意写了一篇《当代上海学研究的三点希望》，发表在创刊号，张剑说这是他生前发表的最后一篇文章；我办学术会议，每次请他，他不但来，而且坚持从头坐到尾，他的儒雅，以及听会时的专注和发言时的犀利，被誉为会场上的一道风景；我自己带学生后，每次请他主持答辩，只要身体许可，他不但答应，而且从不敷衍了事，总是早早就用他标准的“沈体”写出精彩到位的评语，在答辩会上有板有眼地宣读。答辩结束后，每次他都不忘提议全体答辩委员给通过答辩的学生鼓掌祝贺。他主持的答辩会，有一种久违的仪式感。有时我也提示他现在不兴这一套了，他很不以为然地说：怎么可以，这是对学生起码的尊重。

当然，沈老师对我并非只有鼓励和支持，有时也有批评。2001 年我承担的国家社科基金项目“太平天国与江南社会变迁”完成结项，请他担任评审专家，那时他手头特别忙，正在编他自己的论文集和随笔集，但他还是放下手中的急活，仔细审阅我的书稿，并郑重写了一份鉴定意见。这份鉴定意见的复印件至今仍珍藏在我手里，原文如下：

> 这部书稿以近代上海的崛起为中心，论证了太平天国与江南社会变迁之间的关系，相比现有的太平天国研究成果，具有选题新颖、方法独特、内容翔实的特色。
>
> 从选题看，本书突破了以往太平天国研究多注意于战争过程、战略战术、天京变乱、政权性质、人物评述等选题范围，着重从历史事件对社会变迁影响的角度开掘，可说独辟蹊径，富有新意，拓展了太平天国乃至中国农民战争的研究领域。
>
> 从研究方法看，作者从课题实际需要出发，在马克思主义历史唯物主义指导下，以历史学与社会学相融通、区域史与地方史相结合的研究方法，分析与揭示了太平天国时期江南地区特别是上海城市社会变迁在各个层面上的历史与现状、延续和发展、传统与变革的内在联系，较之单纯用政治史、军事史、事件史的研究方法，显得切实可行、独特而又合理。
>
> 从全书内容看，本书以主要篇幅论证了由“江南的上海”到“上海的江南”的演变过程，在对江南地区人口数量、移民流向、城市兴衰等作总体考察的基础上，着重对上海的人口激增和人口结构变化、市民群体构成、市民组织和生存空间的拓展、市民心态与都市习俗的变易、租界社区的形成、发展和外侨生活的特点，以及

市政建设近代化和管理机制等众多社会层面的变迁，既作了历史学的考察，又作了社会学的结构解析，从而使全书内容纵横结合而又条理清楚，既说明了太平天国对近代上海迅速崛起上的积极影响，又实事求是地揭示了江南地区经战乱而变得人口锐减、经济残敝、传统中心城市衰落的状貌。不少问题经作者独立思考，或纠正了前人论断的偏颇，或阐发了前人所未见及的方面而时有创见。全书内容丰富，立论扎实，分析中肯，条理清楚，文笔流畅，无论从太平天国研究还是晚清上海社会变迁研究说，本书都是一部有学术价值的优秀著作，符合国家社会科学基金原列项目的要求。

由于本书论述江南社会变迁采取以上海为中心的视角进行分析考察，所以相对于上海部分的详实具体，江南其他地方（包括城市）的社会变化，就略显薄弱粗疏。建议作者在现有基础上进一步作滚动研究，写一部晚清江南社会变迁史。

沈渭滨

2001 年 4 月 5 日

我所以珍藏这份鉴定意见，倒不是因为沈老师对拙稿的诸多肯定和鼓励，也不是为了见证我跟沈老师之间的情谊，而是他对我提出的中肯批评与宝贵建议。他的批评与建议仅寥寥数语，看似委婉，其实非常煞根，一语道尽拙稿的根本问题所在，既以“太平天国与江南社会变迁”为题，就不能仅讨论太平天国与上海崛起的关系，还应“进一步作滚动研究”，探讨江南其他地方（包括城市）的社会变迁。沈老师的批评和建议，我一直铭记于心，希望自己能尽快把沈老师希望我写的那本《晚清江南社会变迁》写出来，以不负沈老师的期许。

相识近三十年，沈老师始终是我内心很亲近的良师益友，但他住在七宝，很远，而我又慵懒成性，不肯走动，平时联系就不多，见面机会更少。每年到七宝去看他，跟他海聊，一起喝茶、吸烟、下馆子，也都是结伴而去，尽欢而散。记忆中，我自己单独去只有一次。那是沈老师的著作《孙中山与辛亥革命》出版不久，时任《文汇读书周报》主编褚钰泉先生约我给沈老师做一个专访。具体的日期记不清了，但记得那天沈老师谈得非常尽兴、畅快。回家后我写了一篇印象记，刊于 1994 年 12 月 10 日《文汇读书周报》头版，文不长，转录于后：

一生惬意是文章——访沈渭滨先生

在沈渭滨先生宽敞的书房后壁悬挂着一副这样的对联："半世坎坷皆为字，一生惬意是文章。"自然，这并不是一副普通的对联，它描画的是一个学者特具的气象与情性，其中既有往事的叹喟，也有人生的寄托。而在中国，坎坷与惬意，又多少体现了以学术为安身立命者的命运。

作为历史学家，沈渭滨先生与某些终身困守一域而又洋洋自得者颇为不同，他的研究兴趣很广，在辛亥革命史、军事史、会党史及区域文化史等众多领域，都鲜明地镌刻着自己奋力冲击的足迹。从致思方式上看，我觉得，他走的不是传统描述史学之路，而更接近于融描述与释义为一体的新叙述体史学。他新近由上海人民出版社出版的《孙中山与辛亥革命》一书区别以往同类著作的根本之处，即在于自觉地将自己对孙中山及其所处时代与社会的体验与理解完整地融入叙述的展开过程中，极富历史感地摹写出时势与英雄之间的多重关系。在这个过程中，既体现了他的深思熟想，又超越了既有的研究格局。他对自己的这部新著谈得极少，只是告诉我，目前正在搜集有关资料，再写一本《孙中山与中华民国》，作为前者的续篇，着力阐释时势与造神的深层关系，创造性地还原孙中山的本来面目。

沈渭滨先生患有严重的足疾，多年来常常忍受着病痛的折磨，但他仍以顽强的意志力写出了数十篇颇见识力、个性与风格的论文。而今，由他独力承担的《中国近代史大事记》也已全部杀青，即将由上海辞书出版社出版。在这部百万言的巨著中，沈渭滨先生倾注了近十年的心血，罗举了中国近代政治、经济、军事、外交、教育、学术文化等方面所发生的大事要闻，旨在全方位地反映中国近代社会的众多侧面，为读者提供一部信实可靠的大型工具书。他说，最初萌发编撰此书的想法，是由于同类著作缺漏太多，包括郭廷以先生所著的《中国近代史事日志》，亦偏重于政治、军事、外交，而于经济、社会、教育及学术文化则涉笔太少，不能完整地体现中国近代社会的世相与众生相。表面上看，郭、沈两先生著作的区别似乎仅在于材料取舍上的广狭宽窄，而其折射出来的却是两位历史学家不同的识见与视界。沈先生对我说，他一直想写一本类似蒋廷黻《中国近代史》那样的通论性著作。我想，有《中国近代史大事记》作基础，以他的才力、识力及对中国近代史事的长期体验，是完全能够变夙愿为现实的。

与沈先生谈论学术，是一件极为惬意的事情，他机警、健谈而又雄辩，令人坐下就不想离开。他告诉我，近期想尽快把《1840年》和《清代的闭关政策研究》两本书写完。前者依据历史自身的时序纵向描述与诠释，并有意识地进行横向的分析与比较，力求立体而又典型地展示鸦片战争前后中国社会的全貌及其所带来的有限震荡，已有20余万字的成稿；后者则是他承担的一项科研项目，已有8万多字的初稿。两书均已初具规模。在完成上述几部著述后，他想把自己的研究重点转移到中国近代社会史和区域文化的研究上来。他认为社会史研究在运用社会学方法的同时不应当失落历史的本性，正确的方法应当是用社会学方法去整合、重建历史的本性。在谈到区域文化研究时，他主张对海派、京派、岭南三个文化圈进行比较研究，找出各自特有的内在属性，他与姜鸣合著的《阿拉上海人——一种文化社会学的观察》一书就是海派文化研究方面富有深度的尝试。他说，三个文化圈中，岭南文化圈一直没有引起足够的重视，实际上，它的重要性是毋庸质疑的。如果说第一次西学东渐主要是通过上海向广大腹地辐射，那么伴随改革开放而来的第二次西学东渐则是由岭南向北推移的，对三大文化圈进行深入的比较研究，会给中国今后的文化走向提供有益的启示。

走出沈先生恬静的书斋，到处是嘈杂与喧哗。我想，在这样的世界里，要守住自己心中的那一方净土，是非常不容易的，而沈先生却索落自甘，孜孜于学，游思于传统与现代之间，不禁令人肃然而起敬意。

沈老师一向很少在我们面前谈自己，这是我第一次，也是唯一一次听他讲自己的学思历程和研究计划。专访时，沈老师已年近花甲，而且足疾缠身，但谈笑间还是难掩一股英锐之气，博雅而具锋芒。他提到的那些计划除了《孙中山与中华民国》已成永久遗憾外，其他的均已完成出版。“中国近代史大事记”，即1999年由上海辞书出版社出版的《中国历史大事年表·近代卷》；《1840年》和《清代的闭关政策研究》，最后合成一本书，即《道光十九年——从禁烟到战争》，2014年由华东师范大学出版社出版；类似蒋廷黻《中国近代史》那样的通论性著作，虽没有最终写成，但完成了一本《蒋廷黻著〈中国近代史〉导读》，与蒋著《中国近代史》篇幅几乎相埒，可谓稍尝夙愿。

在我的心目中，沈老师是一位富有个性且有着多方面才能的史学家，在近代史众多论域皆各有建树。他写过《论同盟会中部总会的成立》、《上海商团与辛亥革命》、《孙中山与辛亥革命》、《论辛亥革命与东南地区社会结构的变迁——兼论中国近代史的开端》等广为人知的论著，是海内外公认的辛亥革命史专家；他发表过《太平军水营述论》、《太平军二破江南大营战役研究》、《洪仁玕》等重要论著，是国内有数的太平天国史专家；他系统研究过鸦片战争前后中国士大夫的群像，发表和出版过《鸦片战争与中国士大夫散论》、《道光十九年——从禁烟到战争》等论旨鲜明的著述，可称是鸦片战争史专家；他对中国近代军事史研究曾做过批判性反思，并对如何推进近代军事史研究提出过前瞻性的规划，主编过《中国近代军事史论文索引》，堪称近代军事史专家；他深入思考过会党与近代中国社会变迁的关系，写过《论辛亥革命时期的会党》、《上海城市民众与上海小刀会起义》等有分量的论文，可以说是会党史专家；他密切关注上海城市变迁，并对推进上海研究有过许多建言，发表过《海派文化生成的社会环境论纲》等论文，还与姜鸣合著《阿拉上海人》一书，称得上是上海史研究专家；他深入研究过孙中山、慈禧、洪秀全、洪仁玕、陈宝琛、宋嘉树等近代人物，晚年更倾全力主持“国家清史工程·传记·光绪朝（上）”的纂修，可称近代相关人物研究的权威专家；他对外交史亦有涉猎，写过《朝鲜“壬午兵变”与中韩关系述论》、《1843—1847年广州与上海对外关系的探讨》等富有识见的论著；他热爱乡土，早年被关禁闭时就写过《七宝沧桑》，晚年更关注大规模城市化过程中古镇的命运，并对七宝等古镇的保护及史志纂修，倾注了不少心力，是备受尊崇的地方史志专家。此外，他还长期致力于中国近代史学科的基础建设，他是《辞海·中国近代史分册》的主要撰稿人之一，是《中国历史大事年表·近代卷》的主编，与人合编过《张謇存稿》、《上海总商会组织史资料汇编》（上下册）等史料集。

通观沈老师众多遗著，虽然涉及的论域众多，且各有造诣，但背后的关怀却是共同的，核心问题只有一个，如果用一句话概括，最恰当的也许就是沈老师为自己的一本论文集取的书名：“困厄中的近代化”，他所有的研究大体上都是围绕着这个核心问题展开的，即中国是如何在困厄中一步步艰难地走上近代化之路的。因为抱持这样一种关怀，他越来越远离他早年接受的以革命为中心的近代史叙事，而更倾向于以近代化为中心的近代史叙事。他为此曾做过不懈的努力。他在上个世纪80年代接连发表的《论近代中国的时代中心》、《再论近代中国的时代中心》等引起广泛争议的论文，就基于这样的命意。他对蒋廷黻的《中国近代史》别有会心，并为这本薄薄的小册子作长篇导读，也是基于这种关怀。

近几年每次去看沈老师，都会明显感受到他比过去更忙了，忙写慈禧传记，忙修订《孙中山与辛亥革命》，忙主持编撰“国家清史工程·传记·光绪朝（上）”，忙编《陈旭麓先生年谱长编》，忙七宝镇人文遗产的保护，忙各种各样的审稿和会议，忙接待识与不识的八方来客，等等。这一点，其实跟陈旭麓先生晚年非常像，案头总有做不完的事。有时我也在想，如果沈老师能够把时间和精力集中到某一两个论域，不要忙那么多事，专心做“窄而深”的研究，以他的识见、才能和功力，是完全可能甩出几个专精的大部头来的。那样的话，沈老师个人学术上的成就也许会更炫目。但有时我又想，学者各有气象，兼具博通与专精的学人毕竟罕有，有人醉心于那些“窄而深”的研究，有人则更适合做“博而通”的研究，沈老师显然属于后者。

（周　武　上海社会科学院历史研究所研究员）

拳拳之心　殷殷之情

——回忆沈渭滨教授

邵　雍

沈渭滨教授是我们上海师范大学历史系的校友。早在大学本科就读时他就辛亥革命时期共进会的性质问题，发表了与任课老师赵宗颇的观点相左的论文。关于这一点赵老师在为我们开设的辛亥革命史选修课的时候提到过，他认为学生与老师商榷进行学术探讨是好的，尽管他并不同意沈的看法。这可能是我对沈先生的最初印象了。

沈先生是史学大家，在许多方面均有建树，对于辛亥革命中的会党，他有独到的研究，曾经发表过《会党与政党》等重要论文。1984 年在我校召开全国性的近代中国会党

与沈先生在章太炎墓前合影

问题学术讨论会时他就参加了。中国会党史研究会成立后，他一直是该会的理事，研究会召开的大小学术讨论会，他都踊跃参加，发表高论。对于第一任会长魏建猷教授，沈先生十分尊敬，执礼甚恭。1988年初魏先生去世后，沈先生多次鼓励我和周育民要好好地将魏先生的未竟事业进行下去。在以后各次中国近代史学科建设会议上，沈先生以校外专家的身份再三强调，会党史是魏先生开创的一块学术领地，是上海师大历史学的特色之一，千万不要丢掉，而且要发扬光大。我们这些年来在会党史研究领域取得的一些进展与沈先生的支持与鼓励是分不开的。

1993年3月周育民和我撰写的《中国帮会史》由上海人民出版社出版后，沈先生十分高兴。同年年底他兴致盎然地参加了上海史学会举办的书评会，热情洋溢地发表了他的赞誉之词，对我们鼓励有加，体现了他对年轻学人的扶持和关爱之心。

由于专业相同，兴趣相近，我和沈先生一道参加过不少学术会议，在这些会议上沈先生无论是发言、小结或点评均使我受益匪浅。2005年8月在安徽召开的纪念同盟会成立100周年学术讨论会上，当我发表了《同盟会时期孙中山与美国致公堂的关系》后，沈先生当场提问，能不能说明一下孙中山为何能取得这些成功，原因何在？这确实指出了我的文章的不足。经过短暂的思考，我回答说孙中山在美国进行革命活动并取得成功的原因之一就是充分利用了美国的民主制度，并从政治制度、言论出版自由、结社自由、经济自由、政治自由等几个方面进行了简要论证，沈先生当即表示满意。

2001—2007年在我担任上海师大中国近代史硕士点负责人的时候，曾经请沈先生担任硕士学位论文答辩委员会主席。那时正赶上硕士生扩招，一届硕士生就有十四五个。于是沈先生在一星期左右的时间里，起早贪黑，日夜审读，有时还要查对原文，写上批注，做好记号，然后再一一用工整的小楷字体写下学术评语。如此认真准备之后，在答辩当日只见他拎着厚厚一叠硕士论文，总共有十四五本，来到我校。在听完了学生的陈述与其他答辩委员的意见后，他才从容不迫地拿出他事先精心写好的论文评语，娓娓道来。如此这般，从早午一直忙到傍晚，连中午都没来得及好好休息一下。毫无疑问，沈先生缜密的思路，广博的知识，雄辩的口才，犀利的提问给在场学生留下了极其深刻的印象。他在答辩会上的慷慨陈词，指点江山，激扬文字，同样令我们这些同行大受教育。事后沈先生私下对我半开玩笑地说：邵雍啊，这次你可把我害苦了，这么多的论文看都来不及……我连忙说，谢谢沈老师！谢谢沈老师！没有您的把关，这些研究生可能不知道自己的文章毛病出在哪里了。有时候自己导师说的话还听不进去，所以非常需要像您这样的老专家老教授出面敲打敲打。后来我才了解到，认真行事是沈先生一贯的作风，既然受人之托，那就一定要完满地完成，他在东华大学等校作答辩委员会主席时也是如此。由于沈先生如此认真如此严谨，一些同学主动与他联系，请求指点，对此他并没有因为是分外之事加以推却，而是满腔热情予以指导，一如自己的学生。

我的硕士生戴佩娟，2004 年 8 月与我一道去杭州参加纪念光复会成立 100 周年学术讨论会，会上结识沈先生之后，在撰写学位论文《上海平民习勤所研究》时得到了沈先生的多方指导与帮助，该文在答辩时获得了谢俊美教授的好评。几年以后，沈先生还应邀偕夫人参加了戴佩娟的婚礼，并以证婚人的身份发表了热情洋溢的贺词，这段经历在上海师大被传为佳话。

由于沈先生在孙中山研究方面的成就与威望，上海市宋庆龄研究会成立后，他受邀出任该会的学术副会长，本人忝列常务理事，这样我与沈先生又多了一层接触与了解。每次宋庆龄研究会召开学术讨论会，照例由他主持会议，并作学术小结，而且他还得从七宝住所赶到市中心，对于身患多种疾病不便于行的他真是够难为的了。在此期间他多次诚恳地对我说，他对宋庆龄没有什么研究，担任此学术副会长也是勉为其难，希望我这样相对年轻的学者能够在会里多发挥些作用，……拳拳之心，殷殷之情，溢于言表，至今不能忘怀。对于会刊《孙中山宋庆龄研究通讯》他每期必看，有一次我写了一篇《深入研究史料，进一步拓展孙中山研究》，见到他时提起这篇文章，他赞赏有加，说写得很好，有实质内容。沈先生与我都是《孙中山宋庆龄文献与研究》编委会委员，他认真审稿，审稿会一次都没有缺席过，在会上他坦率发表自己的意见，有时还据理力争。该刊的审稿采取的是双向匿名制，投稿者与审读者互不相知，荣幸的是我的几篇投稿无一例外在沈先生那里通过了，对此我一直心存感激。如果没有沈先生的大力支持，投稿出现另外一种情形，也是很可能的。据我所知，为了提高孙中山宋庆龄文物管理委员会下属各研究机关的科研水平，他还开设过如何写论文等专题讲座，予以指导，真是难能可贵。

长期的学术交往加深了我与沈先生的亦师亦友的友谊。我有新书问世总会送他一本，请他指正。同样，他的大作《孙中山与辛亥革命》(包括增订本)、《晚清女主》、《道光十九年》也都送给我，成为我在教学科研中必读的参考书。记得在通读了《道光十九年》后，孤陋寡闻的我还专门致电沈先生，向他请教有关年代学的问题，尽管他当时身体已经不是太好，但还是在电话中与我兴致勃勃地交谈了好一阵子。记得有一次在他家里，在谈到我们的工作时，沈先生十分严肃地说我们这些历史学家要如何、如何，我当时有些疑惑，沈先生学问精湛，著作等身，对他来说历史学家是当之无愧的。但我们这些学生辈的人也算得上历史学家吗？当我把这一想法和盘托出时，沈先生十分严肃地再次重复了他的论断，并且要求我们承担起历史学家的担当。这一幕我至今记忆犹新，也一直在朝这一方向努力，不过结果如何又是另外一回事了。

沈先生虽然去世了，但是我们会一直记着他的。

（邵　雍　上海师范大学历史系教授）

永远的沈老师

徐昭英

20世纪70年代末，社会百废待兴。中国老百姓结束了“文化大革命”的苦难，对国家的发展、社会的进步重新燃起希望。人们也从迷茫、消沉中走出来，摩拳擦掌，为改变自己的命运而努力。在这个历史潮流中，我自己就以30岁的“高龄”进入华东师范大学历史系就读。多年来历史学科的客观研究几乎陷于停顿，大量史实与史学理论被严重扭曲。于是，我们这些“初生之犊”满怀拳拳激情，在历史学科里探索前进，希望为千疮百孔的历史学科干点什么，而史学界的老前辈便成为我们汲取专业知识及治学方法的重要源泉。在如此背景之下，一次偶然的巧合，沈老师一家与我们一家开始了长达30年的深厚友谊。

那时我家还住在重庆北路“韬奋纪念馆”那条弄堂里。一个冬日的下午，楼梯上传来缓缓的脚步声，随着一声轻轻的呼唤“徐老师”，只听到我姐姐叫着“汤老师”，一路小跑迎下楼去。

我姐姐与我同为师大校友，就在她毕业前一年“文革”开始了。在师大经历了百般荒谬的几年“文革”岁月，她终于从化学系毕业，被分配到上海郊区一所中学当老师。当时的同事大部分都先后来自师大、师院、教育学院等几所师范院校。相对安定闲适的城镇教书生涯，让她结交了几位终身好友，汤老师便是其中之一。

第一次见面，汤老师给我留下的印象深刻。她身着黑色呢子中大衣，鬈发齐肩，卸去大衣之后是一件裁剪得体的中式薄棉袄。她说话语调缓慢，吐字清晰，嘴边常挂着笑容。给人印象近乎时尚却又不失端庄、娴雅。

人手一杯清茶，我们几个围坐在三楼小小亭子间里谈笑甚欢。言谈中我得知汤老师的先生大名沈渭滨，他俩曾是上海师范学院历史系同学，后一起分配到上海郊区的中学任教，家住七宝镇。几年后，沈老师从中学教师的岗位上调入复旦大学历史系任教。这样的工作调动不免让我有点吃惊，因为复旦历史系可是上海历史学界出了名的大牌，系里聚集了各路名教授。沈老师并非毕业自名校，又任教于一所普通的郊区中学，要跻身于如此“高门槛”的复旦历史系教师队伍没有点真本事一定不行。沈老师有百般武艺？我心里充满了好奇。

图书馆内的一番搜索和静下心来的阅读，让我对沈老师的学术成果有了初步了解，钦佩之心也油然而生。沈老师自20世纪60年代初便涉足于中国近代史研究领域，包括太平天国、鸦片战争、辛亥革命等。读了他发表的大量论文，让人有耳目一新之感。那个年代，有人评价说文化出现断层，不是没有道理。迫于众所周知的原因，大多学者特别是历史研究领域，人们扛着“阶级斗争”的大旗，横扫上下几千年的历史，解释一切历史现象，既简单又安全，于是历史研究的进程陷入了人云亦云的怪圈。当然，历史研究领域里也不乏有识之士，他们在详尽的史料基础上，突破“阶级斗争”理论的藩篱，对重大历史事件作客观的分析，得出的结论也就靠谱，让人信服，沈老师就是其中一员。以太平天国运动研究为例，沈老师以他独特的视角对这场“农民战争”深入观察，甚至从太平天国几场著名战役，对“拜上帝教”的创始说法为着力点，从军事和宗教的角度开始了对太平天国这场“农民战争”的全面质疑。这在当时的社会环境下，勇气和求实精神令人钦佩。泰斗级史学家陈旭麓先生是沈老师的导师，是他慧眼识英雄，力荐沈老师进入了复旦大学历史系，此后沈老师便在更为精良的环境中从事他的史学研究。

第一次去拜访沈老师和汤老师家是70年代末的某一个周末。在没有地铁的年代，七宝镇对我们来说似乎很是遥远，换了不止一次公交车，到了七宝镇上。古镇老街的风情让我们充满好奇，穿过弯弯曲曲的小巷，来到一个叫沟水弄的所在，走进一个很有些年头的粉墙黛瓦小屋，这里便是沈老师的家。沈老师个子不高，衣着整洁，温和的微笑让人感到亲切。在二位老师的热情招呼声中，我们穿过小小客堂间，沿着窄窄的木楼梯来到他们的卧室兼书房。这间屋长宽此例严重失调，细长如走廊，十分奇特。除了必要的几件家具之外，所有空间全部填满了书籍，好一个“读书人”居所！在窗前小小书桌边坐定下来，在沈老师不紧不慢的语调中，我们所有注意力完全被吸引住了。话题是多方面的，除了有关中国近代史的研究之外，更多地谈了进入历史研究行当的人生体会。按理说，这种谈话内容容易让人觉得枯燥，可是沈老师说话抑扬顿挫，举例鲜活生动，时不时幽上一默，二三个小时一下就过去了。我甚至想到，复旦历史系的学生如选上沈老师的课是幸运的，至少不枯燥。

午饭就在沈老师家蹭上啦。楼下厨房里有一个上海郊区常见的大灶头，顶天立地占据了半个屋子。沈老师妈妈沈老太太一个人不慌不忙、灶前灶后，八仙桌上已有好几个菜冒着热气。谢过沈老太太，几个人上桌狼吞虎咽，一扫而空。这是我第一次在上海吃到大灶烧出来的饭菜，感觉非比寻常，美味极了。顺便提一下，我现在经常要烧一个菜叫雪里蕻炒绿豆芽，常常得到好评。殊不知这便是从沈老太太那里学到的，老太太告诉我，雪里蕻偏咸而绿豆芽味淡，二者一起相宜。

时光荏苒。生活之舟又将我们载向大洋彼岸。一家人在美国东部费城住下，开始了另一段读书生涯。我开始改行读数学和计算机专业研究生，个中的艰辛自不用说。可是，自己毕竟曾经是历史专业出身，感情上无法与历史学彻底隔断，我时常关注着国内历史学界的动态，沈老师的学术研究进展更是我十分关心的事情。他对于鸦片战争和辛亥革命的论述已经大大超越了我们当年课堂里接受的思维定式，常常让我暗暗叫好。其间，沈老师搬过一次家，居住环境有所改善。按我姐姐的说法，沈老师如今的书房已很有点毛泽东书房的味道啦。可以想象，至少书房已经独立出来，面积更大，藏书也更多了。

因为工作关系，我们一家自90年代中期又搬回亚洲，先后在香港、深圳居住，2006年开始甚至回到了上海。在老家过日子还真不一样，别的不说，老朋友间的互访可是容易多了。当我又一次来到沈老师家时，地址已经在七莘路上了。如今的七宝镇可是今非昔比，古镇的改造和经营得法让老上海本地特色大放异彩，老街窄巷里人流熙来攘往，吃着大汤圆、海棠糕、臭豆腐……试着各式中西服装，孩子手中是摇鼓郎郎……一条小河贯穿七宝镇，河西段已到镇边上，再过去出了镇便是大马路，现代建筑、商场林立，车辆川流不息。而沈老师居住的园区坐落在河西段的南岸，夹在同样热闹的古老中式和现代西化的商业区中间，是一个安静的所在，小河就在厨房窗前静静流过。几个老朋友差不多定期在沈老师家聚会，称得上一个非正式的沙龙。沈老师家地方并不大，可干净舒适。汤老师二十来年以前自行设计略带西式的装修杰作，至今风采依旧。我们一般是下午二点之后来到沈老师家，届时沈老师午间小睡已起。沙发前长长的茶几上是一个式样奇特的下半部带有明火的玻璃茶壶，当茶壶顶上热气袅袅升起，上品绿茶的清香溢出，沈老师会从隔壁书房踱过来，他常常手持牛角烟斗一个，汤老师说这有助于过滤尼古丁和焦油。接下来是大家的欢声笑语或沈老师的侃侃而谈，话题纵横可及上下千年，五洲大洋，十分过瘾并大有裨益。晚饭时间到了，我们一行人在沈老师和汤老师带领下向七宝小有名气的塘桥饭店进发，塘桥饭店就在离沈老师家百步之遥的桥堍下。沈老师常常穿一件西装便服，几年前的足部手术后遗症让他出门时必持手杖一根，大大的玳瑁眼镜，整齐的大背头，加上不紧不慢的神态，怎么看都像一个典型的民国绅士。必须提一下的是，沈老师在作画和书法方面有着极高的造诣。青年时代自打部队里开始直到大学，他富有灵感的画作广受好评。而书法更是非同一般，尤其是蝇头小楷。几十年如一日，沈老师每天用毛笔记日记。有一次在沈老师的书房里，我看到了一大摞沈老师独特的日记本，那是有着统一规格的宣纸装订本，打开一看，简直惊为天工。字迹清秀端正不说，那一笔一画都精致到位，绝少涂改。随便抽一本翻一页，功夫都一样，这让我惊讶不已，几十年呐！时值傍晚时分，华灯初上，远远看到写有“塘桥饭店”的巨匾，十分醒目，那是沈老师所题。进得店去，桌上的纸巾套，菜单封面都能看到沈老师的字迹。七宝镇这一方土地，沈老师生于斯长于斯，七宝乡亲为沈老师的学术成就和才艺而感到骄傲，而沈老师也因常常参与镇上有关的文化事宜而受到镇民的尊重，以致俨如“一方绅士”。说来有趣，有一次我带朋友去“塘桥饭店”用餐，进门时和朋友说起沈老师，无意间被站立一边的老板听到。这个憨厚的中年男子立刻迎上前来，问我们是不是沈老师的朋友，得到肯定的答复之后竟然坚持要给我们打折。无功受禄，反而让我们很不好意思。

话说我在美国的十几年里，所学专业从文科到理科、语言从俄语到英语，毕业之后更是进入完全不熟悉的特殊工业领域，回家之后又是家务一大堆，所以老觉得时间不够，恨不得一天有48个小时可用。可是自从搬到香港之后，人一下子闲下来，又是住在酒店公寓，家务活少之又少。于是我这个曾经的大忙人竟然感到十分失落。在逐渐适应新的生活方式的过程中，一个偶然的巧合让我开始了写作，写出来的东西也有机会发表在各类报纸杂志上。几年之后，倒也积累了一定数量的文章，这让我萌生了出一本个人随想集的念头。文章筛选出来，“徜徉其中”这个悠闲的书名都想好了。经老同学推荐，出版也没问题，就是还缺少一篇序。学者们一般都很忙，谁愿意拨冗为这么一个新人的若干散文式的随想篇作序呢？可是，这件事情得到了沈老师的全力支持。书稿的电子版本传过去之后几天，我就收到了沈老师作的序。仔细读过之后，惊喜之余，更感到我是收到了一份厚重的礼物。序言篇幅并不长，可是言简意赅，遣词造句精准、优美，文字的功底十足。更重要的是，通篇读下来，你会发现沈老师是花功夫非常仔细读了每一篇文章，然后有感而发，真挚而诚恳。让人深深感受到前辈对新人饱含温暖的提携和鼓励的同时，提到的建议也让人信服。就是十多年后的今天，我还会想起沈老师在序中的建言，并在不知不觉中照着去做。

在中国近代史的研究领域里，沈老师几十年以来的辛苦耕耘，结出了丰硕的果实，陆续出版了《孙中山与辛亥革命》、《蒋廷黻著〈中国近代史〉导读》、《晚清女主——细说慈禧》、《道光十九年——从禁烟到战争》等十余部专著。作为《中国历史大事年表·近代卷》、《近代中国科学家》等主编，沈老师花费了大量的精力，力求精准，对任何瑕疵决不姑息。退休之后，除了继续执着于近代史的研究之外，范围更是扩大到地方史、地方文化史等的研究。不久以前，在《探索与争鸣》杂志上读到沈老师一篇有关古镇改造的论述。他用历史的眼光展望古镇的将来，因而充满了真知灼见。

然而，命运之神过早将沈老师带离了这个世界。2015 年 4 月的一天，沈老师告别了人生，告别了亲爱的老伴汤老师和孩子们，也告别了他为之贡献了一生的历史研究事业。要是老天爷慷慨再给予沈老师 10 年生命的话，他定能作出另一番贡献，至少历史学界有沈老师在会增加一份热闹，多上一抹色彩，不少老朋友作如是想。在沈老师的葬礼仪式上，汤老师的坚强、温和以及顾全大局的举止让人为之动容。葬礼在进行，就在亲友向遗体告别环节开始之前，我默默地转身离去。我愿在我的记忆中出现的永远是那个鲜活生动、时而手杖挂在臂上不紧不慢踱着方步，一派民国风范的沈老师。

我们一家过着候鸟般的生活，美国和中国两边住。2015 年 9 月离沪之前，与汤老师相约，我去七宝汤老师家告别。虽说缺了沈老师的家略显空旷，但是汤老师的温和感染了我：只要汤老师在，这个家温暖依旧，朋友们还是会照常前来。当汤老师给我端来一杯当场制作的冒着厚厚牛奶泡沫的醇厚的 CAPPUCCINO 咖啡时，我更确信汤老师是一个生活的强者，她有能力克服生活中的打击，过好自己人生中的后沈老师时代。

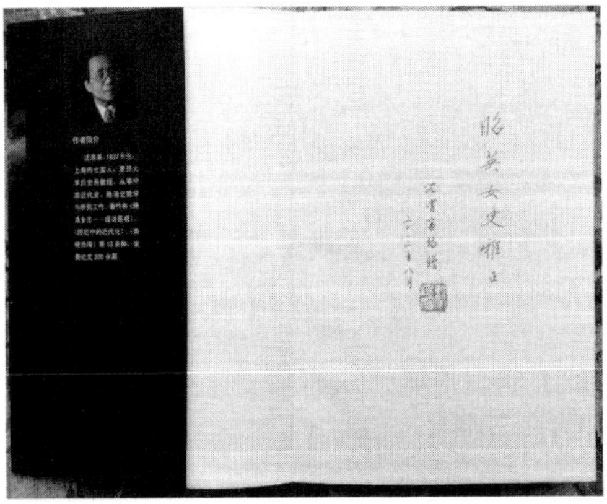

这是沈老师赠送的《孙中山与辛亥革命》2011 年版签名本，有他独具风格的小楷署名也有印章

这是沈老师生前出版的最后一本专著《道光十九年》，已经没有他的亲笔签名，只有印章了

以往，沈老师出版专著，常常会在扉页认真留言并签上自己的名字，然后亲手递给我。这次不同，汤老师递给我一本《道光十九年》，扉页是打开的，扉页上不见熟悉的沈老师的签字和留言，代之是盖上了一枚大大的鲜红的沈老师印章。汤老师轻轻说道：

“来不及了，只能这样了。”

我有点语无伦次地回答：

“来得及，不晚，不晚。”

现在我坐在华盛顿家里，静静地写字。向窗外极目望去，天边的落日将半边天空映照得金光灿灿，天穹下，深秋树叶的红黄色彩尽显华丽。可此时我心在远方，在大洋彼岸上海的那个热闹非凡的古镇—— 七宝。

（徐昭英　现旅居美国）

乘风归去　翙翙其羽

——悼念沈渭滨先生

韩　晶

4月18日清晨七时，历史学家、我多部纪录片的历史顾问沈渭滨先生仙逝了！闻之涕下，哀恸之情久久难以平复。

初识沈先生是在2008年的早春。当时我为我的一部纪录片登门拜访沈先生，邀其担任节目嘉宾。我至今仍清晰记得当时的情景，他身穿时髦的铁红色棒针衫，点燃一支烟，坐在沙发上耐心听我讲完纪录片的大致内容，最后，他拒绝了我的邀请，理由是纪录片的内容并非他研究的范围。他还言之凿凿称，不是他研究的东西，他怎可在电视上乱讲？当时给我的印象是，一个顾及声名、爱惜羽毛的倔老头！好在我头脑活络，抓住他的话说，您不是研究辛亥革命史的吗？袁世凯主谋刺杀宋教仁算不算这一范畴？这下沈先生无话可说了。但他反应极快，又指出"刺客列传"片名不好，为刺杀革命志士的刺客树碑立传，他不干！我当即答应，修改片名。或许是被我的执着打动，沈先生没有再推辞，最终答应担任《刺杀宋教仁》那集的嘉宾。后来才知，他不仅爱惜羽毛，还很低调，不太愿上电视，只是念我做纪录片不易，不忍生硬拒绝，所以才表现出这般"难搞"。

这部纪录片后来改名为"刺客令"，播出后不仅获得很好的收视率，还在全国拿了奖。我不得不说，因沈先生缘故而更改的片名，确实比原来更中性，也更贴切。沈先生想得周全！

从此，我与沈先生成了忘年交，他待我如师、如父，几乎所有我的纪录片他都帮着出谋划策。2011年，我做纪念辛亥革命100周年特别纪录片《大辛亥》，沈先生更是不辞辛劳，五万多字的脚本，从初稿到最后定稿，每一稿他都反复审阅，逐字修正。《大辛亥》播出后，不仅赢得好口碑，还得到上海市委宣传部的表彰。沈先生功不可没！

沈先生身体一直不太好，但每次见面，他总是精神奕奕，从未显露一丝病容。2013

年春，我请沈先生来录纪录片“科举”，他身穿笔挺的粗呢西服，拄一根酸枝木“司的克”，风度翩翩地来到摄影棚。同事们见了他，都夸沈老师好有范！先生笑道，哪有什么范？多年糖尿病落下的足疾，不得不依赖拐杖。同事们都知道沈先生爱惜羽毛，在大家心目中，他就是一位很有范的老头！

沈先生经常叮咛我，纪录片要么不做，要做，就做站得住、留得下的好片。这些年，他对我的期许和要求，已经成为我做纪录片的一种态度。沈先生提议我不定期举办一些沙龙活动，邀请史学界的一些大家来喝喝茶、扯扯淡，激发激发创作灵感。2014 年 6 月 17 日，伴随着栀子花香和普洱茶的馥郁，“拾珠沙龙”迎来了一批满腹经纶的学者专家。他们口吐珠玑，谈笑风生，而我和伙伴们则忙着拾珠。那天，沈先生还情真意切地对大家说，他老了，已无所求，只希望能帮助我和我的团队做几部好纪录片，也希望在座的各位多帮忙！现在回想起来，先生当时的话似别有深意，仿佛冥冥中知道自己时日无多。每次想起，总让我唏嘘不已。

如今，沈先生已乘风归去，翙翙其羽。虽然临行前白发稀疏，形销骨立，但他魂魄的羽毛仍然齐整光亮，一如与他等身的熠熠生辉的著作！

（韩　晶　上海视野影视有限公司总裁）

（曾发表于《新民晚报》2015 年 5 月 3 日）

三、师恩道义

初五沈大大　浓浓师生情

杨勇刚

初五沈大大，是沈渭滨老师的弟子们的微信群名。那是在2014年的正月初五，我们照例前往七宝古镇给老师拜年并一起聚餐时，由张国伟起名、并由陈祖恩太太袁雅琼创建的。沈老师没有开设微信，或许他整天介伏案写作也无暇浏览微信，但他吩咐汤老师加入，通过汤老师，他随时可以一并联系大家，同时获得各位的信息。

命名“初五沈大大”，别无他意，主要是基于两个方面的考虑，一来是每年的正月初五，沈门弟子都会相约前去给老师拜年，近三十年风雨无阻，可以说是上海历史学界师生关系的一段佳话；二来是七宝本地人习惯将祖父或尊者唤作“大大”，沈老师是七宝人，又是我们爱戴的老师和长者，以此命名显得十分贴切。

说起沈门弟子，除了老师在复旦大学带教的研究生，如奚纪荣、苏贻鸣、张剑等；更多的是在就读复旦大学本科时听过沈老师讲授“中国近代通史”课程或“太平天国史”、“辛亥革命史”等若干专业课程的学生，如郭太风、刘申宁、张国伟、姜鸣、王克梅、司徒琪蕙、杨柳青等；还有虽非复旦学子但由老师额外带教的私淑弟子，本人即是其中之一。

我与沈渭滨老师是七宝老乡，也曾在1968年3月至1969年7月间，就读于沈老师早年任教的七宝中学。那时，沈老师在七宝中学已有很大的名气，学生对他的评价是学识渊博、口才犀利、有刚正不阿又略显张扬的个性。但当时他没有带教我们班级的课程，可以说，我与沈老师的师生关系擦肩而过。

1981年的夏天，就读于地处四川的西南交通大学、即将进入大四的我，正在为毕业后的工作去向而犯愁。要想实现回家乡上海工作的夙愿，在当时比较现实的途径是考取上海高校的研究生。趁着暑假，抱着一丝希望，我慕名登门拜访了在七宝已大有名气、并已在复旦大学任教的沈老师。老师住在七宝沟水弄，在狭窄弄堂的老式阁楼上，只见他身穿老头衫，左手夹着香烟，右手握着钢笔，正埋头于书堆之中伏案写作。他问明来由后，便开出了一大串书名目录，说是要考复旦的研究生，这些都是必须熟读的书籍，但却只字不提如何复习，也不指明复习的重点要领，更无有心推荐或带教我的意思。当时，我估摸着他可能是看不上我这个理工科院校的文科学生，或许是看出了我那“不纯”的考研动机，真的是有点灰心丧气。大约一个小时的对话之后，便匆匆告退了。

与沈渭滨老师合影

本意就是为回到上海工作而考研，当得知能够毕业分配到上海高校任教，自然立马就放弃了考研的念头。但是，理工科院校的历史课程被列为政治理论课体系，学生的学习兴趣不浓，科研条件更是无法满足。于是，1983 年我再次踏进沈老师的家门，希望能够在学术上得到提携。

虽然他没有因我考研半途而废而嫌弃我，但还是对我考察了好长一阵子。也许是我的请求十分的诚恳，也许是那段时间我查找资料、誊写文稿，帮衬着做些杂活还有点样子，老师认为我是个可塑之人，终于同意收我为他的私淑弟子。就这样，我虽无缘成为复旦大学的学子，但有幸成为了沈渭滨老师的学生。

要确切地说清沈门弟子每年春节相约给老师拜年从哪年开始，已经记不起来了。事实上，每逢农历新年，沈门弟子都会去给老师拜年，只是隔三岔五分别登门拜年，不仅学生们难以相聚，也给老师带来诸多不便。于是大家相约，并一致同意，先是正月初三、后来改为正月初五，一同前往给老师拜年。随着老师带教学生的增多，参与初五拜年的队伍也逐渐扩大，一些老师的年轻好友也自愿加入。

习惯成自然，每年的正月初五，成了一年之中沈老师与弟子们欢聚的日子，也成了我们沈门弟子期盼的节日。那天下午，无论是刮风下雨，还是冰天雪地，弟子们都会从四面八方、甚至从外地赶来给老师拜年。而老师和师母则热情款待，好烟、好茶准备就绪，糖果、点心摆满茶几。师生济济一堂，尽情畅谈，开怀大笑，情意浓浓。老师则一改那在课堂上的严肃和正经，表现出和蔼、甚至带有童趣的另一面。其间，谈起甲 A、中超、意甲、英超，比划起带球突破、起脚射门的精彩场面，老师那一板一眼的架势，让人忍俊不禁；谈起新近上演的电影或电视剧，以及刚刚谢幕的央视春晚，评说明星大腕，圈点个中得失，老师那近似于专业导演的水准，让人钦佩不已；谈起学生各自的家庭生活和子女教育，老师那长辈般的叮咛和嘱咐，语重心长，让人倍感亲切。

师生好友拜年相会，自然少不了聚餐。最初十来年的聚餐，都是师母和老师的大女儿沙沙下厨。精湛的厨艺，色、香、味俱全的菜肴，每每让我们垂涎欲滴，以致师弟兄们常常坦言，宁愿辞掉他人的春节宴请、推迟外出的旅游，也要来蹭这顿丰盛的老师家的家宴。后来，我们不忍师母操劳，改为在外就餐。七宝的和记、越由、来天华……那些有点档次的酒家，被挨个儿订座、吃遍。徐汇的席家花园、宝山的罗店新镇、浦江的召稼楼……也都曾留下我们师生欢聚的场景。

当然，欢聚期间交流最多的还是有关历史的学问。那天，老师会将新近出版的学术著作一一赠送学生，并与学生交换研究心得，分享个中的酸甜苦辣。《困厄中的近代化》、《曾经沧海》、《孙中山与辛亥革命》(增订本)、《政治女强人慈禧》、《七宝沧桑》、《蒋廷黻著〈中国近代史〉导读》、《道光十九年》等，就是老师近几年间相继赠送给学生的新著。那天，老师也会一一询问学生的学术研究近况，对学生取得的科研成果和学界影响，不吝赞扬之词，给予鼓励和鞭策。每到重大历史事件纪念的年份，每逢承接有来自各方的重要研究课题，老师还会借机布置研究任务，与大伙儿协商切入的角度，初拟课题研究的提纲，并约定成稿的日期。

记得，老师主编的、不少弟子参与编写的《近代中国科学家》、《中国历史大事年表·近代卷》，最初的任务布置就是在新年团拜会上完成的。

《近代中国科学家》一书，是沈老师于 1985—1986 年间组织编写、并于 1988 年 1 月由上海人民出版社出版的。那时，“科学技术是第一生产力”，科学技术是人类文明进步的重要标志，已经为改革开放后的国人所普遍认同。中国也曾有着辉煌的科学技术成就，尽管在15世纪中叶以后，渐渐落后于西方国家，特别是到19世纪中叶以后，已经拿不出多少可以自豪的科技成就，但是正如老师所说，在战乱不断的年代，既无国家的支持奖掖，又乏必需的设备条件，近代中国科学家们凭着冀民族自立、望祖国富强的赤子之心，顽强刻苦地研求探索，还是取得了一批重要成果，从一个侧面反映了我们民族自强不息的伟大精神，值得后代敬重和珍惜。作为近代史学者，有责任为近代中国科学家树碑立传。

由于当今治史者多为文科出身，理科知识微薄，为科学技术专家立传谈何容易。晚清政府和社会对科学技术又不予重视，科学家的史料记载不多且又十分零落，为科学家立传更非易事。尽管如此，沈老师还是本着严谨的治学精神，一方面，亲自选定了在数学、物理学、化学、植物学、医学、天文学、地理学、地质学以及造船、筑路、制兵器、飞机设计和水利建设等各个科学技术领域作出杰出贡献的二十余位科学技术专家，分别为之立传；另一方面，要求我们尽可能从传主的日记、著述，传主的乡志、碑铭文搜寻线索，不放过任何记载传主生平和科学技术成就的资料，哪怕是蛛丝马迹，更要求我们吸取当代中外学者在近代中国科学技术史方面的研究成果。

“文章千古事，得失寸心知”。尽管《近代中国科学家》一书只收录了26位科学技术专家的传记、一共仅有19万多字，但是写来也颇为艰苦。不少传记数易其稿，倾注了作者特别是作为主编的沈老师的心血。在成文和定稿的过程中，沈老师亲自求教于有关的学者和专家，以核对部分科学家传记中一些科学原理、定理、术语的理解和描述是否准确。其中的数篇数学家传记，他还请在数学方面有一定造诣的林厚伦先生审稿，并根据林先生提出的意见一一予以修订。

《中国历史大事年表·近代卷》一书，是沈老师于1983—1994年间组织编写、并于1999年2月由上海辞书出版社出版的。该书编写和出版历经十年有余，其间可以说是多有周折，甚至是一种磨难。

早在1982年，上海辞书出版社在沈起炜先生编著的《中国历史大事年表·古代卷》付梓之际，即着手近代卷的编辑计划，并约请方诗铭先生主编。方先生在征求陈旭麓先生意见后，提议由沈老师协助。后来，又因方先生工作过于繁忙，决定由沈老师主编。

沈老师接受主编任务后，独立编纂了三年，仅完成全书四分之一的初稿。一则因编写工程量实在太大，以一人之力难以如约完成，再则史事采编实为治史者之基本功，让学生参与编写也能进一步夯实他们的近代史知识基础，遂于1986年给他的部分弟子分配了任务，要求协力共同完成。其中，我和姜鸣、郭太风分别采编1855—1864年、1875—1883

年、1884—1893 年间的大事。其余年份分别由华强（1865—1874 年）、夏林根（1894—1899 年）、陈宗海（1900—1910 年）、胡毅华（1911—1919 年 5 月）、傅德华（全书人名索引）等复旦大学和上海教育学院的青年教师承担。

在具体实施过程中，沈老师定下了几条编写原则并要求我们严格遵守：一是尽管有著名历史学家郭廷以教授的《近代中国史事日志》、《太平天国史事日志》以及其他一些还属上乘的中国近代史大事记著述，但都没有注明资料来源，作为工具书使用甚是不便，于是强调本书记录的每条史事必须从原始史料中搜寻采编，并注明出处；二是鉴于近年来中国近代史的研究成果日益丰富，因此要求充分利用已有学术研究成果，对学术界有歧义的史事，必须加以考订或注明另说，不拘泥于《东华录》、《筹办夷务始末》、《清末外交史料》甚至《清实录》等“正史”记载；三是不落旧套，扩大史事记录的覆盖面，除政治、军事、中外关系外，尽可能包含经济、文化、思想、自然变故等社会发展的各个领域的重大事件。总之，《中国历史大事年表·近代卷》一书的史事采编，要尽最大可能达到准确性、可靠性、全面性的统一。

参与《中国历史大事年表·近代卷》编写的各位作者，不敢有丝毫的懈怠。大家常常奔走于复旦大学图书馆、华东师范大学图书馆、上海师范大学图书馆以及上海图书馆等各大图书馆，仔细查阅各种近代史原始资料，往往是耗费多时却所得甚少。那时，我们还没有用上电脑，为便于按时间顺序随时插排新采编的史事，大家都借助于小卡片记录。每张小卡片记录一条史事，往往是一年的史事记录需要用上数百张小卡片，再将小卡片记录的史事誊抄于 500 格文稿纸上，两道工序，费时又费力气。

沈老师更是身体力行、亲作表率。在编著《中国历史大事年表·近代卷》的前几年，老师已经被一种称为“脉管炎”的足疾缠身，且日益加重，因血脉不通，整日疼痛不已。那时，沈老师的家已经迁居至七宝浴堂街，房子也较为宽敞。但那是一幢两层楼的、围着一个小天井的四合小院，沈老师家虽将唯一的二楼朝南房间作为书房，然而还是与对面同样高度的北屋相隔不足一丈，日照极不充足，因此被他戏称为“冬寒夏炎斋”。尤其是冬天的晚间，没有空调，更没有地暖，犹如冰窟一般。尽管他脚穿蒲鞋以保暖，仍挡不住阵阵寒气，足疾带来的锥心之痛，无休无止。

可是他日夜赶工，也不愿抽出时间去大医院看专家、检查病因，只是在附近医院配点止痛药以缓解疼痛。晚上无法平躺入睡，就在沙发上半坐着过夜。1987 年，终因脉管炎截去了老师的第一个脚趾。可他不以为然，还自嘲说：“现在我是标准的臭老九！”以后的十多年里又先后截掉了两根脚趾，从此便离不开那根“司的克”了。后来才被确诊，那所谓的脉管炎，其实是因糖尿病引起的。虽得对症下药，病情有所控制，但已截掉的三根脚趾，却永远也无法复原。

可以说，沈老师为《中国历史大事年表·近代卷》的编写出版，带出了一批学生和青年教师，自己却付出了极大的健康代价。

在《中国历史大事年表·近代卷》交付出版时，尽管沈老师希望编辑“少做减法”，但是出版社因经费所限，几经协商，终于割舍了每条史事的出处注释，有关考订和注明另说也大大缩减。这一减，减去原稿字数的四分之一约30万字；这一减，改变了老师最初定下的编写原则；这一减，也给使用者带来了诸多不便。后来，每当谈及此事，老师还是扼腕叹息，遗憾万分。

后来的每次正月初五拜年聚会，我们都会劝说沈老师多注意身体健康，不能再接时限紧、任务重的大课题，不能再“开夜车”、劳累过度。沈老师也曾说过，书架上少一本自己写的书不见得少，多一本自己写的书不见得多。尽管如此，他在退休之后，仍然是笔耕不已，屡出新书，成果远超在职工作期间；学术会议、电视论坛，屡现形象……

2015年2月23日（羊年正月初五），我们沈门弟子照例一同前往七宝给老师拜年。那天，尽管沈老师依然笑迎各位，不时与我们对话，但是因2014年的那场“心肌梗塞”大病尚未痊愈，神情还是明显疲惫。那天，也是多年来第一次未能与弟子们一同外出聚餐。我们当即与老师相约，待他健康状况允许，即予以弥补这大家心头的一大缺憾。

3月5日，汤老师在初五沈大大微信群中上传了一帧与沈老师同系着花色丝巾、相依相偎的合影，并说是“今天拍的照片”。一下子，初五沈大大微信群又热闹起来：有祝汤老师生日快乐的，有说沈老师看起来神情蛮好的，有说沈大大风度翩翩的，更有弟子不忘俏皮话相赠“情深伉俪、郎才女貌”、“情侣围巾哈喽”……总之，我们都相信并期盼着能尽快再次相聚，与老师高高兴兴、安安心心的聊上一阵、喝上一杯。

可是，万万没有想到的是，沈老师3月底又因病住院，且一病不起。4月18日与世长辞，与沈大大再次欢聚的愿望再也无法实现。

老师，您一路走好！往后的大年初五，我们沈门弟子照例会去七宝给汤老师拜年，也照例会为我们尊敬的老师您斟上一杯酒、点上一支烟，以寄托我们对您的无限思念！

（杨勇刚　同济大学教授）

忆沈渭滨：复旦精神的传承者

傅德华

我与沈老师有着二十多年的师生、同事交情和学术、生活上的交流。他给我的印象就是这十六个字：为人正直，学术严谨，乐于助人，诲人不倦。

书海苦求索，杏坛勤教诲

我们四十多年中从未间断过学术交流和工作、教学上的探讨。我1974年留校任教，他1975年来复旦，后来研究中国近代军事史，而我对此也有兴趣，所以他就提议将一些对军事史有爱好的学生、老师组成近代军事史的兴趣小组。有一段时间，他从七宝镇来复旦上完课，晚上就住在我家，组织讨论军事史。

与沈渭滨老师合影

2013年底，我编著的《纪念戴克林将军诞辰一百周年：戴克林将军画传》完成了初稿，首先想到要请沈老师看一看。这本书不仅和军事史有关，同时也是为了纪念中国工农红军长征胜利80周年和中国人民抗日战争胜利70周年。那时他的身体状况其实已经不允许他看稿子了，师母不让他看，他自己也处于封笔的状态，但他最后不仅非常认真地看完全书，且工工整整地写了500余字的《〈戴克林画传〉读后记》，并签上自己的名和"2014年2月27日"字样。

我跟夫人一起去他府上取他看完后的书稿和写的"读后记"，我们想到他一页页地翻着这本书，一笔一画地写读后感，用涂改液涂改写错的地方，再重新写一遍，我俩特别感动。他既肯定了我们这本书的成功之处，又谈了他还不太满意的地方，仔细地提出了修改意见。同年7月，此书正式出版后，我们将书送到他府上时，他翻阅后对我们说："此书编得不错，真的很好。"我对他说："这里也有你的一份功劳。"他谦虚地说："主要是你们的功劳。读完此书也受到不少教育。"

听君一席谈，胜读十年书

1997年以后沈老师退休了，我们依然经常进行学术交流。同他交谈留给我们的感觉就是"听君一席谈，胜读十年书"，我们会觉得相见恨晚——如果早一点认识不是可以学到更多的东西吗？

从1997年到现在，我每年都有文章发表；每写一篇文章就会送给沈老师去看去改。他退休以后我就让投递员把文章送到他家，看好以后他会打电话找我过去讨论。后来他身体不好，我就不再忍心把文章送给他看了。

我每次到沈老师府上，师母总是要忙里忙外。如果上午去，她就一定要留我吃中饭；如果下午去，她就一定要到七宝镇上买糖糕小点心之类，吃完了再让我回去。他们对我们就像对待自己的亲人和孩子一样，关系非常融洽。

沈老师最关心的就是我给资料室究竟买了多少有价值的书，并且会向我推荐一些比较好的书。他也比较关心我在课堂上用的什么教材。

我已经编了一本《人文社会科学文献检索教程》，我每次到他家他都会问我："你这个书，现在编得怎么样？一定要把它搞出来。"到现在上课我还是给学生用这个教材，但很遗憾，因为我对此书稿还不是很满意，仍在不断修改，所以直到他去世都没有正式出版。

桃李满天下，师恩薪火传

沈老师的老师原是华东师范大学的陈旭麓教授。陈教授同时也是我的老师。我留校任教时，陈老师仍然没有离开复旦，我又跟陈老师住在一个房间，所以我看到沈老师对陈老师是非常尊敬的。

沈老师能来到复旦，是由陈旭麓老师推荐的。陈老师看到他在《历史研究》上发表过有关太平天国、辛亥革命的文章，觉得这个人的文笔很好，推荐他从华漕中学调过来。沈老师每年春节雷打不动地去陈老师的府上拜年，向他汇报工作，请教教学、科研中的问题。陈老师去世以后，他一直努力地为陈先生编写年谱——《陈旭麓先生年谱长编》。沈老师去世以后，我在他的书房看到了这本《年谱》的初稿本，字迹非常工整。我从师母处得知，“年谱”已编定部分书稿，被收入周武主编的《上海学》一书第三辑中。

不知道从哪一年开始，但至少有二十多年，每年农历正月初五，沈老师的学生都要集中在其家中聚会。但是因为我的夫人家在杭州，我的父母在南京，春节我都要回家过年，故未能参与聚会。不过我每年回到上海的第二天就要到他家去，从来没间断过。我希望自己像他一样对待恩师，他为同事和学生做了一个榜样，一代代传下去，这也是一种传承。我知道，他审阅很多学生的硕士博士论文和文章，要花费自己很多的宝贵时间，所以这非常不容易。

一朝恩师去，毕生怀念存

沈老师近年的身体状况已经越来越不如以前。直到2015年春节，历史系分管退休工作的老师李春博，告诉我沈老师去年底住在第八医院。就在出院前，他突发心肌梗塞被抢救过来，后转入中山医院医治。我得知此事后立刻想去看他，但是师母说：“打住打住，你们现在都不能来，他刚刚抢救过来身体比较虚弱，不能多讲话，（如果大家来了）他肯定比较激动，这样对他的健康不利。”

一段时间内，他的血压超过200，肺和肾的功能也不好，所以住院进行检查。正月初七我从杭州回来，初八就到他家去了。他比以前显得更虚弱。走路速度也非常慢。

这是我最后一次见到他。

我跟沈老师开玩笑说：“你命真大！”突发心肌梗塞的那天晚餐后，他出人意料地把师母和孩子送到电梯（以前从未曾有过）就回到自己的病房去了，估计没来得及吃速效救心丸就昏迷了，一个护工去叫他，他不醒，好在医生及时发现他突发的是心肌梗塞，才逃过一劫。

他开玩笑地对我说：“现在阎王爷还不要我去报到。”我们这次谈了很多事情，包括我这一年承担的国家社科基金重大项目、上海市重大委托项目的进展，还有2014年参加学术讨论会的情况，在台湾签订的几个协议，2015年抗战70周年的讨论会，内地和台湾的学术讨论会，3 月 12 日还有一个由复旦历史系主办的纪念孙中山逝世 90 周年讨论会等。他听完以后很高兴，一方面肯定我过去的工作，另一方面也非常关切地提醒我："你要注意劳逸结合，不要搞得太累。"

这次，他又提到了我自编的那本教材，"要尽快地把它搞出来"。师母说我运气好，因为今天沈老师的精神状态是最好的。我们从下午 3 点聊到近 5 点，我怕他吃不消，就提出了告辞。他拄着拐杖，从沙发上艰难地站起来要送我，我说，你别多动，我会再来看你的。我背起我的双肩包，想起来从台湾带回的特色点心，将其拿出来递给师母，让他们品尝宝岛的风味。

在沈老师去世的前一天，即 4 月 17 日下午，我在光华楼大草坪边上碰到过历史系郑宝恒先生，他打算 18 日下午坐校车去看看沈老师。而我正忙于复旦大学出版社的校庆 110 周年《复旦百年经典文库》，所以一直没有时间去。

中山医院的重症监护室探望病人的时间是每天的 15 点到 15 点 30 分，我心想：我也应该抓紧时间去探视。我还特地去复旦枫林候车点看了一下时间表，12 点半和 16 点各有一班。前一阶段，我错过了看望时间，所以准备第二天去。

但是谁知道，星期六（18 日）的上午我刚来资料室工作，春博老师一进来就对我说："沈老师上午七点钟走了。"我沉痛地对他说："我们本来约定下午去看他的，没想到他上午就离开我们了。"

我听此噩耗当时都懵了，瞬间感到完全无法工作，只能在资料室里转来转去，心里在自责，如果早一天去医院不就能够见到他了吗？

18 日当天下午，我赶到他家去，带了鲜花的花篮，并代我的妻子、儿子，向他的遗像三鞠躬，在心里默默地说：沈老师，非常遗憾，没有和您见上最后一面，祝愿您一路走好！

（傅德华　复旦大学历史系教授）

（本文根据对傅德华教授的访谈整理而成，曾发表于《复旦青年》2015 年）

得天下英才而教之

——沈老师追思会上的发言

姚国玲

我们是七宝中学68届高中毕业生，沈渭滨老师是我们的班主任。我们和沈老师有四十多年的师生情。

今天我们在这里追忆沈老师，刚才大家发言热烈，讲了很多他敬业、严谨、认真的工作态度、孜孜不倦刻苦钻研的学习精神，为人正直、行事诚信的高风亮节，在此，我代表七宝中学68届毕业学生补充几点：

他多才多艺，那时任教高一年级政治课，一般老师上政治课都是理论说教，枯燥乏味，而沈老师上课却生动精彩，口若悬河，加上他书法、美术功力扎实。他把这些才能融入课堂，板书中心突出，有条有理，再加上一些相关故事，生动丰富的内容一下子就吸引了学生的注意力，大家都喜欢听他上课。他还经常提些问题让大家课后思考讨论或辩论，班级的政治成绩自然是很好的。

他年轻时就一直爱好读书，在七宝中学担任高一（3）班班主任，任教三个班级政治课，还担任政治教研组长，工作繁忙，可是无论工作怎样忙，他每天总要挤出时间读书写文章。他有记日记的习惯，一般人记日记用钢笔、圆珠笔，而他却常用毛笔写日记，他的蝇头小楷字让同学们佩服得五体投地。

"文革"中，他一度受到批斗，每天向学校掌权的造反派早请示晚汇报写检查，当时我们班也分成两派，掌权的那一派学生在审查批斗沈老师时不忍心对他下狠手，另一派常常暗中把他藏来藏去，那时候同学们这样做出于保护他的目的，是沈老师的才能以及他对学生真诚深厚的感情潜移默化感染了同学。

我是68届毕业生，那一年国家政策，知识青年全部上山下乡到全国各地，我到常熟去插队落户了。后来恢复高考当上了中学教师，在常熟工作直至退休。常熟是历史文化名城，有一年常熟举办“翁同龢逝世一百周年”的纪念活动，邀请沈老师去参加。我知道后，晚上找到他下榻的宾馆去看望他。我同他聊天不久，来了一个小青年找沈老师，从他和沈老师的谈话中我听出来，小青年是江苏人想拜沈老师为师，要求沈老师收他为徒。当时沈老师没有答应，向他提出一些要求，要求他看什么书，怎样写些文章。（后来这个青年有没有成为他的学生我不知道）但我听了那天晚上他们的谈话看出老师收徒收学生，不开后门，不追求金钱物质，而是根据他的专业要求，严格把关，为国家培养优秀人才，这也是老师办事认真严谨的表现。

我们68届毕业的学生，经历磨炼后不少走上了教育工作岗位，也有不少成了教育岗位上的精英，现任七宝中学校长、上海交通大学文学院教授、上海中学下属华育中学校长、徐汇区教育局教研员、上海教育出版社编辑等。他们在教育岗位上课上得好，有自己的风格，多少也受益于沈老师的教育与影响。沈老师实现了“得天下英才而教之”的心愿。

我们退休后，经常举行同学聚会，也邀请沈老师参加，他身体不好，百忙之中也从不推却，我们常常向他请教有关美术、书法、历史等问题，他总是耐心回答。这些活动加深了师生感情。

沈渭滨老师从七宝中学到复旦大学，当了一辈子老师，他研究学问，终成学者、历史学家。他的音容笑貌时常浮现在我们眼前；他的“没有最好，只有更好”的工作学习精神永远是我们学习的榜样，他的日记、文章、书籍是留给后人最宝贵的精神财富，他的浩然正气、德才双馨的品行永远鼓励我们勇往直前！

（姚国玲　七宝中学68届学生）

缅怀沈老师的教诲

罗苏文

我与沈渭滨教授的初次接触大约是在 1986 年 11 月下旬，当时第一次中国近代军事史学术研讨会在北京军事科学院举行。我们被安排住在军科院的招待所。上海代表去了 14 人，女生只有我一人。

一天晚上，十多位与会中青年学者聚集在招待所的一间小会议室，聊着有关近代中国军事史研究的话题。或许其中不少是沈老师的学生或朋友，沈老师自然就成为主讲人。当时沈老师是国内中国近代史领域的中年佼佼者之一，我早有耳闻，就好奇地也去旁听。沈老师以标准的普通话，富有激情的语调，有问即答、言简意赅，偶尔借助手势强调要点，很有感召力。对沈老师在中国近代史研究涉猎广泛，善于提炼要点，启发思考尤为钦佩，印象深刻。

会议期间，我们几个上海的代表去附近的圆明园匆匆转了一圈。离京那天我还独自去了宋庆龄故居、毛主席纪念堂。但此行最大的收获是有幸认识沈老师。此后三年，我的多篇“作业”在沈老师指导下改写、发表，得到他细致、坦诚的指教。

大约在 1987 年，我参与通俗辞书《传统文化 ABC》部分条目的修改，其中“圣约翰大学”的条目引起我的探究好奇。鉴于它是近代上海率先引进英语教学的大学，当时有关的专题研究成果尚少。我就查阅相关资料写了文章《论清末民初的圣约翰大学》(近 2 万字)，并将初稿送请沈老师指教。没想到沈老师利用五一假期细致审阅，给我写了全面、详细的意见、建议：

1. 文章以论文为形式，但全篇基本上是叙述，论文色彩不强烈。要注意论文的特点，在以论点为中心，通过正确的论据和严密的论证过程使论点得以成立。叙述，主要是讲清始末，是事物的纵向联系，因此可以不论，少论。

2. 通读全文，对圣约翰的认识，基本上处于就圣约翰自身所提供的资料进行分析，所以称赞多，批评少（甚至没有），给人不全面的感觉。要注意对材料的甄别，一般说，自身提供的资料，必须有旁证（文献的、事实的、比较的）才能据此立论。

3. 文字太口语化，显得冗长拖沓，不精练。

4. 我意见：

① 或者改题为《圣约翰大学述论》，或者以此篇为基础，重新写，往论文方向靠拢。原则上说，前一种接近校史，意义不大，后一种较好，但有难度。以现在的内容说，向后者靠拢，缺的门类较多，还要做艰苦的材料工作。

② 若做论文，必须明确论旨。这篇论文要说明什么问题？说明的问题不要太多，否则四面出击，什么也说明不了。从全篇看，作者有一个基本观点：“圣约翰模式”及其对中国近代教育的影响。能否以此为中心、为论旨进行构筑？

③ 若以《论圣约翰模式》为题，我以为有如下方面必须认真阐明：

* 为什么要研究学校模式？（近代中国大学有没有学校模式？有几种学校模式？学校模式的意义何在？为什么要研究圣约翰模式？）

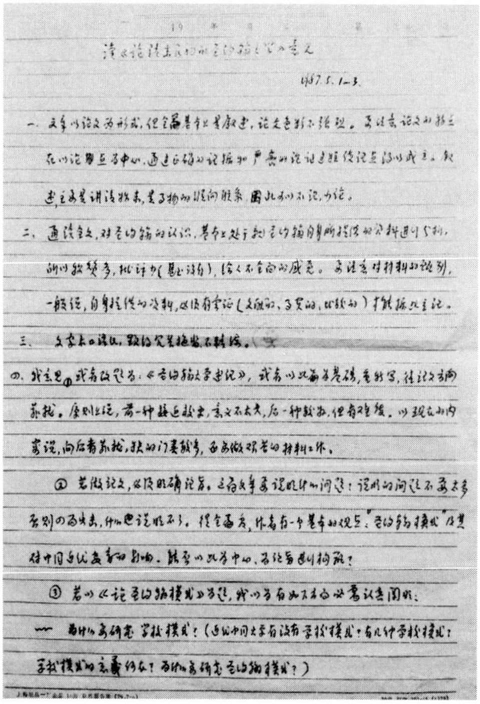

沈老师意见手迹原稿（部分）

* 圣约翰模式的内涵及其形成过程（内涵要认真确定，形成过程可以简述）

* 圣约翰模式的横向分析（可以利用本文中不少内容，但每一方面都应该通过叙述导出论点；在对模式作分析时，可以与其他模式进行比较，强化它的特点及价值）

* 圣约翰模式形成的原因（社会的、文化的、教育的、心态的、思潮的、教会的）

* 圣约翰模式的影响及其作用（影响可从纵向即学校传统的形成，和横向即对近代中国高等教育两方面分析；作用可从正面的即人才对社会发展的关系，和反面的即对社会带来的负作用两方面进行分析）

* 结论（指出它的历史地位，从中可得出什么借鉴，扬弃什么，继承什么）

这是我第一次看到沈老师对我的“作业”全面、细致的意见，而且提供改写的完整框架、要点。沈老师考虑得如此周全，远超出我的预料。他多领域丰厚的知识积累、设计论文框架的严密周全，毫无保留地谆谆教诲令我深受感动，也明显感觉到自己的差距，努力的途径。后来此文按照沈老师的指导意见改写、发表①，对圣约翰模式形成的三个阶段、特点、形成的根本原因（侧重结合近代上海社会演进）、社会影响及历史作用略作阐述。但离沈老师的要求还有差距，令我深感惭愧。

1988年秋，我将提交“近代上海城市研究国际学术讨论会”的论文《1920—1927年国共两党在上海的政治影响》打印稿送请沈老师审阅。他用铅笔在打印稿封面密密麻麻写了几段。这是沈老师第二次审阅我的文稿，并留下内容具体的书面修改意见、评语：

> 标题：“政治影响是双向的，即施加与反馈。现只有施加一方，没有反馈一方。
>
> 就题而论，应主要谈影响，但本文第一节谈上海社会，包括经济、文化、社会生活等；第二节谈上海社会结构，但与本题游离太远；第三节谈两党政治活动（包括理论活动）与相互关系，可算进入正题，但仅止施加，而未及反馈，谈不上影响。
>
> 据此，建议改为政治活动与影响，另加第四节，专谈反馈。若时间不允许，可改题为政治活动”。
>
> 结构：“结构方面，建议以活动为主，将第一、二节有关部分插入，作为例证和依据，可以使文章更具理论色彩。如谈到中共的社会基础时，可插入具体内容，国民党亦然。这样可以把第二节消化掉。谈到两党理论冲突时，可插入第一节内容，以说明理论背后的经济、社会支持，可以把第一节消化掉”。
>
> 评语：“文章最精彩的是第二节，材料具体，但在全文中显得最不协调，因为结构主义与历史学原属两个体系。
>
> 文章最具说服力的是第三节，有思想、有材料，但国民党方面谈的不多，与正题的要求似有差距”。

在封面侧，沈老师留下竖排的6个大字：“结构、题目太大。”

---

① 罗苏文：《论圣约翰模式》，《上海社会科学院学术季刊》1988年第3期。

沈老师的意见指出我这篇文章的要害，修改意见中肯、可行，值得我深思、消化、引以为戒。同时，沈老师的意见不仅是针对这篇论文，也是引导我学会如何思考论文布局的路径，如何围绕总体思路、层层铺开论述、组合、处理相关的信息。由于我写此文前没有周全的通盘考虑、推敲标题，而会议论文随后就在“上海研究论丛”分两辑发表，各组评论人的评论也予刊出①，这篇文章也不宜大动大改。在沈老师的引导、启发下，我随后利用此文及另一篇文稿《市民的群体构成》中的有关资料合并写成《20至30年代上海产业工人队伍构成的特点及生活状况》②，作为补交给沈老师的一份作业。

1988年第二次中国近代军事史学术研讨会在上海空军政治学院举行，其中5篇上海学者的论文在1988年第3期历史所主办的《史林》作为一组专题论文发表。沈老师不仅贡献了力作《中国近代军事思想概论》，也是该专题论文的特约编辑。我提交的论文《论北伐战争时期国民革命军的青年军官层》③也在此列。之后，我对中国近现代史研究的兴

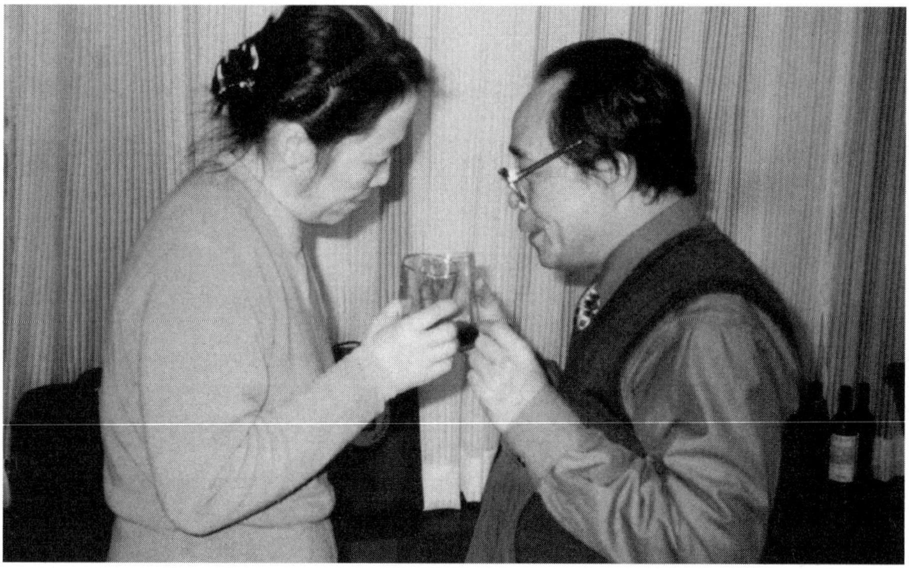

与沈老师的合影

① 《1920—1927年国共两党在上海的政治影响》，上海市地方志办公室编《上海：通往世界之桥》(下)，《上海研究论丛》第4辑，上海社会科学院出版社1989年版，第141—154页，评论：第173—175页。

② 刊于《史林》1989年增刊。

③ 刊于《史林》1988年第3期。另见吴信忠等主编《中国近代军事思想和军队建设》，军事科学院出版社1990年版。

趣逐渐转向地区发展不同步导致的区域性社会文化领域。此前陆续发表3篇文章①，其中两篇是送请沈老师审阅、赐教的“作业”。

大约在2004年一次上海史讨论会上，我又一次见到退休后的沈老师。闲聊中我告诉他正在做高郎桥棉纺织厂区工人生活史的研究，他很有兴趣地听着，并对如何调整书名的标题与副标题，反复推敲，认真提出具体意见，当时我很受感动。没想到，这竟然成为我聆听沈老师赐教的最后记忆。

落笔至此，回想沈老师曾长年承担繁重的教研工作，奔波于七宝—复旦之间，好学不倦、执着攀登。对我这样外单位的后学也不遗余力、竭诚赐教，令人景仰。沈老师是长期鼓励、帮助我，使我深受其学者魅力感召、激励的前辈之一，能得到他的引领、教诲，是我职业生涯最值得庆幸的机缘之一。

恩师往生，风范永存。

（罗苏文　上海社会科学院历史研究所研究员）

① 1986—1988年我发表三篇文章，两篇军事史文章及《论圣约翰模式》。

永远怀念敬爱的沈老师

戴鞍钢

2015 年 4 月 18 日，得知沈老师去世的噩耗，我惊呆了。因为一个多月前，我去七宝看望时，他的气色和精神都不错，根本想不到没过多少天，沈老师竟与我们永别了。时至今日，那天见面的情景还历历在目。

2015 年 2 月 23 日，农历正月初五。我与沈老师的夫人汤老师约定，等沈老师中午稍事休息后，我下午 3 时去看望他。我到得早，先去七宝老街转转。看到人声鼎沸，一片热闹景象，想到沈老师久被疾病折磨，又听说他近期情况不好，我心情格外沉重。

下午 3 时整，见到沈老师，我多少有些惊喜，因为他的气色和精神，都比我预想要好得多。他依然那么亲切和蔼。我奉上刚拿到的样书《近代江浙沪经济地理》，沈老师很高兴，再次肯定了这类跨学科研究的价值，并鼓励我继续拓展。自从我 1985 年留校任教后，一直得到沈老师的指点和提携。一次聚会时，我面谢沈老师多年来的耳提面命，沈老师笑说我言重了，但这确实是我的由衷心声。从最初的《近代中国科学家》，到“国家清史工程・传记・光绪朝（上）”，三十年来，沈老师一直手把手地指导我的学术研究，并不因为我不是他名下的学生有丝毫推诿。我的点滴进步，都有沈老师的全力扶持。

沈老师让汤老师取来他的新书《道光十九年》惠赠我，我知道这是沈老师长期专题研究思考的精湛成果，远不止“十年磨一剑”。欣喜的同时，我问沈老师，接下来是否可考虑《慈禧大传》的撰写。因为这也是沈老师多年来潜心思考研究的课题，并有先期成果《政治女强人慈禧》等出版，国家清史工程的慈禧传也由他主笔，我觉得可以最终集大成了。沈老师告诉我，他现在最想完成的是《陈旭麓先生年谱长编》。我听了大为感动，沈老师早已是功成名就的大学者，对自己的恩师仍始终怀有感恩挚爱之情，即使病痛缠身，首先考虑的仍是倾全力把老师的学术精华系统整理，传之久远。他告诉我，在资料收集方面，困难很多，但他会坚持做下去。

一个小时很快过去了，怕他太累，虽有不舍，仍起身告辞。回家路上，我仍为沈老师这样的崇高的大爱情怀深深感动，也祈望他的身体更有好转。但天不遂愿，一个多月后，沈老师竟与我们永别了。

我永远怀念敬爱的沈老师！

（戴鞍钢　复旦大学历史系教授）

治学方法的引路人

——怀念沈渭滨老师

何锡蓉

沈渭滨老师于2015年4月18日离开了我们。几个月来，沈老师往日的音容笑貌，以及去他家和医院看望时其所表现出的豁达乐观，久久萦绕在我的脑海。思念的涟漪一直往前推衍，追溯到了三十多年前的学生时代。一直想写点什么，总又觉得在岁月的侵蚀下，记忆变得零碎，4、5月份，未及写成追思文章刊发。6月21日，在复旦历史系召开的追思会上，大家都有满腹的情怀述说，我没抢到话筒深为遗憾。得知将集结纪念文章，以缅怀和发扬沈老师教书育人做学问的态度和精神，我终究可以从自己的视角写点什么，哪怕是零碎的片段，以纪念我治学路上的指导者，学术研究的引路人——沈渭滨老师。

一

我是复旦历史系77级本科生，1982年初毕业后，分配到上海社科院哲学所做研究工作，自此与历史学隔行。沈老师是我毕业论文的指导老师，他给我打下的为学底子使我终身受益，不会忘怀。

沈老师教我们中国近代史课程，他的授课风采、他的学术水平和他的整齐板书，多有学生作有生动贴切的描述，我要说的是他的学术开拓和创新精神以及对我们青年学生的影响。

应该是在我们三年级下的时候，大约是1980年下半年，有一天，同班的刘申宁同学告诉我，沈老师准备组建军事史兴趣研究小组，刘问我有没有兴趣参加。当时在考虑毕业论文的选择方向，正愁无头绪呢，这一提议引起了我的兴趣。而且，沈老师上课的风采和讲故事的风格，使我对近代波澜壮阔的军事史产生了一定的兴趣，再考虑到是一个研究小组，还可以相互学习和讨论，岂不是很美的一件事?!

于是，就有了第一次的兴趣小组活动。活动在青年教师傅德华家里进行，他家就在复旦第九宿舍。由于沈老师家住七宝，来校上课往往会在学校住一晚，于是，晚饭后我们就在傅老师家开会。当时有沈老师、傅老师、刘申宁和我，两位老师，两位学生，组成了兴趣研究小组并召开第一次小组会议。

组长当然是沈老师。第一次会议，并不直接谈学术，沈老师要我们各自谈谈为什么有兴趣于近代军事史，为什么要参加研究小组。内在的或者学术的理由我已记不得各自的表述，只记得外在的原因，那就是沈老师本人当过兵，而且从事太平天国研究、近代史研究，军事史在近代史中是很重要的领域。傅老师当时是沈老师的助手，也给我们开近代史的课，跟沈老师一同研究，合情合理，得天独厚。刘申宁不用说，当时还是现役军人，对军事史的兴趣和研究志向责无旁贷，舍我其谁。至于我，也说了一通外在的理由，那就是我家一共六人，除了我自己，其余五人包括父母兄弟姐姐，都当过兵，可以说是部队之家了（后来找个对象也是部队的，这是后话），所以对军事有兴趣。这个理由现在看来并不那么充分，反正是得到沈老师的批准了。现在想来，沈老师召开的第一次小组会，其实是一个军事史研究动员会，旨在调动大家的兴趣和积极性，能把兴趣和志向结合的研究，恐怕对自己对学问都是有益的。这次小组会上，沈老师还讲述了近代军事史研究现状、问题和意义等，具体内容已记不清，结果是听得我们热情大涨，摩拳擦掌。

以后，我们几乎每周活动一次，都是在傅老师家，傅老师还给我们准备夜点心，大都是蒸包子花卷给我们吃。在接下来的小组活动中，沈老师根据各人的兴趣和意愿，给每个人制定了研究方向，包括近期的和远期的。记得刘申宁是做兵器史，我做海军史。但要研究海军，首先要搞清海军的前身，即清代水师的情况。于是，我的毕业论文方向就定在了清代水师研究。

在定下目标后，兴奋伴着努力，我们分头开始工作了。

刘申宁和我同是学生，但刘是属于勤奋加聪慧者，早就有学术成果的积累，而我是白纸一张，对如何做论文一无所知。沈老师详细给我们讲授怎样做论文，题目选定后，首先是查找资料，其次是按资料拟定框架，然后是做资料长编，在长编的基础上梳理出自己的观点，之后拟定论文结构，最后写成文章。

现在看来，那时的我们真是太幸运了，享受的是如今不要说本科生，即使博士生都难以享受到的特别指导。我们每周一次碰头，各自汇报查询的资料、遇到的问题、自己的想法，包括展示自己做的卡片、长编等，沈老师会对每个人进行点评，指出不足地方，指导下一步的着力点。

为了每周汇报有内容，我们真是不辞辛苦，到徐家汇藏书楼查找近代报刊，到社科院历史所查阅著作，甚至还托人到台湾复印资料，比如我就得到过一本罗尔纲的《绿营兵志》复印本。

四年级下学期，沈老师没课，不来学校。我们就过一段时间去沈老师家里汇报，由于路远，从复旦到七宝大约要 2 个小时，到沈老师家是 9∶30—10 点之间了，沈老师马上和我们谈文章。每次到沈老师家，蹭饭是一定的。师母汤老师总是先给我们端上茶，然后关上房门，让我们安静交谈，她自己默默地到厨房烧饭。一直谈到中午，饭后我们再一起聊一会儿，这时候聊的多是家常、人生、工作等。每次从沈老师家里出来，我的心中总是装满老师师母关怀的暖意和学术上收获的喜悦。

我的毕业论文用了一年多的时间，最后写成《两次鸦片战争时期的水师装备研究》。从题目可以看到，切入点变小了，由于有扎实的资料支撑，文章写得很实，也基本达到了沈老师要求的“论从史出”、“言必有据”。同时也可看到，离海军研究还差得够远，万里长征的第一步才刚刚迈腿呢。遗憾的是，由于专业转行，我没再继续这一领域的研究。后来，我的学弟、沈老师的高足姜鸣先生出色地完成了水师和海军研究，成为这一领域的专家。所以说，我不是沈老师最好的学生，但沈老师一定是我最好的老师，他教会了我做学问的方法，我受用至今。后来，我指导每一届研究生，都会让他们做资料长编，并告诉他们，这是我的老师教我的方法。

记得我毕业论文的资料长编，是厚厚的一叠手抄本，后来还被军事科学院的两位同志专程来上海复印拿去了，如果对军事史的研究能起到一点作用的话，或将是对我放弃这一领域和对沈老师的愧疚多少做些弥补吧。

沈老师曾回忆说：“80 年代初我曾与许多对军事史有兴趣的学者一起交流，大家都感觉军事史是一个重要领域，现有研究太薄弱。于是在历次学术讨论会上呼吁加强军事史研究。我自己在复旦大学搞了一个近代军事史兴趣研究小组，参加者有青年教师和高年级学生。大家分头搞军事史研究，出了一些成果，如《近代中国军事史论文目录索引》、《龙旗飘扬的舰队》等”①，可见，沈老师当时建立军事史研究小组，并不是完全出自个人经历和

---

① 见张爱华：《“为历史乐此不疲”——沈渭滨的学术人生》，《社会观察》2004 年第 6 期。

兴趣的外在因素，而是出自他对近代史研究的深切体认，对于历史学研究触角的开拓和创新。由于他的开创和坚持，兴趣研究小组日益壮大，一些老师和历史系的几届同学都有加入，学术成果蔚然成林。

二

毕业后由于专业的关系，与沈老师的联系渐渐少了，而且觉得自己不再从事军事史研究，也总觉得愧对沈老师。后来知道复旦的军事史研究小组日益壮大，许多学弟们都做出了很好的成绩，如78级的郭太风，80级的姜鸣等。尤其是姜鸣，在海军研究领域卓有成就，出版了《龙旗飘扬的舰队：中国近代海军兴衰史》、《中国近代海军史事日志（1860—1911）》等。每每见到沈老师，他都会满怀赞赏地谈起姜鸣。这本该是我的研究方向啊，为此，不免对姜鸣抱有点羡慕嫉妒（当然不会有恨），对沈老师总是心生歉意。虽然常以专业不同来原谅自己，但看看姜鸣，他当时在证券公司，并不在学术岗位，却能专注于学术，并大有成就。所以，只能怪自己。

虽然去看望老师次数不多，但我知道，老师时刻都在关注着自己，见到复旦系友，他们也总会提到我是最早的军事史研究小组成员，并强调是沈老师说的。有时，沈老师到社

2005年9月与沈老师在一次学术会议上的合影

科院历史所开会，我们见到也会聊一会儿。

知道沈老师出版了《孙中山与辛亥革命》，我没好意思去要。一次，好友邬沪荣去他家，说到帮我要这本书，沈老师说“让她自己来拿”。我知道，这绝不是沈老师小气不给我书，而很可能是埋怨我的怠慢。还好，2015年春节刚去看过他，讨得《孙中山与辛亥革命》和《道光十九年》两本书，并分别签有“锡蓉女史”和“锡蓉女弟子”，落款为“愚师”，沈老师总是那么古雅。不曾想，这竟是沈老师给我的绝笔了。

在怀念沈老师的时候，总感到有那么多遗憾，一是毕业以后没有经常性地拜见老师。知道每年初五在老师家有师生聚会，头20年是因为基本上春节去外地看父母而无缘参加，后十多年则是因为先前的没参加而不好意思再去。一般只是得知老师生病才去看望，真是不应该。二是竟然没有与老师的合影，看到2015年春节姜鸣看望老师时的合影，自己怎么就没想到呢。三是没有留下老师的笔墨书信。80—90年代，电话不便，也没电脑，与老师交往多靠通信，老师端正的蝇头小字，敏锐的见解，有启发的指导，都随着数次搬家而文字不存。

沈老师，虽然不能再见到您的音容笑貌，虽然不能再与您促膝交谈，但您的为学、为师、为人的精神品质，将永远留在我的记忆中，永远值得我学习和敬仰。

（何锡蓉　上海社会科学院哲学研究所研究员）

我的老师沈渭滨

刘申宁

2015年4月18日早上7时，我的老师沈渭滨先生在上海中山医院不幸去世。享年78岁。老师仙逝的时候，我正在由长沙赶往上海的列车上，没有能见上老师最后一面，成为我终生的遗憾。

当我匆匆赶到上海七宝沈老师家时，看到了憔悴的汤师母。原本就十分瘦弱的师母，经此打击，愈发显得更加瘦弱了。多年来，沈老师全靠师母照顾。我时常会想：师母如此弱小的身体，怎能受此劳顿，既要服侍老师，又要带好三个孩子，真不容易！人啊，都是

1996年11月沈老师来深圳时我们的合影

由苦难中走出来的。

沈老师就此撒手去了，留给学生无尽的思念。在追悼会上，我仔细地看了老师最后的面容，依旧是一脸的严肃，眼睛闭着，似乎仍在思考着什么问题。他女儿阿泥对我说："他走之前还在说到你！"这句话真真是颗催泪弹，让我再也忍耐不住了……

在追悼会上，有许多年岁与我相仿的人来自七宝镇，他们是当年沈老师在七宝中学时教过的学生。五十多年过去了，他们也依然怀念着自己中学的老师，足见沈老师的魅力之大，也可知学生们用情之深。

这是一个什么样的老师呢？早年，沈老师由上海师范大学历史系毕业后，被分配到自己的家乡——上海市七宝中学，担任政治课老师。那时老师也是个年轻人，怎么就会喜欢上政治呢？在学校中，政治是谁都不愿上的课。学生逃课如果是政治课，家长甚至都可以原谅。可沈老师仅凭他的一腔热忱，就生生把这门课讲成了学生心目中最美的课，由是也成了沈老师最为得意的一段时光。沈老师凭借他的课，在学生的心目中树起了极高的威望。以至于半个世纪过去了，学生都老了，仍然还在怀念着这位老师。

后来，老师引起了当时华东师大历史系老教授陈旭麓先生的注意，在陈先生的推荐下，老师来到了复旦大学历史系，成了一名年轻教师。这原本是沈老师想都没有想的事情，竟然真真切切地实现了。

这一步的跨越实在太大了。从一个中学的政治老师，一步登上了名牌大学的讲坛，成为一名年轻教师，老师可谓"好风凭借力，送我上青云"。由是，走上了艰苦的治学之路。他拜陈旭麓先生为师，认真攻研辛亥革命史和太平天国史，渐为学界翘楚。

我是 1977 年恢复高考以后，作为新一届的大学生，走进了复旦，走进了历史系的课堂。沈渭滨老师的课是在我们大二的时候聆听的。老师的口才和文思一下子吸引了我们。同学们中午吃饭时把老师请到宿舍，畅谈一个中午，根本不会去想老师要不要休息。可见一位好的老师对学生的影响有多大！也就是在此时，我受到老师的邀请，去了七宝，去观瞻了老师的家。

老师是七宝人，家住七宝镇的老街之中。记得走过一个高高的石拱桥，叫塘桥。过桥后右转，不远处有条小小的水沟。就在小水沟的边边上，一个矮矮的小门，弯腰进去，是一间低矮黑黑的屋子，小得可怜。屋中最大的物件是个楼梯，顺楼梯拾级而上，二楼是一间更小的房间，这是老师和师母居住的地方。后来，爸爸来上海看我，我还带爸爸去过老师家，去过那个小小的沟水弄边，专程看望沈老师。爸爸在回来的路上沉重地对我说：

“中国的知识分子实在太可怜了！”

就是在这样一个可怜的地方，沈老师教给我治学的方法，开启了我的中国军事史的研究。

当年老师在研究太平天国农民战争史基础上，由农民战争的战略问题入手，筹划一个庞大的研究计划，开拓整个中国近代军事史的研究，这在当时可以说是开垦一片荒地。他组织了一个军事史研究小组，最初参加者有夏林根老师、傅德华老师等，承蒙老师厚爱，我是学生中的唯一参与者。后来，何锡蓉同学、郭太风同学和姜鸣同学也陆续参加进来。

在最初的课题分工中，老师分给我的题目是“中国近代兵器发展史”。老师之所以对这个题目感兴趣，是因为在太平天国战争史的研究中，洋枪洋炮的使用实在是一个非常重要的问题。在老师的指导下，我由做资料长编入手，一点点地开拓研究领域。这中间，我拜访过上海图书馆的葛正慧先生，先生给我很多指导，使我由海关关册每年的进出口数据中找到许多统计资料。后来，我来到北京军事科学院和军事博物馆，希望能从这里找到更多的资料。军博阮家新副馆长原本答应提供图片资料，但由于这些旧式武器集中存放北京白石桥仓库，翻检拍照有巨大难度，只得作罢。

军事科学院的王兆春老师多年从事中国火器史的研究，我们在多次交谈中，他直言劝我放弃这个课题。理由首先是在国内无法找到这些资料，做这个课题必须到西方去。这在80年代初是无法想象的。而且他说他的《中国火器史》已经涵盖了这些内容，没有必要撞车！这件事情让我痛苦了许久，加之军事博物馆的图片资料也无法落实，最终我选择了放弃。我知道这件事情让沈老师很恼火，但我当时无法说明理由，只能以沉默应之。

在军事科学院图书馆查找资料的过程中，曾庆洋馆长给过我许多帮助，使得我能接触到军科的大量资料目录。后来在此基础上，我将在全国各地图书馆收集到的有关军事方面的资料编成了《中国兵书总目》。该书在体例建立方面得到山东大学王绍增先生的指点，难以忘记。这部联合目录的编纂前后耗去我10年时间，但是终因我在目录学上面功力太浅，筛选过粗，校对不严，疏漏太多，出版以后，每次翻阅，深感惭愧！

沈渭滨老师除了治学，还将他的人生体验教给我，让我学会了如何做人，怎样做事。我感谢老师给予的无私指导。每每想起往事，常愧无以回报。今日仙人已去，唯哭何益？

老师走了，是默默地走了，以至于我都没有赶上看他最后一面，送老师一程。但在老师的追悼会上，那二三百人的脸上都挂着沉重的肃穆，花圈一直挤挤地排到走廊的外边，折过去，又到尽头。来参加追悼会的，多是沈老师的学生，都怀着同样一颗敬重和惋惜的心情，与老师做最后的道别。

人生苦短，谁也不可能长留于世。唯以死去的躯体依然压着后来活着的人的心灵，谓之不朽，谓之永生。老师为人、为学皆永为我师。诗经有云：高山仰止，景行行止，虽不能至，心向往之。我这一生遇到过许多老师，能在心中永驻的，沈渭滨老师是一人。

（刘申宁　深圳行政学院教授）

不灭的星光

——悼念沈渭滨教授

贺宁馨

今天下午，龙华殡仪馆银河厅，我的老师、著名的历史学家沈渭滨先生躺在大厅中央的鲜花丛中。沈师再也不能站起来微笑着呼唤我的名字了！几天前，4月18日上午7点左右，肝癌夺走了沈师的生命。沈师的年龄停留在78岁。这个数字可是不及格！要知道上海人2014年的平均寿命是82.47岁。

银河厅内外人群涌动，几百只花圈、无数的挽联，沈师真的离去得太早太早！但他的道德学问却是一团不灭的星光，将永远留在当代中国的历史上。

做沈老师的学生，聆听老师精彩的讲课，还是三十多年前的事。那时候，作为恢复高考后的第一届大学生，我们这批彼此年龄能相差十多年的同学还算正年轻，我此前虽然已经当了十年工人，但彼时也不过27岁。如果与当时国家刚刚走出“文革”的背景联系起来看，我们这批学生真的称得上“意气风发斗志昂扬”，谁没有“指点江山，激扬文字，粪土当年万户侯”的心气？而沈老师这一代教师则担负起了培养教育我们这批学生的重任。他们都是“文革”前就踏进了学术圈的老知识分子，彼时亦是正当年。记得沈老师上课，激情四溢神采飞扬，能把一堂课上得听众情绪高涨。他那讲课讲到一半，两手往后一翻，干脆利落脱下外套，顺手抹一把汗水的模样，犹如昨天，久久留存在我的记忆之中！我们的老师们个个肚子里有那么多货，同学们无不敬佩不已。沈师无疑是其中的佼佼者，当年历史系的骨干中坚。他的智商是超群的，留下了多部传世著作和几百篇论文，他的演讲是电视台的保留节目。他的情商更是超群的，中国士大夫传统的“温良恭俭让”在他身上得以充分的体现。一个取得了骄人学术成就的大学问家，待人接物却是无比的谦虚，丝毫没有名人架子。在今天的社会氛围中，这即使在知识界也是难能可贵的。

说到名人，沈师不但在历史学界是位名人，还是上海七宝镇一个土生土长的名人。今天到七宝古镇上游玩，还能看到沈师撰写的两块碑文。沈师大概自离开部队进入七宝中学任教以来，一辈子都没有离开过七宝镇。当年从七宝到五角场复旦大学，绝对比今天从上海到苏州更费时更麻烦。沈老师可是几十年一贯制地斜穿上海市，从来没有耽误过给学生上课。追悼会上，沈师遗像两边的挽联“半世坎坷皆为字，一生惬意是文章”，真真切切地写出了沈师值得永远纪念的人生。

我自毕业后进了机关工作，离学术圈越来越远，说老实话，跟那些指点过我大学课程的老师们并无多少来往。三十多年弹指一挥间，估计沈老师是唯一还叫得出我名字的任课老师了。教过我们的老师实际上多半已经过世，毕竟我们这些当学生的都纷纷进入了退休行列。我知道沈师有严重的糖尿病，乃至脚趾都截了几个。2015 年 1 月间，得知沈老师因为心血管毛病入院抢救后，我约了两位同学一起去他家看望。那时感觉沈老师精神还不错，谈笑如常，只是不能走动劳累了，临走我们坚持让他坐在沙发上休息，是师母汤老师把我们送到楼下。3 月下旬在泰州游玩时，晚上看到中央九台播出沈老师的一个讲座，还以为他身体又好起来了呢！谁知回到上海没几天，忽然听说沈老师又住院了，而且这回竟是肝癌！赶紧去中山医院看他，在一边伺候的师母说 3 月 24 日入院，25 日判定是肝癌晚期，这个时候的情况是“医生已经放弃治疗了”。大惊！心想沈老师恐怕过不上“五一”节了。

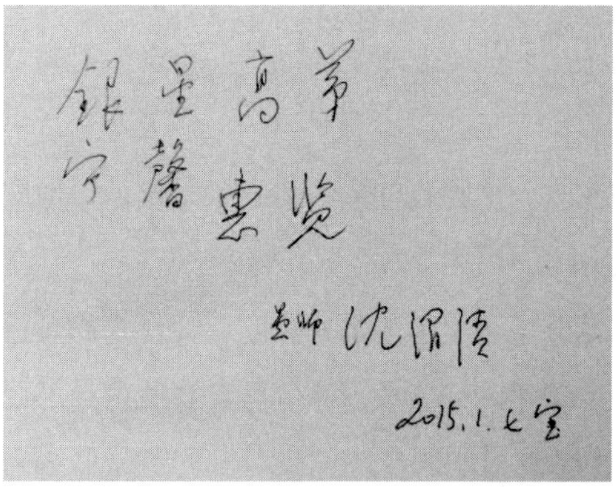

2015 年 1 月间去探望刚刚出院的沈师，临行送我一本他的名作《孙中山与辛亥革命》，在扉页上题的字。他把我的名字错写了一个美妙的谐音“银星”，马上补写上正确的写法。称我“高弟”而自谦“愚师”，老派的读书人风格啊！

没有能够接过老师的学术研究，是我此生的遗憾之一。但老师的音容謦欬永难磨灭，老师的教诲学问长留心间，至少，我想我从大学带走了家国情怀、人文精神和思维方式，这些支撑了我一生的工作和事业。感谢我的老师们！

愿恩师沈渭滨先生在天国继续一切安好，星光不灭，护佑下界的学生！总有一天，我会到天国再向您请教学问。

（贺宁馨　复旦大学历史系 77 级学生）

沈渭滨先生速写

张国伟

沈渭滨先生告别仪式前夕，他的几位弟子议论：穿什么衣服去向沈先生告别呢？——“一定要穿正装，沈先生是很注重仪表的人！”

20世纪80年代初，沈先生教我们中国近代史。沈先生一亮相，就与众不同：个子不高，戴一副秀琅架黑框眼镜，头发梳得一丝不苟——几十年后海派清口流行，弟子称沈先生老早就“头势清爽”了。他经常穿一件黑色的呢制中山装，胸前永远别着红校徽，“复旦大学”四个毛体字熠熠闪光。呢制中山装，在当年价格抵得上一个月工资，应该算是奢侈品了，在历史系老师中，当年的上课“标配”，大多还是涤卡中山装，唯有朱维铮先生的米色风衣和沈先生的黑色“呢中”，让我们过目难忘。不过，学生生性调皮，喜欢以文艺作品中的人物与老师两相对照，朱先生很快被对上了刘心武小说《穿米黄色风衣的人》中的主人公，而沈先生，则不幸被对上了电影《蓝色档案》中的国民党军统特工赵康。向梅主演的《蓝色档案》1980年上映，剧中的赵康由著名演员李纬扮演，衣冠楚楚，风度翩翩，沈先生的头势和腔调酷似赵康，我们暗地里都把他比作“军统特务”，不过从来没人敢当面告诉他。毕业以后跟沈先生熟了，就向他告了“密”，沈先生听后，哈哈大笑。

听沈先生上课，就像听“学术说书”，他声音洪亮，吐字清晰。讲历史人物，他讲得有声有色；讲历史细节，他讲得身临其境。比如讲太平天国东王杨秀清逼宫洪秀全：“东王噶大功劳，岂止九千岁？”听得我们就像在东王府听证一样。多年以后，忽然风行某某讲坛，我暗想，当年沈先生上课，风度神韵早已超越讲坛了。沈先生也喜欢讲流派、思潮和学术争论，“洪秀全的胡子”是他的老生常谈。有时候，他也卖关子、抖包袱，听得入神处，他会猛然打住：“这个问题的展开需要时间！”有一次，沈先生正在评述李鸿章，忽然来了一句：“我脱衣服喽！”原来那天天热，沈先生的黑色“呢中”的风纪扣依然扣得严严实实，满头大汗的他终于屏不住了，没等大家反应过来，他已脱下了外套。

在历史系，沈先生素以认真著称。学生写文章，无论是问题还是人物，他都要学生先编一个史料或年谱长编，那时没有电脑，也没有搜索引擎，编史料或年谱，绝对是体力活，然而，一旦长编完成，学生大多文思泉涌、豁然开朗，写作自然迎刃而解。对于学生的读书报告和论文，他批改得十分认真，遇到妙文，他会批道："文章不错，请投《复旦学报》。"这在当时，是对学生的最高褒奖。班上有一位得过这个批语的同学，后来成了文化史教授，不知道这和沈先生的鼓励有无关系。想来惭愧，我的读书报告从来没有得过沈先生的褒奖，只记得有一个批语是："你的字写得不错！"沈先生自己写得一手好字，在七宝古镇和召稼楼古镇，牌楼、石桥都镌刻有他的题签，他的这个表扬，对我来说，也算"失之东隅，收之桑榆"了。

有一年校庆，举行学术报告会，我正在复旦第一教学楼1224教室听学术报告。一位同学悄悄进来跟我耳语："快去看！沈渭滨老师和朱维铮老师争起来了！"我连忙赶去，隔壁另一学术讨论会现场，沈先生和朱先生正争得不可开交，两位都是学问大家，又都口若悬河，能言善辩，引用的都是马克思主义经典作家的ABC，焦点好像是近代中国资产阶级的性质问题，双方针锋相对，你来我往，电光火石，唇枪舌剑。只听得一个说："沈先生引用的史料不对……"一个说："朱先生曲解了史料的原意……"我们这些学生，哪有那些理论功底，只有看热闹的份。我只是觉得，在那个同事间互称"同志"的年代，双方竟称对方为"先生"，火药味很浓，总有哪些地方不对劲。要知道，当年乔冠华外长在联合国讲台上，驳斥苏联代表马利克，用的称谓就叫"马利克先生"！不管怎样，这种争论，让我等学生大开眼界，受益匪浅。今天，在一团和气的学术氛围中，我们再到哪里去寻找那种折冲樽俎的学术交锋？后来谈起那场争论，沈先生说，他非常佩服朱先生，"勤奋而有独立思想"。听说，朱维铮先生也在多种场合对学生提到："中国近代史，你们还得去请教沈渭滨老师！"

朱先生和沈先生都是我的偶像，我都十分敬重，只是朱先生严肃紧张，上课时不苟言笑，给人一种"孤独的思想者"的印象。听说他最不能容忍学生"捣浆糊"，我们当年无知，难免会"捣浆糊"，所以都有点怕他。沈先生则不同，他跟各类学生打得火热，豪爽热情，喜欢用七宝话称调皮的学生"小鬼"。1982年，他带80级学生去西安考察访古期间，经常和学生去餐馆打牙祭，他从不让学生掏钱，总是抢着买单，以致几周后在回沪的火车上，他已囊空如洗，不得不向学生借钱乘公交车回家。

沈先生学问深厚，著作等身，但却不是只讲学术研究的"冬烘先生"，他喜欢看足球赛，也喜欢看热门电影和电视剧，他点评热门电影，往往一语中的。记得几年前李安拍摄了张爱玲的《色·戒》，他评价很高。由于历史原因，传统史学界对张爱玲的评价一直不高，有位师兄对张爱玲还颇有微词，他却不以为然："一部几千字的短篇小说能被拍成两个多小时的电影，说明张爱玲小说蕴含着丰富的历史矿藏。"前几年，他居然对某报的互动栏目《今天，你拍了吗？》大加赞叹，称这是传统报纸赢得读者的好尝试，"我年纪大了，不然也真想学习摄影，向报纸投稿！"正因为如此，我这个离开师门多年、早已远离学术的学生，在他面前一点也没有抬不起头来、"有辱师门"的感觉。2014年秋天，听说我对复旦校史感兴趣，他特地关照，应该多多关注章益校长。"现在一讲到民国时期的复旦校长，想到的往往是马相伯、李登辉先生，有意无意地忽略了章益先生。"章益先生是民国时期复旦大学的最后一任校长，虽与国民党高层有千丝万缕的联系，但在爱国民主运动中，他极力保护过学生。国民党溃逃时，有人已为他安排了去台湾的行程，但他在中共地下党鼓励下，毅然留下，将复旦大学完整地交到人民政府手中。"这样的校长，我们怎么能忘记！"

每年春节初五，我们一帮学生，都会相约去沈先生家拜年，无论是教授、研究员，还是像我这样的远离学术的学生，沈先生都一视同仁，热情接待。这个习惯已经保持了二十多年，已成学界佳话。我们这些学生，平时各忙各的，也把大年初五当做拜师聚会的节日，在这一天，可以和沈先生天南海北聊天，没大没小地开玩笑。大家甚至还有一个微信群，颇具调侃味道，就叫"初五沈大大"。

2015年大年初五，照例去看沈先生。他一点也没有病态，谈笑风生，不过他还是比往年多说了几句："将来我的后事由弟子某某操办，我的日记和文集交给弟子某某整理。"我照例跟他开玩笑："沈先生，您那么早就做'政治交代'啦？"哪里想到，几个月后，他就一病不起，终告不治。

沈先生走了！但愿在天堂里，他能安安静静地做学问、练书法，甚至，他还可以学学摄影……

（张国伟　资深媒体人）

（曾发表于《解放日报》2015年5月2日）

回忆沈渭滨老师的点滴往事

姜　鸣

2015年2月22日下午，我去七宝看望沈渭滨老师。2014年底他因病住院，尔后住在市区的女儿家中，春节前才返回七宝自宅。在熟悉的客厅中落座后，我问候了沈老师的身体，他说正在恢复当中，所以以后不再做学问了，放松精神，他演示了家中新装的“小米盒子”。我也支持他休息调理一个时期的想法，向他推荐了几部流行的电视剧。那天，我觉得沈老师的身体虽然虚弱，但精神仍是矍铄的。我不相信他不再研究写作，以前每次生病的时候，他都会说该收山了，后来不都继续照做不误吗？接着，我与沈老师及师母汤先华老师一起拍了几张照片。我未曾想到他的病况会急转直下，这是我在他家的最后一次见面，这几张照片，是我们最后一次合影。

初识沈老师是在1981年8月28日，那是我们大二开学后的翌日。上午，“中国近代史”开课，沈渭滨老师首次走进了我们的课堂。那年他44岁，正是年富力强、学术趋向成熟的时候。他穿着白色短袖衬衣，戴着眼镜，头发梳得光溜，表情严谨地对着起立的同学鞠躬，然后开始讲课。那天上绪论，重点讲中国近代史的研究对象和分期、研究现状和展望。在此之前，我们刚刚结束大一的必修课“中国古代史”，而在整个春夏之际，由于上海师范学院学生刘昶发表了论文《试论中国封建社会长期延续的原因》，引起史学界的广泛讨论，加上金观涛等学者提出用控制论的方法研究中国社会结构，各种新言论伴随着思想解放的浪潮滚滚而来，所以沈老师又谈到史学界的传承嬗递。他说，第一代史学工作者提出了体系和观点，第二代史学工作者曾有少量和局部的怀疑，现在，可喜的第三代人已经在许多新的领域有所突破，他们引进了控制论、计量史学和结构论等，令人耳目一新。他希望在座的同学都能迎头赶上，有所思考、拿出新的成绩。

进大学后，选择哪个领域作为自己今后的研究方向，是我一直在考虑的问题。复旦历史系群英荟萃，教师中能人多多，是沈老师将我的学术兴趣吸引到中国近代史领域的，也是沈老师为我指定了研究中国海军史的专业研究课题方向。现在想来，这个决定做出，是在 11 月 18 日，也就是在他为我们开讲中国近代史课程的第 83 天。

一直不会忘记，那天课间休息时，我向沈老师请教了几个中日甲午战争的问题，沈老师突然问我，你是不是对军事史感兴趣？他约我当晚到学生俱乐部的二楼参加一个学术活动。晚上，我见到了几位高年级同学和青年教师，听到他们交流的关于八旗、绿营的俸饷制度和中国兵器史研究动态，沈老师建议我也参加这个学术小组，共同研究中国近代军事史。提议来得这么突然，对于我这个本科二年级学生来讲，根本还没有想好选择。但我还是做出承诺，这就是我此后进行中国近代海军史学术研究的由来。

沈老师对于学生是有很大引力磁场的。这首先是因为他上课棒，充满激情，条理清晰。同时，所讲课程，大多也都有自己的心得体会，决不人云亦云。他擅长的研究领域是太平天国史和辛亥革命史，但从其一开始讲授鸦片战争，就把全班同学给吸引住了。对于鸦片战争前夜世界格局和中国所面临的变化，沈老师的研究，后来呈现在他晚年的专著《道光十九年——从禁烟到战争》之中。他讲授的洋务运动部分，对学生的帮助也很大，我尤其记得，他借学期中段开设了一个“对洋务派和洋务运动的考察”的专题讨论，要求每个人认真阅读史料和前贤的研究著述，写一个不超过 5000 字的发言提纲，这其实就是训练我们写作论文的开始。在讨论时，他结合自己治学经验，讲解历史论文的写作，分作选题、收集资料、作资料长编、写初稿、改稿、定稿六个步骤，并提出三项标准：观点正确、材料丰富、文辞优美。他崇尚唐人刘知几倡导的“史才、史学、史识”，和清人章学诚在《文史通义》中提出的“能具史识者，必具史德”的观点，要求学生按照这些目标努力提高自己的能力。

我已经记不得在那堂洋务运动课堂讨论上自己的发言讲过什么了，但我在日记中记下沈老师事后对我发言提纲所写的长长评语：

> 通读发言提纲，感到你的学习态度是认真的，能注意阅读原始资料，认真做好提纲，在分析问题时有钻研精神，敢于发表自己的见解。在表达自己的思想时，注意到文字的运用和结构的铺排，这些都是很好的。希望你能坚持下去，努力学习，刻苦钻研，在近代史领域内作出自己的贡献。
>
> 一个人要成才有多种因素，其中，主观的努力是起决定作用的。我们的社会制度，为青年的成长提供了最重要的客观条件，而青年学者自己的刻苦钻研则是最重要

的主观因素。在正确的学习目的指导下，通过顽强不懈的努力，使用良好的学习方法，谦虚谨慎，定能达到科学的高峰。

作为发言提纲，你的提纲有论点、有论据、有论证，言之有物，而且有自己的见解，是符合专业要求的。在全班中比较突出。但严格说，你的提纲还有如下缺点：

1. 不少论点应展开而未展开，这就使提纲缺乏深度。

2. 不少表述缺乏学术风度，只是一种推理、设问，显得肤浅。

3. 有的提法只注意一个方面的分析，没有注意问题本身有上下、左右、前后的多种联系，因而显得简单化。

4. 有的提法前后还小有矛盾，显得不够统一。

如此等等。这些，在进一步学习和钻研中应当注意克服。凡重要论点，一经提出，必须展开，予以论证，这样才能令人信服，而无戛然中止之感。凡文中的论点、论据、论证的表述，一定要有学术性，不要作一般的推理，更不要做简单的历史类比。至于文章论点，无论大小，都要前后统一，更是论文的起码要求。

这只是一场学期课程中段的课堂讨论，沈老师给每个同学都写下评语。我相信，同学们都在沈老师的谆谆教诲和专业训练下获得宝贵的收获。他对学生的关爱、指导和提携，使得学生们深深地敬爱他。

因为跟从沈老师治学，大学毕业后，我经常往沈老师七宝的家中请教。从前，七宝是上海县下属的一个老镇，从万体馆乘 92 路汽车，要在郊区公路上开大半个小时光景。出了漕河泾之后，沿途都是田园风光，车站名从四号桥一直排列到七号桥，然后才是七宝站，沈老师的沟水弄旧居，我去过一次；浴堂街旧居，不知去过多少回了。再后来，条件改善了，搬进新建的宝隆新村。在沈府客厅，我与沈老师谈学术计划，求教各种知识，谈社会的变迁，每每谈到深夜。这样的交往，持续了三十多年。我早期所写的论文，他都一一批阅修改，并推荐给各家学术杂志发表；我的第一部著作《龙旗飘扬的舰队》，他是首位评论者，提出过许多中肯的意见。这几年我工作繁忙，七宝去得少了，但有文章发表，我也给他寄去。有的重要稿件，还习惯先听取他的指导。

沈老师的晚年，主持“国家清史工程”中光绪朝人物传的编撰，我承担了“张佩纶”、“沈葆桢”两篇人物传记，因此，与沈老师讨论甚多。当年他训练我们认真阅读原始资料，编写资料长编作为历史研究的基础，我在这两篇三五千字的传记中都努力付诸实践，为此耗费了数年的业余时间。在史料选择、文章结构、人物评价上都进行过详尽研究。他同意我对张佩纶做不同于以往的判断，认为这篇传记，一改前人陈见，同时也指出若干疑问，要我再寻找材料予以补充。在研讨中我也深切感受到，作为官修史书，史笔之分量竟是如此沉重。由于酝酿充分，两篇传记都一次通过，大家都对合作感到十分愉快。

朋辈后学去沈府拜访总是愉悦的。这种愉悦，来自对沈老师的尊重，也来自交流中获得的教益。所以我们每年正月初五到沈老师家拜年和聚餐，这成为一个延续近三十年的传统和美谈。当年去沈府，亦有人会说七宝何其远也，但大家从来兴致不减。而每当深夜离开沈府，走在灯火阑珊的巷子里，我总会想到，沈老师从七宝去复旦讲课，那是更加遥远的路途。沈老师青年时代入读上海师范学院，又在七宝中学和华漕中学执教。一个非复旦毕业的中学老师能进入复旦历史系执教，此中的辛勤努力和曲折奋斗，只有他自己才能深悉。

4 月 4 日下午，我获知沈老师病情恶化，赶到中山医院重症监护室探望。隔着一扇打开的窗子，我看到沈老师躺在病床上，人消瘦了很多，头发也有点杂乱。他看见我来了，说道："你写的那篇关于马忠文的书评我住院前看了，写得不错。"沈老师指的是我 3 月 22 日在《东方早报·上海书评》上发表的《发掘被遮蔽的张荫桓》一文，我说："那其实是我为（马忠文）《晚清人物与史事》一书写的序言，等您病好了，我把书给您送去。"我怕沈老师累着，很多想说的话没有再说下去，没有料到，这竟是与沈老师的最后一次交谈。那篇文章，恐怕也是他最后阅读过的文字之一。11 日，我再次去医院探望。同样隔着窗子，沈老师对着我微笑点头。师母汤老师说："这几天他说不动话了。"我的心里非常难受，他是一生以讲课为职业的教师啊。但我觉得，他还是有精神的，他与病魔在做着艰难的斗争。汤老师转述了医生的诊断结论：病况没有治疗良方，也没有好转的希望。我的眼前，蓦然浮现出伦敦威斯敏斯特教堂中，死神向着南丁格尔夫人伸出长矛的那尊著名雕塑。站在玻璃窗前，我久久凝视着恩师，意识到，

与沈老师的最后一张合影：2015 年 2 月 22 日

这几天，随时都是生离死别的关头。但我多么希望，恩师的病情还能再拖拖，这分别，尽量来得更晚些。

又是一周过去。4 月 18 日的早晨，沈渭滨老师平静地离去了，留下的是亲友学生的无尽思念。撰写此文的时候，我的耳边总是响起沈老师爽朗的笑声和谆谆的教诲。想起第一堂课，第一篇在沈老师指导下发表的论文，想起那最后一次合影，最后一次交谈，和他最后的微笑。沈老师是个普通的教师，数十年来精心哺育着一批批学生；沈老师又是优秀的历史学家，他的著作在未来还会影响更多的阅读者，这都是他一生孜孜追求的目标。我默默地祈祷，沈老师，你一路走好，我们会一直怀念你。

（姜　鸣　上海国盛集团副总裁）

（曾发表于《文汇报·文汇学人》2015 年 5 月 22 日）

青春远足时　殷切夫子语

——追思沈渭滨先生

杨志刚

我是 1980 年入学复旦历史系，并选择进了历史学班。从班级的角度讲，我们 80 级历史班与沈渭滨老师的交往集中在两段，一段是上沈老师的“中国近代史”课；一段是赴西安、延安实习考察，那时系里派出沈老师配合我们班的辅导员王庆余老师一起带队。

先说前一段。20 世纪 80 年代初复旦历史学科教学体系至少有两个特点：

一、大一、大二注重通史教学（不是“通识”。彼时的通识教育是通过学生自主的跨专业选课或旁听，还有聆听校园内无数的讲座实现的），其中“中国通史”课程贯穿了大学四年的前 4 个学期。一年级连续上“中国古代史”（我们班的任课老师先后是李孔怀、许道龄、赵克尧老师），大二第一学期开的是沈老师讲的“中国近代史”，大二下最后安排“中国现代史”（由徐矛老师主讲）。老师们各具风采，他们的学识、修为、风采照亮了莘莘学子的探索前路。沈老师的课非常受欢迎，条理清楚，有论有据，严谨且又形象生动，口才和思维俱佳，偶尔还会配上一些小小的肢体动作，赢得满堂会意的笑声。其时教室内没有扩音设备，更没有投影和 PPT 课件辅助，老师上课全凭“中气”，一次上课 2 个课时，对体力、精力要求很高。沈老师在讲坛上始终激情饱满，神采奕奕。

沈老师课上得好，也的确留下了口碑。我留校后曾和同事、也是本科同级又同住 6 号楼的新闻系张力奋——后来他去留洋深造了，曾任英国《金融时报》副主编（Associate Editor），前 FT 中文网总编辑——互相交流过对历史系老师的“印象”，谈起沈老师时，力奋不吝赞词，说沈老师也给新闻系上过“中国近代史”，其留给人印象最深的是上课“有激情”。

二、大三、大四走专业化道路，就是学生要选专业方向，并有目的地按此选课，进而寻找、确定指导老师，直至写出学位论文、答辩通过。我因为选了中国古代史尤其是思想文化史方向，以后就没有再上沈老师的其他课程，因此和他的直接交往并不算多。但同班好几位同学跟了沈老师学习中国近代史，毕业以后还一直向沈老师请教，长期保持着交往，我也随着这些同窗好友与沈老师有所互动，特别是不时能得到有关沈老师的一些信息，思忖对沈老师的了解还是很多的。

第二段，其缘由与我班第三次教学实习有关。大一有过一次去南京等地的考古学概论课实习（张鸣环、赵建民老师带队），大二时结合中国现代史的课程，又往江苏茅山、镇江考察了一次（王庆余、石源华、张云老师带领）。可同学们既尝到了实习的“甜头”，便愈发心有不甘，一直梦想能再加一次考察机会而且要“跑”得更远一些。我们以“读万卷书，行万里路”的治学格言为标榜，反复向系领导提出诉求，最后系总支书记汪瑞祥老师拍板同意，以给拍摄“中国古都”专题片搜集资料、草拟脚本为由头，为我班破例增加了一次远赴西安的考察之行。沈老师就这样全面进入了我班的生活、学习之中，时在 1983 年夏，6 月底 7 月初。

野外实习能让学生最大程度地与老师们亲密接触。这次为期十天左右的考察，让大家更细致地窥见、了解了沈老师的学问、追求乃至性格、为人。同学们不仅零距离领略了沈

1983 年 7 月，沈老师带领 80 级同学到西北实习，与同学们在延安合影

老师的才思敏捷、博古通今、滔滔不绝、诲人不倦，还有幸感受、识见了其平凡生活中的许多侧面，包括他的率真。我们曾到某学校的公共浴室一起淋浴，隔着雾蒙蒙的蒸汽坦诚相见、无话不说。也到他住的那间单人房谈事、论时，分享他的智慧和经验。有一次他已洗漱停当，头发梳理得整整齐齐（按现在流行的话说是：头势清爽），然后戴上一顶圆帽（记不清楚是否绒线帽了，总之是很有型的），说他马上要安坐下来写日记，这是一天下来的必修功课（从此我们知道他有撰写日记的习惯）。不过他又表示愿意和我们再聊聊。记得那次他谈到曾国藩的地位和研究重要性，也介绍了他探研曾国藩的计划，说将先写一部曾国藩小传，接着再花数年出一部大传。他还寄语学生，如何治学，如何定规划，如何珍惜时间。

西安期间，同学们又酝酿出奔赴延安、拓展考察计划的设想，经王老师、沈老师反复争取、申说，系里最后慨然允准。于是这次西北之行，成为8014历史班烙印深刻、相当圆满的一次青春远足。

两个月前，4月18日的早晨，姜鸣发来短信，说沈老师驾鹤西去。消息来得突然，令人无限伤感。几天后，师生们相聚在龙华银河厅，含着悲痛悼念沈老师并送他最后一程。我们8014历史班来得特别多，有些同学专程从外地赶来，千里迢迢，包括从太原，从长沙……

沈老师是走入学生心中的好老师。我曾经思考过，在高校怎么样才能被称之为一个好老师。2014年底当我戛然终止了纯粹的教师生涯之后，对这个问题的思考又多了一重“旁观者”的角度。我以为，“好老师”也是有层次的：

1. 课上得好，其背后有某些专业领域的造诣和建树做支撑。

2. 其学问精深且有格局、有追求、有境界，对学生产生精神上的感召，有所指引。

3. 不是一般的指引，还手把手地“训练”学生，不惜进行具体的指点，甚至为之提供思路、提供材料、修改文章，浅俗地讲这叫提携后进，实则需要开阔的胸怀。据我有限的所知，沈老师是很乐意为学生做这些事的。他当属进入第三层次的好老师。

斯人已去。但沈老师依然活在人们的心中，也还会继续被大家记着、想着、念着。

（杨志刚　上海博物馆馆长）

（根据2015年6月21日在复旦历史系举行的沈渭滨先生追思会上的发言整理扩充）

往事并不如烟

周 虎

姜鸣同学在编沈渭滨老师纪念文集的时候，发来了汤师母收藏的这幅漫画和题词，并要我讲讲故事的来由。这一下子勾起了我对沈老师深深的怀念。

沈渭滨老师是我在大学期间最敬重的三大老师之一（另两位是朱维铮和金重远）。他和我们学生的关系真是亦师亦友，亲密无间，平素课下他最喜欢和我们开玩笑了。记得是大二的时候，应该是在老教学楼，有天早上，他给我们上中国近代史课，突然发现他声音嘶哑，有气无力，明显不在状况。怎么搞的？平时上课，他可都是声若洪钟，激情澎湃，铿锵有力的。下课以后，我们就围上去，问沈老师是不是身体不舒服，病了？他摇摇头说：“都是戒烟惹的祸。”说得我们一愣一愣的。沈老师又说：“我都几十年的老烟枪了，戒过好几次烟。这几天你们师母又叫我戒烟了，只是这次才戒了一天，问题就出来了：一是精神不好，二是神情有点恍惚，第三点是最要命的，喉咙发不出声音来了，严重影响教学质量。”我连忙问，那怎么办呢？可以找什么药吗？沈老师微微一笑，从口袋里掏出一包烟，抽出一支点燃后猛吸一口说：“为了党

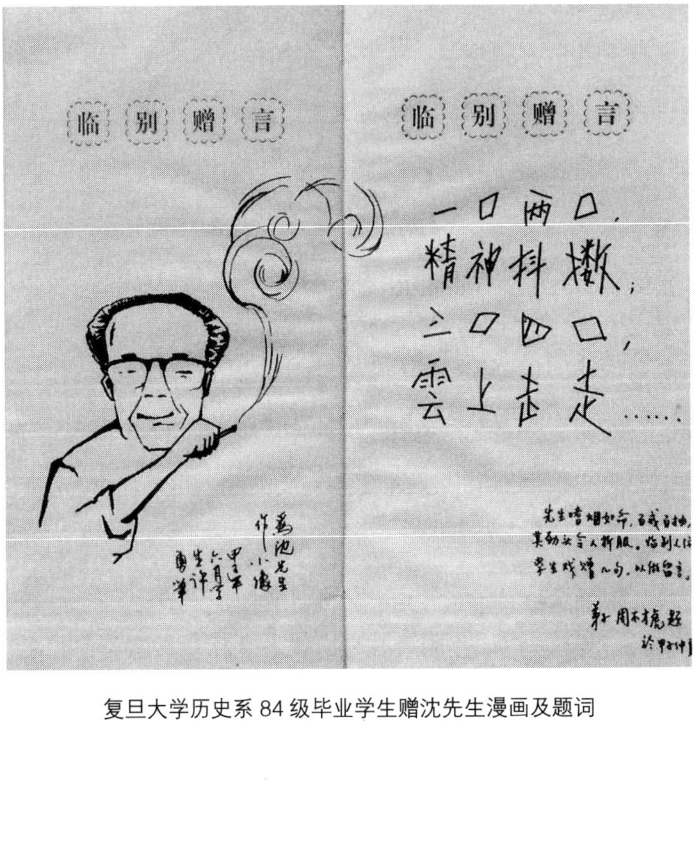

复旦大学历史系 84 级毕业学生赠沈先生漫画及题词

的教育事业，立即恢复烟籍，舍命陪君子啦。”说得我们哄堂大笑。就这席幽默的话，让我记住了好久。

两年后，也就是1984年的初夏，到了我们的毕业季了，同学们都拿着毕业纪念册到处找师长学友签名题词。想不到沈老师也拿着纪念册到宿舍来找同学签名留念，这让我们受宠若惊。沈老师说，他尽管不是我们班主任，但和我们班级同学感情最深。想想也是，沈老师不仅每年给我们开课，还曾经带我们去西安实习，领我们去延安参观，朝夕相处，海阔天空，令人难以忘怀。

给沈老师的纪念册留什么样的话才能显得与众不同？我忽然想到了他最大的嗜好：抽烟。脑子里又马上浮出烟民的口头禅：一口两口，精神抖擞；三口四口，云上走走……但单单写这几句话，一点感觉都没有，应该把沈老师抽烟的神态画上去才对。找谁呢？我想到了同宿舍的室友许勇，他可是“琴棋书画”样样精通的大才子。我把想法和他一沟通，想不到一拍即合，他马上就构思好了画面，短短十几分钟就栩栩如生、惟妙惟肖地画出了老师“云上走走”的神态。我为了在沈老师面前显摆自己学（实）识（际）高（浅）深（薄），故意还用繁体字写了这16字烟民“金语”，逗老师开心。最后还留了这么一段文字解释：

先生嗜烟如命，百戒百抽，其劲头令人折服。临别之际，学生戏赠几句，以做留言。弟子周不才虎。

三十多年前的师生往事，因一幅漫画和题词的重现，又历历在目，往事并不如烟。天堂里的沈老师，您在那里好吗？烟抽得过瘾吗？您的学生想念您。

（周　虎　上海《理财周刊》社总编辑）

沈渭滨师印象散记

李颂申

中小学上课前师生相互行鞠躬礼已成惯例，只不过在大学，尤其是在像复旦这样以自由不羁闻名的大学里，师生行鞠躬礼，似乎无形中被视作是一种繁文缛节，而基本消亡了。复旦的老师，大多不修边幅，晚睡晚起。有声望的教授，大多将课放在上午十点之后，或者下午。大清早上课的老师，大多是上必修课的，或者是年轻教师。似乎这也是名教授的一种范儿。复旦的教授们，有不惮于以睡眼惺忪或者落魄文人的面貌示人的，但有一个老师对自身形象的要求甚高，并且十分注重师生之礼，每次上课都要向学生深深鞠躬，并亮出梳理得一丝不苟的头势。他就是我们的近代史教授，沈渭滨师。

沈渭滨师在上课时，一般在进入教室后，会先站在讲台后把讲义整齐放在讲台中央，并在桌面上整齐地排好粉笔、黑板擦和香烟，然后走到讲台边，站立着，用眼神示意课代表，然后由课代表高喊一声“起立”，正在交头接耳的同学们凌乱地站起来，应付着对着沈师胡乱点下头。沈师依然以标准的立正姿势站立着，眼光从左至右扫视了一遍以各种姿势站立着的学生们，然后向学生们深深鞠上一躬。当然，也同时亮出了他一丝不苟的头势。从学期第一课到学期结束，上沈师的课，这样的礼仪是必不可少的过程。

从小学到大学，这样的礼仪每次上课前都会演绎一次，本来没有什么新鲜的。只不过，在大学里，很少有老师有这样认真的要求，所以，对沈师的课堂礼仪印象深刻。和绝大多数给我们上课的老师不一样，沈师的本科，不是复旦出身，而是出身于以培养中学教师著称的上海师范大学。后来因为在近代史研究领域卓有成效，被破格调入复旦。当时各大学门禁森严，复旦又向来自视为江南学界翘楚，能将出身上师大、又在中学任教的人调来任教，在当时来说，算是破格了。对此经历，沈师当年甚为自得，以区区上师大之身，在堂堂复旦谋得一席之地，足以说明他当年的学术功底和成就；当然也因此而凭空添了不少烦恼。

也正因为是上师大出身，沈师在课堂礼仪方面，可以说是科班出身。不仅上课时要行鞠躬礼，沈师对自身的形象，也十分重视。每次来上课，必然是头发梳得整整齐齐，胡子刮得煞清，中山装的风纪扣紧锁，皮鞋擦得铿亮。沈师写得一手漂亮的板书，外加一口声音洪亮、口齿清楚的七宝普通话。七宝是千年古镇，镇内唐代古桥已是当今上海著名景点，七宝镇也是上海民俗文化保存得相当完整的著名旅游胜地。沈师是七宝人，大学毕业后一直住七宝。当年七宝镇还隶属上海县，与复旦分处上海的西南角和东北角，往来十分不便。当时上海还没有地铁，沈师每次上课，需要从七宝坐 92 路到漕河泾，然后坐徐闵线到徐家汇，再从徐家汇坐 26 路到八仙桥，再坐 18 路车到虹口公园换 9 路车到复旦。路途漫长，单程就要半天时间。所以与很多住在复旦的大教授不同，沈大教授上课，通常是上午的。我曾经问过他，沈师说，上课放在十点后，一早从七宝出来，恐怕要耽误的，下午上课又耽误回七宝了。所以，他都是前一天下午，从七宝到复旦，然后在复旦的单身宿舍里住一晚，第二天一早上课，下午再折腾回七宝。沈师上课，通常会比学生早到课堂。沈师对待教学的认真与严谨，由此可见一斑。

沈师讲课十分受学生喜欢，除了功底深厚，内容精彩外，沈师讲课，语速不紧不慢，条理清楚，遣词造句十分严谨规范，非常适合学生做笔记，写下来，就是一本合格的讲义。这些都是上师大对学生的教学仪轨严格训练的结果。沈师的教学态度十分严谨，治学十分认真，但对学生却是十分亲和的。沈师当年烟瘾很大，下课后，第一件事，就是跑到走廊里抽烟，见我们这些当年还算青涩的烟民，沈师总把烟递过来，你们也抽么？等我辈烟龄渐长，自然也和沈师互通有无了。沈师在走廊里聊天，也是十分随和的，对学生的问询，总是回答周到。

沈师身出上师大，却以复旦为荣。坚定地认为，复旦的学生，就应该出挑，应该杰出，应该卓越，应该与众不同。上课时，沈师曾问大家：到复旦来学什么？众曰：学知识。沈师说：错。你们到复旦来是学思想，学思考方式，用独特的思考，去解决实际的问题。这是复旦与其他学校不一样的地方。沈师一席话，如醍醐灌顶，获益良多，以后也常常以此自省。古有一字师，沈师于我，应算一语师。在校四年，提点我辈注意思考的，除了沈师，还有两位老师，朱维铮和许道勋。

沈师治近代史，在国内史学界也算名头响亮，尤其专擅太平天国史及辛亥革命史。当年也说了不少的段子。说当年史学界倡导斗争史，农民运动史自然是重中之重，全国关于太平天国史的研究，差不多有五千多篇文章，史学界投入了上千人力。将太平天国的历史，翻了个底朝天。有一个老兄实在是写无可写，就花精力考证洪秀全的胡子，洪秀全到底长没长胡子，长什么样的胡子。最后写了篇《洪秀全胡子考》。沈师借此说明，当年政治力对史学界的作用。后来洪秀全纪念馆要为天王塑像，倒是用了那篇文章的考证结果。也算史学界笑谈一件。

沈师是个老派的文人，老派到需要到传统社会里去寻找渊源，视学生更如门生，爱门生如子女。有学生上门，是沈师的开心时刻。毕业后，每年总会去沈师的七宝家，待喊开门，总会看到沈师站在高高的二楼楼梯口迎接，伴随着楼梯的噔噔声，照例会自上而下传来洪亮的七宝上海话：小鬼（含“居”音），侬长远勿来看我了。还未上楼，一股师生温情已在胸中升腾。在沈师的深宅大院里，喝着茶，听沈师吹历史，真是很惬意的享受。每年的年初五，是沈师招待学生的日子，也是昔日学生给沈师拜年的日子。届时照例可以在沈师家中见到77、78、79、80级的各位师兄师姐，沈师会摆上圆台面，师生济济一桌，吃顿团年饭，气氛热烈、其乐融融。在厨房掌勺的、端菜送饭的、倒茶递烟的，照例是沈师的两个女儿和一个儿子。

2010年国庆去七宝转了一圈，买点上海的本土糕点。看到沈师当年的旧宅已不见踪影，浴堂街已成古民族文化街，开满了各种售卖传统商品的小店。当时世博服务点还在，问起世博服务阿姨，沈师搬至何处，阿姨摇头；再问师母汤老师，阿姨的声音高起来了：汤老师，晓得格。伊爱人是教授，姓啥勿晓得。听到此，不禁莞尔，想起当年沈师曾对我吹过，他是七宝名人，看来沈师在七宝的名头，还是没有师母汤老师响啊。下次见面调侃调侃他。哈哈。

后记：

此文写于2010年，当时为大学班级博客缅怀校园生活而写。写完此文后，原本有想法去拜访沈师的，但因为各种琐事拖沓而最终没有实现，谁知却与沈师天人永诀，深以为憾。此次应姜鸣学兄要求重发，文字略作删改。

缅怀沈师有很多种方法，记录沈师的往昔，也可以有很多种笔法。学术成就自有诸公去评议，而我更愿意记录沈师亲和有趣的人格魅力。在复旦四年，受教过很多老师，但沈师绝对是其中独特的一位。他不是一个在复旦校园里司空见惯的象牙塔里的教授，他是一个接地气的乡村绅士。很少有复旦教授会将大学本科生当作学术同道。而沈师却是从一开始就将学生当作未来学术同道来培养的。他会不厌其烦地回答学生提出的各类幼稚的问题，也会鼓励学生自主做课题。学术与学生，是他最大的财富。沈师追悼会上，自发前来的各届学生，就是最好的证明。“半世坎坷皆为字，一生惬意是文章”，相信没有人比他更明白现世的冷酷与无奈。但他给学生传递的，永远是努力向前的正能量。他是红尘里的居士，行走于红尘，而又看透红尘。于学生而言，沈师就如同一盏路灯，光线并不灿烂，但却很温暖，只要你需要，一抬头，他始终在那里，为你照亮前行的路。他是一个可敬的人，一个可亲的人，也是一个有爱的人，一个有趣的人。愿沈师在天堂快乐。

（李颂申　复旦大学历史系81级本科生）

沈老师的“小鬼”

徐有威

我们的沈渭滨老师，永远地离开我们了。1981 年 9 月我到复旦大学历史系读书求学，虽然知道这位上课一本正经，下课给学生扔牡丹牌香烟共享的沈老师，但是直到 1985 年 7 月毕业，其间却没有上过沈老师的课。直到 1985 年冬天的某个上午，在上海的中国纺织大学社会科学部上班后，在复旦大学历史系师兄兼同事的郭太风兄介绍陪同下，第一次去七宝镇沈老师的浴堂街寓所拜访，从此有幸近距离地接触沈老师。想来已经整整 30 年矣。此时此刻，多少往事奔来眼前，涌上心头。半夜未眠，打好腹稿。在此先记上几件，以示怀念。

一

1985 年 9 月，我去中国纺织大学社会科学部上班，遇到一位比我高二级的复旦大学历史系的师兄，成为了同事。师兄嬉皮笑脸地告诉我，沈老师给他们上辛亥革命还是其他什么革命的课时，有时忍不住烟瘾，会抽出一根牡丹牌香烟“接接神”，以便“继续革命”。此时他会问下面的听课学生，谁会抽烟。应者旋会得到一根从讲台方向凌空抛过来的香烟。乖乖，牡丹牌啊，老高级的。阿拉学生买不起的。沈老师有稿费啊。嗲！师兄继续深情地回忆着。

这位师兄后经商开厂买卖女式服装，身价爆涨，肯定永别了牡丹牌。到底是谁打响了辛亥革命的第一枪和第二枪以及第三枪，这些个知识早就完璧归赵了沈老师。记得的，估计也就是这根（也许好几根）牡丹牌香烟了。

在 1980 年前后复旦大学的课堂上，老师是否可以抽烟，是否可以抛烟给学生，也许是要追问的问题。不过，讨论这个问题的意思不大，看看历史记载中无数个神话制造和传播的过程，不都是这样的吗！

二

“半世坎坷皆为字，一生惬意是文章”。记得第一次在太风兄的带领下来到沈老师位于七宝镇浴堂街寓所，一眼就看到悬挂书房的这副由书法家洪丕谟书写的对联。沈老师介绍说，这副字道出了他的人生经历。以后我熟悉了沈老师，才慢慢领悟到这副对联的寓意。

因为我有兴趣于中国现代史，想跟着余子道老师学习，对此沈老师表示理解。“余老师，那是教授的教授啊！”沈老师赞叹道。我以后的经历，充分证明了沈老师的这个赞叹。

一年后，太风兄又热心介绍我的另外一位北京大学历史系刚刚毕业的小同事到浴堂街拜见沈老师，沈老师马上安排他研究什么什么课题。可惜这位小同事没有坚持下去。

据太风兄介绍，沈老师有得天下英才而教育之的胸怀，见到年轻有上进心的学人，无论复旦大学历史系嫡系还是私淑，无不鼓励学生跟着他搞中国近代史研究，同时按照他的对中国近代史研究的整体布局，布置学生一个具体的中国近代史的研究课题。太风兄告诉我说，“他会叫学生发誓：我保证，一定做什么什么研究，坚持到底”。这个听上去好像有点像入党宣誓，沈老师对近代史研究的热忱和痴迷，由此可见一斑。

每次去七宝沈老师家，看到沈系人马和其他相关人士，上楼下楼川流不息，开口闭口均中国近代史上重大历史问题、国家命运和民族前途等。我总感到他有点像安居平五路的诸葛亮，起码是七宝镇政府下属的中国近代史研究所所长吧。

三

从华东师大中山西路校区到七宝镇，从地铁四号线金沙江路站上车，到宜山路站换地铁九号线，到七宝站下车。前后一共 9 站，地铁行驶时间包括换乘时间应该不超过三刻钟。

沈老师曾经告诉我，20 世纪 80 年代初期，一次北京《历史研究》编辑部来华东师大组稿，陈旭麓老师在师大一村家中请客，沈老师作陪。那天深夜的聚会散会迟了些，从华东师大开往七宝镇的公交车停运了，沈老师只得一步步挪回七宝。回到家时，已经是第二天金鸡报晓时分了。

七宝的晨曦，日复一日地照耀着古镇弯曲的小径。这天的晨曦，见证了这位家乡弟子踉跄的回家之路。这难道不就是沈老师的人生之路的缩影吗！

四

近年来经常和沈老师一起参加学术会议，最开心的是和他同桌吃饭。放眼望去，一桌皆属复旦沈系学生或学生的学生，或博导或教授或局座或处座，或白发或二毛或黑发。透过闪光的镜片，沈老师慈祥地看着这些大小桃李，挥舞筷子指点江山：这只小鬼（上海话昵称，小孩子后辈的意思）应该怎么样怎么样写文章，那只小鬼应该怎么样怎么样做人。现在回忆起来，都是一位老师对学生负责任的良言。一位在座的局座邢建榕学长事后笑着对我说：沈老师把阿拉给“通吃”了。

这些年过半百或六旬的，还被人称之为小鬼，听起来总归有点尴尬。现在回想起来，幸福啊。

（徐有威　上海大学历史系教授）

沈老师给我的信

王维江

1981年，提着一只土黄色人造革的旅行箱，我从黄土高原来到复旦。这么多年下来，这只箱子装满了我的个人信札——大部分是我和吕澍的两地书，其余是与师友的通信。箱子放在储藏室里，蒙上了灰尘。一直到2004年回国工作，我生命中25年的记忆，都保存在这只箱子里。

那天从沈渭滨老师追悼会回到家里，我打开箱子，只找到沈老师给我的四封信，应不止此数，但搬家频繁，居无定所，肯定有丢失。尽管如此，读着这四封信，与沈老师相处的情景仍然清晰再现。

第一封信落款是1985年10月26日，我分配到南京一学校刚工作两个多月。因为大二时上沈老师的辛亥革命史课，课程论文《杨毓麟略论》获他赞赏，论文还给我时，空白处写满了批语，字迹工整秀丽。这篇习作很快被沈老师推荐到《安徽史学》发表，这让我萌生了考他研究生的念头。考试后，沈老师问我临场发挥情况，替我估计专业课分数。

带着"落第"的沮丧和与吕澍分处两地的忧伤，来到南京，我8月份报到上班，正赶上南京酷热，分配住在青年教师四层筒子楼的顶层，如同蒸笼，加上伙食不好，学生难管，这一切让我初尝少年愁滋味。一定是写信向沈老师诉苦，所以才有了他的回信：

> 我因参加林则徐讨论会，于十月下旬回沪，你寄给我的信前天才读到。对于你分配的不如意，我表示同情，但你千万不可牢骚太盛。世界上不平的事太多，宜放眼风物，好自为之。
>
> 你准备到杭州去，我以为也好。但单位是否绝对有把握肯放？杭州我有几个较熟悉的朋友，一是在省社科院历史所；一是在杭州大学；一是在浙江师院（金华）。杭

州师院我无熟人。不管怎么说，我可以写一个私人介绍信给你，你便中可持信前往一试。

当时是“病急乱投医”，其实到杭州并不能解决我与吕澍分处两地的难题，我只是想逃离“火炉”。沈老师洞若观火，在信里让我想清楚三个问题：一是南京单位是否放行，二是喜欢杭州的哪家单位、自己选择哪一种职业，三是如何联系杭州的单位。

其实我只想清楚了其中的第二个问题——去高校当老师，这样假期可以回上海看望吕澍，但调动成功的关键却不在于此。未找到第一、三个问题的解决办法，却不断向沈老师求救，现在想来真是年轻无知。他的第二封回信，落款是 1985 年 11 月 21 日：

你的处境我很同情，但鞭长莫及，未能作有效帮助，常为之不安。你所要的介绍信，我已试写如另纸，不知是否管用？若能对调动出点力，有所好处，我就心安了。

信里夹着他写给杭州大学历史系主任郑云山先生的信，仍是工整秀丽的小楷。对我的溢美之辞，这里实在不好意思引述，而对郑先生的请托——“切望吾兄在适当场合为其进杭大工作美言，以期了我心事”，则流露出沈老师对学生的真切关怀。

在那个国家包分配的年代，南京的单位属于指令性分配，好不容易分到复旦大学的毕业生，这位毕业生板凳还未焐热，就提出调动，遭拒绝并不意外。这一意外也让沈老师的推荐信一直躺在我的旅行箱里，成为师生情谊的见证。

年轻无知也有好处，无知也就无畏，无畏引导我执着向前，终于在南京苦熬一年之后，以军队特招的形式进入上海一所军校。我和吕澍去七宝看沈老师，他笑逐颜开，当着汤师母的面，他用上海话说：

格两个小鬼，轧朋友轧得来昏特了，一个也没考上，考上一个，也不会有噶许多后遗症。

这样的经典段子，几乎每次去七宝他都重复一遍，每次讲完，他就不停地哈哈大笑。然而我和吕澍在 1989 年还是决定出国闯闯，由于军校不允许自费出国，所以只好让吕澍先走。吕澍在这年的 10 月出国，我向军校提出转业申请遭拒，这年年底，我给沈老师寄了张贺年卡，或许他从字里行间察觉到我的状态，于 1990 年 1 月 11 日回信写道：

你现在过得怎样？自从小吕走后，谅必一切都不太习惯。不过，只要她能站住脚跟，相信你的出去也只是时间问题。

没想到那一年部队停止办理转业，我又犯了年轻无知且无畏的毛病，竟然提出复员，虽如愿脱去了军装，却不得不回到陕西，那里的气氛自然与上海相差万里，刚到一新单位，告诉人家是来办出国手续的，谁都会不待见的。熬了两年，总算办好出国护照，没想到被拒签。沮丧之际，只好面对现实，重新报考沈老师的研究生。这次幸运之神眷顾了我，也就有了沈老师的这封信，时间是 1992 年 4 月 19 日：

前后两信均已收到，知你参加复试，非常高兴。……祈能顺利通过复试入学，至于专业可不计，反正今后都在复旦，朝夕相见，有什么问题仍能相讨，只是你要认真准备复试，否则弄出麻烦就太可惜了。

这封信的字迹比以往稍有不同，所以他在落款之后又加了一笔——“足疼难熬，字迹潦草，请原谅。”沈老师有脉管炎宿疾，脚趾头被截掉三根。

初试、复试没“弄出麻烦”，在我是难得的幸运，吕澍担心至极，她觉得我命不好。这次入学考试虽然顺利，但专业需要调整，因为近代史专业要优先考虑定向生和委培生，系里建议我转到专门史室朱维铮老师处。我问沈老师，沈老师说，当然可以转。他停顿了片刻，慢慢地说，你能投到朱老师门下，我为你高兴。我是外来户，朱老师是复旦出身，这对你的将来发展也有利。

我听出了他的潜台词。

2004 年，我和吕澍携两个孩子回国工作。一家四口去看望沈老师，他高兴得张口就是“格两个小鬼，当时轧朋友轧得来昏特了”。幸好两个孩子听不懂上海话，再说，他们两人正抱着沈老师送的一个很大的洋娃娃玩，顾不上大人说的笑话。

2012 年 3 月，朱老师走了，我打开旅行箱找他的信；8 月，我中学老师齐老师走了，我又打开旅行箱找他的信；2015 年 4 月，再从箱子里找出沈老师给我的信。当时读老师的信，想的是自己的心事；如今再读，才想到当时老师自己的境况也未必好。可老师只是想方设法帮学生解决问题，排解情绪。

我生命中最重要的两个老师都走了。掸去破箱子上的灰尘，记忆更为清晰，心绪则很黯淡。

（王维江　复旦大学历史系教授）

怀念沈渭滨老师

沈飞德

一

倘如没有亲身经历，心灵感应之类的故事我一直不太相信。但沈渭滨老师走时，我却第一次有很强烈的感应。2015年4月17日夜里做梦，竟在殡仪馆里痛苦挣扎。翌晨从睡梦中惊醒，就想到沈老师。前一天晚上复旦的几个同学聚会，讲到沈老师住进了中山医院重症病房。赵刚同学说，邢建榕去看望过沈老师，只晓得是肝腹水，具体病况不详。我听了心头一惊，说上午我还去中山医院看病呢，匆匆忙忙没有去看看沈老师。我当时就懊悔不迭，心想，下个礼拜一定要抽空早点去看沈老师。再说那天醒来后再也无法入睡，起床特别早，想给建榕兄打电话询问沈老师的病情，但一看时间，实在太早了，遂作罢。但之后人就浑身不舒服，精神萎靡不振。后来打开微信，一眼就见到黄亚平同学发布的沈老师病逝的噩耗。我此时知道，沈老师已于清晨7时在中山医院不幸逝世了。

我在复旦历史系读书时，除了听过沈老师的课，其他已记不清跟他还有更多的接触。在我印象里，沈老师家住远郊的七宝镇，是系里住得最远的一位老师。当初我对他唯独不住校园对马路的教师宿舍，而远居郊区七宝镇，来校须长途奔波，曾产生过幼稚的疑惑。1986年7月我从复旦毕业分配进文史馆工作后，所做的工作与文史研究没有完全脱离，不曾想到沈老师会成为我离校后接触交往最多的一位复旦老师。或许是同姓本家，我对沈老师心生有别于其他老师的一种敬重和亲近感。每次见面，我一直叫他沈老师，他习惯呼我名字，有时会半开玩笑叫我一声“飞德老弟”。如今，沈老师那对学生对晚辈如我的亲切称呼，倏然变为空谷绝响，成为我心中永远的美好记忆。

二

沈老师走后，我不知有多少次静坐书房，念起在各种场合与沈老师见面的情景，沈老师的音容笑貌就呈现眼前。张剑兄向我约稿，但数月间曾几次端坐在电脑前，思绪如麻，不知如何敲击键盘，该写些什么？

其实，二十多年来，于公于私，沈老师都给过我许多关心、勉励和帮助啊！

沈老师与文史馆有缘。我第一次拜访沈老师，他就跟我谈起他岳父汤寅先生（字东父，别名琴隐，以字行，江苏武进人，1876—1958）是1953年上海文史馆创建时首批由陈毅市长聘任的三十六位社会名流耆宿之一。后来我进一步了解到，汤东父馆员是清代著名书画家汤贻汾的后裔，以金石书画名世，享有“娄东派嗣响，为继往开今者”的美誉。可能是这层关系，沈老师是在我认识的学者中少见对文史馆有深入了解的一位，有特殊的关系也就会有特殊的感情，表现在他对文史馆的事乐于关心、参与和支持。

记得1997年为迎接香港回归，文史馆主办的《世纪》杂志策划系列专题文章。办杂志把握好正确的舆论导向是最重要的。我约请新闻界前辈冯英子先生写了一篇特稿《别了香港总督》(刊发于1997年第4期)。冯英子先生向以坦诚敢言享誉文坛，为郑重起见，我打电话请沈老师帮忙审读冯老的文章，他听了一口答应。后来我看沈老师的审读稿，中肯的审读意见用工整的钢笔写在稿上，一丝不苟，深为他的认真严谨而感动。

2010年，文史馆为“叫响一句口号，做实一个事业”(时任馆长沈祖炜语)，倡议发起与市文明办、市老年基金会联合筹划举办一年一度的敬老崇文论坛（迄今已成功举办了六届）。我负责具体的筹备工作，在确定第一届论坛的主题为“敬老崇文与现代社会”后，向沈老师约稿，他依旧二话不说，慨然答应撰写论文。后来他写了《敬老崇文是构建和谐社会之必需》一文（收入《敬老崇文文集》，中西书局2013年9月版），还欣然从七宝镇赶到社科院参加论坛并做演讲。沈老师的论文对文史馆敬老崇文与构建和谐社会关系的阐述十分透彻、精辟，今天读来仍令我折服不已，可说是论述文史馆的经典之作。他认为，敬老崇文是接续文脉、弘扬优秀传统、构建和谐社会的重要一环。文史馆是敬老崇文之所，在构建和谐社会中，起到示范、推广的作用。把敬老崇文作为文史馆的宗旨，不仅符合时代精神，而且也是代表国家、政府实现长治久安、弘扬中华优秀传统的重要举措。

2013年，为纪念上海文史馆建立60周年，我按照纪念活动的宣传规划，与《新民晚报》副总编辑严建平先生商定在“夜光杯”副刊策划组织一组以“文史馆春秋”为主题的“十日谈”。除约请文史馆馆员撰稿外，我设想物色几位已故馆员的亲属来写，首先想到的就是沈老师。当我把想法向沈老师在电话里提出，他非常高兴地马上答应下来。他写了《“敬老崇文”好传统》一文（刊于2013年6月11日《新民晚报》）按时交稿。这篇千余字的短文，内容是据沈老师整理其岳父遗物而获的第一手资料写成，弥足珍贵；行文精练畅达，读来有品赏刘义庆《世说新语》般的愉悦，堪称妙文；尤其可贵的是，沈老师通过他岳父被聘为文史馆馆员的经过，颂扬中华民族“敬老崇文”的优良传统，令人心悦诚服。文章结尾他画龙点睛，写道：“从岳父汤寅入馆故事中，充分说明党和政府各级领导，本着‘敬老崇文’优秀传统，极为重视团结、安置学有专长的老年知识分子，使之老有所养，安度晚年。无怪岳父生前用饭时，总要抱拳向天作揖，喃喃自语说：‘感谢共产党赐我饭吃！’”

于私来说，沈老师对我情深义重，一直关心、勉励和支持我从事孙中山家族史研究。

我从20世纪90年代初起，工作之余对孙中山家族史产生兴趣，后写成《民国第一家——孙中山的亲属与后裔》一书（2012年6月由上海人民出版社出版）。书稿完成后，考虑请谁作序，出版社责任编辑崔美明女士极为敬重、推崇沈老师，她建议请沈老师，并把握十足地表示：沈老师学问好，人也好，答应做的事绝不会敷衍拆烂污。诚如崔美明所言，沈老师为了给拙著写序言，搁下手头重要工作，动笔前竟花了半个多月看校样，查核史料。其时适逢农历新年，他在应酬之余仍忙里偷闲，孤灯独对。他对我从事孙中山家族史研究，以采访挖掘第一手的口述史料，给予充分肯定；同时也实事求是，对书稿的不足直言指出。我珍藏着沈老师用方正的钢笔字书写的序言手稿，六张无格稿纸，写得整整齐齐，如今展纸重读，不胜感

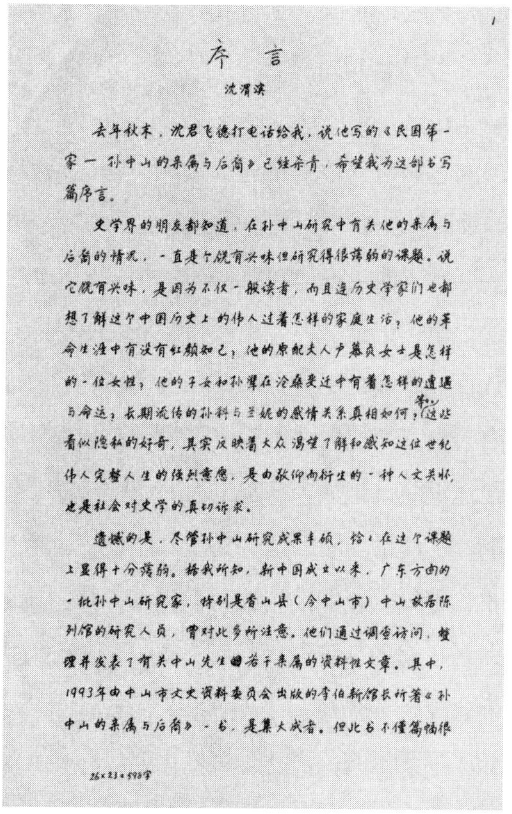
1

序 言

沈渭滨

去年秋末，沈君飞德打电话给我，说他写的《民国第一家——孙中山的亲属与后裔》已经杀青，希望我为这部书写篇序言。

史学界的朋友都知道，在孙中山研究中有关他的亲属与后裔的情况，一直是个饶有兴味但研究得很薄弱的课题。说它饶有兴味，是因为不仅一般读者，而且连历史学家们也都想了解这个中国历史上的伟人过着怎样的家庭生活，他的革命生涯中有没有红颜知己，他的原配夫人卢慕贞女士是怎样的一位女性，他的子女和孙辈在沧桑变迁中有着怎样的遭遇与命运，长期流传的孙科与兰妮的感情关系真相如何，等等。这些看似隐私的好奇，其实反映着大众渴望了解和感知这位世纪伟人完整人生的强烈意愿，是由敬仰而衍生的一种人文关怀，也是社会对史学的真切诉求。

遗憾的是，尽管孙中山研究成果丰硕，恰恰在这个课题上显得十分薄弱。据我所知，新中国成立以来，广东方面的一批孙中山研究家，特别是香山县（今中山市）中山故居陈列馆的研究人员，曾对此多所注意。他们通过调查访问，整理并发表了有关中山先生若干亲属的资料性文章。其中，1993年由中山市文史资料委员会出版的李伯新馆长所著《孙中山的亲属与后裔》一书，是集大成者。但此书不仅篇幅很

26×23=598字

沈老师为拙著《民国第一家——孙中山的亲属与后裔》所作序言手迹第一页

慨，愈加敬佩沈老师的道德文章。他在序言中对开展孙中山家族史这个课题研究的价值有深邃的见解，对孙中山的亲属与后裔命运有自己独特的感悟，更对学生取得的些许成绩流露出难抑的欣喜之情。后来沈老师一再叮嘱我不要放弃研究工作，希望把孙中山家族史研究继续做下去。2015 年，完成《民国第一家》的修订工作。与出版社有关同志商量，明确要求把沈老师的序言保留，以表达我对他的深切怀念之情。

三

沈老师退休后的生活是多姿多彩的，特别在学术上，厚积薄发，接连有新著问世。新著贵有新见，沈老师在中国近代史研究上取得的诸多成果，特别是对影响中国现代化进程的重大历史事件如洋务运动、辛亥革命等，重要历史人物如慈禧太后、孙中山等的重新评价无不迭出新见，在史学界有口皆碑。但长期的过度劳累，使沈老师的身体出现了险情。面对病魔，他依旧视学术重于生命，未曾表现出一丝懈怠。

记得 2012 年 3 月 8 日下午，我与文史馆肖阿伍同志随沈祖炜馆长去七宝镇看望轻微脑梗初愈的沈老师，那天沈师母汤先华老师恰好外出，他忙着为我们沏茶。落座后沈馆长询问起病情，他只说这次发病幸亏医治及时，无大碍，显得非常乐观，与我们谈笑风生。当他听沈馆长说身体有不适，马上热情传授他坚持二十多年的养生法，就是每天起床前做按摩操。他边说边向我们演示，先从头部按摩，再是耳，接着拍胸，继而摸肚皮……他建议沈馆长试试，说如果坚持做一定有效果。那天，沈老师演示起按摩操来像他做学问一样认真、严谨，一丝不苟，如今历历在目。他还与我们谈及他参与承担的国家清史项目。圈内人士皆知沈老师用毛笔记日记数十年不辍，传为美谈。当我们谈起这个话题，他高兴地说他记的日记如今叠起来有一个桌子那么高了，并说自己坚持“述而不作”的原则，只记事，不评论。原因是“文革”中他在七宝中学教书，年纪轻轻被打成反动学术权威，吃了不少苦头。一朝被蛇咬，十年怕井绳。由此可见十年浩劫对中国知识分子的伤害是多么的深啊！沈老师说他记日记都是在吃好晚饭后。我听了有些不解就请教他，问道：“如果您半夜睡，那睡前的事如何记？”他说：“晚饭后的事就放在第二天的日记里。”临别，他问初次打交道的小肖同志尊姓大名，说是记日记用。他真诚率直地笑道：“像你们今天来访，我是要写到日记里去的。”引得我们一起开怀大笑。

沈老师近些年来倾注精力从事国家清史项目，文史馆编撰旨在反映文史馆馆员风采的

“世纪人生系列丛书”之二《仁者寿：文化名人的艺术人生》，我恳请沈老师能拨冗写写他的岳父汤东父馆员，他起先爽快地答应了，但过段日子我打电话催稿，他说要请我谅解，因要赶着完成清史项目，文史馆交待的事这次实在无法交卷了。我深知沈老师做事向来不马虎敷衍，认真严谨，他既然坦言有困难，我也就完全理解。遗憾的是，汤东父馆员的艺术人生，沈老师再也不可能来写了。

我每回打电话向沈老师问候请安，他总会关切地问起近来工作如何，在忙些什么，殷殷之情令我感动，激发我积极努力进取。沈老师对我的殷切期望还体现在他赠我的著作中，他为我签名留念，竟谦称“愚师”，使我做学生的每每开卷时百感交集。唉，滴水之恩，涌泉相报，何况是为我授业解惑的沈老师！沈老师给予我的恩情，因我愚鲁，尚不能道其万一。所幸沈老师关爱提携学生晚辈，不谋私利，不求回报，不图虚名，因而我想报答恩师最好方法无外乎牢记其谆谆教诲，敬业勤奋，多做些有益于社会的工作。

（沈飞德　上海文史馆副馆长、《世纪》杂志主编、编审）

富有激情丝丝入扣的教学

——深切怀念沈渭滨老师

黄　洋

我是沈老师的学生，上过沈老师的课，那是整整30年以前的事情。同时我也是复旦大学历史系现在的负责人。从这两个身份来说，我都感触很深。一方面，我心里对沈老师的去世感到非常沉痛；另一方面，看到追思会上有这么多人聚集在一起怀念沈老师，又感到有些高兴。沉痛的是，我们失去了这样一位优秀的、杰出的老师和学者。这对我们历史系而言、对我个人来讲，都是莫大的、不可挽回的损失。高兴的是，我和我们这个系有这么优秀的先辈老师和学者，他给我们后人和学界树立了榜样，为我们复旦大学历史系赢得了声誉。他留下的这份遗产，是我们永远不能忘怀的，而且是我们历史系值得为之骄傲的，因为他是我们后辈的一个表率。惭愧的是，我本人的专业领域是世界史，跟沈老师接触的机会并不多。尽管如此，在我个人有限的一些接触中，其实也有很深的感触。

我是1982年进入复旦历史系读本科的，1985年离开复旦赴东北师范大学进修。我还记得在复旦本科的最后一年选修了沈老师讲授的课程“辛亥革命史”，是在第一教学楼的一个教室。因为是专业选修课，教室并不大，但课堂气氛却异常热烈。这一方面是因为沈老师讲课富有激情，带动了大家的学习热情。另一方面当然是讲授的内容。我在复旦读本科的时候，三位老师的授课给我印象最深。其中一位就是沈老师，另外两位则是朱维铮老师和李华兴老师。我觉得他们用不同的方式给学生以启迪。朱维铮老师以嬉笑怒骂的方式展现他渊博的学识和过人的见识，李华兴老师的课激情四溢，而且多有宏论，同样让学生听得入迷。沈老师同样激情四溢，但给予的启迪却跟另外两位老师不一样。他的辛亥革命史讲得非常扎实，主要是通过讲解非常具体的、实在的史实，来得出自己的观点和结论，他的史实具体到人，具体到事，具体到日期，某年某月某日，而分析丝丝入扣，滴水不漏。当年我尚不能入门，很难说领会了老师授课的精髓。但他教授的这种研究方法，却是最易于为学生所理解和接受的。许多年以后，在我从事教学之后，大学里开始出现了要重视研讨性教学的呼声。我想，那时沈老师的课，已是研讨性教学的典范。可以说，用实实在在的史实来论证自己的观点和结论，我最早是从沈老师的课上悟到些许皮毛的。这是本科的时候我对沈老师一个初步的但却是深入骨髓的印象。

1991 年我博士毕业，回到复旦历史系当教师。一开始我兼做研究生秘书。虽然由于专业的缘故，在业务上没有什么机会跟沈老师交流，但是从研究生秘书的工作角度，还是和沈老师有过一些接触的。感觉他对年轻教师、同事和后学，从来不摆什么架子，总是非常亲切，每次见面都是笑呵呵的，也从来没有严厉的或者是板着脸的情形。当然我也知道，在遇到一些不公平对待的时候，或者是看到不公平的现象时，哪怕不是特别熟悉，哪怕是面对我这样的小青年，他也会直抒胸臆，直陈己见。但他自己受了委屈，从不会把怨气发泄到我们做具体工作的青年教师头上。他真的做到了一方面刚正不阿，非常正直坦诚，他要表达自己的观点。另一方面也不会纠缠不休。应该说沈老师在表达自己的意见和顾全大局两者间的平衡，把握得非常好。以上是我作为一个学生和年轻教师在与沈老师比较有限的接触中获得的感受。

从系里工作的角度，作为晚辈我们不敢对前辈的工作妄加评论，但是我自己也的确产生过一丝疑问。为什么沈老师这样一个我心目中的优秀学者和教师迟迟没能评上教授？我个人觉得，沈老师的职称评定恐怕确有些不公正的地方。这个其实对我本人的触动很大。我们如何能够营造一个比较公正、公平和愉快的环境，让我们的老师们能够充分发挥他们的能力和特长？这也是在缅怀和追思沈老师的时候，迫使我们不得不反思的问题。我和我的同事们要一起来努力，做好事情。如果要做好，我们首先就要正视我们这个系的历史，乃至于一些失误和工作上的不足。我们不能回避，像沈老师这样优秀的学者不仅以榜样的感召力激励我们，同时也因为他曾经遭受的不公正对待鞭策我们进一步做好工作。

（黄　洋　复旦大学历史系主任、教授）

春风化雨尽哀思

李细珠

人的生命历程中会遇到许多老师，每个老师都会留下不同的印记。我生性鲁钝，自小对老师就不敢亲近，每每心怀敬畏，而少有交接。对沈渭滨老师也一样，私下接触并不多，但不知何故，每到关键时候，我都会写信向沈老师报告或求助，随后就能收到他春风化雨般的鼓励与点拨。至今我保存沈老师的来信（含明信片）有28封（件）之多，这是沈老师关怀、爱护和提携后学的最好见证。在我心目中，沈老师是一位非常值得尊敬与怀念的老师。

最早知道沈老师的大名，是在大学三、四年级时，那时决定报考复旦大学历史系中国近现代史专业的研究生。沈老师是当时复旦历史系中国近代史教研室四位能招收研究生的导师之一（另外三位是陈绛教授、陈匡时教授和杨立强教授）。他与杨立强老师合作发表于《历史研究》的力作《上海商团与辛亥革命》，以及关于“近代中国的时代中心”的宏论，吸引了我的注意。

1989年，我大学毕业，继而有幸进入复旦历史系深造。因为是应届生，文科，非外语专业，按照有关部门规定，必须到基层社会锻炼一年。此类人员，当时复旦全校有48人，其中历史系6人。我们进校办完入学手续后，就被分送各处锻炼，历史系6人被送到上海市宝山区检察院，待遇是学校发的75元/月助学金。这一年，既不是学制，也不算工龄，在我的履历上留下了一个无奈的缺环（每当填写履历时，我都因此颇感纠结。如果方便，就加括号注明；否则，就不了了之。细心的人可能计算出我在复旦的硕士学位读了三年半，实际上是两年半）。

已记不清具体是什么时候见到沈老师了。只记得某天在复旦正校门对面的文科楼9楼近代史教研室面见导师陈匡时老师时，突然外面传来一阵“哈哈哈”的爽朗笑声，随着谈笑声闪进屋来的是一位身材并不高大但却气质卓尔不凡的中年学者，陈老师介绍“这是沈渭滨教授”。听说我一年不能上课，沈老师略一沉默，便说“我们曾经也有十年不能正常工作呢”，随后便告诫：要珍惜在复旦的机会，不能上课，也要抓紧时间读书。原话不能记，大意如此。沈老师提到“复旦”二字时那种禁不住溢于言表的自豪神情，令我印象最为深刻难忘。后来得知，并非复旦出身的沈老师能傲然在复旦立足，从中学教师成为知名教授，是付出了常人难以想象的艰辛。或许正因为切身体会了“复旦”的分量，难怪他老人家如此珍重“复旦”的名誉。

我 1989 年入学，第二年才正式在复旦上课，实际上与 90 级“同年”。这一级有沈老师的学生李立华（现任武汉社科院院长）和杨立强老师的学生黄士芳（现任职深圳文化局）。某天，我们三人受邀到偏远的七宝镇浴堂街沈府拜访沈老师。我们大概早上 6 点多钟迎着朝霞从复旦南区出发，晃晃悠悠倒腾了几趟公交车，从东北向西南斜穿整个上海市区，在沈府落座略谈便到吃中饭时间，饭后略谈又不得不告辞（因怕误了返程公交车），返回复旦已是夜幕降临。与沈老师谈了什么怎么也记不得了，只记得路途的遥远与劳顿。想来沈老师每周都要如此折腾到复旦上课，而每次都是那么严谨而充满激情，从不敷衍了事，我的内心油然而生莫名的感佩。

在复旦历史系，我听过沈老师两门课。一门是中国近代史专题，这是与陈匡时老师、陈绛老师、杨立强老师合开的专业基础课。实在记不清沈老师讲的是太平天国还是辛亥革命了。另一门是辛亥革命史研究，这是沈老师单独开的专业选修课。沈老师的课有三个鲜明的个性特色：条理性强；口才一流；板书漂亮。这门课讲的具体内容就是稍后出版成书的《孙中山与辛亥革命》。印象深刻的是，沈老师特别重视冯自由的《革命逸史》，认为该书为辛亥革命史研究提供了非常丰富的史料，但真真假假，需要认真甄别，如果谁能给《革命逸史》做详细的笺注，当是一部非常优秀的辛亥革命史研究专著。实话说，这门课可能引起了我对辛亥革命史研究的兴趣。当时正值辛亥革命 80 周年，我写了一篇习作《20 世纪初长江流域的城市社会变动与辛亥革命》，参加在长沙举办的纪念辛亥革命 80 周年全国青年学术研讨会。这篇习作又作为作业交给了沈老师，不意期末过后，收到沈老师通过李立华转来的一封信，有谓：

细珠同志：

您交来的“辛亥革命讲座”学期论文，我已批阅。此文材料丰富，条理清楚，论点正确，评价公允，给予“优等”成绩。因敝处没有空白成绩表，我已将您的成绩写信报告给系教务员吴磊老师，请她给予登记。您如需要，请向她了解可也。

据李立华同志来信称：您可提前毕业，我很高兴。希望在新的工作岗位上再接再厉，努力攀登，成为我国新一代的优秀史学工作者。欢迎您经常来信保持联系。书不尽意，耑此即颂学安。

沈渭滨

92.3.5

这是我收到沈老师的第一封信。沈老师写信总是非常客气，其事事认真以及处处关心后学的精神于此可见一斑。至于信中所谓“提前毕业”云云，是指我可以比李立华他们提前半年在1992年底毕业，实际上我比他们进校早了一年，在时间上毋宁说是推迟了半年。无论如何，沈老师的殷切期望是鞭策我奋力前行的精神动力。

1992年12月26日，我以《民初统一党研究》顺利通过硕士论文答辩。非常遗憾的是，沈老师因身体健康原因没有参加我的论文答辩会。1993年1月初，我告别复旦，回到湖南师大历史系任教。沈老师在来信中鼓励说：“湖南师大是一所很有影响的学校。当年林先生在世时，近代史和辛亥革命史研究都曾使学界刮目相看。他的几位高足如郭汉民、饶怀民同志，也颇有创获。您能在这样一所大学里任教，应该说是很幸运的。您在复旦期间，就表现出力学好思的特点，现在又处在一个学问的环境中，将来当有大进步。”他还进而建议：“您的毕业论文写得很好，很扎实。将来有机会，写成十余万字的专著似乎不失为一个办法。”（1993年9月11日）对于这个建议，实在对不起沈老师，我后来很少涉足民初历史研究，但实际上民初历史确实是我心中不能抹去的一个结，或许将来还有机会弥补。如今可以坦白地说，当年我之回湖南师大，在很大程度上是因为有林增平先生。但非常不幸的是，就在我论文答辩之后两天，林先生溘然仙逝，这个消息是在几天后我准备离沪赴湘而向陈匡时老师道别时方才得知。这是天意，我只能忍痛遵循。

在湖南师大工作，其实是很愉快的，郭汉民教授、李育民教授、迟云飞教授等老师均非常关照。稍后，我便提出报考中山大学历史系中国近现代史专业博士研究生的要求，也得到他们的支持。当我把这个想法写信告诉沈老师并请他向陈胜粦老师推荐时，沈老师很快回信，非常赞同我的选择，并帮我做了具体中肯的分析，有谓：“您想读博士学位，我很赞成。报考陈胜粦先生，也很合适。我可以给陈先生写封推荐信，您尽可放心。上海方面，只有夏东元先生招近代史博士生，复旦至今还没有这一专业的博士点；南京大学茅家琦先生处亦有，但以太平天国与台湾当代史为主，与您似不合适。愚见还是以陈胜粦为好，一则搞的专业，比较与您契合；二则您的老师匡时同志与老陈关系也好；三则中大人才济济，财大气粗，又得风气之先，将来或可有所作为。”（1993年11月22日）最使我感动的是，沈老师还把给陈胜粦老师的推荐信写好装入信封，随信附给我，并特别说明：“请您过目后，填上邮编寄出可也。”幸好当年我特意留了复印件，如今睹信思人，想起两位均在天堂的恩师，禁不住潸然泪下。

1994年9月，我顺利进入中大历史系继续深造。当时因广东地处改革开放前沿，经济发展较快。中大也如沈老师的印象，既“得风气之先”，又有点“财大气粗”。由于陈胜粦老师的人格魅力，中大历史系得南洋华侨姚美良先生资助，建了一栋号称世界上最漂亮的历史系大楼“永芳堂”。更有甚者，中大历史系经常举办各种学术研讨会，成为国内外历史学界学术交流的重镇。1996年10月，在中山举办纪念孙中山诞辰130周年学术研讨会。因我并不研究孙中山，又在紧张地进行博士论文写作，陈胜粦老师只是在会前安排我与几位师兄弟到某宾馆见见在广州暂停的中外学者，其中就有沈老师。正如沈老师日后来信所谓“相见匆匆，未及细谈，颇多遗憾”。是年底，我基本上完成关于倭仁研究的论文初稿，遵照陈老师的指示，我打印出详细的提纲，寄呈多位前辈学者请教，当然也寄给了沈老师。沈老师回信，提出了具体的指导意见，有谓：

提纲我已仔细看过，整体上很不错，从学术史、生平到他的理学思想，以及文化保守主义的历史意义等，几个大的方面都已注意到了。至于每一个节的提纲，将来写作时可能会有些变动，特别是第三章与第七章之间的关系，这无碍大事，人人都会在写作实践中作出调整的。

以倭仁为研究对象，选题很好，一则其人很少有人专门研究；二则道咸同三朝的理学兴衰及其在实践中的功能确有不可忽视之处。倭仁是唐鉴最得意的讲学门生，也是做“研几”功夫最深的学者，他们（六安吴廷栋、昆明窦垿、何桂清〈珍〉、湘乡曾国藩）在人欲横流、士习贱恶的大环境下，讲求修身养性，不说别的，光操行就值得称赞。您作此研究，相信一定有良好的收获。

问题在于副题“文化保守主义”的说法。这是近年来大陆及港台学者常使用的一个词汇，但它的内涵的界定却不十分清楚，往往是人皆可懂却又难以说清，而且这个词与新儒学有关，使用这个词已经十分时髦，若文章过多地出现别人看不懂的名词，可能会产生相反的效果。我以为搞学术史、思想史，最好多一点传统的理念，有的尽管可以用新词代替，但一定要作界定，否则易生歧义。以上可能是我自己太保守所致，与您说说，不是要您改变研究路子，而是供您参考，谈谈心而已。尤其您身在具有开拓性的广州，更不要受我的影响。（1996 年 12 月 27 日）

后来我的博士论文定题为平实的《倭仁生平思想研究》，正式出版时题名《晚清保守思想的原型——倭仁研究》，均放弃了“文化保守主义”一词，而只是用了“保守思想”的说法，或许与沈老师的提点不无关系。

1997 年 7 月，我从中大毕业，到华南师大历史系工作。沈老师来信一如既往地大加鼓励道：“知道您分配到华南师大工作，十分高兴。华南师大距市中心不远，既可常与中大师友相聚，又可利用两校丰富藏书，可谓地利人和两得之处。那里又是广州研究太平天国的中心之一，陈周棠、沈茂骏、钟珍惟诸先生均是一校人杰。能在那里工作，既可发挥您研究近代文化史的专长，又可得诸前辈的提携，将来当前途无量。”（1997 年 11 月 12 日）稍后，沈老师又来信说，他正协助丁日初先生编辑《近代中国》丛刊，要我把博士论文抽出一、二节投稿。我给他寄了两篇文章《倭仁交游述略》和《理学与“同治中兴”——倭仁与曾国藩比较观察》，前者拟投《近代中国》，后者拟投《学术月刊》，均请沈老师推荐。沈老师发来长信，非常认真而直率地分析了两篇文章的优劣，有谓：

两篇文章各有千秋。交游篇重在梳理，见治学的功力；中兴篇重在论析，具识见之优长。我已遵照你的意见，前者交《近代中国》主编丁公日初，附上鄙意；后者送《学术月刊》编辑谢宝耿君，夹进推荐书。结果如何，尚不可知，一俟佳音，当即函告。

交游一篇，材料丰富，足见你读书认真，但细观全文，鄙意以为写得太闷、太平，比较“老派”。所谓“闷”，是指各节均用同一种写法，即人物姓名、简历、材料（史料），人人如此，不见变化起伏；所谓“平”，是指仅仅讲明与倭仁关系，没有概括出各个人群在倭交往中究竟有何影响，影响多大？即使说到影响，也只是点到为止，甚至连各节标题所列的分类都没有展开，显得拘谨，缺乏分析或缺乏分析深度、广度。这种写法，纯是 30—40 年代学者行文的规范，或者说是台湾目前学术文章的写法，所以说“老派”了点。但因倭仁至今没有什么深入研究的文章（大陆），尤其对倭仁的理学宗向、学人交往缺乏深入研究，所以我认为此文可用，但需进一步修改。我已将上述意见扼要附呈丁公日初先生，若编辑部轮流阅读后采纳我的意见，决定用，则大善；若要用而需修改，则仍需贤契再劳。总之，一切听候编辑部裁决可也。

后一篇，与前篇相较，完全是两种风格。就刊物目前要求而言，后一篇更加合适。我个人也比较喜欢后者。从内容看，我认为你对理学的修身派和经世派的分析是可以成立的，两者对同治中兴所起的不同作用，立论是正确的，主要的意见与我的学术观点基本相符。只是最后一节似乎写得太泛化，缺乏分析力度，不过并不影响全体。应该说，这是一篇有思想、有材料、观点正确、行文流畅的好文章。我在给谢君的信上，已将上述内容详细演绎，力荐刊用。目前虽不曾获得信息，但以我与谢的关系而言，此文采用的可能性似不成问题（我曾向他推荐过好几篇文章，他都尊重我的意见，都发表了）。当然，不是我说了算，最后还要等通知。

从后一篇文章看，你有较好的分析能力，应该多加强这一路向。因为梳理清问题只是史学研究的第一步，从材料中看出问题，引〈申〉出观点，是第二步。老派的治学方法见功底，常为新派学者所不及；但若仅仅停留在梳理、排比上，不说明问题，不发挥治史者的见解，就难以解决问题。这又是老派所不及。若能两者得而兼之，互为补充，就可以相得益彰而为世人所服。古人有云：考据、义理、辞章三者不可缺一。老派重考据而少义理的阐释；新派专以义理为能而乏考据、读书的根底。至于辞章一说，向为历史学家所勿〈忽〉视，行文缺乏文采，一般人难以卒读，无论新老，均需加强。写到此，我认为陈旭麓先生的文章，文采斐然，值得细读赏玩。您不妨可以看看、学学。（1998 年 2 月 14 日）

这两篇拙文分别刊载《近代中国》第 9 辑与《学术月刊》1999 年第 3 期。沈老师如此费心赐教，实在让我终身受益匪浅。如今再读沈老师的文字，有如当面聆听他老人家的谆谆教诲，严肃而亲切。

诚如沈老师所言，在华南师大工作，确实也是非常愉快的，系主任陈长琦教授以及宋德华教授、左双文教授等大都很是关照。但我并不安分，又想出去做博士后研究，也得到各位师长的支持，为我一路开绿灯。其实，我心里明白，他们都是君子，并不想强人所难，而是尽与方便。今天想来，实在很是对不住这些师长，诸位隆德高谊，怎一个“谢”

字了得!

对于我希望到北京做博士后研究的想法，沈老师同样极表赞同。他来信说:“博士后主要不是读书，而是做研究，能在京师做，可以和北方学者接续关系，对今后发展很有好处。如能事成，则您与中国三个最大的城市：上海、广州、北京的学者都有联系。三处为学，各有短长，兼容并蓄，自多长进!”(1998年1月19日)我申请博士后稍经波折后，有幸进入中国社科院近代史所，师从张海鹏老师，拟做张之洞研究。沈老师又来信鼓励、告诫:

张之洞这个人，实际上有很多方面都未曾研究过，例如他的学术渊源，他与地方建设的关系，他对中枢的真实态度等等。有些问题则需要重新评估，克服以往研究中的形而上学和极左倾向。能以此作为研究课题，并有大批未刊资料，应该说是很有前途的。这个人搞深搞透，就等于把晚清史的后一半搞清楚了，足见这个课题的价值如何了。

京师是学术重地，风气也开。三〈两〉年很快，您要充分利用时间多看书，多搞点次〈资〉料，少管闲事。我想还是“两耳不问〈闻〉窗外事”的好。您以为如何?(1999年1月20日)

当时，沈老师因脉管炎足疾复发，行动不便，疼痛难忍。一向非常认真的沈老师，居然写了几个错别字，甚至有点动气地说“虽疼痛但不会死人”，其心境之恶劣可想而知。尽管如此，他还不忘在信末特别注明:“足疼异常，字迹潦草，请原谅。”今天看到这些文字，仍不免感伤莫名。后来我有次到长沙开会，见到郭汉民老师，谈及沈老师的足疾，郭老师与师母余老师交给我一份治疗脉管炎秘方复印件，我回京后即转寄沈老师。沈老师收到后来信道谢，并说“近日来正准备托人配药”(2001年11月9日)。也不知这个秘方究竟有否疗效，只是希望能为沈老师略尽一点心力而已。

对于我最终确定做张之洞与清末新政研究的博士后报告选题，并已搬家至京生活，沈老师进一步予以鼓励，有谓:

您的选题我以为是好的。清末新政与张的关系极大，以往虽有研究，但大都语焉不详，尤其对张之洞在新政实施过程中的作用，研究十分薄弱。近代史所既有张的档案，别人没有好好利用过，您能占有这些未刊资料，当然很好。但在对新政的评价上，窃以为还要掌握分寸，“过犹不及”，切切！

您的家落户在北京，对您潜心研究学问大有好处。学问的重镇还是在北京，生活虽不及穗、沪繁盛方便，但做学问却是无可比拟。（1999 年 9 月 24 日）

2001 年初，我出站留所工作。沈老师非常高兴，认为“近代史所人才济济，您能在所工作，是极好的去处”（2001 年 3 月 4 日）。此后，我的生活基本上稳定下来。沈老师又为我推荐一篇论文《张之洞与清末法制改革》，发表在《近代中国》第 12 辑上，并嘱我代为约稿，特别说明：“我刊不问是否名家，只求稿件质量第一，此点请您约稿时务必代为把关。”（2001 年 6 月 10 日）印象中，后来与沈老师只是在 2006 年北京与苏州的两次学术会议上见过面，看到沈老师日渐瘦小的身躯，但精气神仍然十足，我默想他老人家一定会长寿。沈老师每次都嘘寒问暖，指点学问，并不忘特别提醒我注意用眼（他知道我的视力不好）。沈老师还不时寄给我他的新著，如《曾经沧桑》、《晚清女主——细说慈禧》等。我也曾给沈老师寄过几本小书，如《晚清保守思想的原型——倭仁研究》、《张之洞与清末新政研究》、《地方督抚与清末新政——晚清权力格局再研究》，每次都会收到沈老师热情鼓励的来信，每次都是那么一如既往的客气、认真，令人感动，催人奋进。

需要沉痛检讨的是，沈老师曾多次在来信中叮嘱，如有机会到沪，务必到其府上叙谈。我于 2007、2013 年曾两次过沪，均因行程匆匆，未敢叨扰沈老师。总以为来日方长，将来总是有机会的，不曾想天不如人愿，不亦悲乎！

2015 年 4 月 18 日，沈老师驾鹤西去。再也没有机会见到沈老师了，我为自己失去一位良师而悲恸，更为中国史学界失去一位大家而痛惜。从网上看到《新民晚报》等媒体关于沈老师去世的报道，大都冠以“著名历史学家，复旦大学历史系教授”，我仿佛又听到沈老师一阵“哈哈哈”的爽朗笑声。

（李细珠　中国社会科学院近代史研究所研究员）

回忆沈渭滨老师二三事

周桂发

我于1984年考入复旦大学历史系，1986年9月大三时修读过沈渭滨老师开设的中国近代军事史概论课程，就这样认识了沈老师。他讲课内容大都忘了，唯独对他的清秀流畅的板书印象深刻。毕业留校后也一直有接触。1993年7月硕士毕业回到历史系工作，他那时还没退休。

热心提供“鸳鸯房”

20世纪90年代初期，学校为照顾家住在郊县的老先生，为住在七宝的沈老师在单身

这就是沈老师提供给多位青年教师作为婚房的教师单身宿舍复旦大学第11宿舍外景

宿舍分配了一间房间。沈老师住的是第 11 宿舍 1 号楼 213 室。我后来谈恋爱要结婚，当时复旦的政策规定夫妻双方年龄加起来超过 64 岁才可以分配到新房，我 31 岁，妻子比我小 5 岁，房管会工作人员还对我开玩笑说“侬为啥勿讨个大娘子?”所以一直没能分配到房子，直到 2002 年才在凉城分配到一间 40 平方的婚房。

1996 年我结婚的时候，沈老师已不上本科生的课了，只上研究生的课，同时交通也方便一点了，所以沈老师就让我去住他的宿舍了。其实，在我前面系里已经有两三位年轻教师，因为结婚无房住过沈老师的宿舍。沈老师宁愿自己不方便也乐于帮助他们，为年轻人提供“鸳鸯房”。刚好之前一对新人搬走了，他们就问我“阿发，你要去住吗?”于是我就去问沈老师，他很爽气地说好啊，还开玩笑说房租要帮我付掉的喔。后来我调到机关工作了，但在系里还教一门课，所以经常会碰到沈老师。1997 年底因为沈老师退休，房子就被学校收回了。我是最后一个住这间“鸳鸯房”的人。他对我们年轻人非常照顾，后来我们也经常有联系。

晚年矢志为“道光”

沈老师最后一本著作《道光十九年》我算是推动者之一。沈老师退休后，不常到学校来，但他非常惦念着学生。他好几次对王继杰说，阿发这个小鬼长远没有碰头了。2003 年 1 月 14 日下午，我和王继杰去看望沈老师，当晚我们又召集邢建榕、沈飞德、吴健熙师兄以及张新、陈立雄同学等，在七宝老饭店与沈老师夫妇相聚。2003 年 8 月 28 日晚上，我与张剑、孔爱国因为在市委党校参加学习班，利用休息间隙，来到七宝老饭店又与沈老师夫妇相聚。2003 年 9 月复旦文科科研处设立了“三金计划”项目：资助年轻人学术的“金苗计划”、中年人的“金穗计划”、退休老先生的“金秋计划”。我时任文科科研处副处长，听说沈老师退休了还在忙于科研，退而不休，所以我就动员他申报“金秋”项目。在我的鼓动下，他以《道光十九年》为题申报，并得以立项。但在金秋项目立项不久，沈老师又承担了国家清史编纂工程项目，负责光绪朝人物（上）的撰写，沈老师就全身心扑在国家项目上，金秋项目就耽搁下来。2004 年，我从文科科研处调到宣传部工作。大概过了五六年后，文科处催金秋项目结项，我就去问沈老师。沈老师给了我他手稿的复印件，我看到了沈老师的手稿，500 字的稿纸上誊写得像钢笔字帖一样，字迹非常清秀。当时我很感动。沈老师说他因为忙于清史项目还没完成，所以没法结项。后来，他通过其学生张剑完成了最后两章（节），2014年正式出版。私心来说，当时我让他申请金秋项目也是想回报他，但反过来却增加了他的负担，项目拖了十年，老先生晚年的科研任务甚至比他在岗时还忙。

性格开朗人豪爽

沈老师的性格很开朗。20世纪80年代因为得了脉管炎，脚趾烂掉了，截掉了一个脚趾。沈老师开玩笑说自己成了“臭老九”。后来又过了几年，再次复发，又割掉了一个脚趾，沈老师又开玩笑说自己成了“丘八”。沈老师很乐观，不因为病痛惹人同情，反而告诉我们年轻人要注意身体，还告诫我要少抽点香烟。

2003年1月14日，我和王继杰第一次去七宝看望沈老师，那天我才知道沈老师在退休后，开始用毛笔写日记。他还给我们展示，都是用宣纸裁切装订成册，《退休日记》已有一大摞，每一页都是竖写的蝇头小楷，甚为震撼。他还说，这些《退休日记》在他百年之后，拟捐给上海图书馆。从那时起，我受沈老师影响，也开始重新写日记，所以我还能从我2003年、2004年的日记里，查到我们和沈老师的交往片段。2004年8月1日清晨，

2015年1月31日与沈老师的合影，每人手持沈老师赠送的《道光十九年》签名本：右起王继杰、沈老师、周桂发、张新、郑旭华

我们10位大学同学，相约来到七宝天香楼斗姆阁品尝全羊宴。沈老师当时闻讯，即拄着拐杖，前来与我们见面，大家聊得非常开心，他非要留我们中午吃饭，我们以昨晚通宵打牌，人困马乏为由婉拒。我顺便将报销的课题经费转交给他（据我日记查考，我曾三次为他报销大额课题经费，充当信使）。

2015年春节前的1月31日，我和王继杰、张新、郑旭华去七宝看望沈老师，那天张剑兄弟俩也在场。沈老师亲自将《道光十九年》一一签名送给我们。当时他身体很不好，但还是很豁达，强忍着保持微笑，告诉我们没关系的。在上海档案馆工作的张新同学送给沈老师一本特藏本名人手札，沈老师非常开心，当场打开翻阅说："这个书我要的，是精神食粮。"沈老师2014年11月住院时，因输液过多等原因引发心肌梗塞，差点去世，也从此不振。那天，沈老师很开心，欣然与我们四位同学合影留念。岂料，那竟是我们与沈老师的最后留影。2015年4月18日清晨，沈老师溘然长逝。从此天国里，又多了一位"教书匠"。

（周桂发　复旦大学新闻学院党委书记）

（附注：2015年4月28日在新闻学院办公楼201室接受《复旦青年》记者采访，本文在此基础上于2016年2月10日值班时补充而成。）

追思沈渭滨老师的教学与育人

奚纪荣

沈渭滨老师的学生遍天下，有中学的，有大学本科的，有研究生的；有上海的，有外省市的，有香港台湾的，还有外国的。但就硕士研究生而言，我是沈老师的开门弟子。由于亲密的师生关系，沈老师对我的影响是全面的、深刻的。无论在做人待人上，还是在教书育人、学术研究等方面，他的热情、真诚和乐于助人的人品素质，永远令我敬佩和学习；他的为人师表，严谨、科学和一丝不苟的教学科研方法论，为我一生受用。

沈老师不仅是我的硕士研究生导师，还是我的中学老师。20 世纪 80 年代初，我刚调入中国人民解放军空军政治学院担任军事教员，阔别了几十年的沈渭滨老师受邀到我院讲学，这不仅引起我再次聆听沈老师精彩讲课的兴奋，也是我 1985 年报考复旦大学历史系中国近现代史专业研究生，再次成为他的学子的起因。一开始沈老师不太赞同我报考复旦大学历史系研究生，他认为我历史专业基础不够。但当我谈到作为军队院校教员急需提高军事史教学和研究的能力时，也许触动了他与军队的不解情结，立即表示支持，并以极大热情帮助我做好各方面报考准备。

我如愿成为沈老师研究生后，他根据我的兴趣、基础和军队院校教学和科研的需要，明确了我的专业方向为中国近代军事史，并精心制定培养规划。由于复旦大学历史系从未开招过军事史专业方向研究生，沈老师从课程设置、阅读书目、讲授方法等方面开创性地为我作出专门安排。聆听沈老师讲课我是最多的、最细的、互动最为深入的。在沈老师的严格要求下，我不仅要听他为我专门开设的中国近代军事史专业方向课程，还要听他为本科生讲授的历史专业课程。沈老师每次到学校上课，课程总是排得很满。经常上午上本科生的大课，下午开研究生中国近现代史专业的公共课，晚上专为我讲授中国近代军事史专业方向课。晚上他为我上课，一般安排在他的复旦宿舍，有时宿舍人来人往，十分吵闹，干脆转移到我家上课。我家里比较安静，他讲课热情高涨，我听课非常投入，导致师生经常把时间忘了，一晃已临午夜二时。有时候沈老师来校太忙，无法安排为我上课，他便放弃休息，安排节假日到他家里上课。沈老师讲的课程多、面广，但他每一门课程准备充分，不仅有讲课提纲，还有十分认真撰写的讲义。他的讲义研究性水平很高，稍加整理和充实就可公开发表。因此我为了全面和完整地把握和理解沈老师丰富和深刻的讲课内容，经常用录音机录下来，反复听讲，得益非常多，回味无穷。

我是空军政治学院的教员，因此沈老师十分注重对我教学方法的指导和培养。他告诉我教学内容的确很重要，但没有针对性很强的教学方法，也不会得到很好的教学效果和质量。他教导我："老师上课首先让学生喜欢听，你上课学生不要听，再好的讲课内容没有用，更谈不上教学效果和质量。"在教学方法上，他强调：

第一，针对性。不同学生对象，要运用不一样的教学方法。他认为不同的学生，对知识、理论的需求和渴望各异，因此，老师讲课一定要针对这一特点，运用好课堂授课方法。他说，同一个课题，本科生多侧重知识，而研究生更突出理论性和学术前沿。

第二，形象化。尽可能把复杂的问题，尤其是抽象的理论、学术问题形象化，使学生听和看结合，提升教学效果。沈老师这一代教授上课还没有多媒体课件，但他有绘画基础，印象最为深刻的是他在黑板上画的中国地图真是惟妙惟肖，以及讲和画有机结合的课堂授课方法，不仅得到广大学生的称赞，也使众多老师受到启发。因此，他认为作为老师，画好画是一项基本功。

第三，问题引领。注重每堂课要解决问题，哪怕是一个问题，突出讲课的逻辑性和目的性，尤其是对研究生上课更要强调问题引领。每堂课要引导学生提问题，多提问题。他经常说，提不出问题的学生不是好学生。

第四，情节与知识、理论相结合。沈老师上课时，课堂气氛非常热烈，除了他那慷慨激昂的讲课风格和幽默诙谐的语言表达之外，他的讲课内容充满故事情节，使得诸多史学知识和严谨的历史学理论贯穿在栩栩如生的故事情节之中，每一堂课都让学生回味无穷。不仅课堂气氛轻松愉快，有很好的课堂效果，深得学生的欢迎，而且教导学生真正把握和理解课程内容，提高教学质量。沈老师这些教学法，对我成为一名合格、优秀的中国人民解放军教官，起到决定性的作用，恩重如山。今天我简略回顾和总结沈老师的教学法，既是感恩之情，又有发扬光大之意。

沈老师在军事史学术研究指导方面，既为我指明方向，又为我奠定基础。沈老师培养学生，尤其是培养研究生，非常用心用力，在提高学生的学术研究能力上有他的独到之处，主要体现在三个方面：

首先，针对学生兴趣特点和从事的工作需求，选择学生的学术研究领域。沈老师认为，选准选好学生的研究领域或方向非常重要，关系到学生的成长，乃至前途和成就。他说，“由于每个人的精力有限，不可能什么都研究；什么都研究，面面俱到不可能成为专家，充其量是个杂家”。我成为沈老师的研究生后，他针对我对空军史研究兴趣和原有的基础，以及我军事教学工作的需求，立即选定了研究领域：中国近代军事史。他觉得这一研究领域还太宽，不利于我迅速成长和较快满足军事教学工作需求，又明确了中国空军史和中国近代军事思想史两个研究方向。实践证明，沈老师当初的选择是正确的、成功的。我几十年来在中国近代军事史研究领域取得的成果，尤其在中国空军史和中国近代军事思想史研究方向上表现的学术水准，与沈老师当初这一决定性的选择息息相关。

其次，以自身扎实的学术研究功力，敏感的思想嗅觉，指导学生学术研究。沈老师认为，学术论文和专著，水平高低和影响力大小决定于思想观点的立意和独特，这是学术成果的生命所在。因此，沈老师指导的学生论文，始终以自身扎实的学术研究功力为学生论文观点创新性把关，以其敏感的思想嗅觉反复推敲学生论文的思想立意，从而确保学生论文的高质量和高水平。我研究生期间的每一篇论文都经过沈老师把关和推敲，毕业后诸多学术研究成果，在观点的立意和独特性上也都向沈老师汇报和交流。沈老师这方面的学术研究指导，直接推动我的学术研究水平的提高。

再次，严谨的学术研究风格，影响和要求学生科学从事学术研究活动。沈老师强调，学生的学术成果必须具有科学性，无论观点立意，还是资料运用都要拥有客观依据。因此，沈老师指导学生撰写论文，首先强调收集资料和编辑严密完整的资料长编。他认为，论文的所有思想观点来源于客观资料的提炼，没有严密完整的资料长编，不可能确保学术成果的科学性，更谈不上思想观点立意的创新和独特性。沈老师严谨的学术研究风格，还体现在编辑资料长编过程中对所有资料的考证上，他指出，你收集的资料不一定都是真实和可靠的，必须进行严格的考证。关于各种资料考证的方法，他给学生手把手地教，认认真真地讲，这种情景至今历历在目，始终影响和要求着他的弟子们与之努力奋斗，并不断地发扬光大。

沈老师运用独到的造就学生学术研究能力的方法，不仅培养了我，我感恩万分。还培养指导出一批优秀学术研究人才，在不同的学术研究领域影响颇大。如：在近代海军史学术研究领域，指导培养姜鸣成为这一研究领域颇有成就的专家，他不仅撰写诸多高水平的海军史学术论文，又拥有多部海军史专著；在中国铁路史研究领域，他精心培养杨勇刚既拥有中国铁路史专著，又成为这一研究领域的专家教授；在中国近代军事制度和军事后勤保障学术研究领域，他培养指导郭太风成为这一研究领域知名度很高的专家教授，曾经发表诸多这一领域首创性的学术论文；在清史研究领域，他指导刘申宁成为这一领域的专家，尤其在李鸿章人物研究上，刘申宁的影响力很大；在中国近代科技史研究领域，他培养张剑成为这一领域青年专家教授，四十来岁，已经撰有多部中国近代科技史学术专著。

受到沈老师学术研究指导和影响的还有众多专家教授，如陈祖恩、张国伟、皮明勇、刘庆、傅德华、戴鞍钢等。

沈老师安息吧！你永远活在我们心中！

（奚纪荣　空军政治学院上海分校教授）

受教三年　师泽终身

苏贻鸣

2015 年 4 月 18 日，一早接到电话，惊悉我们最敬重的沈渭滨老师因病去世了。虽然在几天前去医院重症监护病房探望他时已经知道他病情严重，我们的心情都非常沉痛，还期望着奇迹的出现。然而，他还是那么快就离开了我们。深深的痛惜之情，难以言表。

沈渭滨老师是我二十多年前复旦大学研究生的导师，我是他的“嫡系弟子”，我师从他开始中国近代史的研究。他上课的生动、激情，学术造诣的突出，对学生们严格而又热情的关怀帮助，凡他的学生、同仁都有广泛的传颂与高度的评价。这里，仅提一下长期以来我对他的最突出的感受，即他对学生们的“终身关怀”与教诲。

与沈渭滨老师的合影

以我个人体会（其实我们众多弟子们也有同样体会），我得之沈老师的师泽恩惠，不仅是在学校的三年，还可以说延续了将近三十年。在研究生期间，他从我们的阅读书目、研究攻读方向、论文写作、研究课题等，细心指导，以其严格的治学精神、深入的研究态度、杰出的思辨，言传身教，深深教育感染着我们，并长期影响鞭策着我们众多弟子。他常对我们说，“沈渭滨老师的学生”，是要牌子过硬的。尤其在出了校门，更要以行动珍惜。为此，对我们这些弟子毕业离开学校后，他仍然非常关心，经常指导着我们的业务成长，我们也常会继续去向他请教，聆听他的教诲与启发。不仅有每年春节的初五团拜（我非常珍惜这机会，几乎每年前往），直接听取他的最新研究心得与讲述，重温他的学术魅力，还在我们各自工作学习研究中碰到问题时，也往往会赶赴七宝，向他请教。就我的编辑工作而言，虽然他知道我既然做了编辑，本人自己的研究活动就难以继续扩展，但仍然毫无保留地时常对我讲述他对历史研究及学术出版的展望与评价，从老本行中国近代史研究的太平天国、辛亥革命，到海派文化研究的前景展望，等等。曾经听他畅谈、又在他家与他同吃猪油菜饭的情景仍然难忘。可以说，我受教于沈老师，虽然自己没有直接的学术专著（也是他众多学生弟子中少有的），但他的教诲与研究精神，更多的是对我编辑工作思路的开拓与能力的拓展的积极推动，直到他去世前几个月，他将自己新出版的《道光十九年》亲笔签名后送我时，仍然在表述他对历史著述的思考。

离开校门后，继续得到沈老师的关怀引导，也还常常体现在他对我们工作生活的关心

2007 年 6 月，沈老师（前排左二）与朱维铮（前排左三）、王家范（前排右二）等老师参加“国学与经典”上海学术论坛

与帮助。弟子们的工作、家庭等，沈老师也经常热心帮助，推荐工作机会，指导论文与著述的写作，等等。就因为有这长期的亲密关系，沈老师的众多学生弟子，往往连带各自的另一半也与沈老师非常熟悉。以至初五的拜年团聚，往往是成双结对前往。我也仿佛仍然听到沈老师在说，就喜欢吃你们家小余（我夫人）做的醉肉醉鸡。

至于说到这种延续于毕业后、校门外的师泽之情，在他的许多学生、众多弟子中，我肯定还不是显著与突出的。

如今，尽管沈老师离开了我们，但他留给我们的教育、精神等遗产，仍将深深地继续影响激励着我们。

亲爱的沈老师，我们永远怀念您！

（苏贻鸣　上海人民出版社编审）

（曾载“澎湃新闻·私家历史”2015年4月21日）

追念学术导师和生活、精神之父沈渭滨先生

张　剑

2014年12月13日，去沈师二女儿家看他，刚好姜鸣师兄也在。沈师刚从中山医院出来没几天，尽管身体还很虚弱，但精神状态不错。非常高兴地送给我们华东师范大学出版社新版的《蒋廷黻著〈中国近代史〉导读》，并言这是他最满意的装帧版本。我也送上刚出版的《世界科学中心的转移与同时代的中国》样书。他说我书的题目非常好，是一个非常宏大、也非常重要的课题，要研究这个问题不仅需要广阔的视野，更需要史识与思辨，不知道我如何解决这个问题，希望不仅是实证的历史叙述。我告诉他这完全是一本科普著作，基本上是史实的叙述，只不过在字里行间些许表达我对相关问题的思考而已，与他希望的思辨相差极大。于是，他勉励我对这个问题做进一步思考，向王（家范）老师、杨（国强）老师和周武兄多多请教，至少写出一篇宏观思考的文章。这就是沈师，自我投身其门下，直到生命的最后时期，他一直对我言传身教，二十多年来从无间断，不仅是我学术道路上前行的导师，更是我生活和精神上的父亲。

一、偶从恩师

我能投身沈师门下，实在非常偶然，虽不能说是天意，至少需要许多外在偶然因素的共同作用。当我在地质队百无聊赖的野外生活中找不到生命的寄托时，订阅了《世界文学》和《读书》两份杂志，通过它们我徜徉在世界文学丛林和中国思想文化的天地里。也不知是什么因素的触动，我突发奇想，如果能考上中文系研究生，我一生不是就可以天天阅读小说，在文学构筑的世界中荡漾。于是在四川广元市嘉陵江边一个只有一条小街的名叫虎跳的小镇上，我向好几所国内著名大学研究生院索取招生简章，结果只有复旦大学研究生院有回信，并连续寄给我好几份。这是我成为沈师门生的第一个先决条件，所以要感

谢当年复旦大学研究生院的老师们。如果当年北大、南大抑或川大也能回音川西嘉陵江边的一个地质队员，寄送其研究生招生简章，我也许就没有机会来到复旦。

非常奇怪的是，复旦研究生院每次寄给我的招生简章，从哲学系开始到历史系就结束，就是没有我想报考的中文系招生目录。这是我能成为沈师门生的第二个因素。如果当时寄送给我的招生简章上有中文系，我也许就努力去考中文系研究生了，相比历史，我对文学作品似乎更感兴趣，大学期间拉美爆炸文学各位大师的作品往往使我激动不已，因而也曾耽误了不少正常的专业学业。因此，这里还是要感谢复旦研究生院的老师们，没有他们的“差错”，我也许不能拜沈师为师。

左看右看复旦残缺的研究生招生简章，哲学系自然不能考虑，好在从小就曾从父亲那里阅读过残缺不全的《水浒传》和《三国演义》，历史系是一个选项。但面对历史系的招生简章，我还是完全没有主意，也没有可以咨询的对象，实在没有多少可以选择的余地。拜我们的教育体制所赐，我几乎没有学习过中国史（仅高中一年级学习过两个学期，虽然成绩非常好，但以后分文理科，进入了理科），更不用说世界史了（完全没有碰过）。看来看去，从容易考取也从兴趣角度出发，以为思想文化史方向似乎不错。因为思想文化史方向不考“世界史”，而考“古代汉语”，自认为还有些基础。于是填报了思想文化史方向，自然不知道思想文化史研究什么，更不知道指导老师有哪些人，对复旦历史系也根本不了解。结果当年思想文化史方向有四名同学达到分数线，因而全被录取。进校以后，得知该方向只招收两个人，我与另一个同学被重新分配。这是多么偶然的机会！这是我能成为沈师门生的第三个因素。

我与另一个同学重新分配导师，一个进入古代史跟随王颋老师，一个转入近代史跟随沈师。我们与系里老师完全不熟悉，也不知道怎样与导师联系，最终我被分配给沈师。后来听说因为我同学“古代汉语”分数比我考得高（具体比我高多少已不清楚，我自己考73分，是所有考试5门中的最高分），因此被分配给古代史。这又是一个多么偶然的因素！

无论如何，在上述各种因素的共同作用下，我得以非常幸运地跟随沈师攻读硕士研究生学位。但沈师是一个什么样的人？他到底研究什么？我一头雾水，完全不了解。只听高年级的师兄师姐们说，沈师上课非常好，有人曾听他讲军事史，如痴如醉；他又曾得脉管炎，身体似乎不佳。

终于等到与沈师见面的那一天，我还是同平时一样，穿着地质队的拖鞋和短裤，与他一丝不苟的装束极不相称，但他似乎并不在意，因此我也就没有显得不自在。他的身体很强健，声音也很洪亮，中气十足。这次见面，记忆中好像没有什么深入的交谈，他只是问了我一些情况，没有特别的交代与吩咐。

二、选定研究方向

1993 年 4 月，生平第一次到上海，参加研究生复试，老师们见我本科地质系毕业，问我是否知道翁文灏和丁文江，我只依稀记得翁文灏曾任行政院院长而已，丁文江没有听说过（我恶补研究生考试用书是临时买来的北师大所编《中国现代史》，它似乎也仅仅告诉我这些信息）。这就是初入复旦时，我对中国近代史的了解程度。记得入学后在系里资料室，阅读费正清《剑桥中国晚清史》时，除惊诧于这种全新的历史写作方式而外，我根本就看不明白，这自然也是没有相关的历史背景知识的缘故。

有鉴于我的基础现状，沈师一开始也可能对我能否在三年里完成硕士论文、正常毕业心存疑虑。他后来在为我第一本专著《科学社团在近代中国的命运》的“序”中曾说：

> 记得 1993 年秋，我与他第一次对话时，颇为他的学历、经历所困惑。……对他来说，要在三年内顺利完成学业，获得历史学硕士学位，能行吗？对我来说，要指导一名非历史专业毕业的理工科学生，使他成为历史学硕士，会成功吗？

所谓“良师”，一定能发现学生的优点与短处，因材施教，扬长避短。了解我的基本情况后，沈师对我的研究方向可能有长时间的思考，他也曾在上述“序”中继续说：“带着这个困惑，我想如果能为他设计一个既能照顾到他原有的知识结构，又能纳入历史专业培养目标的研究方向，因材施教，就有可能两全其美，获得成功。”

沈师曾关注过中国近代科学技术的发展历程，认为科学技术在近代中国历史变迁中的作用被历史学界不经意间所忽视，因此组织身边学人杨勇刚、戴鞍钢、陈祖恩、夏林根、王少普等，并邀请林庆元等编著有《中国近代科学家》一书，宣扬近代中国科学家在缺乏充分资料和设备的情况下所取得的成就，他在该书“前言”中曾说中国近代科技史，“既有学习西方的一面，又有继承和发扬中国古代科学技术成就的一面”，在数学上表现尤为明显。他以为我出身理工科，相比历史本科毕业生，具有基本的科技知识素养，让我从事

“科学社会学”方面的研究，可以既发挥我理工科背景的知识优势，又能在他指导下得到历史学的训练，“扬长避短”。更为重要的是，他为我设计这个研究方向时，其出发点并不仅仅局限于三年硕士研究生期间的学业，而是有以后长远的学术发展规划：“科学社会学作为一门新兴的边缘学科，在国内刚刚起步，专家不多，研究领域广阔。毕业后只要条件许可，加上自己努力，就有可能做出成绩。”

不久之后，他找我谈话，告诉我他的建议，并让我回去好好想想。我自己仍然是懵懵懂懂，还是什么也不明白，科学社会学是第一次听说，历史学也完全是门外汉，自然也没有什么明晰的想法。一周之后，再次见面，确定了研究方向，并根据中国近代史的特点，将之细化为“中国近代科学技术与社会变迁”。沈师明确告诉我，这个研究方向，既不是单纯的科学技术史研究，也不是一般意义上的社会学研究，“而是一门文理交叉的新学科，应该以社会学的研究方法进行整合，着重探讨科学技术与社会的互动及其效应”，既需要掌握社会学的理论方法，也需具备科学哲学、科学社会学的理论修养和知识储备，当然更需要历史学的基本训练。

早早选定研究方向后，在广泛恶补基本的历史知识、跟随同班同学上研究生的基本史学课程之外，在沈师的指导下，我开始在文科图书馆和理科图书馆寻找社会学、科学社会学、科学哲学和科技史的理论著述和专业性研究著述，进行艰苦的研读与消化，一有困难就向沈师请教和讨论，基本上每周在历史系中国近代史教研室见面一次。

开学不久，沈师就邀请我去七宝他家。他给了我一个公交车的路线图，我现在还保存着我记录的这个纸条：从复旦门口坐 9 路（今 139 路）到虹口公园，转 21 路到底静安寺，转 15 路到底（万体馆），转 92 路到七宝镇。我按照线路，到达七宝，然后穿街过巷，翻过蒲汇塘桥，到浴堂街 19 弄 6 号后楼。我还记得很清楚，一坐上 92 路，公交车很快就驶入田间野外，在乡间小路上飞奔，一路甩站，特别是面对一些农民工，更是显得极不耐烦。

当时蒲汇塘桥还是一个菜市场，桥面是一条条青冈石头，上面有雨棚。到了浴堂街 19 弄 6 号，开门进去是一个天井。汤老师迎出来，上楼，满眼是沈师一排排书架，惊诧于沈师藏书丰富，沈师又拿出他一本本笔记本，上面是密密麻麻的小楷。他告诉我他每日坐在书桌前，就这样看书做笔记，然后根据笔记撰写出一篇又一篇论文。接着，他又拿出他的《辛亥革命》讲义、《中国近代史》书稿，也就是在那一次，我看到了《道光十九年》的初稿。沈师就是这样言传身教，告诉我们做学问的甘苦与艰辛，也明白宣示，作为他的学生必须努力而且刻苦。

三、指导第一篇论文

研究生第二学期，沈师专门为我开设“中国近代科技与社会变迁”课程，面对我一个人，讲授学科范畴、中国近代科技与社会变迁的基本认识等。每次讲课以后，要求我回去后将笔记进行整理消化，并予以补充。正是在这门课程中，沈师要求我根据课程进度，广泛阅读各种史料记载、已有研究著述，结合科学社会学的理论和方法，整理总结出中国近代科技发展与社会变迁的阶段性来。我分1800—1860年、1860—1894年、1895—1927年三个阶段，写就了大约六七万字的初稿，其中《1895—1927年中国科技与社会变迁》正文2.5万字左右，注释70余个超过5000字，并预备在沈师指导下修改发表。

该文前言超过600字，起首即为看似很有道理，其实完全假大空的论说：“科学技术作为一种社会建制，有着自己独特的发展道路与相对稳定的社会结构，但它又与各种社会资源力有着作用与反作用的互动关系，特别是近代科技作为一种与传统中国文化截然不同的西方近代文化代表，在中国生根、发芽、成长乃至成为一个系统的体系，其轨迹更是与中国所处自然地理环境、所承继的文化传统及社会环境有紧密的相关关系。”因此，沈师看后批阅说：“前言要精简，要说明什么问题一目了然！”其实，这是初入史学之门者的通病，喜欢这种所谓的“开无轨电车”一样的任意申说，海阔天空，不知所云。沈师对全文进行仔细校改后，给予具体6条意见，其中有三条相关文字精练与论说问题，诸如“文字要大大精简”，全文不超过1.2万字；“评价要公允，用词要确切，不要兴到所至乱写”等。

沈师的要求自然难以达到，而且一开始就处理如此宏大的论题，也力不从心，修改发表的计划不能实现。正是在这个过程中，沈师建议可以选择一个比较小的专题做专门研究。在阅读资料过程中，发现《中西闻见录》这份杂志在科学传播上甚为重要，而以往的研究几乎空白。于是我在文科图书馆研究生教师阅览室仔细阅读这份期刊的主要内容，在全面了解其创办者、创刊发行过程之后，对其做了较为全面的内容分析，形成了初稿《〈中西闻见录〉述略》，正文近万字，并以两年地质学实践的经验，做出多种统计表格。全文分为《中西闻见录》概况、内容及简评、影响三部分。

初稿交给沈师，一周后他召见我，面对面向我提出一些修改意见，并未对文章进行具体的修改。我根据他的意见，对文章进行了结构调整与修改，全文分为《中西闻见录》概况、内容简介与作者群体、科技知识传播、新闻报道、影响，特别是与洋务运动关系五个部分，特别标示《中西闻见录》对西方科技传播的特征，并梳理其与洋务运动的关系。二稿交给沈师，一周以后再次召见，稿纸上随处可见他修改的笔墨，而且将原来的前言完全删去，重新写就了一个全新的前言。根据他的意见，第三稿文章题目已变为《〈中西闻见录〉述略——简评其对西方科技的传播》，正文已超过 1.3 万字，注释超过 2000 字。其间当然有许多注水和任意发挥的地方，诸如谈及《中西闻见录》的新闻报道与历史、科技知识与实际运用、文字与示意图相结合的形式大大加深了读者的感性认识等，最后无缘无故加上了这样一段：

> 这些方式还让读者感到西方科技发展的日新月异，西方国家和日本的高速发展；明白懒散、顽固、不思进取、保守只有越来越落后、越来越陷入挨打的被动局面，给读者以一种紧迫感和民族危机感，使之醒悟过来，奋起直追。可惜中国人也许是太古老了，对之却熟视无睹，浪费了这一番“良苦用心”。

这样的废话，自然为沈师刀削。除了这样大段删削无关文字与冗余之处外，更有许多沈师的点睛之笔：“但从此则通讯中足可窥见当时还是有一些有志之士渴望学习西方近代科技以济实用，他们构成了西学在华传播的社会基础”、“婉转地批评了中国当时不懂西方科技、拒绝铺设电报线的无知状态。撇开作者的主观意图，这个批评是触及西学不兴的本质的”等。

根据沈师的第三修改稿和意见，第四稿正文、注释仅 1.2 万字。但他对其间文字之啰嗦，无关内容的掺入还是不能容忍，对第四稿进行了再一次删削，不仅删去所有表格，而且正文文字也删去近两千字，最终成为连注释九千余字。文稿誊写清楚后，他推荐给《复旦学报》，于 1995 年第 4 期发表。这就是我第一篇学术论文撰写发表的经过，其间凝聚了沈师多少的心血自然不能言说，而我自己通过这篇论文的写作与修改，也基本掌握了历史学论文的基本写作方法与必须注意的一些问题。可以说，这次论文的写作与修改，是我学术生涯中最为重要的实践与锻炼。通过这样具体的实践培养学生的学术研究能力，是研究生教学中最为重要的步骤与方法之一。论文发表后，也曾引起影响，被人大复印资料全文转载，也成为后来《中西闻见录》研究者们必须参考的文献之一，被引用近 30 次。

沈师总是告诉我，学生期间是读书的黄金时代。因为这期间比较单纯，不像工作以后有各种事情的羁绊，完全可以“一心只读圣贤书”，因此要尽量多读书，不要将宝贵的时间耗费在其他方面。因此，研究生期间，我遵循沈师的教训，大量阅读各种著述。我曾花一个假期从头到尾阅读16卷本《鲁迅全集》，并做笔记，为毕业论文的撰写积累了史料；也曾专门找时间精读李约瑟《中国科学技术史》第二卷《中国科学思想史》，做了数万字的笔记。研究生期间这些积累，为工作以后的研究工作奠定了相当好的基础。

三年的研究生生涯，沈师使我完全忘记了当初要进入中文系天天看小说的理想，慢慢地喜欢上了历史学这门古老的学科。记得第一次阅读《中西闻见录》时，心里油然而生一种感觉，我终于可以阅读原始资料，窥见历史的原始面貌，不再通过别人的研究来触摸历史了。毕业后，经沈师的极力推荐，我这个来自巴山蜀水的农村学生，得以进入上海社会科学院历史研究所从事专门的历史研究，走上了职业化的学术研究道路。

四、终身为师

工作后，我基本保持每个月到沈师家一次的频率，而且往往是一个下午，吃过晚饭后再回家。有时因为各种忙乱，时间稍微长点，就会有不舒服的心理反应，于是赶快约定拜访时间，心情会一下子轻松不少。见面后，处理好需要解决的事务后，大多数时候是我先向他汇报最近的研究情况，他会提出各种各样的意见。在这个过程中，我的研究也得到不断提升。研究生期间我撰写的一篇有关农业科技及推广的论文，在他指导下，经过至少五六遍的修改，最终得以发表，而且获得了上海史学会的奖励。

他让我在历史所里多多向杨国强老师学习，特别是杨老师的思辨；多向周武兄请教，特别是他做学问的激情和才情。在沈师的举荐下，1999年我考取了王家范老师的博士生，随王老师扩展学术视野。博士论文虽一再游移不定，相关区域社会史、农业科技改良等都曾加以讨论，最终还是确定以硕士论文为基础，继续以中国科学社为个案，从整体上解析民国科学社团与社会变迁的互动关系。博士论文初稿写就后，沈师进行了逐字逐句的修改，从可商榷的论点到句式、篇章结构的安排，从错别字到不当的用语，页边布满了密密麻麻的小楷。封面上有他这样的意见：

个案研究应以史实与论证相结合，史实（包括考证）为主，论证为辅，所以大段

跟随沈师二十多年，结果却找不到与沈师的单独合影，这还是从他保存的相册中找到的。时间应是 1997 年 6 月，沈师最后一个研究生贾学德毕业时所拍

分析可以不必。第一章第一节似多一般分析，缺乏深入具体的史料。如史料实在不够，可以以精到分析为开头。

正是在沈师、王老师和周武兄的建设性意见和具体修改帮助下，博士论文最终成型，并获得了好评。通过与沈师的不断往来和他的不断教诲，我的研究领域也不断地扩展。他总是告诉我要扩展视野，不要仅仅局限于一个又一个的专题研究，要在微观的专题研究基础上进入中观的理性思考，然后在不断的中观研究基础上，进入宏观的理论思考。

2005 年沈师接受国家清史工程的邀请，担任“光绪朝人物（上）”项目主持人，具体负责指导 122 个人物的撰写与修改，这是他一生承担的最大的项目。我很少能介入沈师的研究中，清史工程是少数项目之一，从中我更进一步了解与理解沈师，并从他那里获得了更多的教益。

因我已经参加了杨国强老师清史工程项目，负责资料长编的编纂工作，沈师承担清史工程后，鉴于我以往的研究积累（我后来的研究主要集中在民国，而且渐渐归结于学术史方面，对晚清基本上没有积累），并没有让我参与其间，只是让我帮助他编纂他自己具体撰写的一些人物的资料长编。后来，随着课题组成员的变化，我于2009年进入课题组，具体负责军事将领二十余人的传记写作。

也许因为从研究起始就主要研究人物群体，我很不愿意以单个人物为研究对象，以为将大量的精力花费在一个人物的身上，特别是考证其间的一些细枝末节，实在没有多大意思。我更希望通过一个特殊的人物群体来观察历史，通过他们的共性与不同来考察历史的变迁与复杂性，来观察与体念历史的真谛。可通过给沈师编纂人物资料长编和具体的人物传记的撰写，完全改变了上述看法。

沈师告诉我，人物研究是历史研究中最为重要的内容，也最能吸引人、最容易出彩。历史本来主要是由人物和事件共同演绎，并因之而形成各种结构和功能，没有人物与事件，自然也就没有所谓长时段的结构功能。因此，人物研究非常重要，通过人物也可以触摸时代的脉搏。人物研究并不容易，关键是抓住人物的个性与特征，否则就会千人一面；给人物恰如其分的定位，探讨其历史作用与地位，是人物研究的核心；抓住人物成长过程中的关节点，是人物研究的基本方法。

清史工程的编纂过程中，充分显现了沈师的认真与一丝不苟。他自己负责撰写的人物，我编纂好资料长编给他，他仔细阅读后，提出进一步挖掘资料的意见，让我予以补充。然后，他根据资料长编，按照传记写作要求用典雅的语言文字进行传记写作，非常言简意赅。然后我输入电脑，打印给他，他再在打印稿上修改，反反复复，精益求精。我们的初稿，他要求尽量详细些，他只能做减法不能做加法。但他会在稿件上注明这个人物还有哪些关键点需要进一步充实，那个人物还有什么样的资料可以继续挖掘。这样来来往往修改数次，然后提交给北京传记组进行审查。这样，经过7年的艰辛努力，2012年8月，沈师写就了近五千字的结项报告，终于宣告项目结束。然后，他又马不停蹄撰写传记组专门邀请他撰写的慈禧太后传记，直到第二年的夏天才完成。在项目进行过程中，沈师曾因脑梗住院，血压和血糖也一直降不下来。清史项目的承担与完成，极大地损伤了他的身体。

通过清史项目，我真正体会到了人物研究的旨趣，也进一步提升了文字的修炼。在完成人物传记的写作任务之余，还曾就叶志超、卫汝贵写过两篇论文，也曾得到沈师的修改。同时，也提升了对人物研究的兴趣，先后与人合作撰写了《一个共产党人的数学人生：谷超豪传》、《一个人与一个系科：于同隐传》。前者出版后，送给沈师，他也曾予以肯定，特地指出科学家传记就应该这样写。后者现正在出版过程中，可惜不能得到沈师的评阅。

五、亦师亦父

就是在这样的超负荷工作状态下，有时，沈师也会来电话，问起最近在干什么，为什么这么长时间没有消息。早先汤老师每周二、五去人民广场工人文化宫习绘画，有时打电话预约去拜访他，他会说汤老师不在家，似乎吃饭问题就不好解决。当然，他也亲自给我煮过面条吃。

每次拜访他，进入自由聊天阶段，学术研究而外，海阔天空，无所不谈。他有一个非常有意思的看法，认为现代医学虽然非常发达，大大提升了人类的平均寿命，但水平还非常低下，不仅根本不能解决许多的病症，甚至还不能早期发现，也不能很好地解决病因与病原。例如他因脉管炎被截去三根脚指头，但很长时间就是没有医生找到病因是糖尿病。因此，他认为科学目前对人自己的认识还非常粗浅，譬如并不清楚人体是如何正常运行的，对人类的思维活动原理也不了解。当然，当人类真正对自身认识清楚之后，人类也许就进入到毁灭的阶段：可以通过科学来控制人类的所有活动。

他也会谈及他自己的计划和安排，这个时候会表现出时不待我的急切，与精力大不如前的叹息，并回顾自己年轻时的充沛与拼命，有时也会哈哈笑起来。他会一再提及给老专家配备学术助手的传统与好处。可惜，今天的学术体制已经没有这种制度安排了，当然也有许多的例外，那是权力的象征，不是学术的体现。我也只能安慰他，量力而行，慢慢来。虽然我也尽力在一些研究上给他打打下手，但因研究领域的不同，我的研究与他的研究很少发生交集，大多数时候也帮不上忙。问题是，他是一个充满学术激情的人，往往在不自觉间就提前支取了体力和精力。他更是一个热心的人，只要有人有求于他，他都会慨然相助。许多时候，我劝他一些不必要的审稿、会议就不要参加了，即使参加也不要那么认真，可他是一个认真的人，往往因此也耗费不少精力。

2006 年 3 月，郭太风师兄突然去世，对沈师打击非常大。从此他每每电话来，总是说注意节奏，慢慢来，身体最要紧。见面离开时也不断叮嘱，一定要注意休息，四五十岁是最容易出事的阶段。可是他自己，还是照样出席会议，参加论文答辩，撰写论文。记得有次到他家，他感觉疲劳，问起原因是刚参加上海师大的硕士生答辩，一个星期看六篇论文，写评阅书，并在一天答辩，这如何吃得消呢？

学术之外，沈师也非常关心我的生活。他常常教导我，要孝敬父母，特别是他们含辛茹苦培养我不容易，他深知贫苦农民在中国的实况与艰辛。我的爸爸妈妈也非常庆幸我碰到沈师这样的老师，常常告诉我要像对待父母一样对待沈师和汤老师。我爸爸妈妈因为要为我和弟弟照看孩子，曾来上海好几年。其间，我带他们去七宝拜访沈师，沈师与他们相谈甚欢，没有丝毫见外，还请他们吃饭。后来，爸爸妈妈要回老家，我带他们与沈师告别，他再次请他们吃饭，并约定下次来上海再相聚。

沈师一直关心我孩子的成长，常常教导我要注意孩子的习惯养成。我也不时带孩子去他家，他看到孩子也很欣慰。他也很关注我孩子的学习，2014 年 4 月，为了孩子上预初，沈师专门约集了他七宝中学的学生一起聚餐，请他们帮忙。他从未为自己的子女在这方面花费过心思，却为我的孩子耗费精力。

六、无尽的哀痛

2015 年正月初五聚会后，我一直想去看沈师，但单位几位同事说约好一起去看他。好容易约好某个周二下午去看他，结果院里开大会，不便缺席而放弃。实在等不及，我决定还是单独去看。3 月 27 日（周五）晚上，给沈师家电话，预约第二天去看沈师。汤老师告知，沈师又住院了，而且非常危险，是肝癌晚期。晴天霹雳啊！原以为他度过了去年的心肌梗塞劫难后，经过一个相当长时间的恢复期，会迎来一段比较健康的生命，他还曾说可以将学术版的“慈禧太后”完成，未想到命运是如此之无情。

28 日下午，与小陈一同去中山医院重症监护病房看望沈师。他精神还好，还开玩笑说是“二进宫”。汤老师告知当天是自周二（24 日）住进医院后精神状况最好的一天，主要是刚刚抽取了腹水，大大减轻了身体的负担。沈师说早上能吃稀粥，实在是太好吃了。因为要控制血糖，家里不能吃稀粥。对于他的病况，汤老师与家人们都已经做好了准备，沈师喜欢吃什么就给他吃，不要再顾及了。关键问题是要看他自己的身体素质，能坚持多久了。我带给他周武兄主编的《上海学》，里面发表有他的文章。并商量将他撰写的陈旭麓先生年谱长编已经定稿部分在《上海学》上发表，他表示同意。

此后因忙于各种事务，并没有天天去探望沈师，主要通过给汤老师打电话了解病情。到 4 月 10 日前后，沈师身体已经很不好了，甚至连说话的力气都快没有了。11 日，我带弟弟一同去看沈师，因他第二天要去英国出差一周，我感觉沈师似乎等不到他回来了。沈师精神非常差，虽然陆续来看望的人不少，但他基本不想说话。

13日下午，陪杨国强、程念祺两位老师探望沈师。感觉他精神状态变好，先后有不少人来，他还给护工一一介绍来者。15日陪单位同事周武、马军、陈同和段炼看沈师。他精神状态很差，护工说因从昨晚开始发烧，浑身不舒服。探视结束后，医生开恩，让我们分批进去看他。我握着沈师的手，这是他住院以来我第一次接触他的身体，非常温暖，浮肿得很厉害。他闭着的眼睛突然睁开，说了声“张剑”，又闭上了。

看沈师这种状况，决定第二天搬入特需病房，好陪伴他生命最后的时光。第二天，沈师精神状态大好，发烧退去，极端的不舒服也随之而去。胃口也不错，稀粥与西瓜都吃得不少。于是又放弃转入特需病房，因为到特需病房，一点治疗都没有，完全靠他自己的体力支撑，在监护病房还有不少的治疗措施。

17日，沈师状态比前一日差了许多，连西瓜也不想吃了，但还能对我们笑笑，医生也说他各项生命体征都非常好。我们还在讨论请姜鸣师兄找的那个偏方老中医周六或周日来看看，医生也建议下周一（20日）做个血透，将他血液中的毒素排出。看他现在的情状，决定无论如何周一将他转到特需病房。

不想第二天早上7时，他就离我们而去。我不仅未能最后陪伴他，连最后见他一面的机会都没有。他的突然离去，是怪罪于我们对他的忽视？还是体量家人的辛苦？医生说好的还有一个月的时间呢？最近几年来，我一直在给别人做口述，怎么就没有想到给沈师做个口述，他生命中多少的精彩瞬间、他对学术和人生的多少思考，就这样被他无声无息地带走，留给我们无尽的遗憾和哀伤。

现在走进沈师的家，再也看不到他从客厅的沙发站起来，听不到他说“张剑，来了，请坐”，再也听不到他亲切地问起“小陈呢”？再也不能向他请教学术上的疑难，也不能向他倾诉生活中的困苦与不顺。失去了学术的导师，精神和生活的父亲，前行之路布满荆棘，需要自己独立而行。有沈师的灵魂陪伴，沈师的精神召唤，定能披荆斩棘，迈上一个又一个台阶，以告慰他的在天之灵。

（张　剑　上海社会科学院历史研究所研究员）

追忆沈渭滨老师

何益忠

上世纪90年代的复旦大学历史系，有一批学问精深，又非常有个性的老师，沈渭滨老师便是其中之一。

余生也晚，1989年本科毕业，在老家做了三年乡村男教师以后，才有幸进入复旦历史系读硕士研究生。出身也很卑微，来自一所名不见经传的大学，在本科毕业于复旦历史系，自视为历史系的“嫡系传人”面前，除了埋头读书外，就是俯首倾听“传人”们讲述历史系的各种典故。

当年的复旦历史系，研究生规模很小，一年也就招收20多名硕士生。基本上一个老师带1—2名研究生，师徒之间和传统作坊相似，老师之间的关系有时会映射到学生身上。一般情况，老师关系好，他们学生之间的关系不会太差。反之，学生可能“相敬如宾”，彼此若即若离。而我则与沈老师的几个学生都相处很好，与沈老师的高徒张剑更是亲如兄弟。

沈老师除了给我们上课外，还是我第一篇学术论文的指导老师。

在我研一时，沈老师是否给我们上过中国近代史专题课，我已经记不清楚了。但辛亥革命史研究课程应该是沈老师上的，地点在文科楼9楼中国近代史教研室，板书用的是一块小黑板，沈老师上课板书很多，擦黑板的频率也很高；老师抽烟很厉害，有时一边上课一边抽烟。

当时学校已有规定，硕士研究生必须发表一篇学术论文，才算完成学业，拿到学位。在我的本科阶段，尽管也曾有一些想法，但从来没有写过像样的学术文章，更没有发表过论文。而我们寝室其他三位同学，全都毕业于复旦历史系，有的甚至已是学术小闻人。

老师的课给我很多启发，我开始关注“二次革命”时期上海资产阶级不支持革命的原因。于是开始阅读各种资料，并写成《沪军都督府的经济政策及其影响》一文交给沈老师。我记得沈老师是在一周后返还文稿的，但文稿上没有留下任何批改痕迹，而是当面指导我如何将文章的结构、逻辑梳理清楚。在文章的第二稿，他才对很多细节进行了修改。在沈老师的指导下，这篇文章最后发表在《复旦学报》1994 年第 4 期。

复旦毕业后，我栖身华东政法学院政治理论部（现华东政法大学马克思主义学院），成为一名思想政治理论课教师。留在上海，住房没有、收入很低，学术上如何发展更是一片迷茫。

这时我又想到了沈老师。刚工作那几年，我经常跟在张剑兄的后面，去参加每年的沈门聚会，聆听沈老师高论。1998 年以后，随着高校扩招，教学任务越来越繁重，经常琐事缠身，就很少赴沈老师的家宴了。

2002 年初夏，杨立强老师仙逝。在编辑杨老师的纪念文集时，据说沈老师非常慷慨地答应将两人联合署名的文章编入文集。

今天，两位老师，一位是我的硕士导师，一位是我第一篇学术论文的指导老师，都先后离去。但是，作为两位老师的学生，我会永远记住他们。

沈老师，愿您在天堂仍然是一位好老师！

（何益忠　华东政法大学教授）

（原文曾在“澎湃新闻·私家历史”2015 年 4 月 21 日发表，后有修改）

沈渭滨老师，过去了……

马　军

人生是什么?

人生就是在生门和死门之间的轨迹。因于这两道门，世界被分成了过去的、现在的和未来的三个部分。

4 月 15 日下午，我与本所同人陈同、周武、张剑、段炼四人来到上海市中山医院病房，目睹了沈渭滨老师“过门”的情景。张剑兄是沈老师的亲炙弟子，他已预先告诉我们：沈老师早年得过血吸虫病，经过多年的发展已引发了肝癌，根据权威医生的判断，现在已处于晚期，出现了肝衰竭和肾衰竭，大概只有一个月的时间了……

我们四个人，还有沈老师的家属以及其他一些探访者，透过一块大玻璃，看到他正半醒半昏地横躺在最近的一张病床上，气息尚平稳，脸略瘦而黄，时而又皱眉，显露出痛苦之色。一会儿，护工过来了，在他耳边轻语了几句，他稍稍振作，开始咀嚼起喂食的西瓜瓤，只见牙关上下移动，似乎还有些胃口。

我们趁着沈老师清醒之际，一个个轮流来到玻璃旁的小窗向他打招呼，长者几十秒，短者十几秒。虽然躺着，他还能认出来客，只是已说不出什么话了。我注意到他的眼神，流露出的既有谢意，又有痛苦和悲戚。

离开医院后，我和陈同老师同路，他沉重地说：“这么多人来看他，他应该已经明白了。”陈同是陈旭麓先生的公子，和沈老师可谓是世兄弟，年轻时就彼此认识了。临别时，陈又叹道：“唉，这几天的心情是不会好了。”

一路走，我又一路寻思着：既然这样的痛苦要无望地持续一个月，还不如早一点，早一点，早一点“过去”的好……

两天后，有人打电话告知我说，沈渭滨老师已经去世了。

听闻之下，我倒是首先为沈老师感到庆幸，原本的一个月，变成了两天，他终于不再有痛苦了。

几天后，我参加了在龙华殡仪馆举行的追悼会，来人之多，我前所未见。

我是1990年认识沈渭滨老师的，那时我还是复旦大学历史系三年级的本科生，选修了他的课——中国近代军事史。沈老师当时只有50多岁，穿夹克、戴领带，黑而瘦削。又嗜烟，和他谈话，半米开外就能闻到些许烟味。他口才颇佳，一讲课便滔滔不绝，刹不住车，一个学期过去了，只讲完了原定计划的三分之一。我记得当他讲到湘军针对太平军的围城战时，显得尤其津津有味。那时，我对沈老师的了解不多，但有两点是印象很深的，其一是他和杨立强教授合写了不少高水平的论文，其二是他调教下的一个名叫姜鸣的本科生撰写了研究北洋海军的名著《龙旗飘扬的舰队》。

到了大学四年级撰写毕业论文时，我还就1935年初红军长征途中遵义战役时国民党军吴奇伟部的一个问题，专门向他请教。他用笔修改了我的文稿，并给出一些很有启发性的指点。

1992年我进入社科院历史所工作后，又耳闻了一些有关沈老师的故事。例如，他在60年代因崇敬陈旭麓先生而登门求教，结果被收为私淑弟子。1996年，张剑兄从复旦历史系拿了硕士学位后进历史所工作，始知其从一个地质专业的本科生，顺利转型为一个致力于科学史的青年研究者，沈老师的因材施教可谓功莫大焉。

那一时期，沈渭滨老师经常来历史所出席各类活动，有学位答辩，有课题、成果评审会，有学术讨论会，还有庆祝宴会等。尽管他苦于糖尿病引发的足疾，但公开场合精神状态却颇好，我发现他脸圆了一些，讲话也越来越有气势。这可能是与他到了一定年龄，学术之火日趋纯青有关。他虽然是前辈学者，但对年轻人却没有什么架子，有时还和我们这些晚辈开开玩笑。有一次在吃饭时，他当着周围人的面，戏称我是一个“怪才”，这当然是指我兴趣过杂、学术研究不讲章法。不过，他又补充说：“其实，陈旭麓先生生前总是称我是‘鬼才’。”

“鬼才，怪才，这就叫鬼怪式”。我用急辩的方式为自己解了嘲。

大家也随之哈哈而笑。

近几年，我经常在电视上见到沈老师的各类学术性讲话，时而孙中山，时而辛亥革命，时而慈禧，又时而光绪帝……

清晰的吐字，强直的气势，这显然是一位对中国近代史有着透彻领悟，又肩负历史责任感的真学者。毫无疑问，他和当前那么多的“学官”或“官学”，是迥然不同的。

平日里，我和沈渭滨老师的联络，常常是通过张剑兄中转的，我有了小书就会上呈，他有了大著就会颁下。2014 年年底，我得到了《道光十九年——从禁烟到战争》一书，扉页上有沈老师的亲笔字。此时此刻，我正捧起这部大著，透过字里行间，体验着沈老师的遗韵。他的大关怀、大学问，又岂是我这等小辈所能蠡测。

据张剑兄说，沈老师生前曾试图编纂乃师陈旭麓先生年谱，但后来因苦于资料不够而不得不中辍。现在，这样的障碍没有了，因为沈老师可以当面去询问陈先生了。“过了门”以后，在那彼岸的世界，有许多我们的亲人和朋友，那里并不黯淡……

（马　军　上海社会科学院历史研究所研究员）

忆沈渭滨老师二三事

何　品

沈渭滨老师已驾鹤西去，我虽不是他的“忠实学生”，也不是他的“亲密战友”，但前后算来，与沈老师也已认识交往二十多年了，感受颇深，记忆犹新，略举几例，以资缅怀。

我于20世纪90年代初在复旦历史系读本科生和研究生期间，都有幸听过沈老师上的中国近代史课程。记得当时上他的课都是在复旦本部校门对面文科大楼9楼的中国近代史教研室。教研室的空间不大，里面坐上十个人就已经显得满满当当的了，但沈老师的课，每次听讲的学生都比较多，因此晚来者不得不坐在门外走廊里。

沈老师来校上课是比较辛苦的，他没有像很多复旦教师那样在校区周边买房租屋，而是一直“蜗居”七宝，在市区西南郊，而复旦本部在市区东北郊，相距“两只角”。即使是在交通工具比较发达的今天，两地之间往返一趟也不是件易事，而当时还没有高架路和地铁，地面交通又极堵。沈老师上课那天，四点半起床，五点钟从家里出发，倒腾几次公交车，穿越整个上海市区，才能在八九点钟左右赶到复旦本部。为了避免迟到耽误上课，他不得不把课放在上午三、四两节课时段上。

虽然来校之路辛苦非常，但是沈老师每次给学生上课，都一点不显疲态，而是精神矍铄，声音洪亮。他的穿着也很讲究，经常是西装领带，天冷的话外加一件大衣，头发梳得油光发亮，显得很有“腔调”。他对教学的看重、对学生的认真，由此可见一斑。

沈老师是个“老烟枪”，上课时经常烟瘾犯了，便跟听课的学生打声招呼，点支烟边抽边讲。教研室本来空间就小，人满为患，再加上烟雾袅袅，空气就不太好，只好开窗透风，到了冬季也是如此。我们学生第一次碰到，不免有些惊讶，见多了就不怪了。好在沈老师课讲得好，大概是他以前做过中学老师的缘故，因此口才极佳，思路清晰，娓娓道来，滔滔不绝，引经据典，深入浅出。沈老师很擅长讲晚清军事史和政治史，讲慈禧，讲光绪，讲孙中山，讲太平天国、甲午战争，讲义和团、辛亥革命，都是他喜欢的话题，他自己对此有很深入的研究，也有不人云亦云的新见解。

我从复旦毕业后不久，沈老师也退休了，但我和他见面的机会倒反而不少。我在上海市档案馆编研部编杂志多年，经常在各种学术会议上碰到他，见了面总要寒暄两句。我们单位办会，也经常将沈老师请来。沈老师当时身体已经不太好，但我们请他，他总是愿意来，很给我们面子。来的时候经常拄根“司的克”，加上一袭黑衣，极像“黑帮老大”，腔调更浓了。我们单位是禁烟单位，来这儿开会可苦了他这个老烟枪，时间稍长，他便忍不住，走出去，吞云吐雾一番，再回来。

沈老师到会，必然要发声音讲几句，我们也喜欢听他发言。他讲话还是像上课一般极有条理，看得出像备课一样准备充分，必然带着发言稿，纸上蝇头小字写得密密麻麻。会后请他提供发言稿以供杂志发表，他总说好，但要回去重新整理后再发来。几天后，寄来一封信，附上他的发言修改稿，一般是文稿纸，上面整整齐齐地码着字。沈老师善笔书，字迹美观且工整，像他这样不用电脑的老套学者，实不多见，一笔一划写来，很费工夫的，他却乐此不疲。

这就是在沈老师指导下出版的《近代中国百货业先驱——上海四大公司档案汇编》一书

2009 年，广东省中山市委宣传部和社科联想编一套关于中山人在上海的丛书，其中有关于四大百货公司档案整理与研究的课题，中山方面来人向沈老师请教，沈老师立马就想到了我们，跟来人说，编档案史料，肯定要找上海市档案馆才行。沈老师并亲自联系当时的部门领导邢建榕研究馆员，邢领导则把任务委托给了我。我们当时很高兴，能和馆外有关方面合作搞研究出成果，单位领导也很支持。就这么一拍即合，沈老师又张罗着把我俩和中山方面有关负责人几次请到他家旁边的七宝老街喝茶细谈。

由于沈老师的穿针引线，我们与中山方面的合作进行得很顺利。2010 年 10 月，由我编注的四大百货公司档案史料汇编成书。2012 年

3 月，由我和另一位学者合作编写的四大百货公司史书也付梓出版。这两部书稿，遵照沈老师的叮嘱，我们都交给他做了仔细审阅，存在疑问或需要修改的地方，他都用红笔和小纸条一一标出，一丝不苟，毫不含糊，如同他自己撰文写书一般。这两本书出版之后，我们照例要给沈老师审稿费，可他声明只拿第一笔，第二笔坚决不收，说经费有限，不要乱花，搞得我们不好意思，以后只好在登门拜访之际，给他送点小礼品，可是沈老师身体不好，东西又不能乱吃，我们只得捎点茶叶之类给他。

斯人已逝，惟有追忆。作此短文，算是我这个学术后进对前辈大师的悼念吧。

（何　品　上海档案馆整理编目部副主任）

（曾发表于“澎湃新闻 · 私家历史”2015 年 4 月 21 日）

点滴交往忆恩师

胡宝芳

2015年4月19日微信朋友圈里收到沈老师病逝消息，异常悲痛。4月22日下午赶赴龙华殡仪馆银河厅参加沈老师遗体告别仪式，看到沈老师在央视纪实频道做节目时的视频，潸然泪下。

同何品学长一样，我不是沈老师门下学生，也非沈老师亲密战友，但作为复旦历史系毕业生，从学校上课开始到沈老师离世，我和沈老师交往二十多年，点点滴滴，历历在目。老师对我的关爱、支持和帮助，没齿难忘。

最早接触沈老师是在本科四年级，那时沈老师为历史系本科学生开设辛亥革命史选修课。本科学生对专业研究领域大多未入门。沈老师作为国内著名的辛亥革命史专家，给我们亲自上课，当时我们没特殊感觉。选修课上，沈老师向我们推荐阅读他刚刚出版的《孙中山与辛亥革命》这本厚厚的著作时，我和舍友觉得沈老师那书太深奥、枯燥。四年级的我们，忙着找工作、忙着考研，忙着偷看武打小说，对老师刚刚出版的学术著作兴趣不高。当沈老师知道我有考研计划时，他主动找到我，希望我能报考他的那个研究方向，可“辛亥革命史”这研究方向对一个二十出头的女生吸引力太弱。于是我只好逃避沈老师期待的目光。报考研究生时，我选择了“中外关系史”方向。当年没有报考沈老师的研究生，日后却因工作需要多次找沈老师帮忙，心里惴惴不安。但沈老师却并未因我当年不读他研究生对我漠然相待。

研究生三年，是我近距离聆听沈老师教诲的三年。沈老师认真的教学态度、扎实严谨的研究方法、开拓创新的研究精神，给我留下深刻印象，对我日后的专业研究产生深远影响。

在复旦文科大楼9楼历史系中国近现代史教研室上课三年。我们一届近十个研究生围着一张方形木桌，聆听沈老师讲授过军事史、中国近代史等多门课程。年届六旬的沈老师每次从七宝横穿上海市到复旦给我们上课，路上3—4小时车程。那么远的路程，沈老师给我们上课却从无缺课或迟到过。沈老师对待教学的认真态度由此可见一斑。当年住校的我们，课堂上见到的沈老师总是精神矍铄，讲话铿锵有力。他的课总是精心准备，绝不敷衍了事。沈老师上课的具体内容我已经忘记，但老师上课时教授的研究方法却让我受用至今。沈老师强调：搞历史研究一定要有针对性地去挖掘原始材料，挖掘材料后自己编排史料长编，在此基础上再做考证、研究。这个方法对复旦大学历史系近现代史教研组毕业的研究生们养成扎实、严谨的学风很有好处。沈老师打破成规，在中国近代资产阶级、中国军事史、社会史研究领域的创新性研究，让我和同学们深受启发。

上课一丝不苟的沈老师，课间休息时，常常和我们天南海北地聊天。这时候的沈老师，在我们眼中，不是高高在上的学者教授，只是一位和蔼可亲的长辈。沈老师常常笑呵呵地点评我们女生的装束。他多次笑话我们女生们装束落后上海滩五年到十年。女生们大多来自外地或上海郊县，沈老师所说的上海滩，我们了解很少。当年的我们，除了去上海图书馆、上海档案馆查资料，课余逛得最多的地方就是五角场。而那时的五角场，只有一家朝阳百货商场。沈老师是系里出名的“有腔调”老师。任何时候见到他，都是领带笔挺，头发光亮整洁……连他用的烟斗都十分考究。沈老师的“课余点评”，让远离家乡、远离父母的我们，倍感温馨，也引发我们对课本、对校园之外的社会生活的关注。

上班后，没读“辛亥革命史”研究方向的我，却阴差阳错地多次参与单位辛亥革命史项目。我和沈老师直接联系的次数远远超过在校时期。好多次，我因为工作的事，向沈老师求教、求助。沈老师没有因为我没读他研究生，就拒绝我。每次联系，沈老师对我都有求必应，热情支持、认真指点我做好与辛亥革命史研究相关的工作。沈老师有教无类、宽厚待人的人格魅力令我敬佩。

1999年刚刚上班，我在单位领导安排下，考证1911年前后曾在商务印书馆任职的美国摄影师史塔夫的摄影照片（我和同事考辨成果后来出版《二十世纪初美国摄影师纪录》图录）。2001年，我利用考证照片过程中在徐家汇藏书楼搜集材料的英文原版史料，撰写了一篇学术论文，并受邀参加上海市历史学会等主办的辛亥革命学术研讨会。那次会议，是我毕业后首次参加市里学术会议。沈老师对我应用专业英语材料撰写论文的能力给予高度肯定。会后不久，沈老师将我介绍给中山大学辛亥革命史某教授。虽然后来因照顾孩子、老公出国等原因，我只在初期参加了中山大学教授的科研项目，但我对中山大学历史系研究项目的关注从此开始。

以后多次在市内参加学术会议时碰到沈老师。沈老师热情地向与会专家、学者介绍我们这些后生晚辈，殷殷地嘱咐我们，上班在单位要好好工作，尊老爱幼……

关心上海市历史博物馆建设的沈老师，对我在历史博物馆的工作，默默关心、大力支持。

2007年后，我承担上海市历史博物馆新馆陈列大纲革命史板块草案编撰。2008年12月，经部门主任同意，我将“上海革命史展览大纲草案”交沈渭滨老师审阅。不久，收到沈老师的快递。如当年批改我们的论文一样，沈老师审阅过的几十页大纲草案上，留下他的笔迹。大纲草案左侧空白处，沈老师认真用铅笔工整地写着他对展览草案具体可行的意见和建议。此外，沈老师还专门给当时我的部门主任顾音海先生手写信函一份，肯定我编撰的这部分大纲：“总体脉络清晰，大要具备，展品丰富，基本概括了近代上海革命史的内容。若据此展出，当可使参观者获得教益，激发怀念革命前辈，继承遗志，建设新上海的热情”。同时，沈老师对大纲草案中的缺陷也毫不避讳，对我撰写的大纲草案提出了批评和指正，指点我进一步提升展览草案文稿质量。

2011年，辛亥革命一百周年。作为著名的辛亥革命史研究专家，七十多岁的沈老师异常忙碌。这一年，我和沈老师联系更多。

沈老师多年来兼任上海市中山学社职务。2011年初，沈老师引见我到民革上海市委联络部部长兼上海市中山学社秘书马铭德先生那里。在马铭德先生关怀下，我成为上海市中山学社一员，有了与学社内众多专家学者交流、学习的机会。

同年，在单位领导关心、支持下，我撰写了“为共和而战——纪念辛亥革命100周年历史文物展”大纲草案，并通过努力使此项目成为上海市文化基金赞助项目。项目除展览外，还将编撰展览图录，作为展览的延伸。展览大纲草案和展览图书编撰过程中，我再次受命与沈老师联系。我知道，沈老师身体不好，各界求助很多，不忍心再去麻烦他。但最后还是和老师开了口。没想到，沈老师爽快答应帮我审阅文稿。在沈老师支持、帮助下，我们的“为共和而战——纪念辛亥革命100周年历史文物展”11月3日顺利在上海市图书馆展出，图录同时发行。

最后一次见沈老师是2011年底，与上海社科院历史所张剑联系时，得悉沈老师在电力医院住院治疗。我马上去医院看望老师。短暂交流过程中，得知老师是在给某大学做学术报告时病倒的。心里深感不安。

后来的日子里，我不敢再用工作的事情去打扰沈老师。逢年过节，给老师打电话问候，与老师闲聊。聊天时，沈老师从不说自己身体不好；反而总关心地询问我的工作、我的生活……

4 月中旬，正在为准备参加中考的儿子焦灼不安，在单位、家庭间奔波时，得到老师突然病逝的消息。心绪低落，久久不安。

虽然我不是沈老师嫡系弟子，但二十多年来，无论是在校内、还是在校外，无论是工作上、还是生活上，沈老师给予我的帮助、指导不比他的门下弟子少。

沈老师，您一路走好！

我一定不辜负您的教诲和恩情，像您那样，努力做一名正直的历史学者、勤勉的文博研究者。我想这是对老师您最好报答。

（胡宝芳　上海历史博物馆研究馆员）

心香一瓣悼恩师

谢世诚

2015年4月18日渭滨先生仙逝。治丧期间，我正在外地，无法脱身，未能赴沪扶榇送别，愧疚难名，痛彻心脾。谨在此恭掬一瓣心香，聊寄不尽哀思。

作为我终身的恩师，先生人品、学品皆堪称楷模。我对先生的感佩，首先在于他的高尚人品：正直无私，扶掖后学，有教无类，关键时刻解围济困，不遗余力……我应是受益者。而回顾近卅年与先生的交往，更百感交集。

我实际是先生的私淑弟子，首次谒见先生是在1987年，正在扬州师范学院祁龙威先生门下攻读中国近现代史专业硕士学位，已开始撰写学位论文《论罗泽南的思想与实践》。论文的选题颇费周折：因本师主要方向是太平天国制度，而我认为在已有文献无法再多出新意的情况下，可转而研究其对立面——湘军，从中能开辟出新的空间。论文初稿完成后，为慎重起见，祁师特别嘱咐我先请沈先生审阅。年底，我第一次到先生在七宝的寓所聆教。先生热情接待，在充分肯定了文章选题、内容、结构等后，对若干问题提出了意见。其内涵之丰富，见解之透辟，视角之新颖，分析之深刻，发人所未发，实令我有醍醐灌顶、耳目一新之感。而先生对人之热忱，对后学之提携，更令人如沐春风。

毕业后，我仍回南京工作，与先生的往来从未中断。先生一如既往，对我时时耳提面命予以指导，绝无门户之见，我从中得到巨大收益。记得他时时讲，学术乃天下公器，永远做不完，要大家做，大家享，这与那种喜留一手，以期奇货可居的做法形成鲜明对照。

1991年，我又到南京大学茅家琦先生门下攻读近现代史博士学位。对此，先生与一些力劝我勿读的人态度绝然不同，而是大加鼓励，称茅公（他对茅先生的习惯尊称）学问深厚，跟他学习定能大加长进。时光荏苒，很快又到了论文选题的关键时期。此时我萌生研究晚清吏治问题。我认为这是一个晚清政治史的要害问题，涉及晚清政治的各个方面，如同人耳，虽大小只有方寸，但其上之穴位却应对人体所有重要器官。从耳朵即可以小见大，探测全身。而晚清吏治这一问题长期又未得到系统研究，基本处于空白状况。我提出此想后，茅先生完全同意，我照例又向先生请教，先生不仅十分赞同，作了指点，而且认为我硕士、博士阶段皆能自己选题，反映了具有独立思考、独立研究的能力，难能可贵，嘱咐要一定珍惜、坚持和发扬这一做法，还曾多次对人提及，真可谓“平生不解藏人善，到处逢人说项斯”，使我受到很大鼓舞。

还有一事使我难以忘怀。

2002 年，我对光绪三十年十二月至三十一年三月（1905 年 1 月—1905 年 4 月）江苏省江北地区划为江淮省问题进行探讨，自认为有一些一孔之见，撰成了《晚清“江淮省”立废始末》，但投寄几处刊物皆遭碰壁。于是我斗胆将文章寄给先生，不料先生对此拙作大加赞赏，立即推荐给《史林》，经周武先生的审阅，于 2003 年第 3 期在显著位置发表，不久又为“人大复印资料·中国近代史”2003 年第 11 期全文转载。我所钦佩者，不仅是先生的慧眼独具，更在于无私的助人精神。

由此我和先生谈及此事时，又涉及治学、特别是课题申报问题。先生对当下学术研究的急功近利等不正之风深恶痛绝，溢于言表，对申报课题制度的一些做法颇有微词，认为这不能真正促进人文社会科学的健康发展，我不仅同意先生观点，而且告诉了先生许多亲身见闻，包括一些逸事，相顾一笑。能够告慰先生、俯仰无愧的是，虽然我是所在学校第一个文科国家重点课题的获得者，但我从来即对那些蝇营狗苟的行为不屑一顾，更知爱惜羽毛，此后主要接受委托课题——不愿意再溷厕以免沆瀣一气。

2007 年以后，先生主持国家清史工程光绪朝人物（上）的重大任务，在组织课题组时，竟垂征我参与其事。当时郭毅生先生、业师祁龙威先生先后也有意让我参加其主持的清史工程其他项目，经先生亲自协调，我得附先生在上海的一批高足之骥尾，从事这一功在千秋极有意义的工作。在此过程中，先生兢兢业业，不仅统领全局，而且自己上阵垂范，对我更是耳提面命指导。后来因身体不适要我代写一部分，此本为弟子分内之事，但先生一再感谢，并坚持付给稿酬，使我十分惶惑，但无法拒绝。

在治学上，我更受益匪浅。总体感到，先生十分睿智、学问广博而深邃。

首先是思想活跃，注重方法论。与先生谈话，总能感到，他对当时学界研究的热点了如指掌，对新的研究方法从不陌生，对有的新论、新法虽不赞同但绝不轻易否定和贬斥。他自己坚持以一笔秀丽小楷撰写大作，但鼓励大家使用电脑和其他工具。对问题总有自己的独特见解，别树一帜，不仅能阐述某一具体历史问题，更能上升到理论高度，深入分析其特质、实质，在由浅入深的同时又能由此及彼，触类旁通，从而形成了内涵丰富、结构严谨的专题亦即体系，达到史论的层面。使我零距离领略了学界所称的“海派”的学术风格。

然而，学界，特别是承继乾嘉学派传统的学者们，有时对“海派”的诠释中，也带有一点夸夸其谈、不够严谨、空洞浮浅的贬义。但先生应绝对不落此窠臼。其论著，亦如前所述，“其内涵之丰富，见解之透辟，视角之新颖，分析之深刻”，何尝有一点贬义“海派”的味道?

先生治学的另一风格则是严谨，一直强调要言必有据，在撰写光绪朝人物传时，他更反复强调此点。我当然完全同意，采取了对每位传主先将能搜集到的材料按时间排列，再据此提要成大事记，下一步再撰成传记。这样即有遗漏也不会太多。对此先生亦曾大加赞赏。又如，他对目前学界基本认同的光绪死于砒霜中毒，也有一定保留，论据是：光绪墓曾被盗掘，现在尸骨检测出的砷毒无法证明就是 1908 年光绪死时所遗留。我也窃以为先生此观点是否有点迂腐，但更钦佩这种治学的严谨风格。而且，他对史料的考证功夫绝不亚于专门从事此业者。如对慈禧家事的考证即是一突出例子。这又与贬义“海派”毫不相干。所以先生早逝，实乃学界一大损失。

立功、立德、立言，乃传统士人追求目标。盖棺定论，对先生而言，如前所述，人品、学品皆堪称楷模。而先生培育人才，研究学术的功勋，同样堪称重大而难朽。

斯人虽逝，风范长存。薪尽火传，润泽无期。我们在痛悼的同时，更应承继先生的品德、学术，我更愿与诸学长一起，将其发扬光大，不断推进。愚以为，这应是对先生的最好之告慰。

（谢世诚　南京师范大学历史系教授）

每有疑难问良师

——追念敬爱的沈渭滨先生

庄安正

2015年4月18日清晨，良师沈渭滨先生在上海中山医院因抢救无效不幸去世，终年78岁。我是第二天在从南通开往横店的长途公交车内，从友人打来的电话中获悉这一噩耗的，悲从中来，一时语塞，竟不知如何继续与友人的交谈！2015年春节前夕，我按惯例在南通给沈先生拜年问候，汤师母代接电话后，意外称先生卧病在床，不便交谈时，我就有一种不祥的预感，但以为沈先生以往每次生病都能转危为安，这次定会如此。心中不禁暗暗祈祷，祝愿冬去春来，沈先生早日康复。但春天到了，万物复苏，沈先生在来势汹汹的病魔面前竟告不治，永远离开了我们!

沈先生一生在学术上涉猎很广，不仅是“会通型”的历史学家，而且在中国近代史许多领域别开生面，卓有建树。我得以结识沈先生，即源自他与杨立强等人整理、编撰的《张謇存稿》。众所周知，张謇是南通籍状元，近代著名实业家、教育家。《张謇存稿》1987年出版之际，正值“文化大革命”结束后，国内张謇研究逐渐复苏之时，也是在南通高校任教的我开始将目光聚焦于张謇之时。当时市面上很难寻觅到张孝若1931年版的《张季子九录》，而1994年版《张謇全集》还要等上七年才面世，恰恰在这一资料匮乏期间，我某次出差往上海，在书店幸运地购买到一部《张謇存稿》，这是我从事张謇研究后接触到的第一部张謇文献资料集，也是我首次知道沈先生的大名。翻开查阅，如获至宝，存稿中汇集的函电、告启、诗文、家书，以及说略账略等，文字量达50余万，还包括诸如国家图书馆所藏《赵凤昌藏札》与南通档案馆所藏未刊文稿等张謇鲜为人知的珍贵资料，故《张謇存稿》随即成为我研究的重要资料来源。记得1991年后我在《贵州师范大学学报》、《安徽师范大学学报》、《江苏社会科学》、《江海学刊》等刊物上连续发表的有关论文中，所引资料每每出自《张謇存稿》。可以说，《张謇存稿》陪伴我在张謇研究的道路上一路前行，我也一直受惠于沈先生等人收获的成果。沈先生后来告诉过我，他在 80 年代初就认为张謇这一历史人物值得研究，必须研究，而资料又是研究的基础，尽早整理、编撰一部张謇文献资料集十分重要。为此与杨立强先生专程从上海来到南通，会同本地一些学者蹲守南通图书馆、档案馆，爬梳剔抉，参互考寻，终结硕果。其眼光之独到、认识之前瞻、劳作之辛苦，令我等后继者感佩不已！自然，《张謇存稿》陪伴的并非我一人，国内许多从事张謇研究的学者，应该都从中得到过学术上的帮助。如果说，章开沅先生的《开拓者的足迹》，为“文化大革命”结束后国内张謇人物传记的开山之作与扛鼎之作，则沈先生等人的《张謇存稿》，如同沈家五、严学熙等人的《张謇农商总长任期经济资料选编》与《大生企业系统档案选编》一样，亦为“文化大革命”结束后，国内张謇文献资料的第一批重量级成果，前承《张季子九录》、《柳西草堂日记》，后开 1994 年版、2012 年版《张謇全集》等张謇文献资料集之先河，功莫大焉！

我从沈先生处首先收获的是张謇研究的珍贵资料，但沈先生给予我的绝不仅限于此。20 世纪 90 年代后期，我因痛感以往国内研究中张謇年谱的缺失，酝酿编订一部《张謇年谱长编》。考虑到工程量比较大，计划将长编分为“晚清篇”与“民国篇”两部分，按照时间顺序，亦按难易程度，先编“晚清篇”。编订过程中，我除了从沈先生 1999 年出版的另一部《中国历史大事年表·近代卷》得到不少帮助外，还遭遇了诸如体例、行文、注释上的许多疑难问题，求解不得，渴望有人指点迷津，这就自然想到了沈先生。我早知沈先生为复旦教授，心存敬意，并一直以其为师，受其恩惠，但亦一直未与谋面，每拜读于他的学术成果，隔空请教而已。在初步完成“晚清篇”书稿后，2001 年我经上海某高校另一位老师介绍联系上沈先生，几度电话与信函往返后，我的见面请求征得了沈先生同意。同年秋季某天，我携带“晚清篇”书稿，专程往上海，经过几次换车倒腾，终于到达七宝镇沈先生寓所，这是我与沈先生的第一次见面。见面我即表白，虽然我长期以来从沈先生处获益良多，但我生性愚钝，今天才得以当面请教。我从未进入复旦校园，请允许我以私淑弟子自居吧！沈先生连说不必不必，相互学习吧！他热情接待我，对我遇到的问题一一提出本人意见，让我大受启发。他完全以平等地位与我交流，开始建议我取消书稿中每年先阐述国际国内重大事件的内容，待倾听我申述理由后，他认为还是保留这一内容为宜，毫无名师架子。他并表示详细意见要待他研读完书稿后再行交流。尤其使我受益的是，他支持我编订张謇年谱，并告诫我学术园地不再是一方净土，希望我不受浮躁学风影响，淡泊名利，耐得寂寞，将研究坚持下去。第二年 5 月 2 日，为了能获得沈先生更多的帮助，我再次前往拜访，这次随我同行的还有我夫人、女儿与准女婿，亦即我的全部家人。由于沈先生此先已看过书稿，这次提出的指导意见比上次更为具体，书稿许多页码旁边布满用工整漂亮的小楷写成的修改意见，其认真负责的精神使我备受感动。我还围绕某些问题向他深入请教，他都给予了回答，并再次告诫我搞学问勿忘如何做人，要对得起学问之道，对得起天地良心。当时恰逢我女儿与准女婿双双考取复旦大学 MBA 工商硕士生，我向沈先生坦陈，我 1977 年参加高考时就对复旦心向往之，未能如愿，我女儿与准女婿现在代我实现了这一愿望，望沈先生今后对青年学子犹如于我多予帮助，沈先生听后十分高兴，对我女儿与准女婿讲了不少鼓励的话。于是在融洽的气氛中，准女婿在沈先生寓所为我与沈先生拍摄了一张合影，这张照片现在成为我缅怀沈先生的珍贵纪念。

与沈先生合影

两次拜访给我编订年谱帮助不少。2002 年年末，我的《张謇先生年谱（晚清篇）》出版，我随即赠予沈先生，并在原有基础上转入《张謇先生年谱（民国篇）》的编订。2007 年年末，我的《张謇先生年谱（民国篇）》书稿获评国家社科后期资助课题，我立即电告沈先生，与之分享喜悦，沈先生极为高兴，说了许多勉励的话，希望戒骄戒躁，努力写出一部经得起历史检验的书稿。这期间，我还在许多场合有幸见到沈先生，例如，在中国史学会、海门市人民政府于 2009 年举办的第五届张謇国际学术研讨会上，在上海市政协、上海中山学社分别于 2007 年、2008 年、2011 年举办的“清末新政与辛亥革命国际学术研讨会”、“孙中山的《建国方略》国际学术研讨会”与“上海与辛亥革命学术研讨会”等学术会议上。每次我都抓紧机会，聆听沈先生的发言。沈先生的大家风范，精辟见解，往往成为会场交流中的兴奋点，我亦每每从他的叙事、说理、辨疑中，触类旁通，吸收营养。在研讨间隙，我还抓紧与沈先生私下交流，向他汇报编订年谱的进展与收获。2013 年，海门市张謇研究会举办“纪念张謇先生诞辰 160 周年暨张謇研究会成立 10 周年学术研讨会”，盛邀沈先生莅临指导，我也接到参会邀请。正当我为能再次与沈先生见面感到高兴时，我被学院告知该学年毕业生论文答辩的日程安排，发现与海门会期冲突，我不仅当日需要主持一个毕业生小组的答辩，答辩前后还要完成许多具体的材料工作，结果只好遗憾地电告沈先生无法会面了，记得沈先生还安慰我：“没关系没关系，工作为重，来日方长。”

是的，沈先生即是一个终身以工作为重的楷模！沈先生自 1961 年发表第一篇学术论文，到 2014 年出版《道光十九年》，再到 2015 年 3 月发表《当代上海学研究的三点希望》，笔端涉及鸦片战争、太平天国、辛亥革命、会党史、区域文化史、社会史、人物研究与地方史志等许多领域，五十五年学术生涯中，何尝又有过一时半刻的休眠期！真是生命不止，工作不息！我虽然再也见不到敬爱的沈先生了，但是薪尽火传，发扬先生的治学精神，延续先生的学术生命，是弥补这一遗憾与纪念沈先生的最好办法，也应该是沈先生对我等后继者的最大期待。

（庄安正　南通大学文学院教授）

（曾发表于《东方早报·上海书评》2015 年 5 月 24 日）

春暖花开的路上

朱玖琳

沈老师是我们上海宋庆龄研究会的学术副会长，为推进我们宋研会的学术研究贡献良多。他还经常为我们孙宋文管委的学术工作出谋划策，提供指导，所以每年春节期间我们都要到七宝老街去拜见这位七宝的第八宝，感谢他一年来的热心帮助。

2015 年春节前，沈老师因病入院，出院后住进了女儿家，他婉谢了我们探视的要求，说等春暖花开的时候，他身体好了，再来见他。但是现在，春满枝头了，沈老师却永远地离开了我们。

沈老师是著名学者，我还在上师大读研究生的时候，我的导师马洪林先生就曾经多次提起他，说他非常有才华，又很刻苦，最终从一个中学政治老师成为复旦大学历史系著名教授。我的导师是沈老师的大学老师，指导过沈老师写毕业论文，但他由衷地敬佩沈老师的学术才华，说沈老师后来的学术水平的确在他之上。

我进宋庆龄陵园工作以后，因为工作关系结识了沈老师，那时他为我们撰写宋庆龄生平陈列大纲提供学术指导。在我进入管委会工作后，与沈老师的接触就越发密切起来。沈老师对我们这些晚辈甚是和蔼可亲，从不摆高高在上的大学者架子。我曾经嬉皮笑脸地和他打趣说他是我的大师兄，他也不动气，还跟我说沈师母汤老师也是马老师的学生。

沈老师和汤老师的琴瑟相合众人皆知，沈老师也一直为此洋洋自得。每次我们来七宝老镇，沈老师要么给我们看汤老师的画，要么给我们看两人的照片，再有就是他的朋友、爱徒们送他的各种反映他红袖添香之福的作品。

在汤老师的悉心照顾下，沈老师可说是“四体不勤，五谷不分”，离了汤老师便寸步难行。那一年去海南开研讨会，沈师母有事没有随行，沈老师在机场就像个孩子一样可怜巴巴，一副无所适从的样子。于是我便让他跟着我，我来一路照顾他。得到我的承诺，沈老师开心的样子就好像他一下子有了依靠，别的老师叫他一起走他也不去，他说他不能把我跟丢了。可是一到研讨会会场上，沈老师立马来了精神。他尽显大学者风范，独特的见解和精辟的点评为他赢得了与会者的一致赞佩。

沈老师不仅自己热心指导我们管委会的学术工作，还介绍了他的学生来帮助我们。他的爱徒张剑就曾为我们宋庆龄陵园编辑出版《啼痕——杨杏佛遗迹录》提供了不少帮助。

沈老师的离去对我们宋研会来说是一大损失。回首以往沈老师的每次学术总结，他总能帮助我们提升自己的认识水平，在肯定我们成绩的同时，也为我们明确了未来前进的方向。我们为失去这样一位优秀的导师而痛心！望师母节哀，也希望沈老师的朋友和学生们能像沈老师一样来继续指导和帮助我们。

与沈老师及他的复旦学生黄亚平（左一）合影

在这春暖花开的路上，沈老师请一路走好。

（朱玖琳　上海市孙中山宋庆龄文物管理委员会副研究员）

（曾发表于“澎湃新闻·私家历史”2015年4月21日）

忆沈老

——几个亲历的片段

戴海斌

我认识沈老很晚，但早先就读过他的文章。刚上研究生时，翻看20世纪80年代初出版的《辛亥革命史丛刊》，读到沈老《一八九四年孙中山谒见李鸿章一事的新资料》一文，文章不长，留下印象却很深，文中讨论的是关系中国近代史上枢纽人物的紧要问题，有很多可以发散的空间，但写作时完全用严谨的史料考辨方法，绝少冗词议论。这种研究手法与当时流行的"试论"、"试评"、"刍议"一类文风迥异，故过了二十年，读来也未觉得过时。上海古籍版的蒋廷黻《中国近代史》刊行后，沈老所作长篇"导读"，学界见重，一纸风行。全文洋洋洒洒，篇幅几与正文相埒，既见蒋廷黻其人，又见其书，且见其所处的时代，尤其论及"中国近代通史体系的推陈出新"，从20世纪30年代草创时期起述，至陈旭麓先生的《近代中国社会的新陈代谢》结题，条分缕析，眼界贯通，具见多年浸淫于中国近代史教学积累的心得，也让人领教了在实证功夫以外，沈老精于思辨、擅长综合的一面。后来，我又读《陈旭麓文集》第四卷"书信"中所收陈先生致沈老的书信，大约有四十多通，是收录人中最多的，从中能体会两人间亲切、质朴而坦诚的关系，也对沈老一些曲折艰辛的个人经历有所理解。

我近距离接触沈老，是在2007年夏天的末梢。那年9月21—23日国家清史编纂委员会在承德举办"国家清史纂修通纪学术研讨会"，沈老是与会者之一。茅海建老师是"清史·通纪"第八卷的撰稿总负责人，当时把我作为助手，也带去了承德。与会代表先在北京集合，然后集体乘车前往承德。去承德的大巴车上，我恰与沈老并排同坐，于是谈了一路。沈老热情，对晚辈毫无架子，而且健谈，聊到陈先生的往事，也聊到自己的研究。沈老写过慈禧太后传记，在车上兴致勃勃地谈起庚申之变，英法联军入京，慈禧第一次西逃的路线，随处指点窗外的沿途景物，对从京城到热河这一路宫廷的衣食起居尤其津津乐道。我大半时间都是恭听，偶然插嘴。一路听之忘倦，不觉已到承德。

清史纂修通纪研讨会在承德锦江文冠饭店举行，会上重点讨论清史通纪的撰写思路、通纪的大纲，召集人是戴逸先生，除了通纪各卷的撰稿人，还请来不少近代史学界的老辈学者，印象中有胡绳武、王戎笙、王思治、张振鹍诸先生。沈老作为“清史·传记·光绪朝（上）”卷负责人，在会上也有发言，发言内容已不复记，我只是对清史纂修之艰苦繁难更深一层了解，也对勇于承担其难的各卷负责人更多了一层敬佩。开会时沈老全神贯注，而少见疲态，发言则抑扬顿挫、侃侃而谈，在这个以老人为主角的会议上，如此神采奕奕，让人感到一股特别的生气。而会后休憩之际，我在沈老的房间里，看到他从冰箱中取出自带药物，熟练地在手臂上自行注射，心下暗生讶异：原来沈老身体并不如想象的那么好，他是带病来参会的。沈老带着爽朗的笑解释说：“现在每次出门开会都要带药，要是宾馆房间没冰箱就麻烦了，我就来不了了。幸好这个宾馆有冰箱。哈哈！”附带可一提的是，也是在这次会上，我第一次见到了杨国强老师。在宾馆房间，茅老师指着我，对杨老师说，这个学生以后让他去上海社科院，跟着你学。杨老师说，好啊，可以让他来近代史室。2009 年，我从北大历史系毕业，真的入职上海社科院历史研究所近代史研究室，也是前后脚的关系，杨老师刚好由社科院转往华师大历史系工作，缘悭一线，终究没能造膝堂前，从容问学，尤感为憾事。

2007 年 9 月 23 日摄于承德避暑山庄，左起：谢俊美、杨国强、沈渭滨、茅海建

承德会议结束后，主办方安排了与会代表参观避暑山庄。山庄面积很大，而多山路。茅老师嘱我注意照顾沈、杨诸老。而沈老一路兴致颇佳，上下车、过桥、爬阶，都是健步在前，不要旁人搀扶。作为弟子，我并未能尽服其劳，名义上沿途随侍，实际倒是抓拍了不少照片，其中有一张沈渭滨、谢俊美、杨国强、茅海建四位老师在山顶的合影，可谓“陈门第一代”的纪念照，感觉颇有意义。回京分别后，我将沈老的个人照及一些合影洗出，寄往上海。没想到，过不多久，就收到回信，沈老赠我一册其成名作《孙中山与辛亥革命》，扉页有题签：“海斌老弟雅正　沈渭滨　〇七年上海。”书中内夹了一页附纸及名片，附信用“复旦大学”信纸，文如下：

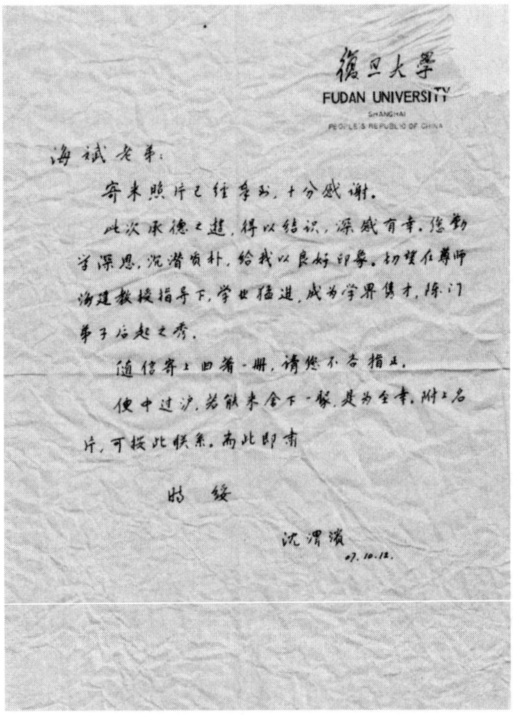

海斌老弟

寄来照片已经奉到，十分感谢。

此次承德之游，得以结识，深感有幸。您勤学深思，深潜质朴，给我以良好印象。切望在尊师海建教授指导下，学业猛进，成为学界隽才，陈门弟子后起之秀。

随信寄上旧著一册，请您不吝指正。

便中过沪，若能来舍下一聚，是为至幸。附上名片，可按此联系。耑此即肃

时绥

沈渭滨

07.10.12

全信用非常工整娟秀的钢笔楷体书写，而用语极为歉抑、恳挚。我知道这是沈老对一位后进青年的关心和鼓励，是不敢当的，愧领之下，只觉得要孚沈老之望，还要做很多努力。又深感沈老待人态度之至诚、仪范之周到，暗叹老辈自有不可及处。

两年后，我博士毕业，到上海工作。和沈老就在同城，因生性疏懒，畏于见人，竟未前往探望，未能讨教学问，亦无从领略其著名的“七宝老宅”风采。只是2012年4月15日，在一次朋友的婚礼上，与沈老有第二次见面的机会。新郎是一位日本年轻学人，新娘则是复旦历史系毕业的博士，两位都是友人，沈老则作为女方证婚人到场。犹忆当时气色

尚佳，说话还是那么中气十足，致辞精彩，意味深长，而语带诙谐，引起全场笑声和掌声。婚宴间，我趋前请安，问沈老“您还记得我吗?”沈老定睛看我，然后连声说：“当然！当然！一起在承德开会的海斌老弟嘛！哈哈！”我心中暗愧。婚宴上人声鼎沸，而沈老当时听力已有问题，我不敢多扰，简单问候后，便告退了。

2015年4月，惊闻沈老魂归道山，伤悼之余，又有些黯然。重新翻出沈老的赠书和附信，再读时已有不同的意味。沈老追悼会那天，正逢本单位公派外出到贵州兴义，不克前往，深以为憾，遂记下与沈老交往的几个片段，聊寄哀思。现在我每想起沈老，脑海中常常会浮出陈旭麓先生写给沈老信中的一句话：“道路是艰辛了点，艰辛却也会给人以深沉。”（1987年5月15日）沿着师门前辈开拓的足印，这样的道路，我们毕竟还要继续走下去。

（戴海斌　复旦大学历史系副教授）

我与沈老的学术会议师生缘

徐锋华

大概十年前，我还是一名硕士生的时候，就经常听朋友提及沈渭滨先生的大名，心中惟有无限景仰之情。那时我正在备考复旦大学的历史学博士，对历史系诸先生的论著多少有所涉猎，沈老的《中国近代史·导读》和《困厄中的近代化》也给了我很多启发，但当时我的研究方向是经济史和金融史，并没想到后来的研究能与沈老产生交集。2006年8月底，承蒙复旦大学历史系不弃，我如愿以偿地进入这所江南第一学府深造。不过，当时沈老早已经退休，不再开设课程，印象中从没能在系里碰见过，所以也没有机会当面请教。

2006年底，我一边选修各种公共课和必修的专业课，一边为自己的博士论文寻找合适选题。有一天，在历史系的资料室里，无意中翻到一本《上海市档案馆馆藏档案目录》，发现里面有中国福利会的卷宗，它是一个比较重要的社会团体，而相关的学术研究并不多见。再进一步检索，才知道其前身是保卫中国同盟，1938年由宋庆龄在香港创立，抗战胜利后，于1945年底迁到上海，新中国成立之后改组成为人民团体的一员，并延续至今。当时我的博士生导师是张济顺教授，其研究特长是上海社会史，我觉得这个选题比较接近，而且可以从近现代一直做到当代，打破以1949年为界限的人为分期，既不荒废自己的旨趣所在，又能兼顾学界新兴的热点和显学趋势。

不曾想，正是因为这个选题，使我这个后辈末学有机会接近沈老这位史学耆宿，并得到他毫无门户芥蒂的耐心指导，受益终生。

上海是宋庆龄的出生地，也是中国福利会的所在地，因此，对宋庆龄的研究非常重视，开展得有声有色。上海宋庆龄研究会、中国福利会、孙中山宋庆龄文物管理委员会、宋庆龄故居和宋庆龄陵园等单位经常合作，举办相关的学术会议，以期推动、增强、加深对宋庆龄的研究工作。沈渭滨先生是上海的史学名家，应邀担任上海宋庆龄研究会副会长，并经常作为学术顾问，来把住这个重要的质量关。我加入到这个研究队伍后，先后写了3篇有关宋庆龄的论文，并提交到相关的研讨会进行交流，从而与沈老结下了一段难忘的学术会议师生缘。

第一次是在2007年10月，宋庆龄基金会和中国福利会主办“宋庆龄与和谐社会”国际学术研讨会。我以一个初学者的心情，诚惶诚恐地提交了一篇小文章《政缘VS血缘：抗战时期的宋庆龄与蒋介石》，庆幸的是，不久收到孙宋文管委黄亚平主任的邮件，邀请出席这次高规格的会议。当天一早，我兴冲冲地从复旦北区宿舍赶到会议地点中国福利会少年宫，在那座闻名上海滩的大理石大厦，我第一次见到沈渭滨先生，他正在做主题发言。具体内容记不太清楚了，大意是说宋庆龄研究的重要性，以及如何从学术性出发增强研究力度。沈老身材瘦小，但精神矍铄，讲话抑扬顿挫，很有感染力，给我留下了非常深刻的印象。

我虽然很想上前表达请求指教之意，但由于座位隔得较远，而且有一大帮老朋友在和沈老叙旧畅谈，只好耐心等待机会。说来有趣，我和沈老的第一次正式见面，竟然是在卫生间。当我正想着如何去打招呼时，沈老突然走了进来，我赶紧说：沈老师您好！我是复旦大学历史系的博士生。沈老认真听了我的名字和论文题目后说，你这个选题有点新意，但论述不够有力，资料上也还有所欠缺。显然，沈老在审稿时已看到了我的文章，但我惊讶的是六十多岁的沈老居然还有如此清晰的记忆力。

接下来的会议中，我又趁沈老有空时请教了几个相关问题，沈老都仔细解答，最后还把家里电话告诉我，说随时可以联系。如今电话虽在，然而那头却再也不会响起沈老的声音了，思之令人不禁潸然。遵照沈老的建议，我将论文认真修改，最后收入胡春惠、唐启华主编的《两岸三地历史学研究生研讨会论文选集》，2008年由台湾政治大学历史学系和香港珠海书院亚洲研究中心联合出版。在沈老的鼓励下，我坚定了以此选题继续做博士论文的信心。

第二次是在2011年5月，上海宋庆龄研究会和中福会等机构联合举办“宋庆龄及其时代”国际学术研讨会，孙中山先生的孙婿和曾孙都出席大会，与会的研究人员也大多是海内外名家。此时我已于2009年博士毕业，进入上海社会科学院工作，博士论文已经完成但尚未出版，趁此良机，将一些新的想法写成《“党外之党员”——宋庆龄与国共两党关系新析》一文。沈老看了后，说选题非常新颖，角度也很特别，是别人没有想到过的，同时指出个别表述的欠妥之处。30日，作为大会主题交流的几篇论文之一，我在青松城会议中心四楼劲松厅做了报告，得到点评人盛永华老师及一些前辈专家的肯定，在个人的学术进路上收获满满。

论文经修改完善在《史林》发表后，相继被《文史参考》、《作家文摘》和《中华文摘》等转载，在海内外产生了一定影响。就在这一年，我的博士论文《身份、组织与政治：宋庆龄和保盟——中福会研究（1938—1958）》获得上海市第24届哲学社会科学学术著作出版基金资助，沈老得知这个消息后，也很为我感到高兴。

第三次是在2012年12月，我任职的上海社科院历史研究所主办“1949年以来的上海”国际学术研讨会，这次会议也表明本单位开始重视对当代史的研究。我提交的论文是《延续与转型：建国初期的中国福利会》，轮到我发言时，沈老在台下专注倾听，并与负责点评的马长林研究员一起，肯定了文章的意义，但指出应加强分析中福会和上海的关系和论述其利弊及长远影响，我虚心地接受了意见。分场讨论一结束，沈老马上对我说，这篇文章可以推荐到《孙中山宋庆龄文献与研究》发表，该刊稿酬非常高，而他恰好是编委之一。或许是沈老不知从哪听说了我那时有点家庭困难，特意表示关心吧。惭愧的是，我居然没有领情，现在想来实在有负沈老的一番好意。因与会的孔令琴老师对论文也颇感兴趣，所以投到《华东师范大学学报》去发表了，这是本单位承认的核心刊物，后来正是因为有这一篇达到数量要求我才评上了副高职称。文章刊出后，被《作家文摘》转载，并被2014年第2期的《中国社会科学文摘》列为推荐论文。

在研讨会最后的圆桌会议上，王家范先生和沈老等几位上海史学大家做了主题发言，由我负责录音并整理。沈老提出了三点看法：1. 史料是我们研究历史的根本，这个问题如果不解决，历史研究是没有办法前进的。2. 上海史将来的发展是大有可为的。3. 应历史地对待上海文化中的某些被人称道的东西。最后，他认为，“敢于领先，敢于创新”才是上海文化的城市精神，而并非“海纳百川，有容乃大”，因为那是每个移民城市所共有的。沈老发言的主要内容在《社会科学报》有相关报道，后来又全文刊登在《上海学》一书中，对有志于上海史研究的后辈年轻学者具有一定鼓舞和指导作用。

就我个人来说，与沈老的这三次会议结下的学术缘，对我在学术道路上的影响非常大，特别是每当遇到挫折、失败和不理解时，沈老的鼓励和安慰总是能让我振作起来继续前进。他对每一位前来问学的年轻人都一视同仁，不论其学历、师承甚或学派，都会诲人不倦地进行传道、授业、解惑，对待学生既不是毫无原则的护犊心切，也不把学生当廉价劳动力，更不会故作清高而刻意保持距离，这正是大师级学者的前辈风范。复旦能将身为中学教师的沈渭滨引进，体现了名校的大学气度，而沈老用自己的道德文章和言行品格，证明了自己无愧于复旦名师的称号。值得庆幸的是，我到上海学习、工作后，从复旦、华师大、社科院像沈老这样的老师们身上，学会了很多东西。

沈老永远离开了我们，这不仅是我个人的损失，更是整个学术界的损失。但正如王孝俭所说，像沈老这样的老先生，仍会如韩愈所云，“行之乎仁义之途，游之乎诗书之源，无迷其途，无绝其源。”惟当如此，学界才能薪火相传，历久弥新，中国的学术也才会更有希望。

沈老，一路走好！

（徐锋华　上海社会科学院历史研究所副研究员）

追忆沈渭滨先生

袁 哲

2015 年 3 月 24 日，沈先生因病住进中山医院重症病房。师母汤先生说这一次这一关很难挺过去了，医生判定肝癌晚期，只是等时间。这个消息让我讶异，我难过得说不出话来。隔着玻璃窗看着沈先生疲惫地躺在床上，我拼命忍住眼泪。汤先生把我推到窗口，说“你喊沈老师，让沈老师看到你的脸。”我隔着窗户喊沈老师。沈先生听到我的喊声，缓缓扭过头来，运足一口气，声音依旧浑厚，笑着说“你来了！你一切都好吗？平田好吗（先生清晰地记着我丈夫的姓氏）？宝宝好吗？你的研究好吗？你瘦了！”我因为极力控制不争气的眼泪，对沈先生一连串关切的问题，只能不停地点头回答“好，好，我一切都好！”沈先生是一个具有新思想、新文化、新理念的传统文人，先生一生把为人师表做到了极致。即便是卧病在床，和学生讲话依然是铿锵有力，仍然关心着学生的事业、家庭甚至身体健康。沈先生说完这些话之后，几乎再没有力气说更多的话，微闭着眼睛，非常疲惫。30 分钟的探视，沈先生把全部的谈话气力都给了我这个非亲非故的学生，对自己的家人只有默默凝视。

尽管我不愿意想也不愿意承认，但我必须接受命运留给沈先生的时间已经非常有限这个事实。所以只要有机会，我就去中山医院探望先生。我很明显地感觉到沈先生的身体在迅速衰弱，说话一次比一次少，每次探视赶去医院看望沈先生的学者也越来越多。4 月 13 日，我再去中山医院，探视时间结束我随先生家人一起离开时，看到先生目送我们离开，眼神那么安详又那么疲惫。4 月 16 日，我打电话给师母汤先生，听说这一天沈先生精神比前几天好些，来了很多人，沈先生说了很多话。听到这个消息，我深深地松了一口气。万万没有想到，4 月 18 日凌晨，沈先生就走了。这个噩耗让我异常难过，沈先生的音容笑貌浮现眼前，历历在目的往事仿佛就发生在昨天。

我第一次见到沈先生是在读硕士期间。当时沈先生兼任东华大学的客座教授。沈先生

第一次来上课时，我们听说沈老师来讲课大家都异常兴奋。沈先生那一天穿了一件灰格呢西服，戴着一顶八角帽，手拄文明杖，精神矍铄，神采奕奕。沈先生一开讲，我们完全被先生神采飞扬的演讲震撼。几乎每一句话都有典故，每一个观点都有史料依托，逻辑缜密，引人入胜，抑扬顿挫，一堂课里我们恍惚游离在大清朝和社会主义新中国之间，亦古亦今，有史有论。沈先生每一次上课就是一场慷慨激昂的讲演。不仅演说精彩，板书更是堪称艺术。工整的楷书，从左至右竖行书写，一节课下来，就是一个条理分明的提纲，如果补充材料和观点，即可成文。如果上过沈先生的历史课，就可以形象地理解什么是出口成章提笔成文。只有沈先生这样的大师才有这样的功力。同学私底下总是谈论，沈先生就是从历史书里走出来的大师。沈先生的课堂、沈先生的文章、沈先生的师表，就是我们想象中典型的中国传统文人。

沈先生不仅课讲得精彩，沈先生的著作更是史学研究的经典。沈先生的《蒋廷黻著〈中国近代史〉导读》被日本东京大学法学部列为中国史研究必读书目之一。沈先生对慈禧的研究，对道光年间的研究，都可谓是相关研究的开山之作。除了历史研究，沈先生对艺术对体育都有极大的热忱。记得有一届足球世界杯，沈先生为了看决赛彻夜不眠，还跑到朋友的别墅去看。我好奇地问为什么要去朋友家，沈先生说一来半夜看球要大喊助威，朋友的别墅不会吵到邻居，二来看球要男人们聚在一起看才有气氛。听着一番回答，我心里暗想沈先生真是一位多才多艺的老顽童。

沈先生亲自指导我的研究是从2005年开始。我的每一次论文的选题，都要向先生请教。大到确定研究领域小到行文布局，沈先生都会不厌其烦地答疑解惑。我的论文请先生指正时，先生总是在每一页的空白处，整整齐齐而又密密麻麻写满修改意见，可先生总是谦虚地说只是建议。先生一再教诲我："历史研究一定要严谨，一定要规范，一定要在研究起步时养成良好的习惯。"在我刚开始写学术论文时，先生甚至会核对我的论文的注释，遇到有出入的地方，标记出来让我自己查验。给先生过目的论文，必须按照发表论文的格式写。开始时，先生这样严格的要求让我很紧张，可是几年下来，我确实获益匪浅。沈先生做历史研究，特别强调融会贯通。总是提醒我，历史研究必须要有一个研究坐标。纵向要关注已有成果甚至要展望研究趋势，横向要关注中外研究，自己的研究要放在横向坐标纵向坐标的中间。十年来沈先生一直关心着我的研究，可是每一次沈先生和我讨论之后，都会一再强调，他的意见仅供参考，必须要以我在学校的导师的意见为大。论资历沈先生是我导师的老师，我的导师对沈先生也是格外的敬重，可是沈先生就是这样一位谦虚、严谨、不计得失的大师。

我应该算是沈先生身边年龄最小的学生，先生总是把我当做自己的女儿一样对待。我结婚之前，每逢节日都是在先生家里欢度。中秋节吃完晚饭后，沈先生、师母汤先生和我三人一起在七宝古镇的茶馆里喝茶、吃月饼、赏月，先生讲讲年轻时的趣闻轶事，偶尔沈先生和汤先生还会故意斗嘴取乐。每年元旦，沈先生、汤先生和我三人一定会围坐一起吃火锅，我出生在内蒙古，爱吃羊肉和粉丝，沈先生每次一定会为我特意准备羊肉，一边吃一边又会大谈粉丝的制作流程，先生说得起劲我则吃得起劲。每年秋天，我又会在沈先生家里吃大闸蟹，每一次汤先生总是第一个吃完，我第二个吃完，沈先生总是最后一个吃完。沈先生吃大闸蟹吃得很精细，然后一边吃一边告诉我们吃蟹是要品的。端午节一起吃肉粽时，沈先生常常会讲起一些年轻时的往事。每当提及曾经遭遇的坎坷和磨难，先生就像在讲别人的故事，平和中娓娓道来，时不时还要调侃自己几句。我想只有沈先生这样的智者才有这样的气度和胸怀。

沈先生关心我的研究，关照我的生活更关怀我的成长。我准备考复旦大学的博士时，沈先生积极帮我推荐。得知我被复旦大学历史学系录取后，沈先生的喜悦程度甚至超过了我自己，特意吃饭庆祝。我博士毕业要找工作了，先生又格外着急，拄着拐杖帮我去打探消息。得知我在东华大学历史研究所任教后，先生特别欣慰，提醒我站上讲台首先自己要自信。工作之后，先生一直担心我的婚姻大事。总是说："你要出去，多参加活动，你不和社会接触，怎么找到另一半呢？我说你不食人间烟火，不是夸奖你，是督促你呢！"沈先生见我迟迟没有行动，更着急了。有一年劳动节，沈先生带着我去和他在七宝文化界、商界的朋友们一起喝茶，然后请他的朋友们帮我介绍男朋友。后来，得知我有男朋友了，沈先生说他要看看这个男孩子，要和他对话。沈先生总是说选择另一半，人品是首要的。第一次和我先生见面时，沈先生郑重地对我们说："夫妻两人是一辈子的伴侣。所以一定要相敬如宾。"后来，沈先生的这句"相敬如宾"，也就成了我和我先生的相处准则。对我而言，沈先生不仅是老师，更是一个爱护孩子的长者。

沈先生的所有时间所有经历全部都投入到历史研究中，生活起居完全依靠汤先生。谈学问的时候，沈先生总是提纲挈领游刃有余，可遇到生活琐事经常会闹笑话。记得有一次闲聊，沈先生一边比画一边说"现在的浴液越做越差，以前的浴液用手一按就会出来，现在怎么按都按不出来。"我说："不会吧？"正在疑惑时，汤先生在一旁淡定地说："那是一瓶新的浴液，我还没有打开。"我们三人哈哈大笑。沈先生总是忘记按时吃药，汤先生特意为此设定了电话提醒。每到吃药时间，电话响起，听筒里是机器设定的提醒吃药的话语。沈先生每次都非常认真地听完，然后客气地说一声“谢谢”再挂断电话。我只要碰到电话提醒，就忍不住告诉沈先生这是机器设定的录音，并没有人打电话。可是沈先生仍然坚持每一次客气地说一声“谢谢”。后来，我忽然明白，这就是沈先生的生活态度，这就是中国读书人知书达礼的体现。

沈先生是名副其实的孙中山研究专家。再读沈先生的《孙中山与辛亥革命》(增订本)一书，先生在后记里写：“我是在疲惫中写这篇后记的。看来，今后像这类急迫的写作任务真的不能再干了。余生有限，还是悠着点好。”每次读这一段话，我都忍不住流泪，我可以想象得出沈先生完成这部书稿时的疲惫和欣慰。看着书架里沈先生呕心沥血的一本本研究成果，每一本的扉页都有沈先生的签名，我为先生的离开而难过不已也惋惜不已。沈先生虽然离开了我们，但是沈先生的思想、沈先生的研究成果必将世代流传。看着沈先生的照片，我觉得先生从来没有走远，先生和我聊天的声音清晰地回响耳畔。先生常说：“师生之间，要以诚相待。首先老师要真心真意地对待学生。要多和学生交流，这样学生才会亲近老师，教和学才会相长。我是这样对待学生的，如果你以后有了学生，你也要这样对你的学生。”沈先生就是这样以诚待我，甚至把我当作亲人，而我却无从回报。沈先生和我的这份师生情谊让我终身受益，更让我终身怀念。

2015年4月22日，沈渭滨先生安详地躺在花丛中，电子屏幕里循环播放着他生前演讲的结束语：“今天的课就到这里，谢谢大家！”用这样的方式和大家告别，的确是再合适不过。沈先生一生无职无权，可是赶来送沈先生最后一程的人挤满了整个大厅，大厅里实在站不下，很多人站在门外的走廊悼念、低泣。这样的场面，让工作人员都吃惊，一位工作人员悄悄问我：“这位先生是复旦大学的什么大人物？怎么这么多的人？”我流着泪告诉那位工作人员，沈先生是复旦大学一位学问高深、人品贵重、铮铮铁骨的大人物。

（袁　哲　东华大学历史研究所讲师）

先说服我再做研究

费志杰

沈渭滨老先生仙逝已近一年，与先生的交往仍历历在目，如在昨日。能和沈先生相识得益于奚纪荣老师的推荐，奚老师是沈先生的得意门生，同时又是我们教研室主任，也是我博士指导小组的老师。2006年下半年的某天，读博第二年的我，通过电话事先沟通之后，和沈老师约好下午三点在他家中见面，请教博士论文提纲的修改意见。沈老师担心我找不到家门口，事先详细告诉我坐公交车到站后过1号桥右手第二个门进小区。由于从五角场到七宝镇距离比较远，我怕影响沈老师的其他安排，吃过中饭就匆匆出门了。那时还没有十号线地铁，得先坐公交车817路到火车站，坐上地铁三号线到漕宝路，出站后在八院对面坐上92路公交车到了富强街下车再往回走，快进小区时，一看表时间已超过了十分钟。深感自责的我，一路小跑冲到三楼敲开门一问，结果不是沈老师家，原来我把楼栋号搞错了。最后终于满头大汗地见到沈老师时，已迟到了二十多分钟，我挠着头直说不好意思。这是我第一次见到沈老师，近七十高龄的他在电话中声音就非常洪亮，而真正见到沈老师时，却发现他看上去比想象中的还要年轻。虽在自己家中，他头发梳得也非常整齐，穿着一件白色的确良衬衣。看到我的狼狈样子，他笑笑，不仅没有责怪我迟到，反而递上纸巾让我擦汗，还热情地招呼我坐在茶几边。我寄给他的博士论文提纲连同信封就摆放在茶几上，上面是密密麻麻的小楷。

实际上，我的博士论文题目早就定好了，在导师的主持下，我有两三个题目可以选择。为了找一个有价值而且能做的题目，在征求很多老师意见之后，最后确定了“近代尚武思潮”。收集资料差不多花去了半年多的时间，已经把论文提纲细化到了五级，自认为比较成熟。但之前奚老师曾经提醒过我，最好还是听听沈老师的意见。沈老师是研究近代军事史的大家，我当然不敢拿未经深思熟虑的题目去请教。我已看过主要资料，如果沈老师问几个问题的话，我想还是应该能应付的。师母汤老师为我沏了一杯清茶后，就躲到书房里忙自己的事去了。略略有些自信的我，坐在沙发上，开始听沈老师的意见。

“坦率地讲，我认为你不应该做这个题目”。沈老师开门见山的第一句话，就让我感到头上被泼了一大盆冷水。先前的自信早无踪影。这样说来难道我一年多来的工作全都白费了吗？我十分不甘心，壮着胆子想反驳沈老师，毕竟我也是做了点功课的。我搬出了很多老师赞同我研究此题目的意见，在我的心目中他们可都是如雷贯耳的人物，想必沈老师也知道他们的。我还说到与此题目有关的较权威的论文和专著，说到这份提纲可是经过复旦几位老师修改的。我自信这些足以影响沈老师的看法。没想到，沈老师说，“别人怎么认为并不重要，我个人认为中国近代没有形成尚武思潮。如果你非要做这个题目也可以，但是，你先说服我再做研究”。本打算请教沈老师关于尚武思潮如何研究，结果被沈老师全盘否定，我当时大脑一片空白。沈老师又说了些什么都记不清了，只依稀记得他建议我改做蔡锷军事思想研究。到了快吃晚饭的时间，我再不敢打搅沈老师，简直落荒而逃。

回到家之后，我把自己关在房间中，仔细想沈老师的话。为什么别的老师都说这个题目有价值，而沈老师却认为我不应该做呢？沈老师毕竟是近代史研究大家，到时我的论文如果被专家“枪毙”掉，我不就惨了么！我开始从网上购买《蔡松坡集》，搜集相关论文资料，尝试罗列研究提纲。忙活了几天之后，我又开始琢磨，如果把原先的题目直接否掉，岂不是没办法向导师组的众位老师交待？而且也担心新题目的资料收集时间来不及。辗转反侧了好长时间后，突然有一天，我茅塞顿开。沈老师认为近代史上没有形成尚武思潮，我想做研究的话，要证明给他看。如果我真能证明给沈老师看，岂不是就把问题解决了吗？兴奋之余，我立刻扎到图书馆。可是，在图书馆中寻找了好长时间，也不知从何下手，百无聊赖中，我翻起一本《近代期刊篇目汇录》。看到当年的报刊文章中发表的文章，有不少是讨论军国大事的，眼睛一亮。既然当时的人们都在关心军国大事，不就说明人们具备尚武精神么？我马上坐下来摘抄与尚武有关的文章题目，结果抄了一天，不过才抄了几页而已。后来发现这是一套书，三卷本共计六册，记载了 495 种期刊 11000 多期的文章题目，将近有 40000 篇文章，要从中筛选出与尚武相关的文章，工作量可不小呢。清晰地记得，从复旦历史系资料室借来六册书，在家中从早忙到晚，密密麻麻的表格中，详细记录着杂志的名称，文章的题目，最后再计算出文章的数量。暑假的时间全都耗在统计尚武文章情况上了，虽然我不知道这种方法究竟能不能证明给沈老师看，但我知道，这是我唯一可能得出结论的途径。最后，我还请夫人一起帮助用 EXCEL 表格进行计算。当看到计算结果时，几乎是一阵狂喜，居然从近代期刊刊载的文章题目中发现了规律。所有相关统计数据曲线的关键点或峰值都与中国近代史尤其是革命斗争史高度吻合，可以大概判断出中国近代史上确实存在尚武思潮，在62年的期刊发展中，体现出一定的发展轨迹和脉络。我兴奋地把这个“石破天惊”的结论，打电话告诉了沈老师。沈老师在电话中，对我利用近代期刊篇目进行统计提出表扬，说这是以实证的方法进行史学研究。不过，口说无凭，要真正看到我写出的论文，他才能给出结论。面对沈老师的严谨与认真，我想，反正我已经把自己说服了，或许这个证明题答得不是很圆满，但毕竟有了一个看似不错的答案。把沈老师给我的这道“证明题”做完，距离博士毕业已经不到一年了。我的大脑时刻处在沈老师的拷问之下，如期拿出了24万字文初稿。我想应该首先让沈老师看看这份答案符不符合他的要求。在博士预答辩之前，除了自己的导师，第一个就快递给了沈老师。为了争取能够比较放心地交出去请专家盲评，我还小心地向沈老师提出了请求，“方便的话，请您尽快给学生提些修改建议”。万万没想到，沈老师三天后就主动联系我到他家去。看到沈老师在我厚厚的论文上留下的工整小楷，我深感敬佩，尤其是后来知道沈老师的眼睛不太好，为了完成我的“要求”，常常用眼过度。直到现在我都惭愧不已。后来我的博士论文得以顺利通过，先后有四位专家给出了优秀的成绩，他们的评议中大部分都集中在我经过艰苦工作得出的分析数据。要不是当年沈老师给我泼的一盆冷水，恐怕我的博士论文能否通过都是问题。

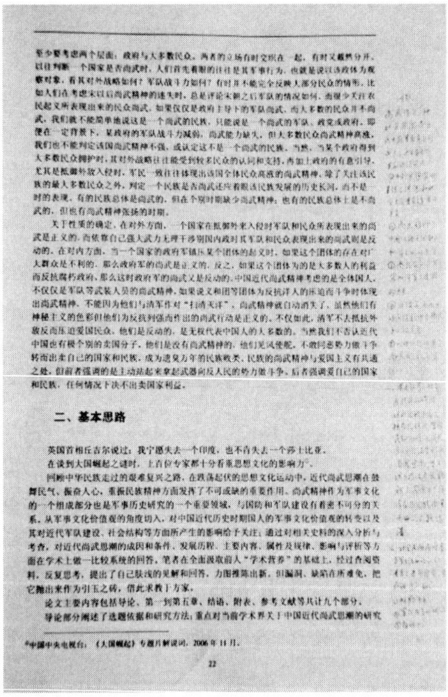
至少要考虑两个层面：政府与大多数民众。两者的立场有时交织在一起，有时又截然分开。以往判断一个国家是否尚武时，人们首先看到的往往是其军事行为，也就是说以该政体为观察对象，看其对外战略如何？军队战斗力如何？有时并不能完全反映大部分民众的情形。比如人们在考虑宋以后尚武精神的迷失时，总是评论宋朝之后军队的情况如何，而很少关注农民起义所表现出来的民众尚武。如果仅仅是政府主导下的军队尚武，而大多数的民众并不尚武，我们就不能简单地说这是一个尚武的民族，只能说是一个尚武的军队、政党或政府。即便在一定背景下，某政府的军队战斗力减弱，尚武能力缺失，但大多数民众尚武精神高涨，我们也不能判定该国尚武精神不强，或认定这不是一个尚武的民族。当然，当某个政府得到大多数民众拥护时，其对外战略往往能受到较多民众的认同和支持，再加上政府的有意引导，尤其是抵御外敌入侵时，军民一致往往体现出该国全体民众高涨的尚武精神。除了关注该民族的最大多数民众之外，判定一个民族是否尚武还应着眼该民族发展的历史长河，而不是一时的表现。有的民族总体是尚武的，但在个别时期缺少尚武精神；也有的民族总体上是不尚武的，但也有尚武精神张扬的时期。

关于性质的确定，在对外方面，一个国家在抵御外来入侵时军队和民众所表现出来的尚武是正义的，而依靠自己强大武力无理干涉别国内政时其军队和民众表现出来的尚武则是反动的。在对内方面，当一个国家的政府军镇压某个团体的起义时，如果这个团体的存在对广大群众是不利的，那么政府军的尚武是正义的；反之，如果这个团体为的是大多数人的利益而反抗腐朽政府，那么这时政府军的尚武又是反动的。中国近代尚武精神考虑的是全体国人，不仅仅是军队等武装人员的尚武精神。如果说义和团等团体为反抗洋人的压迫而斗争时体现出尚武精神，不能因为他们与清军作对“扫清灭洋”，尚武精神就自动消失了，虽然他们有神秘主义的色彩但他们为反抗列强而作出的尚武行动是正义的。不仅如此，清军不去抵抗外敌反而压迫爱国民众，他们是反动的，是无权代表中国人的大多数的。当然我们不否认近代中国也有极个别的卖国分子，他们是没有尚武精神的，他们见风使舵，不敢同恶势力做斗争转而出卖自己的国家和民族，成为遗臭万年的民族败类。民族的尚武精神与爱国主义有共通之处，但前者强调的是主动站起来拿起武器向反人民的势力做斗争，后者强调爱自己的国家和民族，任何情况下决不出卖国家利益。

二、基本思路

英国首相丘吉尔说过：我宁愿失去一个印度，也不肯失去一个莎士比亚。

在谈到大国崛起之谜时，上百位专家都十分看重思想文化的影响力①。

回顾中华民族走过的艰难复兴之路，在跌宕起伏的思想文化运动中，近代尚武思潮在鼓舞民气、振奋人心，重振民族精神方面发挥了不可或缺的重要作用。尚武精神作为军事文化的一个组成部分也是军事历史研究的一个重要领域，与国防和军队建设有着密不可分的关系。从军事文化价值观的角度切入，对中国近代历史时期国人的军事文化价值观的转变以及其对近代军队建设、社会结构等方面所产生的影响给予关注；通过对相关史料的深入分析与考查，对近代尚武思潮的成因和条件、发展历程、主要内容、属性及规律、影响与评析等方面在学术上做一比较系统的回答。笔者在全面汲取前人“学术营养”的基础上，经过查阅资料，反复思考，提出了自己肤浅的见解和回答，力图推陈出新。但漏洞、缺陷在所难免，把它抛出来作为引玉之砖，借此求教于方家。

论文主要内容包括导论、第一到第五章、结语、附表、参考文献等共计九个部分。

导论部分阐述了选题依据和研究方法；重点对当前学术界关于中国近代尚武思潮的研究

①中国中央电视台：《大国崛起》专题片解说词，2006年11月。

22

沈老师在我博士论文页边留下了用铅笔书写的密密麻麻工整小楷，其间不仅有他对论题的真知灼见，更展现了老一辈史家对后辈的提携、一位史学大家严肃认真的工作作风与严谨的学风，实在值得后辈景仰

作为一个进入史学领域不长的人来说，在沈老师这样的大家面前，我连个小学生都算不上。论师承，我也是沈老师学生的学生。但沈老师在一个陌生的学生面前，却从来没有摆过任何老资格，是那么的平易近人，那么的热情率真。后来，在中山学社的论坛上，还见过沈老师几面。尤其是2011年那次，沈老师为与会者点评。那时他的身体状况虽然不是很好，拄着拐杖，却依然穿着整齐，胡子刮得比我们年轻人都干净，浑身上下也是一尘不染。他的点评是最有料的，相信也是学社会员们最为期待的。他对大家的论文一视同

仁，不管是史学大家还是年轻学子，往往是先表扬一番，接着就毫不客气地点出问题所在，每每都切中要害，让人如醍醐灌顶般受教。

沈先生猝然离去，还有许多工作未能最终完成。希望在以后的日子中，我能在完成先生遗愿、发扬先生学术等工作中发挥些作用，那样也算对得起先生的教诲。

（费志杰　南京政治学院上海校区副教授）

深切怀念可敬可爱可亲的沈渭滨老师

宋时娟

尽管已经知道沈老师的病况很严重，昨天好友告诉我老人家走了的时候，我还是有点意外。可敬可亲可爱的沈老师走了，悲伤难过之余，记忆如潮水般涌来，听沈老师的课、跟沈老师交往、得沈老师教诲和鼓励的往事，历历在目，纸短情长，无法一一讲述。随心随意拈来，只为深切的纪念和怀念。

初识沈老师，是上世纪末我在复旦读硕士研究生时，那时我选修了他的近代军事史课程。当时就觉得这个老师好有趣，身材不高，笔挺，头发一丝不乱向后梳着，穿着很讲究，颇有绅士风度，讲课时声音洪亮，没有多余的字词。说句实话，沈老师上课讲什么内容今天都忘得差不多了，唯有忘不掉的是他上课到一半，一定要抽支烟，说什么“赛过活神仙”。他一边怡然自得地当活神仙，一边和我们几个学生闲聊，说他如何从中学来到复旦当教授，令我等不免产生敬仰之情。

2000 年 7 月我参加工作以后，因为工作的关系，和沈老师交往很多。他给我的印象还是那么平易近人，常常提携后进，鼓励年轻人；他的坦率和其他种种真性情表现，又让人觉得他就是一个可爱的小老头；他和年轻人在一起时，总是以“老头子”自居，见面称呼我是“小姑娘”。“小姑娘”如今已迈入不惑之年，但可亲可爱的“老头子”却走了。

工作交往中的事情，印象比较深刻的是，沈老师作为上海宋庆龄研究会副会长，曾经给中学生们上过孙中山的科普讲座，非常受欢迎。他因为在学会内负责学术研究工作，曾经给宋庆龄研究会会员做过如何撰写学术论文的报告。沈老师口才一流，出口成章，讲起课来，没有人会打瞌睡，他把自己撰写论文的心得体会，毫无保留地教给大家。工作中的交往，在此不一一赘述。让我回到 2008 年 10 月我和沈老师一同赴香港参加“宋美龄及其时代”国际学术研讨会的有关情况吧！

通过参加这次研讨会，让我对沈老师的个人情况有了更多的了解。比如，关于沈老师的身体状况，第一次知道他患有糖尿病且很严重，到外地出差都要带着胰岛素，平时见到的沈老师都是乐观、健康的样子，根本想不到他的糖尿病如此严重。在飞机上，沈老师还对我说了很多他的家庭情况。比如，他是如何认识并追求师母的，讲到和师母结婚后，夫妻如何相敬如宾，如何幸福相处，说到开心时他还拿出随身携带的师母穿着礼服的照片给我看，当时我就想这位七十多岁的老头真是有爱而可爱呀。每个熟悉沈老师的人，都知道“老头子”有一位任劳任怨的贤内助，这位贤内助之所以任劳任怨，是因为沈老师的爱，因为他的“甜言蜜语”和外出拥抱一次、回家拥抱一次的无限浪漫。二老的幸福婚姻，颇得外人的羡慕和称赞。到了香港后，不喜欢用手机的沈老师要我第一个给师母电话报平安。那时候手机已经非常普及，可他老人家很“固执”，就是不肯用。说是不会用，其实是他不想用，觉得麻烦。

香港会议时与沈老师合影：左边为广州市社科院骆宝善教授

这次由香港珠海大学和斯坦福大学等多家机构联合举办的研讨会，是宋美龄去世后第一次国际学术研讨会。蒋介石孙媳妇蒋方智怡女士、宋子安小儿媳宋曹琍璇女士以及台湾妇联会的辜严倬云女士等均出席。由于会议提交的论文很多，同时有几个会场分组讨论，与会者根据兴趣可以选择到不同的会场听报告。这是我第一次参加规模如此之大的研讨会，再加上年轻，总担心报告做不好。报告前，沈老师就鼓励我说，年轻人就要多锻炼，说他以前做报告时也害怕，还说其他人也有那样的。后来沈老师专门来我所在那场听报告。临到我报告时，坐在台下的沈老师用手指着手表提醒我注意报告的时间，等我做完报告，回答完点评人和其他人的问题后，沈老师又在台下向我竖起了大拇指。沈老师的教导鼓励和肯定，让一个年轻人增长了信心和勇气。

我相信，很多和沈老师接触过的年轻人，都受到过他的鼓励和指导。我会一直记得这位有点可爱，令人可亲又可敬的小老头。沈老师，愿您在天堂一路走好！

（宋时娟　上海市孙中山宋庆龄文物管理委员会副研究员）

（曾发表于“澎湃新闻·私家历史”2015 年 4 月 20 日）

回忆与沈渭滨老师的一段交往

付清海

2015 年 4 月 18 日，沈渭滨老师去世了，初闻噩耗，心情极为悲痛。自 2002 年我到上海以来，身边已经有三位至亲的师长离我而去。2006 年春天，我刚参加工作，导师郭太风先生因一个很小的手术而意外去世。从此之后我就成了没有导师的学生，在学术上犹如一位忽然失去母亲的孩子，每当生活中有什么烦恼、学术上有什么想法就再也没有人沟通请教了，每当听到别人师门聚会，心中很是起伏。庆幸的是后来沈老师安慰我说："以后我就做你的导师吧。"2013 年，亦师亦友的邓正来先生在春节前几天病逝，我和几位同事一起为他操办了丧事。在龙华殡仪馆，当遗体推进火化室、电梯门即将关上的那一刻，嘟儿（邓老师的女儿）忽然声嘶力竭地喊"爸爸，爸爸，爸爸……"，但是电梯门还是无情地关上了，一刻也没有拖延，从此之后作为肉体的邓老师便消失了。嘈杂的大厅顿时静下来，只有嘟儿的哭喊声在回荡。2015 年也是一个春天，沈老师又走了，我没有见到他最后一面，他老人家说身体好一点的时候再打电话让我去他家聊聊的，这次他真的失约了。那天我不知道如何形容自己的心情，与沈老师交往的一幕幕不自觉地浮现出来。

沈老师带我踏入史学研究的殿堂

初识沈老师是在 2003 年夏天，导师郭太风先生说晚上带我和另一位同学去见一位学界前辈，晚上我们如约而至。在七宝古镇，我们见到了这位精神矍铄的老人，一副仙风道骨的样子。我们在沈老师的书房谈了 2 个多小时，沈老师给我们讲了很多历史治学的方法，要求我们读书时要有怀疑精神，对前人的研究要多问几个为什么，是不是这样的？历史研究时要有全局观，要从不同的侧面对自己研究的问题进行分析，这样才能够更透彻。

遵从沈老师的教导，我在研二的那年把主要精力都投入到历史学习与研究中。

沈老师给我们上了一堂生动的如何进行历史研究的课，将我带入了历史研究的殿堂，我也给沈老师留下了很好的印象。他后来说，我身上带着山东人特有的纯朴、诚恳，能吃苦、肯上进的品质，认为我是可塑之才，可交之人。2003 年 11 月，上海史学会、太平天国史学会、上海社科院等单位在上海南翔召开“东南社会与上海小刀会起义 150 周年国际学术讨论会”，沈老师是会议召集人。会议的筹备非常紧张，沈老师想让我去帮助他一起办会。恰逢我妻子当年考入东华大学读研，我们两人便一起前往。那是我第一次参加大型的学术探讨会，在会上我认识了很多史学界前辈，也见识到学术研讨会的热烈氛围，这些都给我以后的学术生涯留下了很深的印象。在协助会议过程中，我与妻子认真勤恳的表现再次得到沈老师的赞许。后来，沈老师多次在我导师面前表扬我，让郭老师好好培养。

小刀会起义研讨会结束后，我们马上面临着毕业论文开题，我苦于找不到合适的研究题目。沈老师知道后，约我到他家里。他语重心长地说，2005 年是同盟会成立 100 周年，中山学社将召开大型的国际学术会议，让我不妨围绕同盟会、资产阶级革命党做篇论文。后来我们谈到了光复会，沈老师认为这个题目可以做做，但要下功夫做出新意来。就这样，我从 2003 年开始着手研究光复会。毕业论文写成后经沈老师逐字逐句修改数遍，在毕业论文答辩中一炮打响，获得了评审专家的一致好评，并获得东华大学研究生优秀毕业论文奖。

东华大学中国近现代史硕士点，是郭太风先生一手打造的，后来郭老师邀请上海社科院熊月之、杨国强、周武和上海档案馆马长林、冯绍霆、邢建榕及复旦的沈老师等专家做客座教授，一时东华大学历史硕士点呈现出勃勃生机。沈老师每周为学生上一次课，这样我与沈老师接触的机会就更多了。在郭老师、沈老师的培育下，我的学业突飞猛进。在研二一年时间内参加了 5 次学术会议，发表了 6 篇学术论文。2004 年 8 月，中国第二历史档案馆、浙江社科院、安徽大学等单位召开“光复会成立 100 周年暨第二届浙江民国史研究学术讨论会”，会议委托上海中山学社推荐 10 位上海学者参加，我提交的论文，荣幸通过了中山学社专家们的评审。8 月，我与沈老师前往杭州开会，同行的还有廖大伟、戴鞍钢、谢俊美、邵雍等 8 位老师，他们都是我非常敬仰的学界前辈，这次开会让我有机会与他们有了当面请教的机会。后来我又在沈老师和郭老师的鼓励下，参加了在绍兴召开的“光复会成立 100 周年学术研讨会”，在上海召开的“同盟会成立 100 周年国际学术研讨会”，在沈老师的指导下我一步步成长起来。

游离出史学研究的圈子，让他失望

相聚的日子总是很短，东华大学研究生学业很快结束了。面临毕业，何去何从，我与沈老师、郭老师的希望不甚相同，他们都要求我读博，鼓励我继续从事历史研究，甚至沈老师还亲自出面帮我询问复旦和华师的招生情况，帮我联系导师。可是由于家庭原因，我无奈地选择了就业——到高校从事行政工作。

我来上海读研前曾在老家的一所中学教书，第二年妻子也考取了上海的研究生，当时孩子刚刚 2 岁，但是母亲身体不好，不能帮我们带孩子，我们只好在学校旁租了一间很小的房子，带着孩子读书。妻子上课时，我带孩子；我到图书馆查资料时妻子带孩子。两个人同时读研，工作辞了，工资也没有了，仅靠研究生每月 290 元的生活费，连租房子都不够。我相当多的时间不仅要想怎样写论文，还要想着怎样去多挣点钱。终于盼到毕业了，无论从经济上，还是从时间上，我都没有精力继续学业，就这样我在家庭的无奈和导师的惋惜中游离出了历史研究的圈子。

这一别就是 7 年，在这 7 年里，我做过辅导员、工会干部、研究部主任、校长办公室主任。在这 7 年里，我和沈老师经常联系，他常常鼓励我多读书，多积累些历史研究的材料。每当我偷懒，说自己很忙没时间时，沈老师总是叹息，要我好好学习师叔姜鸣，“你师叔比你忙多了，这么多年，他一直在做研究，在海军研究方面他已经成为很有影响的专家了。”就这样，在 7 年的时间里我没有放弃历史学习。

回归史学研究的乐园

2010 年 11 月，我慕名应聘到复旦大学社会科学高等研究院，做了邓正来先生的行政与财务助理。复旦大学高研院是国内外知名的学术重镇、国内社会科学研究的桥头堡。高研院的学术活动很多，我像久旱的禾苗贪婪地吮吸着知识的甘霖。2011 年我向沈老师表达了考博的想法，沈老师很是支持，并要为我联系导师，但因当年准备不充分，我怕给沈老师丢脸，便拒绝了老人的好意。

2013 年我如愿考入复旦历史系，师从王立诚老师读博。终于回到历史研究的乐园，我非常珍惜历史系和王老师给我这次难得的机会，我一边工作一边利用空余时间读书、查找资料。沈老师说，对于历史研究，其实很简单，书读得多了，自然会有想法。鼓励我多读书，多听听别人怎么讲。但是久别历史学术的舞台，一切都变得很艰难。2014 年，我毕业论文开题，各位专家对我选的题目提出了很多意见。有的专家善意地提醒，那个题目很难出新，建议换个题目。

开题的当天我又给沈老师电话，有段时间没有跟老先生联系了。沈老师病了，他听了我的情况后关切地说，先不要急着确定题目，先看书吧，看段时间资料再确定不迟。他说由于身体原因，他看书的时间也少了，对于史学研究的新动态不是很敏锐，也让他考虑考虑。我安慰他好好休息过段时间去看他。

为了帮沈老师多了解些学界动态，我给沈老师订了 2 份报纸。元旦刚过，师母汤老师便打电话过来，说报纸已经收到了，沈老师很高兴，但是老人家身体很弱，等过段时间沈老师身体康复些，再打电话让我过去。

2015 年是以烦躁与不安开始的，春节刚过，我和妻子就在孩子老师的催促下像无头苍蝇一样带着初三的儿子到处赶场子似的参加自主招生考试。这边还没有找到学校，母亲又生病住院，匆匆赶回老家照顾。

4 月 20 日周一，刚入校门，远远看到路两边挂满了白色的千纸鹤、白色的条幅，心里想着又是哪位老师去世了？不经意间看到是“沉痛悼念沈渭滨教授”。我顿时愣住了，这是真的吗？随后几位师友打来电话，说沈老师去世了。眼睛模糊了，遗憾在沈老师最后的日子里我没有陪过他，也没有见到他最后一面。

（付清海　复旦大学社会科学高等研究院行政与财务助理，历史系博士生）

悼念沈渭滨老师

何建国

惊悉沈渭滨老师仙逝，心头为之一震。突兀的消息，将我纷乱的思绪最终定格在那难忘岁月的一幕幕场景中。

我第一次见先生是在 2008 年 12 月初，华东师大召开的纪念陈旭麓先生诞辰 90 周年、逝世 20 周年的学术讨论会上，他作为陈先生的弟子参加了会议。他在发言中提及自己正在编《陈旭麓先生年谱长编》，并且向与会者展示了他用中型毛笔书写的已经完稿的第一册，第二册写到了 1950 年，由于资料原因，暂时搁浅。

先生铿锵有力的发言，以及他对“中学”和“西学”，“西化”与“化西”，“外在”与“内在”，“爱国”与“卖国”，“革命”与“改良”等问题充满睿智的阐释，至今让我记忆犹新。

此后，我和先生没有近距离的接触，只是读他的著作文章，渐有启发。先生长期致力于近代史研究，对辛亥革命、孙中山研究尤有心得。我的研究方向也聚焦于孙中山。让我感到幸运的是，先生应允担任我的博士论文评阅人，这让我与先生有了更进一步的接触机会。从论文评阅意见书可见先生治学极为严谨，其中改动过的两个字，他都加盖了印章。

2011 年，业师周武曾带我专门去拜访先生，得以当面聆听他的教诲。先生家住闵行七宝镇，我们见面是 4 月 17 日下午。先生待人平易近人，彬彬有礼，热情地招呼我们在客厅就座喝茶，全然没有某些大家的做派。由于当年是纪念辛亥革命 100 周年，先生除主持“国家清史工程 · 传记 · 光绪朝（上）”项目的纂修外，正在全力以赴增订《孙中山与辛亥革命》一书，极其忙碌。但他还是放下自己手头的工作，不厌其烦地给我答疑解惑，让我有一种如沐春风之感。

先生思维敏捷，神采飞扬，见解广博。整个下午，他从当下时局的政治热点，讲到文化热点，从学术问题的辨析，谈到孙中山的个案研究。他认为辛亥革命是知识分子给自己找出路。先生对我做孙中山的研究给予了鼓励，同时，希望我在今后论文修改的过程中，补入南京国民政府成立时，孙中山思想已经具备成为理论基础的内容。

让我非常感激的是，先生还关切地询问我，毕业后工作单位落实了没有，希望我能留在上海。他告诉我先不要挑剔，如果没有满意的工作，先留下以后再等机会。

谈话结束后，先生还带我们参观了他的书房。除了四周的书架外，古朴的书桌上也堆满了一摞一摞的书，他笑着说，“都没有自己的空间”。

傍晚，先生盛情邀请我和周老师留下来吃饭。从家里出来，我感受到了先生的另一面。先生出门，身穿黑色短大衣，手拄一根拐杖，昂首阔步，特有绅士气质。一路走来，镇上有许多人见到他，都热情地和他打招呼。原来，先生精于书法，七宝许多地方都留有先生墨迹，他是镇上的文化名人，人们都很尊敬他。

席间，他谈及教育的忧虑、社会的浮躁、人生的际遇等。其间，也谈到健康的问题，我记忆最深刻的是，他批评现代的医学治疗方式仅仅是把患者当作生物学意义上的“人”。

今闻先生离去，往日情景历历在目，可惜再也听不到先生的学识见解、再也难睹先生的尊容气质，谨以记录与先生点滴的交往，永远铭记先生的教诲，作为对先生沉重的悼念！

愿先生安息，一路走好！

（何建国　山西大同大学副教授）

（曾发表于“澎湃新闻·私家历史”2015 年 4 月 20 日）

回忆沈老

王　郡

听说沈渭滨老师身体很不好，有月余了，虽然挂念担心，但想到沈老矍铄的精气神，总觉得能化险为夷，不豫此念究竟成了幻想。

与沈老相识，缘于硕士论文答辩。答辩那天，是我到沈老家去接的，早上堵车，路也不熟悉，过了约定时间。刚到小区门口就望见沈老，大热天，西装领带，虚拄着欧式拐杖，站姿挺拔，也不知等了多久。身为晚辈还迟到，极表不安，沈老果然也不假辞色："怎么迟到？！"于是小心赔了不是，赶紧上车出发。我那时自忖论文完成得草率，想着套套沈老的辞，又觉得未免小人，惴惴的，彼此竟一路无话。临进答辩会场，大约看出我紧张，沈老突然道："论文，我看了，还算读了不少书。"语无伦次应了什么，我也浑忘了。答辩时，沈老评价有褒有贬，褒，确是我小得意处；贬，确使我背发汗以沾衣。一篇小硕士生的论文，他竟然这么认真看了。

后来与沈老开会、吃饭见过几面，每见必定西装革履，修饰得利索讲究。会议发言、席间聊天，都是侃侃而谈，条理清晰，友朋夸赞他，他都很诚恳地说："我都用心，认真准备的。"

导师杨国强老师说沈老对晚清史事人物极熟稔，对晚辈又极愿倾囊，学业上应该多多请益。正好有些晚清人物需要请教，于是逢假日，去过几次沈老家拜望。他是老烟枪，我算小烟民，吞云吐雾，每次都谈上几小时，几乎每次都耽误沈老午饭。师母是闺秀出身，只轻轻提醒几次，想来那时我也不懂事，拎不清，总是缠着再说几句，沈老就会抱歉地对师母说："再等等。"也有次例外，沈老很严肃："今天少说几句，下午我要看球"，又指指茶几上的一包烟一壶茶，"我都准备好了，下午直播。"似乎是国内的赛事，我又不爱足球，诧异道："这烂队您也看。"沈老竟露出孩童般的不好意思："我不挑，欧冠中超都看的，中国人嘛，自己的比赛也要看。凌晨也起来看，门窗关紧，精彩的地方我要振臂狂呼，呐喊，邻居听到要投诉的，哈哈。”我心里嘀咕：“看个球，老头也性情，也认真。”

那时沈老客厅除了张挂着师母画作，还陈设了几幅花鸟小品，碰巧我也认识画师，不免品评几句，说这画师功底很扎实，笔法纯熟，可是不知变化，看不到他自己。沈老笑说：“我只懂些书法，不过我觉得还是这样画好，白描，小写意，几笔传神，瞎变什么，变得乱七八糟，失真。”他的书房则有副自撰对联：“半世坎坷皆为字，一生惬意是文章。”一半感慨世事，一半生命寄托，已入甘苦两得之境。学人固各具气象，唯处坎坷、惬意之间，方可见风骨吧。

与沈老谈学时，我好发些无边无际的议论，沈老从不打断——不单不打断，因为他晚年重听，听不清处还要求大声重复，听清为止。听完思索一会儿，问我有无材料佐实，我就汇报哪处看到记载，哪处是我推断，他会正色道：“瞎说不可以的，得有依据。”接着突然挺身前倾，盯着我说：“你发现没有，晚清，无论政治史、制度史、思想史、经济史，人物特别鲜明，所以总是人的历史，人物最重要，故入手某段或某专题，必须做相关人物的长编，或者大事记，没有这个基础，材料必定会看得漫漶无边，毫厘之失也不免千里之谬！”

与陈旭麓先生一样，沈老为研究晚清做过大量基础性工作。近来常闻“腾空的历史想象”，可双足需踏在多么坚实的土地，才能发力腾跃呢？今日提笔想起沈老教诲，不禁喟叹。

与陈旭麓先生一样，沈老极爱与晚学交流，我问学时，极感老人相授不遗余力。他以《孙中山与辛亥革命》一书纪念陈旭麓教授，不但永志师恩不忘，也为后辈揭櫫老师辈留下的感召力能长存人心之真谛。沈老力行“薪尽火传”的精神，在这学问之道日见落寞的纷繁中，尤让人肃然起敬。

沈老告诉我，他不信佛，可是很爱《金刚经》，反复诵读。沈老生前已超脱生死执念，以晚辈的观感，沈老一生处世、治学，都实践着“认真”二字，展示了他的真性情，真超脱。

（王　郡　华东师范大学历史系博士生）

（曾发表于“澎湃·私家历史”2015年4月20日）

追忆沈渭滨先生

张鸿志

沈渭滨先生是我硕士毕业论文答辩时答辩委员会的主席。同时，他也是我研究生导师的导师。按传承，我或可腆颜自称是沈先生的再传弟子，在他面前尊一声师公。

第一次见沈老师是在2012年春节。当时，我的导师张剑带着我与我的两位师兄去给沈老师拜年。弟子在春节去给师长拜年算是沈老师门下弟子的一个传统。据我所知，每年春节，沈老师门下的众多弟子都会相约来到沈先生的家中看望他。作为后学晚辈，我不曾有幸与会。但每次听张老师提起师兄弟们在沈老师家中谈笑风生，其乐融融的样子，不免心向往之。

沈老师给我的印象很深。首先是他的和蔼可亲，原以为像他这样的学者应是一个不苟言笑的人，结果一进家门就看到一个瘦小的老者笑眯眯地迎着我们，那种亲切的感觉一下就赶走了我的拘谨。沈老师的身体一直不是太好，但依然精神矍铄，思维敏捷。坐下寒暄几句，沈老师就开始询问起我们师兄弟的学业。两位师兄各自拿出一本付梓的著作请沈老师教正，而我只能简单谈谈我毕业论文的构想。当说起学业，沈老师的神色变得很专注。就像是学者之间在交流，感觉不到一丝长辈对晚辈的居高临下。他的态度那么谦和，他的见解又那么深刻，常常让我听着听着就有拨云见日的感觉，原本模糊的想法也渐渐有了思路。

自此以后，我又多次上沈老师家拜访。有一次我带上了我的同学兼女友，因为她的毕业论文研究的是上海书画社团，而沈老师的岳丈是近代海派书画大师汤寅。沈老师不仅不介意我女友的不请自来，反而与她相谈甚欢，从海派文化的形成、特点谈到海派书画的传承，再到当下海派研究的不足，甚至兴致盎然地谈起自己早年的志向原是做一名画家，结果阴差阳错成了一名历史学家的轶事。从沈老师家出来，我与女友相约，有空常来看望沈老师，因为这样的良师值得我们尊敬而亲近。

往事历历，仿佛昨日，慈颜已逝，德泽犹存。

仅以此文纪念沈渭滨先生。

2014 年 5 月，师公担任师妹王戴香硕士论文答辩主席，我赶来担任秘书，图为答辩后合影

（张鸿志　上海市宝山区城管执法局综合科）

遥悼师公

王戴香

早晨，天灰蒙蒙地飘洒着小雨。迷迷糊糊中抓起手机，惊悉师公沈渭滨老先生过世，猛然惊醒的同时，泪水却也情不自禁地打湿了枕巾。在老公“生老病死，人之常情”的安慰中，师公的音容笑貌便如过电影一般在眼前一幕幕回放……

初识师公是在 2011 年的初秋，尽管天气微凉，要与大师交流的紧张心情还是让我后背的衣衫濡湿了不少。但当老先生拄着拐杖出现在我面前的一瞬间，一切紧张情绪顿时消散得无影无踪。因为他和蔼可亲的面庞盈着笑意，透着热情，更是写满了对我们年轻一代的殷殷期望。

进入历史领域的学习对于我来说是个美丽的误会。当初怀着些许抵触与彷徨抱着试试看的想法接受了这一事实，失望与迷茫时刻笼罩着我，这让我经常无所适从，忧郁叹息。可就是经过这次与师公见面，他的一番谈话我才意识到自己的想法与行为是多么的浅薄与无知。巧的是，师公当初也想学美术，误打误撞，结果从事了一辈子的近代史研究。相似的经历让我窃喜，但更重要的是师公的话如醍醐灌顶般将我唤醒，让我明白了历史是一门大学问，认真做学问是对自己人生的负责任，也是对社会发展负责任。

师公的教导为我的学习之路点亮了明灯，他严谨而有腔调的生活方式也给我留下了深刻的印象。在上海的这些年，感觉他是最符合我心目中“老克勒”的形象了。每逢出门，他头发总是梳得一丝不苟，眼镜擦得明亮，雪白的衬衫配上笔挺的西裤，脚上蹬着稳重风格的皮鞋，腕上戴上一块皮带手表，加上那股淡淡的古龙香水的味道，老上海的学者范儿就是这么的足！尽管那时师公已是七八十岁的高龄，但对于生活，讲究而又有要求的。所谓“腔调”也正如此吧！

其实想想，和师公交流最多的莫过于我写毕业论文及最终的答辩阶段了。由于自己才疏学浅，写出的论文不尽如人意，惶惶然拿过去给他过目评审，等待着最终“狂风暴雨的批判”。忐忑不安地去接他参加我的答辩，在车上，我始终不敢开口问论文的情况，倒是他竟然开口称赞了我，认为我的文章写得总体来看不错，但着实有需要提高的地方。其实我心里明白，师公给我留着面子呐！在答辩的过程中，师公还不留情地指出了我论文中的诸多不足，并提出详细的修改意见，让我认真修改。从师公的言语中，我分明看到了他对于青年学生的鼓励与支持，更有那饱含深情的期待。

答辩过程中，已忘记了我的哪句话逗得师公大笑，但我真的好怀念他那爽朗的笑声。图中左一起依次为：张剑老师、周武老师、师公、李志茗老师

师公在答辩后对我一再挽留，让我再继续读博士，放弃继续深造实在可惜。当时我向他保证毕业回家结了婚就回去读，可是如今我刚结完婚……师公让我把毕业论文浓缩一下，然后推荐发表，我也一拖再拖拖到了现在……除了遗憾还能说什么呢？我真的是辜负了师公对我的期望！

师公在跟我们的谈话中几次谈到在历史研究中要慢慢形成自己的“学派”，这是一个宏大的目标，也是一个艰巨的任务，这对于我们每一位从事史学学习与研究的人来说都是应该思考的问题。他穷其一生未完成的使命，我们接下来的这一代应该努力扛起来了。

还记得我毕业论文后记中有一段话：“一篇文章的完成总是少不了多方的指导与帮助，所以在这里我还想感谢很多很多的人。师公沈渭滨先生是我最想要道谢的，因为当初张剑老师带领我和师兄去拜访师公，正是师公拄着拐杖跟我们所谈的一席话重新点燃了我这颗消极之心的热情之火，让我意识到历史学是一门大学问，认真做学问是对自己人生的负责任。”是的，师公犹如我人生中的一盏明灯，为我指明了的努力的方向，纠正了我不思进取的态度，让我认识到人生的意义。

铭记，感恩。怀念。

唯愿师公一路走好！

王戴香　跪别

（王戴香　衡水学院法政系辅导员）

（澎湃新闻·私家历史 2015 年 4 月 20 日）

悼沈渭滨先生

——记相识先生一事

孙毓斐

昨日中午，我还在回上海的高速列车上，手机叮的一响，看到原来上海档案局带教老师的微信。列车上的信号时有时无，我一直无法完全打开页面，只看到“著名历史学家沈渭……”的标题，心头不由一震。我不停地刷新着页面，直到完全打开后，才发现不愿意看到的事情发生了……

作为2012级历史学系本科生，我们入学之时，沈渭滨先生已经退休，只是听闻系里曾有一位教近代史的沈姓教授，授课严谨，待学生十分真诚；也只是在王维江老师著作的后记中读到，正是沈渭滨先生的指导和推荐，使得王老师本科阶段就坚定了以学术为志业。

我很幸运，由于在上海档案局的《档案春秋》杂志实习的机缘，大二下学期曾与先生有过短暂的接触，聆听先生的教诲。惊闻先生噩耗，内心伤痛不已，记相识先生一事，以表沉痛悼念之情。

那是2014年初，我所实习的《档案春秋》杂志，计划推出甲午战争爆发120周年的系列文章，其中希望可以转载先生的专著《晚清女主：细说慈禧》中的有关甲午战争前后的章节。在获得先生许可下，杂志社安排我先行摘录和修改要刊登的部分，由于杂志的阅读人群定位，要求我尽可能将史料引用删去或是融在正文之中。初读之后，我发觉先生著作中提倡的“细说体”的写作模式，本身就十分具有可读性，史料的裁剪与融合也恰到好处，因而我的工作变得轻松不少。我前后选择了约一万余字，并重拟标题、分了章节。

按照惯例，正式刊行前需让原作者再次确认。我本以为自己的工作已经十分细致，且底稿大多数来自先生的原书，应该很快就会通过。然而不多久之后，杂志社收到先生的一份手稿，上面批注了密密麻麻的修改意见，小到标点符号，大到某一段落的重拟，先生都十分详细而又工整地书写下来，并且邀请我们可以去他家中详细面谈。

约定好时间，我和杂志社的老师一起前去先生位于七宝的家中。那天一大早，先生就在家中等候我们。与先生和师母一阵寒暄过后，先生从书房拿出复印好的修改后稿件，从第一页的问题开始详细说明，每一处删减或增补，先生都要说出他的道理，并给出意见。一番梳理之后，我才发现自己对于文稿的删减，想法过于简单，同时也感慨于先生的细致严谨。文章的事情聊完之后，先生听闻我也是复旦历史系的本科生，话匣子似乎关不住了，回忆曾经的点滴，分享他对当下历史学教育、研究的反思，说到高兴之处，先生会忍不住地笑起来，而说到不甚令人满意之处，先生也会惆怅慨叹许久，仿佛他从未离开那个曾经熟悉的讲台。

那时的我正在准备望道课题的申请，借此机会，详细向先生说明了自己想要研究梁启超的想法、前期的准备以及自己的担心疑虑。先生很是耐心地听完了我的长篇大论，又询问了我课题开展的进一步规划以及自己将来的个人规划。先生鼓励我不要担心最后是否能够做出什么成果，也不要太多顾虑课题的难度，由于梁启超人物的特点，倒是希望我以此为切入点，充实自己对于近代历史的掌握，甚至整个中国历史、世界历史的了解，为更长远的学术发展打下基础。这些鼓励，对当时迷茫困惑的我来说，如饮醍醐。

一个上午的交谈，我带着满满的收获与先生告别。当晚，我按照修改意见，重新统稿；而因先生的鼓励，我对自己申请课题也更具信心了。没过多久，杂志社的老师还告诉我说，那天交谈之后，先生特意打过电话，希望在刊行稿件的同时要标注出我作为修改者的付出，以及发给我相应的稿费。这一小小的细节，更是令我这个初入学术门槛的本科生感动不已。

后来，先生的文章分两次连载于《档案春秋》2014 年第 4、5 期，而先生也继续关心着杂志社的发展，他鼓励此类与历史学相关的文化普及杂志有更好的发展，并为我们推荐一些青年历史学者，先生对后辈之关心可见一斑……

今日，细雨泣泣，似乎在为先生的离去哀歌。记与先生相识一事，以沉痛悼念先生。

望先生一路走好！

（孙毓斐　复旦大学历史学系 2012 级本科生）

四、七宝乡情

七宝沈先生

王孝俭

沈渭滨先生走了，在七宝古镇的大街小巷永远消失了。

我和沈先生有师生之谊。七宝中学“文革”前有一个传统，学生管老师都叫先生，不管男女。因此几十年来我一直叫他沈先生，他的夫人汤先华老师，我也一直叫她汤先生。1964 年我考进七宝中学高中，第一年沈先生就教我们政治课。教政治，实际上很难说是他的当行本色，我们学生也不喜欢政治课。但我们走近他，却是政治的因缘。那时他还只是教了三四年书的大学毕业生，但在七宝中学已有了名声，可称青年才俊。一次在南大楼底层走廊上的两大块黑板上，用粉笔字写了他的关于谁创造了历史的文章。当然他是循着当时主流“历史是人民群众创造的”说法。我和同学沈燧清等看了，认为沈先生的观点片面，写文章反驳他，文章也写在这两块黑板上。我们认为“人民群众创造历史”的说法虽然是官方主张的，但与现实不合，如果没有英雄史观，就很难理解和说明当今对领袖的崇拜和宣传，应该说历史是人民群众和英雄共同创造的，不过有时有以谁为主导的问题。我们还借用了俄国普列汉诺夫《论个人在历史上的作用问题》一书中，关于对彼得大帝在俄国历史上的作用的看法来佐证我们的观点。学生写文公开反驳老师，在七宝中学历史上似乎还未有过，引起全校关注。实际上，我们的做法也是有点风险和冒失的。按照当时的政治气候，沈先生的说法是正当的，我们这些涉世未深的年轻学生只是看不惯当时主流媒体一面宣传历史是人民群众创造的，一面在鼓吹个人崇拜，但显然我们的看法是不合时宜的。此外，几个毛头学生，与老师争长论短，毕竟不太好。事后，沈先生把我们叫到他的办公室，对我们的做法表示赞赏。不过他坚持他的观点，说我们还年轻，许多事情还不懂。后来老校长薛圭方在校会上对我们的做法大加赞扬，说学校学术空气浓厚，学生对老师的讲法有不同的看法，是好事。我想这可能还是沈先生向老校长美言的结果。由此，沈先生也记住了我们几个人的名字，彼此关系深了一层。

对他的认识，因一件事进一步加深了。1965年，印度尼西亚发生了“九三〇”政变，苏哈托软禁总统苏加诺，取缔共产党，枪杀共产党领袖艾地，废止“纳沙贡”，大规模排华。此事件震惊世界，也震惊中国。因为印尼是万隆精神、和平共处五项原则的创始国之一，与我国友好。这次政变，从根本上改变了东南亚的政治生态，打击了刚崛起的世界新兴力量，也影响国际共产主义运动。过了十几天，沈先生在学校教师饭厅办了一个关于“九三〇”政变的讲座。现在想来，按照当时肃杀的政治气氛，这样的事不要说一个中学了，即便是北大、复旦恐怕也难做到。沈先生穿着洗白了的蓝卡其中山装，左胸别着校徽，滔滔不绝，讲了政变前和政变中的印尼形势及今后走向，以及由民族主义、伊斯兰教义和马克思主义组成的混合体纳沙贡的实质及为什么在印尼行不通。此事给我影响至深，给了我思辨的武器，还告诉我一个人视野的重要。事实上，沈先生的影响不止于我，当年七宝中学的不少学生或多或少会受其影响。“文革”初，他被视为学校里的一个权威而受批，现在还有不少当年的学生不管喜欢不喜欢他，常会问起或提起他，其因也多多少少出于此。

早先时候沈先生对当时的显学明史有兴趣，还给我们讲过如史料丰富等明史研究的特殊性。1965年姚文元的《评新编历史剧〈海瑞罢官〉》出世，当时谁也不知道正是此文揭开了“文化大革命”的序幕，大家惊讶、愤怒和无奈于姚文的霸道和“不通”，还纠结于诸如清官和贪官、学术研究和政治棍子等书呆子讨论。沈先生则对姚文有异于当时一般学者的看法，里面有他的政治辨识。

由此，我认为，沈先生应该干政治，当个中学教师着实是枉了他。四十多年后，一次我和同学冯纪康及沈先生的老学生梅国华聚会七宝迪欧咖啡馆，沈先生请我们喝咖啡。沈先生终其一生不善饮茶，后倒喜欢上改良咖啡卡布基诺了，大概是因为汤先生能做一手道地的卡布基诺。他常一次充值一两千元到这家店来坐坐。喝了他的咖啡，不由谈起政治，我们一口咬定他当年是有志于政治的。听了我们的话，沈先生颇显痛苦和尴尬。第二天，他打了个电话给我，念了一段昨天的日记，还说听了我们的一番话，一夜没睡着。

1968年我插队落户，种了十年的地，与他完全没有联系，但依稀飘来他的一些消息。一次是传来沈先生在华漕人民公社革命委员会礼堂讲儒法斗争，他在向农民宣讲法家的是和儒家的非。沈先生研究起时髦的法家和倒霉的儒家来了。那时他已被发配到一个农村初级中学华漕中学教书去了，在那里得到了公社党委书记瞿龙兴的关照。他去复旦的调令单上的那个公章就是他盖的，当时中学是公社革命委员会管的，瞿书记有生杀大权。

又见面，已是“文革”结束后的事，在一个非常适合聊天的场所，七宝西湖浴室。这时的西湖浴室，已从蒲汇塘南的浴堂街搬到塘北天香楼饭店旁。沈先生穿着笔挺的西装，左胸上别了复旦大学校徽。我正惊讶时，沈先生说他现在在复旦历史系教书。多年不见，他看上去比以前反而年轻了许多。他听说我正在上海师院中文系读书，沉吟了一下，又呵呵笑起来，说学堂是小了点，不过师院中文系实力不让其他大学。他出自上海师院，清楚母校情况，且总要讲点母校好话。

真正知道沈先生的功力，还是在 1983 年。那时我已在上海县志办工作，为了收集资料，在南京住了半年。一次在一家图书馆看到当期的《新华文摘》，有一篇沈先生讲上海海派文化的长文。《新华文摘》是国家重要刊物，那时谁能被转摘一篇文章是件了不起的事。海派文化，以前也只是在鲁迅文章中看到，现在沈先生把它作为上海文化的主要特征，且泛化到相当广的领域，对我来说很新鲜。由此我知道，沈先生在全国学术界文化热的形势下，兴趣转到文化史的一个支别。这篇文章成为新时期海派文化研究的经典之作。后来“海派文化”成了标签，事无大小都被标贴到上海的许多方面，哪怕是房地产商要卖高价、有所谓“欧陆风格”的房子，那是人家的事，怪不得他了。

这样，我认为沈先生做学问再合适不过了。

我是他的老学生，他的夫人汤先生还教过我们两年的政治，想来他的脾性我应该是比较了解的，但有时还是吃不准。我知道他有一段时间研究过太平天国，熟悉太平军进攻上海的历史，特别是太平军在七宝地区来来回回的战事。在 20 世纪 80 年代中期，我和朋友金九牛等县志办一班人也早对一些太平天国的主流研究有看法。恰好这时我已从林德昭老师手里接手主编《上海县志》，对县志初稿中有关太平军在县内活动的记述不放心，决定请沈先生这个太平天国研究专家看看。那时他还住在七宝浴堂街 9 号，原七宝士绅、号称“李半镇”家的走马楼楼上。他戴着呢料贝雷帽，确已有名牌大学教授的派头。知我来意后，说太平军在上海县的历史我很熟悉，可随口谈，不过你是学中文的，文人不得修志是古已有之的成法，再加上现在文过饰非的风气，是修不好志的。被他三说两说，我甚至不敢拿出志稿来。事情就到此为止。1993 年新编《上海县志》要出版了，他托人带口信来，要参加县志的首发式。首发式那天他果然来了，还兴致甚浓。我清楚，他这次出场，不是应景，是确实感到了新方志的价值，新方志并非都是“文过饰非”之作。在前一年，《上海县志》稿还在送审时，他就要我给他看看县志稿中记述七宝的那部分。原来他要去日本讲学，自拟的题目就是从七宝镇的变化看上海农村的发展。那时出国讲学是何等风光的事，他自然不会马虎，可资料哪里来呢。历史资料还可从书本上找得到点，可鲜活的现实资料就难找了。不知怎样他想到了在编的《上海县志》。后听说沈先生的讲座因资料扎实，分析逻辑性强，非常成功。后来他对地方志来了兴趣，就时不时地参加市内的地方志活动，写文章，参加评稿，出任市地方志奖评委。1996 年，我接任上海通志总纂室主任后，决定对《上海通志》原纲目以及所有的志稿重新调整，但阻力重重。1997 年，到苏州东山开会，我在东闵宾馆作了一个下午的情况介绍，全面推出我的想法。沈先生参加了这次会议，这可能是他第一次听他的学生谈地方志。第二天，在西山的石公山上，面对着缥缈的太湖，他向上海市地方志编纂委员常务副主任、复旦大学党委林克老书记，市地方志办公室主任、复旦大学历史系原主任黄美真教授，市地方志办公室副主任刘其奎教授力挺我的做法，认为我提出通志资料的整体性和资料的完整性，是抓住了通志的要害。再后来，他真的研究起方志来。到梅陇镇华一村参加上海市第一部新编、出版的村志《华一村志》的评稿会，他高度评价村志的编修，认为县志的编修应建立在镇志、村志编修的基础上。我们请他为上海县两种清代小志《蒲溪小志》和《紫隄村志》整理本作序。他欣然答

沈先生参加《华一村志》评审会合影

应，洋洋洒洒，认真严谨地以论文的格调来写他的序。两篇序文精彩，可称得上当今评议旧志的不刊之作。在《紫隄村志》的序中他还提出中国地方小志成熟于清雍正年间，清晰地在中国地方志编纂史上划了一条浓线。这是他对地方志的贡献。

和沈先生接触更频繁的是2000年七宝老街修复和2006年《七宝镇志》的编修。这时，他常常穿格子衬衫和牛仔裤，手拄文明棍，有时还套件中长风衣。我常嘲他衣着是复旦历史教授装，是“海派教授”服。后来这样标配的衣着真的少见他穿了。在接触中，我发现沈先生对故里的情感很浓厚很复杂。他是地道的七宝人，出生于北大街22号，又成家于沟水弄，除了当兵、念大学，都住在七宝老街里。民国时期家里还开了爿菜馆。一辈子生活在这样的环境中，对古镇的感受和看法，与旅游者自然是大不同的，但没想到他对老街看得如此透彻和不近情理，他常说他不喜欢老街。我想主要原因是他深切体会到集镇人际关系复杂，集镇的衰败，交通不便，生活设施简陋等诸多困难，“镇浪人”生活不好过，故时有烦言，有时甚至还会骂镇上的执事者。尤其是后来他名声大了，来往的人多了，对客人如厕不便，电话不通，常感歉意。但真的到了一种时候，我又看到了另一个沈先生。老街改造，他被聘为文化顾问，每周一会必到，侃侃而谈，眉飞色舞，情不自禁写了《蒲汇塘桥重修记》和《修葺七宝老街碑记》镌刻在石头上的大文，文中抑制不住对故里溢美之情。对一些人对七宝老街修复的批评提出不同看法。认为中国古镇的木建筑结构，很难能如同西方石结构建筑那样保存，如果一味强调修旧如旧，可能什么事都做不成，七宝老街修复后天天能吸引那么多人，虽在修复上有差池，仍不失为一种好办法。他终身未离开老街。实际上他是有机会或能力把家搬出居住条件较差的老街，但最终还是没有动，我想也正是基于对故里浓厚复杂的情感所致。其实，沈先生不同于一般学人，他对故里的爱和不满是交织在一起的，更多的是缱绻于自己的实际情感和生活习惯有所依恋的老街生活。实际上，他是把自己的家与故里的发展紧紧连在一起，凡家乡事多有关心。“文革”前，我

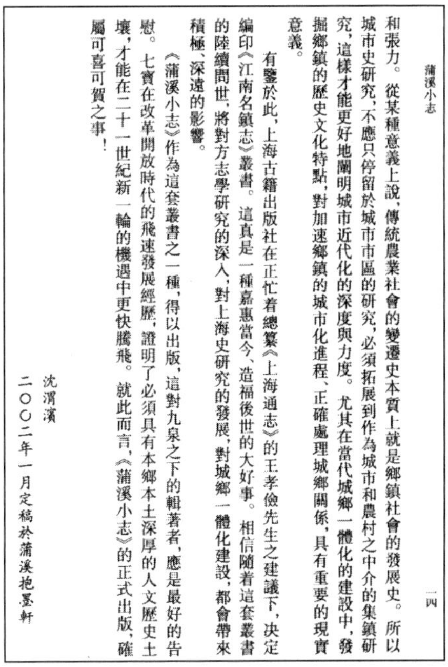
蒲溪小志 一四

和張力。從某種意義上說，傳統農業社會的變遷史本質上就是鄉鎮社會的發展史。所以城市史研究，不應只停留於城市市區的研究，必須拓展到作為城市和農村之中介的集鎮研究，這樣才能更好地闡明城市近代化的深度與力度。尤其在當代城鄉一體化的建設中，發掘鄉鎮的歷史文化特點，對加速鄉鎮的城市化進程、正確處理城鄉關係，具有重要的現實意義。

有鑒於此，上海古籍出版社在正忙着總纂《上海通志》的王孝儉先生之建議下，決定編印《江南名鎮志》叢書。這真是一種嘉惠當今、造福後世的大好事。相信隨着這套叢書的陸續問世，將對方志學研究的深入，對上海史研究的發展，對城鄉一體化建設，都會帶來積極、深遠的影響。

《蒲溪小志》作為這套叢書之一種，得以出版，這對九泉之下的輯著者，應是最好的告慰。七寶在改革開放時代的飛速發展經歷，證明了必須具有本鄉本土深厚的人文歷史土壤，才能在二十一世紀新一輪的機遇中更快騰飛。就此而言，《蒲溪小志》的正式出版，確屬可喜可賀之事！

沈渭濱
二〇〇二年一月定稿於蒲溪抱墨軒

沈先生为《蒲溪小志》、《紫隄村志》整理本作序，显示了先生对桑梓的情感

就在《新民晚报》上看到过他写的蒲汇塘史实的文章，引起我极大的好奇，要知道，那时很少有地方史研究的。近年来，复旦的许多师生也常常把他的名字与七宝联在一起，这是他的荣誉。现在的大学里老师有如此鲜明的地标身份，已非常少见。

沈先生之对复旦，也如对七宝，感情颇多复杂。他进复旦没人提携进不了，进了无突出作为也呆不长，更遑论当名师。他常说他和历史地理所的邹逸麟一样，均非复旦“正嫡”出身，呵呵。很长一段时间里，他难免有“掣肘”之感，英雄不问出身，有时也会有不舒服。然而，他的事业都成就于复旦，他的后半生就在复旦教学、研究中度过，那里有他喜欢的学生和亲密的同事。可以说没有复旦也没他今日的盛名，他和复旦割舍不了。我有不少从复旦出来的朋友，他们告诉我沈先生在历史系上课是头挑，口才好，板书漂亮。这我知道，四十多年前我就领教过。到了复旦，他研究的方向专注于中国近代史，特别是晚清史。近代史我不太懂，但我知道那一定是十分有趣的领域，世界上最强大的帝国就是在这时走向末路的，这样的丕变，其因其果一定是符合像沈先生这样的历史学家研究口味的。我陆续收到了他送给我的一本本专著，有《孙中山与辛亥革命》、《中国近代史·导读》、《困厄中的近代化》、《晚清女主——细说慈禧》、《道光十九年》，以及《中国历史大事年表·近代卷》等。这些著作基本勾勒出沈先生的学术脉络，我看了之后，对他的学问和思想有了更进一步的认识。其中，《中国近代史·导读》多次出版。蒋先生的大著，是中国近代史研究的开山之作，出于民国前期，经沈先生的导读，又有了时代的斧痕，“导读”也成了日本大学中国问题专修生的必读书。《道光十九年》是他最新的专著，他另辟蹊径，从另一角度观照鸦片战争和大清帝国。书的装帧颇合其趣，他说这本书是他所有书中最漂亮的。我以为沈先生在慈禧等人身上花的功夫太多，他完全可以用更多的精力对晚清七十年作更深入的研究，作出符合他视野的全面总结。我总认为国内对晚清的研究，或再朝前推，至今还未有着眼于世界，扎根于中国的令人服信，也是符合客观的，具有穿透力的总结，沈先生或能担起此任。他似乎在做这件事，如写了《道光十九年》。我还直率对他说，当下是很难编修好《清史》，与其兴师动众，花那么大的人力物力去做这件事，还不如放着《清史稿》，把更多功夫放在资料的收集和积累上。沈先生是参加了“国家清史工程”的，还主持了其中传记光绪（上）的编纂，平时谈话中对编纂中出现的情况也时有啧言，对能否编修好《清史》也有担忧，但对我的讲法不置可否。凡此种种，我细想他确也不易。几十年在学术界和号称“江南最高学府”，有那么多称心和不称心的事，听了那么多顺耳和心烦的话，不知道他是淡定，还是一直郁闷在心中，不过有一点可以肯定，沈先生实际上是很孤寂的。

沈先生于文史诸端，耻一不通，是个多面手，有旧时文人的格局。他称得上画家，画过油画，捏过雕塑，当年考的第一家大学就是浙江美术学院。1964 年前后，七宝中学第一幅大型室外宣传画《知识分子走与工农相结合的道路》，即其所作。至今我记得画面是一男一女知识分子拿着书本和大型三角尺向着太阳，画在教师饭厅的西墙上，每天迎接着从校门口进来的师生。他对书法抱有神圣之感，称不敢妄谈一点一画，更不敢妄题一字一句。但他认为，与文字打点交道的，应能写像样的字，不求书法不书法；但对有些人，就是要求他能写一手好字。他讲起过一件往事。一次复旦领导带了学校一批文科教授游览吴江同里静思园。静思园是苏州地区具有独特艺术风格的新建的私家园林，池园洁修，很需要有当代大儒的书画作压舱石。在诸公评议园林的一石一径之际，园主摊纸添墨，恳请各方家留下墨宝。方家们见状，口嗫嚅而步怯，几不敢近桌，最终没几个能握管自如。这让沈先生感到很对不起园方。实际上他能写一手好字，那天也留了几个字。现在他留下的那几十本用蝇头小楷写的日记，其书艺足让后生叹为观止。在七宝中学时，他还和其他老师写过话剧剧本《补课》，由上海文艺出版社出版，学校师生演出，这也是一桩可资谈谈的雅事。

平时和沈先生接触中，我发现他时而老成，时而天真，甚至好笑。酒席上兴致来时，他也会说些趣话。一次他说他有“红颜知己”，还说这些事汤老师都知道。说着呵呵笑起

与沈先生参加同为七宝乡贤的张充仁的纪念座谈会时的合影

来。他是体育迷，当年是上海师院校体操队队员，双杠双臂直体倒立和吊环十字支撑是拿手好戏。退休后重大赛事的电视直播必看。他更是一个铁杆足球迷，中国队参加国际比赛，屡战屡败，电视直播他还是一场不落，大家笑他“痴”，他说球再臭也要看，下次国家队会赢的。世界杯更不会放过，会集结到年轻的朋友家看通宵。沈先生是非常注重仪表的，只要你见到他，他总是山青水绿，对衣着更有他的品味。几年前，和他们夫妇俩一起在淀山湖一家农庄的饭店吃过午饭，我把他们带到赵巷的奥特莱斯。他在 BOSS HUGO 看中一件藏青色夹克，上身一试，人精神无比。打折后还要卖四千多块，我撺掇他买。最终他还是放下，走出店门自言自语：“不差钱，犯不着。”汤先生笑着不语。他原是菜馆小开，当然懂吃，比如说本帮菜八宝辣酱哪八种食材做成才算正宗，还谈起过本帮名菜秃肺的做法，前几年还以老吃客的腔调现身为老朋友餐馆的点心做过广告。不过，至今我不明白，他为什么不吃鱼，他家的沈宏兴菜馆响油鳝丝当年在七宝是有名气的。

沈先生在他最后几年里，相信人死了是有灵魂的。夕阳西下，在七宝老街北东街 28 号恒霖茶楼的东阁，看着无力的阳光穿过窗格照在茶桌上，呷着已淡了味的茶水，他不止一次提起这个话题。他说我们对许多现在还不能解释的现象轻加否定，不是没有这种非物质的东西存在，只是我们还不知道，譬如灵魂，我相信是有的。他见我满脸疑惑，则说“孝俭，你还未到这年龄”。现在我好像也到了“敬鬼神”的年龄，我相信，现在沈先生走了，在复旦校园永远消失了，在蒲汇塘畔永远消失了，他仍会如韩愈所云，行之乎仁义之途，游之乎诗书之源，无迷其途，无绝其源。

（王孝俭　上海文史馆馆员）

（原文刊于《文汇报》2015 年 5 月 22 日，后有修改）

七宝名士沈渭滨

施宣圆

我很早就认识沈渭滨教授。他毕业于上海师范大学历史系，后来调到复旦历史系任教。他口才很好，讲课条理清楚，生动有趣，很受学生欢迎；他专治中国近代史，勤奋好学，治学严谨，从鸦片战争、太平天国、清末新政直至辛亥革命，他的研究都很有建树；他兴趣广泛，学问广博，对近代经济史、军事史、文化史、社会史以及上海史志等研究，也有很深的造诣。他是一位“通才型”的历史学家，他的逝世是上海乃至我国历史学界的一个重大损失。

与沈教授见面较多的是在他退休以后。他是上海县七宝镇（今属闵行区）人。我们一些朋友常在七宝聚会，他几乎每次都参加。他颇有名教授的派头，西装革履，头发溜光，皮鞋锃亮，有时头戴贝雷帽，手拄文明棍，仪表堂堂，风度翩翩。他没有某些名教授的架子，喜欢与大家说古道今，谈笑风生，甚至海阔天空，无话不“侃”。尤其在酒足饭饱之余，谈兴更浓。有人说沈教授在七宝无人不识，如果寄信给他，只要在信封上写上“上海县七宝镇沈渭滨先生”他就可收到。我想，七宝是一个大镇，方圆近二十平方公里，人口二十余万，他的名气真的这样响吗？回到单位，我就给他寄信，信封上故意不写他家的具体地址，略去什么新村、几号几室。过了几天，我打电话问他，我的信收到没有？他说：“老兄真会开玩笑，信收到了。哈哈！”他就是这样一个乐观豁达的人。我们曾经去过他家，他在书房接待我们，印象最深的是他说他每天写日记，日记是用毛笔写的。他以为我们不相信，取出一册日记让我们观赏。我知道他的书法很好，没有想到他的蝇头楷书这么有功力，一字一字，秀丽而端正；一行一行，整齐而规范，与我们见到的古代文人的日记一样。每天写日记的人不少，但用毛笔书写的人不多。沈教授已经坚持数年，天天如此，令我们惊叹不已！再看看他的书房，四壁皆书。兴奋之余，有人唤道：“沈教授，真是七宝古镇名士啊。”“名士”，文化学术界之知名人士也。在一次饭局上，一位朋友开玩笑说：

沈教授学识渊博，多才多艺，是名牌大学名教授，也可称得上七宝之“宝”！在座的人听了都拍手叫好，沈教授则站了起来，向大家拱手，连声说：“不敢当，不敢当！”

七宝古镇之七宝，是指古时的七件宝物：飞来佛、汆来钟、神树、玉斧、玉筷、金鸡、金字莲花经。称沈教授是七宝之“宝”，是从人才的角度来说的。古人云：“贤才，国之宝也。”说沈教授是七宝名士也好，七宝之“宝”也罢，他都名副其实。新编《七宝镇志·文化篇·作品目录》导语曰：“自明代起，七宝一地文人荟萃，创作大批文学艺术作品，撰写学术科技著作等……今人张充仁的雕塑作品跻身于世界雕塑之林。沈渭滨的史学著作在国内卓有影响。”在“著作目录”中列出他的代表作：《洪仁玕》、《孙中山与辛亥革命》、《中国近代史·导读》、《困厄中的近代化》、《晚清女主——细说慈禧》等十本。主要学术论文三十四篇。镇志截至2006年，在此之后，沈教授又推出《道光十九年》并主持“国家清史工程·传记·光绪朝（上）”的编纂等，可以说，他是当代七宝镇著作最多、最有成就的历史学家。

21世纪之初，七宝老街改造，父老乡亲推他为顾问，他真的又顾又问，有会必到，到必滔滔不绝，出谋划策，无所不谈，其真知灼见常语惊四座。老街历史悠久，古迹名胜，辉煌灿烂，石刻碑记，到处可见。在老街繁华之处，竖有两方石刻。一是《修葺七宝老街碑记》，一是《蒲汇塘桥重修记》。作者是沈教授。碑记半文半白，朗朗上口，文采飞扬，字里行间，爱乡之情，溢于言表。我们都知道，沈教授治史，其文多文采，他曾写了不少历史散文，有《曾经沧海》问世。这两方石刻与明清的石刻，新老辉映，相得益彰，为老街增添了新的人文景观。上海县有两本清代小志《蒲溪小志》和《紫隄村志》，前几年经地方志专家王孝俭先生等人点校整理，请他作序，他欣然应允，洋洋洒洒，详加考证，引经据典，有叙有议，精彩之极，堪称地方志序文的传世之作。

七宝古镇孕育了沈渭滨，复旦校园造就了沈渭滨。沈渭滨教授退休之后寓居故里，为故里七宝老街改造、七宝古镇文化建设作出了卓越的贡献。他不愧是七宝名士、七宝之“宝”！

（施宣圆　《文汇报》高级记者）

（曾发表于《文汇读书周报》2015年5月4日）

蒲汇何处望沈公

——痛悼沈渭滨先生

周育民

今天中午，到学校参加本科生毕业论文答辩。邵雍告诉我，沈渭滨先生过世了。网上一查，先生仙逝已经五天，我大吃一惊。未能亲往送行，有点悲憾和惆怅！

闻沈先生的大名，是在大学时代。第一次登门拜访，那是在上个世纪80年代。骆宝善先生来沪住本校，我与骆先生聊起沈先生家住七宝，离漕河泾不远。骆先生说，我们晚饭后去看看他。我不认识他家，骆先生却熟门熟路。乘上92路公交车到七宝，穿过老街，走过当年的“廊桥”——蒲汇塘桥，沈先生就住在塘边的一栋老宅里。那宽敞的房间，成排的书架，令还在城里“蜗居”学长后生，无不羡慕。沈先生的健谈、沈夫人的热情，会让熟人生客愉快地度过一整个下午，或者晚间的两三个小时。打这之后，我便成了沈先生家的常客，有时为搭上92路末班车才道别。老宅动迁之后，沈先生搬进了浴堂街旁的三室新屋，书香依然。50岁之后几场大病，我去沈宅的次数渐稀，但每年总得有两三次。那里，留着我青壮年时代的美好记忆，有着许许多多向沈先生请教、交谈的怀念。走近蒲汇塘，会感到一种亲切；离开七宝镇，会生起一份留恋。

沈先生是位思维敏捷、谈吐不凡的学者。我没有听过沈先生上课，但每次学术会议，都会听到他那抑扬顿挫的洪亮声音，有理有据的独到观点。博学而不失深邃，卓见而不失沉稳，随机而发却条理井然，在与他同年的一代学者中，沈先生无论是见识、思辨还是口才，都是出类拔萃的。他在中国近代史政治、思想、社会、文化等各个领域纵横驰骋，可谓厚积薄发。有一次，他从书桌里拿出厚厚一叠文稿，我打开一看，是他写的讲义。密密麻麻的工笔小字，正文注释完全按照书稿的要求，而其文字数量，远远超出了讲义的需要。这认真、精致、宏富，令我感到惊讶。沈先生告诉我，上课时所遇到的问题，都要仔细准备，这是他进入大学课堂前所花的“磨刀功”。只要见过这份讲稿，就知道沈先生充沛的学术底气从何而来。

我到沈先生这里，聊得话题很多很广，很少聊及书法。而沈先生的字却是颇有特色的。一笔一画，都写得认认真真；一字一句，每个字端端正正。所以，沈先生拿出的文稿、书稿，见者无不赞叹。而他秘不示人的日记，更完全是用毛笔书写的略带行意的小楷，这种日积月累的数十年之功，形成了沈先生具有浓郁书卷气的书法特色。而其日记的内容，将成为最近四十多年上海学术界、主要是历史学界最重要的第一手史料之一。沈夫人是清代著名画家汤贻芬的后裔，常以作画自娱。有时我登门夜访，看到丈夫作文、夫人作画的场面，这“文情画意”真令人感动。

虽然我没能最后见沈先生一面，也没能最后送行，但沈夫人告诉我，在他人生的最后一段，我是他入院抢救之前最后与之长谈的一位。那天，我们谈了整整一个小时。那时，他起立行走都已十分困难，刷牙漱口都气喘得不行。之后，他不再有聊天的机会，而入院抢救之后，朋友探望，他打招呼也非常吃力了。在我拜访一个多月之后，4 月 18 日清晨，沈先生与世长辞了，致死的原因，不是因为前不久让他濒死的心梗，而是肝癌。沈夫人告诉我，沈先生清晨去世，儿女来不及都赶到送别，她感到十分不安。我告诉她，那天，我与沈先生谈了生死问题，还谈到了临终前的心境问题。离开人世时的心灵平静，是沈先生的愿望；不直面亲人间永别的痛苦，或许是沈先生的福分。

迟到的吊唁之后，我告别了沈夫人及其家人，离开了沈宅。前面依然是静静流淌的蒲汇塘，右边依然是灯光闪耀的塘桥。但在这里，再也看不到沈公，只留下了他的题铭！① 逝者如斯，去而犹在。蒲汇何处望沈公，却是我余生永远之叹！

（周育民　上海师范大学历史系教授）

① 桥下有沈渭滨撰《蒲汇塘桥重修记》碑文。

咬定青山不放松

——追忆沈渭滨先生

冯纪康

1961年，我入七宝中学读初一，那年也正是沈先生和他夫人汤先生从上海师范学院毕业分配到七宝中学当老师的时候。他俩教的是高中部政治课，与我们初中生尚无缘。但我知道沈先生也是七宝人，家住北大街靠塘桥边的沟水弄，那是一条狭窄而老旧的小弄堂，最宽处也就只能容两人并行。汤先生，在我那时看来是一位年轻美丽、小巧玲珑的上海女人，怎么就嫁到七宝的沟水弄来了？这沟水弄，用七宝方言一讲，往往成了“狗屎弄”，很是难听。汤先生一定看中了沈先生身上的某些过人之处。

我每天上学较早，与两位先生去学校走的是同一条北大街，经常能见到沈先生，却没见过沈先生和汤先生同行，想必汤先生必须做完家务再去学校的缘故。沈先生常常是一身细条纹咖啡色哔叽中山装，熨烫得很是挺括，风纪扣严密，领口能见白衬衫领子露出细细的一条，左胸口别着红色的七宝中学校徽。他梳着一个大背头，头发乌黑，头势清爽，戴一副黑边眼镜。右手拿一个公文包，垂在裤线处。沈先生个子不高，但步履很健，一路上不苟言笑。这是沈先生留给我的最初形象。

读初中时与沈先生有过一次近距离接触。那时我喜欢画画，常去美术老师韩文俊的美术室。一次，我见在画桌上作画的竟是沈先生，韩先生却在边上观看。沈先生画的是一副整开纸的水粉宣传画，其用笔用色之娴熟，与专门的美术教师无异。我十分惊讶，政治老师也会作画？我就问沈先生，你怎么就没有去读美术学院，沈先生全然没有了不苟言笑的神态，笑嘻嘻地告诉我，他倒是很想去读美院，只是因为“色弱”的缘故。我听了一惊，我也“色弱”呀！看来我也无法在绘画方面继续前行了。不过，对沈先生的多才多艺留下了深刻印象。后来看到学校师生同台演出的话剧《补课》，剧本由上海文艺出版社出版了，沈先生也是编剧之一，对他多才多艺的印象愈发加深了。还是在韩文俊先生的美术室，从沈先生和韩先生的聊天中得知，沈先生正准备报考史学方面的研究生。这让我大开眼界，原来读完大学本科参加工作后，还有如沈先生这样继续渴望读书的人。

对沈先生的进一步了解那是在读高中后。他任我们高一年级的政治课老师，他讲课的风格，他的板书自不必说，还常见他发表在报刊上的文章；他出了一本《论彼得大帝》的小册子，引得我班王孝俭、沈燧清等同学用黑板报的形式同他展开学术讨论；1965年，印度尼西亚反生“九三〇”政变，震惊世界。一周左右后，沈先生便在学校礼堂举办关于这次政变的讲座并回答同学们的提问，其架势如同召开新闻记者招待会。沈先生侃侃而谈，其风度可与外交部发言人相伯仲。

读高中后，我兴趣转向了文史，与沈先生就走得近了。先生尽管年轻却称得上是七宝中学教师中的翘楚，堪为人师而模范之。我总觉得，在七宝中学当一名政治教师，并不是他人生追求的最终目标。殊不知木秀于林风必摧之，接下来岁月中的几许磨难正等着他呢！

我看到很有分量地“炮打”沈先生的第一张大字报是在1966年的7月，“文革”初始之际，他被冠之以七宝中学的“反动学术权威”、“牛鬼蛇神”。我曾经目睹他被学校的红卫兵打翻在地，双手前后护腰，任老腿相加，衣衫撕破，他仍声嘶力竭地争辩着。在此等羞辱下，我真担心沈先生是否会就此精神崩溃？

“文革”中，我因“思想反动”，1969年被判八年徒刑坐了牢，与沈先生断了音讯。1974年和1975年间，正是“评法批儒”的高潮期，我尚身在监狱。从当时的报刊上读到了沈先生的几篇文章，虽属潮流裹挟下的文字，但他丰富的文史学养，充盈在字里行间。沈先生没有倒，还站着，很让我欣喜。我很骄傲地告诉同监，这位是我的老师。后来我知道，这段时期正是他被隔离审查、被批判后，贬到农村的一所初级中学去教书的日子。而沈先生正是在1975年底从这所农村初级中学，直接调入复旦大学历史系任教的。这种蛙跳式的变迁，纵有伯乐，若不是良驹根本实现不了。这足见沈先生自大学研修历史开始，历经风雨，特别是在“文革”中知识被视作草芥，他又被斗、被贬，却从未放弃过对学问的追求和积累。

沈先生进复旦，在“文化大革命”行将结束前，一路走去，从讲师、副教授到教授，成了复旦名师。如没有真才实学、没有突出作为那是根本做不到的。更何况沈先生还非复旦“嫡系”出身，难免会遇到种种非学术因素而引起的掣肘。沈先生的后半生是在复旦的教学、研究中度过的，并确定了他史学的研究方向，成就了事业。此中艰辛他很少在朋友、学生中提起，我们只知道他患有严重的糖尿病，并从汤先生偶尔的只言片语中得知冬日他常用棉毯裹着双脚御寒，彻夜伏案读书写作，几个脚趾因血脉不畅导致坏死而切除等情况。然而作为他曾经学生的我们，完全能体会到在攀登学术高峰中的甜酸苦辣，感悟到先生那种不气馁不罢休、孜孜不倦的顽强精神。

2012 年年底，新修的《七宝镇志》出版不久。在一次小聚中议起地方志，沈先生提起了 38 年前他在隔离室中写就《七宝沧桑》的往事，大家执意一睹手稿真面目。那是二卷五六万字的手稿，写在大便用的手纸上。开本为 63mm × 93mm，就是把一张手纸（约 A4 纸大小）裁为 8 张，装订成两本约 2 厘米厚的袖珍本。手纸本是黄的，历经岁月更显黄而老旧，似乎手指一戳就要碎裂的样子，然而其开本之小、文字之细密、装订之用心，让朋友们惊叹不已。（详见本书彩色插页）更令人惊叹的是，沈先生是在失去人身自由、备受精神高压的情况下，以超强的记忆和文史学养写下了自清人顾传金《蒲溪小志》后到 70 年代初七宝镇的文化、教育、军事、工商业、市政建设等的沧桑变化。可视作一部《新蒲溪小志》的雏形。后来在大家的怂恿下，请陈辉先生完成文字打印，冯念康主动义务承担原稿翻拍、装帧设计，沈先生门生杨勇刚出资，成就了一本原稿影印和打印文字相对照的精美作品。我喜得一册，读着沈先生的旧作，我又见到了沈先生那一股对学问追求锲而不舍的韧劲，在险恶环境中让思想自由驰骋的精神。

我想起了出狱不久路遇沈先生的一幕。那是 1977 年的 5 月，我尚未平反。在七宝镇的南大街上，迎面见到了沈先生，他已在复旦大学任教年余。

与沈先生、同学王孝俭（左一）的合影

见到沈先生，我恭恭敬敬地立定："沈先生好！"沈先生一番惊喜："哦，冯纪康！"接着用问候的口吻说："几时出来的？现在好吗？"我告诉他，才出来一个多月，还好。他打量了我一下说：

“精神状态还不错嘛，现在在哪里工作？”我告诉他，我留厂就业。他沉思了一下，十分认真地对我说：“冯纪康啊，你记住，你还年轻，多读点书，不气馁不放松，人要有真学问真本事，一生中机会有的是，怕就怕机会来了，你却没有真本事去应对它。”我默默记住。

我想，这一定是沈先生对自己跌宕起伏人生的领悟，那是一股“咬定青山不放松”的韧劲，他身上的过人之处。90年代以来，沈先生学术成果斐然，出书多种，还担纲起国家清史工程光绪朝（上）人物传记项目主持人等多种学术职务，正是这种过人之处的韧劲使然。

2015年4月19日，接弟念康来电，告知沈先生于昨日溘然长逝，我为之惊愕。让人想不到的是，令先生驾鹤西去的竟并非是他严重的糖尿病，而是从未听他和汤先生提及过的弥漫性肝癌！几个月前，在一次闲聊中，先生还乐呵呵地对我说，“我活到八十足矣”。惜未能了先生之愿，令我扼腕长叹！每当拿起电话联系汤先生，竟会脱口而出叫沈先生！我的手机中留的还是沈先生的大名。每当聚会，朋友们总有“遍插茱萸少一人”的感觉，似乎沈先生还会来。

今天，我用郑板桥的《竹石》来追忆沈先生：

咬定青山不放松，立根原在破岩中。
千磨万击还坚劲，任尔东西南北风。

〔冯纪康　原上海市上海县文化馆副馆长（退休）〕

给沈老师的信

阮竹平

沈老师：

我看微信："最亲近慈禧的那个闵行老人走了"，说你突然去了天国，还有你的生平介绍。我不相信自己的眼睛，再看图片，真真切切坐在书案上的真是你；我还是不信，跑到你家去看你，汤老师说："他真的走了，昨天刚走。"我遗憾没送你一程。天国虽美但清冷，尘世难道没有你的惦念和眷顾？你真的完成清史研究了吗？

我只见到桌上放着你的照片，还是那么儒雅，但我再也见不到老师的身影，再也听不到老师给我解题的声音……我难过。

沈老师，我六岁时，因为在七宝中学搭伙吃饭认识了你，因为，你跟我父亲阮纪鹤同是七宝中学的老师。记得有一次，我踮着脚食堂窗口拿饭菜叫道，"番茄炒蛋"，结果，只有番茄没有蛋，我直言道："怎么只有番茄没有蛋？"里面冲出一位名叫松狗的师傅，把我一把拎到天井里，怒气冲冲地说："谁家的小囡，怎么说只有番茄没有蛋？"围观的人好多，我害怕极了，脸憋得通红。当时沈老师你也在吃饭，遇见此情景，看了我碗里的菜说："松狗，小囡没讲错，是只有番茄没有蛋！不可以对小囡嘎凶。"说着，你把我拉到你身后保护起来。这是我初次认识沈渭滨老师。后来，父亲带着我到沈老师办公室致谢！你对我父亲尊敬有加，"阮先生、阮先生"地称呼。

我十五岁读初二时，你教我们政治课，你上课严谨且条理清楚。当时的政治教科书就是历史书，从原始社会讲到社会主义，你并非照本宣读，而是认真备课，用讲故事的形式讲解，通俗易懂，这使我对政治历史产生了浓厚兴趣，也为我读大学文科打下了一定基础。

我十八岁统一分配进石化厂工作，石化重学习，有幸"华纺"培训一年，我当了化纤操作工。但我酷爱文学，后经种种波折考上大学读中文。其间需要新闻教材，于是找到你求助。当时你已是复旦教授、研究历史的学者，在你家里偌大的书房里，我表达来意，一是看老师，二是需要新闻教材。你欣然答应。没多久你就从复旦买了一套新闻教材送给我并叫我好好读书。前进路上有你相助教诲，我感恩！

近年我在《七宝通讯》上发表了不少文章，路遇沈老师，你远远地跟我打招呼："竹平，文章看过了，写得蛮好，要多写。"已是知名学者教授，你依然那么谦和真诚。

2014年6月份，在褚半农先生的"莘庄方言"研讨会上，我再次遇到了你，别人"沈教授沈教授"地称呼你，我还是像小时候那样"沈老师沈老师"地叫你。你没一点儿不高兴，拍照时叫我站你旁边，我一高兴，负责送你回到家。

研读《莘庄方言》时，我对许多字、词、词组、句子不懂，就抄下来去问你，老师百忙中打开字典帮我一起查，直到我弄懂为止。

这些片段，那么清晰，犹如昨天，怎么今天沈老师说走就走？是不是天国的大学有新的课题等待老师去研究？带领同学一起探讨？是不是去采访慈禧了解清史疑案？

沈老师：独在异乡为异客，我对着一缕清辉束手无策，只能说：沈老师，你在天国一路走好！

（阮竹平　原七宝中学学生）

他和七宝有段缘

——怀念沈渭滨先生

朱巨林

惊悉沈渭滨先生逝世，心中备感悲痛。和先生相识15年之久，未相识时，闻先生大名，复旦大学赫赫有名的历史学教授，便存敬畏之心。后相识，见先生平易近人，礼义通达，倍增敬佩之情。

21世纪初修复、改造七宝老街，指挥部诚聘先生为文化顾问，出于对家乡的深厚情感，先生慨然应诺，对政府保留和修复七宝老街，大加赞赏，并不辞劳累，每周参加顾问小组活动。在修复改造过程中，先生每日抽出时间，去老街巡看修复的质量和进度，还为普通民工讲解古建筑修复的意义，嘱其在修复中要精益求精。文化顾问小组活动，先生每次必到，对修复过程中挖掘和整理七宝的历史文化，并展现在七宝老街上，提出了很多有见地的想法。一期修复工程结束，顾问小组一致推荐先生撰写有关修复的碑文，先生没有推辞，写下了《蒲汇塘桥重修记》、《修葺七宝老街碑记》，以石刻碑文呈现在老街上。

与沈先生的合影：我们一同坐在草地上，先生顽皮地大笑

修复老街工程结束后，政府决定编撰《七宝镇志》，又邀先生为镇志指导小组成员。先生社会事务繁多，又担负“国家清史工程·传记·光绪朝（上）”的编纂，但为家乡编撰《七宝镇志》，仍欣然应允。每周指导小组碰头会，先生可推掉其他事务，参加镇志编撰的讨论。整整五年，先生不辞劳累，参与了镇志大纲的拟定、具体章节的撰写。审稿期间，先生一丝

不苟地逐句逐字审核，为《七宝镇志》的编撰尽心尽力。《七宝镇志》出版后，先生参加市地方志评选，举贤不避亲，评议《七宝镇志》材料翔实、记录完整、数据准确，是地方志的上等佳作。

和先生的相识相知，正是短短十年的修复改造七宝老街和编撰《七宝镇志》。先生学术渊博、谦虚平和、为人师表、品格高尚，我视先生为良师益友，先生待我如弟子情深。

深切缅怀沈渭滨先生！

（朱巨林　七宝镇人民政府镇志办公室常务副主任）

七宝一宝——沈渭滨

段　炼

一直知道沈渭滨老师身体不好，却没有想到他走得那么早那么快。斯人已逝，音容宛在，回想起与沈老师的师友之情，作为晚辈我理应写下一点缅怀的文字。

最早认识沈渭滨老师是在十几年前的几场学术研讨会上。在众多老先生中，他是比较突出的一个，西装革履，眼镜手杖，颇为倜傥，更像是一位上海滩的“老克勒”。无论是会议主持，还是论文点评，严肃认真中又不乏幽默风趣，往往能切中问题的要点，给我留下了深刻的印象。从后来的交往中得知，沈老师并不是大户人家出身，早年务过农、当过兵、做过中学老师，应该是知识学养的浸润和独特的人生阅历造就了他不俗的谈吐和风度。

沈渭滨老师长期从事中国近代史研究，善于思辨，精于考据，在辛亥革命、太平天国、鸦片战争诸领域取得了杰出的成就，在军事史、会党史以及晚清民国人物研究方面也佳作迭出。有一年，沈老师在电视台开设“揭秘慈禧真相”系列讲座，绘声绘色的讲述，深入浅出的语言，吸引了一大批历史爱好者。有幸听过沈老师课的人都知道，在电视里他并没有发挥出应有的水准。记得2008年1月，沈老师在上海图书馆主讲“盛宣怀与洋务运动”。时值寒冬，那一天下着南方地区罕见的鹅毛大雪，五百座的上图学术报告厅座无虚席，甚至有不少迟来者宁可站着也不愿错过这次精彩的学术讲座。历时一个半小时的演讲，中途无一人离座，会场内时不时响起掌声和欢笑声，那才是沈老师真正水平呢！尽管如此，我爱人还是很喜欢沈老师的电视讲座，一场不落，简直到了痴迷的状态。沈老师的著作《晚清女主——细说慈禧》出版了，专门送了我一册。我故意和他打趣，正话反说：“我爱人最喜欢听你讲慈禧，你是她的粉丝！”以此为话头，我们谈到了电视讲座。沈老师遗憾地说，他的南方口音太重，不适合上电视。而且，面对冷冰冰的镜头，缺少互动，总没有课堂上那种兴奋感。教师出身的学者，只有在课堂上，只有面对学生，才能点燃心中的激情。

与沈老师一次学术会议餐桌上的合影

我调入上海社会科学院历史研究所之后，真正进入了史学研究领域，和沈老师的交往更多了。他是上海宋庆龄研究会副会长，我是理事；他是上海中山学社常务理事，我是社员，每年大会小会总要碰好几次头，关系越来越好，感情越来越深。我是文博专业出身，擅长细节考证，不太注重宏观把握，学理方面有所欠缺，因此对自己写的东西缺乏信心。沈老师鼓励我大胆发文章，他说："年轻人要有自信，好的文章投给好的刊物，一般的文章就投给一般的刊物。只有把文章公之于众，任由大家点评，才有进步。"当他得知我在求学、晋职路上遭遇瓶颈，曾多次为我抱屈，遗憾地说："可惜我退休得太早了……"2009 年 4 月，海南省召开"宋耀如及其时代"国际学术研讨会，上海许多知名学者应邀与会。我递交了一篇关于宋氏三姐妹入学问题的考证论文，沈老师打算推荐我做大会发言，但文章着眼点太小，与"时代"主题相距甚远，只好作罢。发不发言倒无所谓，文章能得到沈老师的肯定，已是极高的荣誉了。

那一次海南会议，除了主持、点评，沈老师作为上海宋庆龄研究会的副学长，还得全程陪同宋氏家族后人参观考察。海南的天气很热，会议结束后，大家都换上了休闲服装，一身短打踏上了三亚的游程。重任在肩，必须正装，沈老师怕热，又患有严重的糖尿病。如果说西装革履在上海是"老克勒"做派，那在海南简直就是遭罪了，为了推动对宋氏家族的学术研究工作，沈老师尽了全力。每年的深秋初冬，上海宋研会总要组织大家在市郊周边举行学术年会，沈老师从不缺席。他说他退休了，闲着也是闲着，能出来走走蛮好。其实，他很珍惜和大家相互交流的机会，也愿意和年轻人在一起。早年，沈老师因脉管炎切掉了几个脚趾，走路不太方便。但每次年会，沈老师的游兴很浓，拄着拐杖跟在年轻人的后面，就像个开心的老小孩。

2009 年沈老师拜谒宋耀如纪念碑留影

沈老师是地地道道的上海七宝本地人，因此在畅谈近代史学之外，我们又多了一个共同的话题——上海地方史志。其实，在与沈老师相识之前，我就曾有幸读到过他所写的《蒲汇塘桥重修记》和《修葺七宝老街碑记》。当时我还在上海市历史博物馆从事文物工作，某一天潘君祥馆长拿来两份手稿，说是可以作为地方文献收入第二辑馆刊中。手稿文字不长，也就两三页格子信纸，字迹工整，遒劲有力，言简意赅地介绍了蒲汇塘桥和七宝老街的历史。从中，我不仅读出了一位历史学家的深厚功力，更可以感受到一位老先生对本乡本土的挚爱。在地方历史和史志理论方面，沈老师也多有建树。早在 20 世纪 60 年代就有研究蒲汇塘等七宝地方名物的文章问世，80 年代后期又与姜鸣先生合著《阿拉上海人——一种文化社会学的观察》，并先后发表了一系列关于“海派”文化的学术论文。他知道我对上海地方史志也有浓厚的兴趣，曾专门打电话给闵行区地方志办公室的王孝俭先生，帮我要一本新整理出版的《蒲溪小志》。其实，那本书我早已买来拜读过了，《重刊〈蒲溪小志〉前言》就是沈老师撰写的，强调了方志史料尤其是乡镇志在历史研究中不可或缺的重要意义。另外，无论是《乡镇志是研究上海人文历史的重要文献——以〈蒲溪小志〉为例》、《晚清村镇志纂修的成熟及其人文历史价值——以江南名镇志〈诸翟村志〉为中心的分析》等学术论文，还是对《上海工商社团志》、《云翔寺志》、《九星村志》等诸多新方志的评论，无不显现出他在方志理论研究领域的真知灼见。我不是科班出身，因此对老先生们自然不像其他年轻人那么拘谨。在畅谈上海地方掌故之际，我好几次和沈渭滨老师开玩笑说："其实你也是一宝，七宝可以改名八宝。"沈老师一脸严肃："什么八宝？八宝辣酱？"他耳朵不好，或是故作萌状，神情令人发噱。

就在2014年深秋，病中的沈渭滨老师还专门把我叫去七宝蒲汇塘畔的家中，将王孝俭先生主编的《七宝镇志》和《九星村志》转赠于我。那是我最后一次与沈老师畅谈，聊人生、聊学问、聊彼此一切感兴趣的事。不久，听说沈老师病情严重，已经历了一次生死。年后，我们一直说要去七宝探望他，由于工作与琐事羁绊，结果一拖再拖。再一次见到沈老师，他已经躺在了中山医院的重症监护室。来探望沈老师的人很多，尽管他已无力说话，但精神尚可，还能向大家点头致意。家属们本打算在下周给沈老师换一间单独的病房，以便于在最后的日子里好好陪陪他。我也和同事们约定下次再来看他，不曾想这次探视竟成了阴阳两隔的永别。先生之风，山高水长。此生无福，未成为沈老师的入室弟子。此生有幸，能结识沈老师这样一位可亲可敬的长者。

（段　炼　上海社会科学院历史研究所副研究员）

（曾发表于《上海地方志》，后有修改）

沈渭滨：藏在七宝的中国近代史学者

《复旦青年》

2015 年 3 月 5 日是夫人汤先华的寿辰，一家人每年的传统是下馆子为她庆生。当时沈渭滨的身体已经非常虚弱，家人劝他不要出门，但他却坚持："就算是天上下刀，落铁，我也要去！"

这是沈渭滨最后一次为夫人庆生。

2015 年 4 月 18 日上午 7 时，复旦大学历史学系教授、中国近代史研究专家沈渭滨因肝癌于上海中山医院逝世，享年 78 岁。沈渭滨 1937 年生于上海七宝镇，1975 年从中学调入复旦大学历史学系，从事中国近代史、晚清史的教学研究，至 1997 年退休。

追悼会上，挂着一副巨幅挽联：半世坎坷皆为字，一生惬意是文章。

这正是沈渭滨先生书房里一直挂着的对联。华东师范大学教授、沈渭滨同门师弟杨国强说："其中一半写出了往事的叹喟，一半写出了人生的寄托，可谓甘苦皆备，坎坷惬意都写出了一个人的情性。"

第二个春天

2011 年是辛亥革命 100 周年，当时沈渭滨已是 74 岁高龄。他用四个月时间为他的著作《孙中山与辛亥革命》增补了 15 万字，同时，他还主持"国家清史编纂工程 · 传记 · 光绪朝（上）"项目，修改撰稿者提交的一百多位传主的文稿。"这四个月非常辛苦，他是这时候累垮了，透支了。"沈渭滨 1993 级硕士研究生、上海社会科学科学院历史研究所研究员张剑回忆起来，不无感慨。

退休以后沈渭滨学术热情更为高涨。1995 级硕士研究生，复旦大学历史学系教授陈雁说："沈老师退休后像焕发了学术第二春。"

虽然早在1987年，沈渭滨的身体状况便开始走下坡路，他仍然坚持主持、参加众多学术会议，并无一例外地在会前密密麻麻地写好手书发言稿。张剑说："他穿着时髦的笔挺的西装，头发一丝不苟，在会场上一发言就很生动，就会成为会场的焦点。"然而沈渭滨不在自己未钻研过的领域内发言，也为此在晚年拒绝过不少会议、节目的邀请。2008年早春，历史纪录片《刺客令》导演韩晶拜访沈渭滨，邀请他担任节目嘉宾。"我至今仍清晰记得当时的情景，他身穿时髦的铁红色棒针衫，点燃一支烟，坐在沙发上耐心听我讲完纪录片的大致内容，最后，他拒绝了我的邀请，理由是纪录片的内容并非他研究的范围。他还言之凿凿称，不是他研究的东西，他怎可在电视上乱讲?"韩晶发表文章回忆道。

在这个"春天"，沈渭滨还不断对中国近代史的陈说进行突破。他在《三民主义中的国家与社会的关系》中讨论了孙中山三民主义的内在矛盾；在《东南社会的社会结构变迁》中提出近代史的开端在于辛亥革命而非鸦片战争。在张剑眼中，这些都是先生晚年最精彩的思想。

2014年8月，沈渭滨投入三十年心血的著作《道光十九年》出版，开创了鸦片战争前史研究的先河。"老师要求视野要广、宽阔，但是又不能宽泛——做一个课题的时候，就要做的精深，同时又要了解其广阔的背景，将人与事放在历史语境中思考。"回忆着与沈渭滨见面时他常挂在嘴边的嘱托，张剑说道。

可没想到，沈渭滨在春花凋落的日子里，随春天一起走了。

"教书匠"的桃李花开

沈渭滨曾开设"中国近代史"和"中国近代军事史"、"辛亥革命史"等通史和专门史课程。"沈渭滨住在病房里，病友问他是做什么的，他都只说自己是'教书匠'"，复旦大学新闻学院党委书记周桂发说。

这位老先生身材瘦瘦小小，南方口音很重，但普通话却相当标准，能把什么都讲得很清楚，口才极好，并且精神十足、充满激情。"沈老师上课的时候讲话内容很足，像说书一样，让人身临其境，大家都喜欢听他的课。"1978级本科生张国伟说，"而且他上课的许多观点让人耳目一新。"沈渭滨在课堂上肯定过被"一棍子打死"的慈禧，否定过"农民领袖"洪秀全，每每说到激动处，便手舞足蹈，一甩胳膊，脱下外套，飞舞起板书。偶尔，沈渭滨还会缓缓掏出香烟盒，和学生们说："同学们，我抽根烟啊！"于是点上一根香烟，边抽边讲。1994年在中国近代史课上做助教的张剑想到此番场景，不禁笑着模仿起沈渭滨来。

“教书匠”在家中，常在一家七口聚在一起时，为三个孩子讲历史故事——从《三国演义》和《水浒传》到福尔摩斯和威尼斯商人，“我可以看到辽阔的山河，看到商人丑恶的样子就在眼前。”沈渭滨的儿子在追悼会上动情地追忆。不过除了崇拜与温暖，子女也对他发过牢骚，因为这位“教书匠”，太把自己当“教书匠”。1975年以后，沈渭滨的生活渐渐从“文化大革命”的动荡中恢复平静，他便将大量的时间投入了历史研究，投入了教学生活，再没有多少机会和孩子们讲这些历史故事。

陈雁以“呕心沥血”来形容沈渭滨对一些学生的付出，而张剑则一直珍藏着沈渭滨为他第一篇历史学术论文批改的手稿。

张剑在成为沈渭滨的研究生之前，在野外地质队工作，对于怎么写历史学论文，“一点也不懂，连前言都不会写”。沈渭滨拿到张剑第一篇理科报告一般的万字论文时，反反复复修改了五遍，从前言到结论，从形式到内容，愣是让张剑以这一次写作论文的实践，知道了如何撰写历史学论文。“这是对我影响最大的。”他说。这篇论文《〈中西见闻录〉述略》最终在1995年的《复旦学报》上发表。

不仅张剑的第一篇论文得到了沈渭滨的指导，许多上沈渭滨课的本科生和私淑弟子请沈渭滨指导论文，他亦是欣然接受请求。张国伟说：“沈老师对学生没有嫡庶之分，对请他指导的论文，是一笔一画的，很认真地写意见。”历史系王维江教授、华东政法大学马克思主义学院院长何益忠教授等学者的第一篇学术论文发表的背后，都有沈渭滨的墨水。

沈渭滨学生们在微信上建了一个群，名为“初五沈大大”——每年大年初五，七宝总会迎来这个给老师拜年的学生团。“大家都盼望着，这一天成为了我们共同的节日。”张国伟说。

沈渭滨带的研究生不多，而本科生与私淑弟子们都与他感情深厚。“初五沈大大”群里有出版社领导，有局长、处长，有教授、博士生导师，大家都会在正月初五这天聚集到沈渭滨的家中。张剑说：“那不仅是师生的见面，更是父子和父女的见面。”

藏在七宝的学者

20年以后的今天，张剑还是能清晰地记起，去往老师沈渭滨七宝家中的乡间小道上，

92路公交跑得飞快，频频甩站。

“老师是七宝古镇的人。当时七宝古镇不像现在这么热闹，我们到了七宝镇，随便在路上找人问‘沈渭滨家在哪里’，人家就会给你指路，你不知道他住在几楼几号都可以找到他，”张国伟说学生们都觉得沈渭滨是七宝名人，是古镇的第八宝。

那时沈渭滨还住在浴堂街的四合院里，从大天井往二楼看，便是沈渭滨居住的地方。这其中有个巨大的房间，楼板又长又宽，踩在上面嘎吱嘎吱直响。这个房间的大半是沈渭滨的书房，而书房的大半是沈渭滨的藏书。

“他认为了解一个老师最好的方法就是到他的家里，在那个氛围里，让你了解他这个人，了解做学术应该是怎样的。”张剑回忆起沈渭滨一本一本地拿出他的手写读书笔记，一页一页翻开手稿，与他交流自己想法的情景。从1961年发表第一篇学术论文，到“文化大革命”被关禁闭，不论是毛笔宣纸，还是折成香烟盒大小的草纸，都可能成为沈渭滨的论文手稿。两本泛黄的《中国近代史通论》是沈渭滨的手稿之一。“这是早已写就的手稿，显然，先生对自己的手稿并不满意，因此也没有打算出版。先生一生最大的遗憾，就是没有时间和精力，用自己的对中国近代史的总体理解、自己的架构和体系，写一本像蒋廷黻《中国近代史》一样的中国近代通史。”张剑说。

他的手稿还有未完成的陈旭麓先生年谱长编。在张剑看来，沈渭滨以陈旭麓为师，并将他的教书育人与学术研究之道在自己身上续燃着。晚年，与陈旭麓相似，沈渭滨把大量的精力投入到为他人的书稿提意见、作序、写书评当中，不计回报。华东师范大学杨国强教授编纂的“清史工程·通纪”一卷便是由沈渭滨审稿——杨国强曾说其他人不能审，只有沈渭滨可以审。

沈渭滨的家中还一本本叠着自退休以来的近三十本日记，都以毛笔在宣纸上用竖排的蝇头小楷书写，记录着他晚年的思想与学术交往。每天早上洗漱完，他便坐到了书桌前，笔耕不辍。“除了看看足球，他没有别的什么爱好，总是坐在书桌前，一思考就抽根烟，从早到晚的审稿、做研究。”张剑回想。

在他的书桌前，自1961年发表第一篇学术论文，到2015年3月发表《当代上海学研究的三点希望》，沈渭滨经历了整整55年的学术生涯。除了在辛亥革命、太平天国与鸦片战争等领域有精深研究外，沈渭滨更把目光投向了区域文化史与社会史和人物研究，中国近代军事史与民族资产阶级亦在他目光所及之处。沈渭滨对地方史志亦有深厚的研究，在“文化大革命”期间克服种种艰难，曾为其家乡七宝古镇撰写二卷《七宝沧桑》。

第 11 宿舍

沈渭滨十分热爱家乡。他在七宝老街改造之时，为之书碑记二则，其一是《修葺七宝老街碑记》，其二是《蒲汇塘桥重修记》，石刻立于老街之上。然而，他生命的最后一刻却一个人在监护病房中度过。

沈渭滨从福建军区复员上海以后，就再没有离开过七宝古镇。从上海西南方的七宝镇，到东北角的复旦大学，如果乘公交车，至今仍需要三四个小时，至少换乘三次。40 年前，他每天早上四点半起床，五点从家里出发，骑自行车到上海农学院（现交大农学院）乘 92 路公交，再到万体馆换乘多次公交车，到第三四节课前，才能刚好赶到复旦。

后来，学校为他分配了一间宿舍，他却用来照顾年轻的后辈，自己则仍然几十年如一日地斜穿整个上海。

“沈老师宁愿自己不方便也乐于帮助我们，为年轻人提供方便。”周桂发是最后一位住在这间宿舍的人，在他之前，已经有两三名青年教师因为结婚住过这间宿舍了。“沈渭滨还开玩笑说房租要付掉哦，他还问我要喜糖吃。”沈渭滨的第 11 宿舍 1 号楼 2 楼就这样关爱与成全着好几对“鸳鸯”。不少学生还记得他的那句“大学就要谈恋爱，毕业就结婚，先成家再成专家”；而张剑则忘不了晚年沈渭滨在每次挂电话前，总要嘱咐一句“不要太累，自己要注意节奏”；对沈渭滨“要注意劳逸结合”的叮咛，与沈渭滨亦师亦友的历史学系教授傅德华说：“这是他对我的一种关爱。”

“老先生的性格很开朗。因为得了脉管炎，沈老师的脚趾烂掉了，截掉了一个脚趾，他就开玩笑说自己成了‘臭老九’，‘文革’期间这个词是用来批斗知识分子的，沈老师在七宝中学做老师时也被批斗过，”周桂发说，“后来又过了几年，再次复发，又割掉了一个脚趾，沈老师又开玩笑说自己成了‘丘八’（形容兵痞）。沈老师很乐观，不因为病痛惹人同情，反而告诉我们年轻人要注意身体，还告诉我少抽点香烟。”自沈渭滨的大弟子、东华大学教授郭太风因病英年早逝后，沈渭滨就一再强调学生们注意休息。然而，这位七宝老人却忘了照顾他自己。

3 月 29 日，张剑电话沈渭滨家，预约次日去看他。结果师母告知沈渭滨已于 24 日住进中山医院急诊重症监护病房。“这次住进去，怕是再也出不来了。”

4 月 14 日晚，沈渭滨开始发烧，状况恶化，他对护士说，感到身上很不舒服。

4 月 16 日，沈渭滨精神好转，能吃下女儿送来的粥，还吃了西瓜。他对在监护病房外探望他的学生、友人们致意，还能清晰地将他们一一向护工介绍。家人们看到有所好转，放弃将他转入特需病房由家人陪伴的计划，决定继续在监护病房进行治疗。

4 月 18 日早上 7 点，张剑又接到了一个电话。

“那段时间我最怕有人在早上打电话来。那天周六，觉还没睡醒就……”张剑表情凝重，摇了摇头，“我们最大的遗憾就是没有把他转出监护病房，没能让家人和学生在最后时刻陪着他”。

沈渭滨离开了七宝，却将两方撰稿的石刻碑记永远留在了老街繁华之处。正如张剑撰文说：“先生遽归道山，薪尽火不断。”

《复旦青年》记者刘昱辰主笔，刘琳、张宇杰报道

五、学术追述

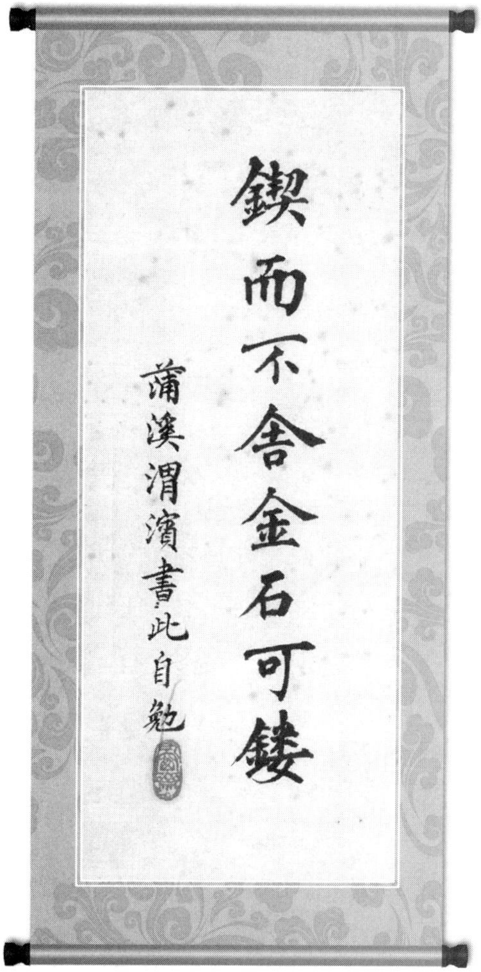

蒲溪学人的半世薪尽火传

傅德华

沈渭滨先生是我尊重的老师。1976年，他由当时华东师大已借调复旦历史系任教的陈旭麓先生向历史系党总支推荐，从上海县华漕中学来复旦大学历史系任教时，与我同在一个教研室，前后近10年之久。后来，我毛遂自荐到系资料工作，曾得到他的称许。因工作关系，他常让我帮忙借书。他退休后脚趾有疾，我常将书送到七宝他府上，并向他讨教学术上彼此感兴趣的问题，受益匪浅。在我心目中，一直把他看作自己的良师益友。

沈渭滨先生生于1937年6月23日，上海蒲溪七宝镇人，享年78岁。他的一生大致经历两个大阶段，一是在中学（七宝中学和华漕中学）任教，二是在复旦大学登堂讲学。他在中学的经历，这里就不再赘言。先生的道德文章和学术成就，在复旦校园是有目共睹的，在上海学术界和全国学术界也是一致称道的。

我同沈先生接触中的感受，最深刻的有二点：一是他对待学术研究的全身心投入，二是诲人不倦的精神。

沈老师在中国近代史、太平天国史、辛亥革命史、中国近代军事史等领域所取得的成就是众所周知的，这来自先生对学术研究的全身心投入。1975年底他来到复旦后，与同仁一起于1980年在《历史研究》上发表《上海商团与辛亥革命》始，到1990年在《历史研究》上发表《评〈上海史〉》，10余年总共在这份中国历史学界最权威的杂志上发表了6篇文章，几乎每二年一篇。其中《中国近代军事史研究述评》被《新华文摘》全文转载。与此同时，他在《复旦学报》上发表过13篇学术论文，其中《再论近代中国的时代中心》、《论陈宝琛与“前清流”》被《新华文摘》全文转载，《上海城市民众与上海小刀会起义》、《论“三民主义”理论中国家与社会的关系》等4篇为人大报刊复印资料《中国近代史》全文转载。这在其同仁中也是为数不多的。还有他在上海哲学社会科学联合会主办的《探索与争鸣》上，发表过各类学术文章14篇，其中《保护古镇就是保护历史文脉》

被《新华文摘》全文转载，《从〈翁同龢日记〉看同治帝病情及死因》和《慈禧在中法战争中的作为》被人大报刊复印资料全文转载。据不完全统计，他从进入复旦到2015年谢世，共在全国各种报刊和数十种论文集中发表论文200余篇，出版各类专著近10种，其中《孙中山与辛亥革命》和《中国近代史·导读》连续再版多次。他主编的《中国近代军事论文索引》，填补中国近代军事史研究的空白，为方便学者查考这一领域的研究成果带来了极大便利；主编的《中国历史大事年表·近代卷》，更成为中国近代史研究者必不可少的工具书与参考书。仅2011年他就有《困厄中的近代化》、《曾经沧海》两本著作问世。尤其是他晚年积三十年之力，于2014年由华东师范大学出版社出版《道光十九年——从禁烟到战争》，被称为“迄今首部鸦片战争前史专著”。可以想象，这需要投入多少精力才能换来如此丰硕的学术成果！更何况当时他因脉管炎导致脚趾溃烂，经手术割掉三个脚趾，他忍着病痛笔耕不辍，表现出了何等的毅力！

沈先生对学生诲人不倦的精神，也是众所周知的。他在复旦曾指导过六个硕士研究生，开设过中国近代史、中国近代军事史概论、太平天国史和辛亥革命史等课程。课余时间，当学生向他请教问题，他总是耐心地解答，直陈己见。即使不是复旦的学生，读了他的文章，或在自学中国近代史的过程中，碰到疑难问题写信给他，他也非常认真地写信回复，一视同仁。这本《纪念文集》学生回忆沈先生教诲的文章超过40篇，几乎占全书一半篇幅。每年年初五的师生聚会，持续近三十年，成为学界佳话。沈先生的另一个优点就是爱护学生，爱护年轻的学者。在他出版的《曾经沧海》一书中，收录了他应作者之请为《龙旗飘扬的舰队》、《中国革命史论》、《中国近代铁路史》、《中国近代会党史研究》等书作的序言。2014年他因健康缘故已久不撰文，却仍抱病坚持为一本纪念共和国将帅诞辰一百周年的画传撰写评语。他总是希望学生们多读书，多思考，多出成果，尽快地赶超自己。

蒲溪学人的半世薪尽火传，以及他为复旦所做的一切，实际上是在传承复旦百年来“博学而笃志，切问而近思”的复旦精神。沈先生与其他复旦历史系的教师一样，都在认真履行自己的天职，在弘扬复旦百年来教书育人的优良传统。我们应将这种精神一代又一代地继承和发扬光大。

一生惬意是文章

——沈渭滨先生的学术人生

张　剑

沈渭滨先生一生跌宕起伏、丰富多彩，当过兵，务过农，绘过画，也编过话剧；在荒唐岁月中被批斗，被殴打，被关禁闭，也被劳动改造，但他终在中国近代史的学术园地辛勤耕耘，不断开拓，意气风发，愈老弥坚，突破革命史研究范式，成就"近代化"研究范式志业。

一、起步辛亥革命史研究，展露学术才华

先生出身小商人家庭，家有"宏兴馆"饭店，在七宝镇上颇有些名气，社会主义改造运动中被公私合营。父亲读过私塾，从小督练习字，成就先生书法。母亲不识字，严格礼仪，养成先生谦谦君子风度。先生从小爱读书，流连于隔壁杂货铺包东西的旧书报中，十岁前后，四大名著都已看过。先生更喜好绘画，理想是成为美术家。

先生 7 岁入读上海市立明强国民学校，1950 年毕业考取七宝农校初中部，1953 年毕业报考中等美术学校未取。同年 11 月参军，先后任福建军区干部学校、福州军区工程兵司令部国防工程建筑设计科教员、档案员、绘图员等。仍不能忘情于绘画，业余时间外出写生，喜欢速写、素描、水彩、水粉、油画等。其间展露才华，1956 年 7 月在《福建日报》发表《民间艺术的广阔前途》，曾任福州军区报社驻军区首届体育文化大会特约记者。听闻初中同学高中毕业纷纷考上大学，十分羡慕，希望复员。两次报告后，1957 年终得成行。

回到家乡参加高考。报考中央美术学院华东分院，体检结果色弱，理想彻底破灭。不能专业绘画，可以研究美术史吧。料想历史系应该有美术史专业，于是填报历史系，考取上海第一师范学院（今上海师范大学）。当然，历史系没有美术史专业，要求转系转学校，自然没有可能，只得安心于历史系。慢慢地，先生发现了历史的魅力，产生了兴趣，并决

心走历史研究的学术道路，一旦确定就“紧咬不放”。

最初，先生立志研究唐史，后来又喜欢近代史。他以为近代史更接近现实生活，现实生活中的许多方面都可以从中探寻到源头。中国近代史是中华民族深受列强侵伐的屈辱史，也是中华民族的抗争史、从王朝专制走向民主共和的奋进史，更是中国从传统农业国向现代工业国转折的关键起步时期。因此，先生这种选择与转变，除寻找现实的历史之因外，还有从近代纷繁复杂的历史演化中寻找“治世良方”，显示了先生“以史经世”的关怀。在这个转变过程中，魏建猷先生对他影响甚大，并建议他从事辛亥革命史研究，因为“近代史上所有发生的大事都可以在辛亥革命中得到体现和引申”。从学术研究起步，先生就得到名师指导，选定了一个具有广阔发展前景，且可上溯和下延的研究领域，为他后来学术研究领域的不断拓展奠定了基础。

先生学习刻苦，勤于思考，成绩非常优秀。三年级被派往上海社会科学院历史所实习，随汤志钧先生从事辛亥革命史研究。很快就有成果，四年级在《学术月刊》发表第一篇学术论文《试论辛亥革命时期的社会主要矛盾——与夏东元先生商榷》。《学术月刊》是当时除《历史研究》外全国最好的刊载历史论文刊物，对一个在校学生而言，在上面发表文章的难度可想而知。几十年后，先生回忆起仍有些激动：“当自己手写的字变成铅字的时候，激动的心情可想而知。”论文的发表，更坚定了先生从事历史研究的决心。

大学毕业后，先生任上海市七宝中学政治老师。教学之余，仍致力于学术研究。1963年发表《论同盟会中部总会的成立》，指出同盟会中部总会虽然是一个革命性组织，对革命有客观的促进作用，但不可否认宋教仁、谭人凤等人创设该会主观上有对抗孙中山的意图，是“分裂同盟会的一种恶劣行为”。这一观点引起学界广泛关注，影响甚大。显露出先生注重思辨的史学研究特色。为了进一步提升自己的学术研究能力，当年先生曾报考陈旭麓先生研究生，惜乎未能录取。但从此与陈先生建立起深厚的师生情谊，并不断向陈先生请教学习与研究中的问题。其后，先生还与同学、同事合作，在《历史研究》等报刊发表学术论文，出版独幕话剧《补课》等，充分展示了一个二十多岁的青年知识分子的横溢才华。

不想，“文化大革命”爆发，先生被深深地卷入这场史无前例的劫难之中，作为“反动学术权威、保皇派”被造反派批斗、殴打、有家不能回，严重地影响了家庭生活，极大地损伤了孩子们的心灵。1971年以“炮打林副统帅的5·16反革命分子”罪名，被非法隔离审查，关入禁闭室。即使在这样的境况下，先生仍不放弃学术追求。在被关禁闭的9个月期间，像地下工作者一样躲避监视，凭借记忆在折成香烟盒大小的草纸上，写就5万余字的《七宝沧桑》两卷和10万余字的《辛亥革命史稿》第一章。前者被誉为1949年后七宝人自己撰写的第一部七宝镇志，后者也为先生后来的辛亥革命研究奠立相当基础。

1973年2月，先生调至上海县华漕中学。离开是非之地后，先生仍被时代大潮所裹挟，将才华与大好的青春年华浪费在撰写法家人物小故事等上面，但他深知学术研究的生命意义，继续撰写《辛亥革命史稿》，完成了第一卷，并请陈旭麓先生批评指教。适逢陈先生借调复旦大学领衔主编中国近代史，因金冲及、胡绳武已调北京，编写人员不够，陈先生深知先生才华，借调先生到复旦试用三个月，期满于1975年12月正式调入复旦大学历史系中国近代史研究室。由此，先生从一个中学政治课教员成为著名高等学府一名大学教师，不能不说，这是先生学术生涯中的关键性转折点。

二、不断开拓研究领域，突破革命史研究范式

进入复旦以后，先生以为作为某个研究领域的精深专家自然非常可贵，而且也很必要，但作为一名大学教师，需要面对学生们的各种疑问，知识自然不能局限于一个专业领域，于是他给自己设定了成为一个“会通型”史家的道路。在不断拓展研究领域的同时，先生也积极思考中国近代史的研究范式，并突破已有藩篱，寻找新的研究范式。先生接受教育与从事历史研究初期，中国近代史研究范式正是“以阶级斗争理论为指导，以阶级分析为研究方法，以政治是经济的集中表现为基本线索”的近代史体系笼罩近代史研究时期。先生自然不满意这种简单化的以政治史为经、事件史为纬的革命史研究范式，在不断地探索过程中，成为“近代化”研究范式的拥护者与实践者。这种研究范式把近代中国置于中国近代化历程来观察，研究中国如何、怎样从传统走向近代，探寻中国走向富强之路。在《中国近代史·导读》中，先生已有陈说；2001年，更将出版的精选论文集径直命名为《困厄中的近代化》，鲜明地亮出其姿态。

因此，先生不断开拓研究领域并不仅仅是为了扩展而扩展，而是将他对中国近代化道路的探寻这一历史关怀贯穿其中。在辛亥革命史研究领域，先生首先突破过去仅仅关注革命党的藩篱，注意到资产阶级和立宪派在革命中的作用。先后发表《上海商团与辛亥革命》、《略论辛亥革命时期中国民族资产阶级的性格》、《论资产阶级立宪派研究中的几个问题》等论文，从个案分析上海商团在辛亥革命中的进步作用出发，进而指出具有两面性的民族资产阶级在辛亥革命这个上升时期革命性是其主要方面，重新评估了民族资产阶级在

辛亥革命中的重要作用。由此他上溯资产阶级的诞生、下延资产阶级的发展演化，先后发表《论五四运动前近代中国的时代中心》、《论近代中国的时代中心》等论文，提出并严密论证了“民族资产阶级是近代中国的‘时代中心’”的看法。先生这一石破天惊的论点给中国近代化历程中最为重要的力量之一民族资产阶级在近代中国极高的历史地位，引发了学界对中国民族资产阶级研究的新热潮，开启了中国近代史研究的新方向。

秘密会社是维系中国社会的一股非常重要的力量，在历次运动与革命中都扮演着极为重要的角色。先生也注意到会党在辛亥革命中作用，发表论文《论辛亥革命时期的会党》，认为会党在辛亥革命中是革命派联系下层社会的纽带。由此开始关注会党史研究，先后发表《国内有关天地会起源与性质研究述评》、《会党与政党》等论文，辩证地指出会党与政党虽然是两种不同性质的组织，但近代中国的政党中有会党的因素与影子，会党与政党也会相互利用以达到各自目的。

同时，先生还发表《一八九四年孙中山谒见李鸿章一事新资料》、《中国近代知识分子的形成及其政治觉醒》等论文，探讨了孙中山和近代知识分子的革命性转变。在全面研究了辛亥革命的各种力量之后，先生对已几易其稿、超过60万字的《辛亥革命史稿》进行全面整理，并聚焦于“孙中山与辛亥革命”这一主题，于1993年推出36万言的专著《孙中山与辛亥革命》，以传记史与事件史相结合，从上下、左右、前后寻求社会历史的变动与孙中山思想发展的纷繁复杂的互动关系，通过孙中山反映一个时代，通过一个时代来观照一个人的成长。正如杨国强先生所说，全书以叙事、说理、辨疑、讨论汇贯圆融见风格，并在许多地方表现出其富有个性的思考和见解。

先生认为辛亥革命是近代史上比较有正规意义的资产阶级民主革命，太平天国是中国历史上规模最大的农民战争，若在研究辛亥革命的同时，在太平天国史上下点功夫，不就可以把近代史贯穿起来吗？他在上海社会科学院历史所实习时，深为罗尔纲先生《忠王李秀成自传原稿笺证》所吸引。1965年，与同学合作在《历史研究》发表《论“防鬼反为先”——驳李秀成问题讨论中的几种论调》，开始涉足太平天国史研究。调到复旦后，先生看到太平天国研究起点虽然高，但军事史研究薄弱，特别是对太平军的研究几乎没有。于是，先生独辟蹊径，开始研究太平军水营，撰写《太平军水营述论》一文，详细研究水营建立、编制、职能，确切论证水营的作战得失，被誉为“研究太平天国水师得力之作”。起步就得到学界肯定，坚定了先生研究太平天国军事问题的决心。此后相继发表《太平军二破江南大营战役研究》、《太平军水营“岳州成立说”质疑》、《1853年太平军南京战役研究》等，从军事史角度对太平天国运动中的一些疑难问题提出了独到的见解。在太平天国史研究中，先生勇于创新，也勇于对已有定论做出颠覆。1982年出版的《洪仁玕》一书，虽仅有8万余字，却是当时最详尽的洪仁玕传记，书中对《资政新篇》的评述有独到见解，认为其仅是近代中国向西方学习的一个逐步的阶梯，构成了从地主阶级改革派到资产阶级改良派政治主张的中间环节。对洪秀全创办"上帝教"这一陈说先生也提出了疑问，先后发表《洪秀全创立"上帝教"质疑》、《洪秀全与基督教论纲》等，认为洪秀全虽利用宗教组织发动起义，但并未创立"拜上帝教"。洪秀全起义后仍不能"忘情于宗教救世的大业"。

对太平天国军事史的研究引发了先生对中国近代军事史研究的巨大兴趣与热情。他在历史系本科生中组织军事史研究兴趣小组，指导他们分别从事海军史、军制史、兵器史、后勤史等，组织复旦历史系与空军政治学院党史教研室、军事科学院战略研究部三室相关同仁编写《中国近代军事史论文索引》一书。自己则在总结以往研究得失的基础上，力图从总体上把握中国近代军事史的研究对象与研究方向，相继发表《中国近代军事史研究述评》、《论中国近代军事史的研究对象与分期》、《中国近代军事思想概论》等论文，从宏观上对中国近代军事史的未来发展方向做出前瞻，在军事史学界激起强烈反响，三篇论文相继被《新华文摘》转载，从而开创了中国近代军事史研究的新局面。先生认为近代中国新出现的各种观念形态中，军事思想的近代化是萌发最早而又发育得极不充分的一个领域。近代中国没有形成完备的军事思想体系、没有一部系统的军事学术著作，甚至没有一个代表性的军事思想家。他也有撰写《中国近代军事通史》的宏伟规划，但因近代军事史的整个学术构架还没有完全厘清，许多专题性研究有待深入，这一计划最终未能实现。

鸦片战争是中西之间第一次正面冲突，历来是史家研讨近代中国命运的起点。先生并不专长这一领域，但因上课的关系，在其中耗费不少精力，而且几乎一直延续到生命的尽头，自然也取得了令人瞩目的成就。先生主要从思想文化与知识分子角度切入研究，先后发表《论鸦片战争前后林则徐的经世思想》、《睡眼方开与昏昏睡去——鸦片战争与中国士大夫散论》、《〈南京条约〉与中国士大夫散论》等，对鸦片战争期间及战后中国士大夫对西方势力与西方文化的认识态度做了极为精当与细密的分析，指出在鸦片战争中官僚士大夫多经历了由自大转为自卑的过程，尚未入仕的读书人和虽入仕尚未沾染官场积习的中小官僚，多战前倡导禁烟，战时积极参战，战后则开眼看世界。中国传统文化无论是积极向上还是因循消极的各个层面，都在不尽相同的士大夫身上表现其深沉的影响。后尝试以年代学的方法，专注于以往语焉不详的鸦片战争前中外关系及英国发动侵华战争的原因研究，最终成果就是2014年8月出版的《道光十九年——从禁烟到战争》。

自20世纪80年代后期，先生开始关注区域文化史研究，主要研究海派文化。1990年发表《“海派”文化散论》，对海派文化的渊源、特征、内涵等做出了条分缕析的论述，并指出“不同的区域文化之间没有优劣之分，只有各自不同的特点，需要取长补短”。其后，又相继发表《海派文化生成的社会环境论纲》、《重视海派文化研究》等，剖析了海派文化产生的社会环境与社会机制，并与学生姜鸣合作，撰著《阿拉上海人——一种文化社会学的观察》。先生曾计划由海派文化出发，转入上海文化史研究，并以上海文化史为基础，进而进行区域文化史的比较研究，特别是海派、京派、岭南和湖湘四个文化圈的比较，找出各自特有的内在属性。显示了先生治学视野的宽广与雄心。

先生总是不满足于已有研究领域，不断地开拓进取。他认为科学技术在近代中国历史变迁中的作用被历史学界所忽视，因此组织周围学人，编撰《近代中国科学家》一书，更指导学生专门从事中国近代科学技术与社会变迁研究。

人物研究在先生超过半个世纪的学术生涯占据非常重要的地位，也取得了极为重要的成就。“作为一个学者，特别是历史学家，评价一个人与事件要放到当时的历史语境中去判断、思考，要有一种知人论世的态度。”先生常常这样说，也这样做。他总是能抓住人物的独特个性及其人物在历史变动改变的社会历史因素，并辩证地看待历史人物的命运。无论是《洪仁玕》、《孙中山与辛亥革命》，还是《晚清女主——细说慈禧》都体现了这一特质。他既反对神话孙中山，也不同意某些作者恣意贬低孙中山，而为世人正确理解孙中山提供了一个完整而丰满的形象。他以为慈禧太后“做了许多误国害民乃至妥协卖国的勾当，但也做了不少顺应潮流、有利于社会进步的好事。尽管主观上是为了清王朝的长治久安，但客观上确实有利于中国走出中古状态，面向近代化”。超过4万言的《中国近代史·导读》，在详细分析“蒋廷黻其人”、“蒋廷黻其书”后，研讨中国近代通史写作系统的新陈代谢，已经成为“人物与作品”研究典范。

三、生命不息，思考不止

1997年6月，先生从复旦大学退休。退休后先生学术热情更为发抒，笔耕不辍。思想更为成熟，并不断突破以往陈说，提出了一个又一个学术新观点。

他将辛亥革命史与区域社会史结合起来，2002年发表《论辛亥革命与东南地区社会结构的变迁》一文，指出辛亥革命为晚清经济、文化最发达的东南地区社会转型提供了契机，开启了近代中国政治构架、政治规范和政治运作程序在这一地区的转型；传统的士农工商群体分野被冲破，新的社会阶级阶层产生；促进了民族工业的发展，加速了农村经济的变化和城乡经济的联动。因此，他联系此前对中国近代史发展演化的总体性把握，提出了辛亥革命是近代史开端的重要观点。他认为1840年作为中国近代史的开端并不具备界标意义，因此后的中国政治上仍是王朝统治，经济上依然是小农经济的汪洋大海，社会心态上向西方学习社会影响也极小。而辛亥革命促成了中国政治结构的真正转型，冲破了传统的等级制度和尊卑有序观念，促使社会经济与社会结构产生转变。因此，辛亥革命不仅是近代中国社会转型的重大转折，而且也是中国近代史的真实起点。

他深入思考，认为孙中山“三民主义”作为一个建设近代国家和近代社会理论体系，其内部存在自我矛盾之处，2005年发表《论“三民主义”理论中国家与社会的关系》，指出民生主义的目标和民权主义的政府建构，是自相矛盾的两极：民生主义本质上是一个以培育中产阶级为目标的社会改造方案；民权主义设计的却是个“大政府小社会”模式，为国家权力挤压社会自治空间留下隐患。此后，他继续思考，先后发表《“民生主义”研究的历史回顾——孙中山“民生主义”再研究之一》、《平均地权本议的由来与演变——“民生主义”再研究之二》，对“民生主义”做出了非常翔实与严密的研究与阐述。他还将“三民主义”理论置于中华文化演化的历史进程中思考，以为孙中山“三民主义”是中华文化近代转型第一个完整的理论体系，因而提出“孙中山是推进中华文化转型的第一人”。2011年适逢辛亥革命百年，应出版社邀请，先生以4个月时间对《孙中山与辛亥革命》一书进行增订，增加字数超过15万字。与以往以政治派别作为观察革命唯一动力不同，鲜明地提出了社会合力是促成辛亥革命爆发的全新观点，被林家有先生誉为一部“跨世纪的、意蕴常新的著作”。

在太平天国研究领域，发表《上海城市民众与上海小刀会起义》，指出上海小刀会起义是在近代上海社会转型初期由秘密结社领导的城市反清武装起义，上海各阶层在其间有不同表现。作为城市反清起义，有着不同于太平天国农民起义的诸多特点，并对上海城市近代化走向产生了重大影响。更为重要的是，先生晚年发表《太平天国史研究的十大问题》、《“太平天国农民战争”说质疑》等，对太平天国运动的农民战争性质提出质疑：太平天国和太平军基本成员不是农民，其斗争目标和宗旨是反清复汉，并没有反映和表达农民的利益，因此难以定性为农民起义和农民战争，不如称之为“太平天国反清战争”更为妥切。

晚年，先生对家乡七宝古镇的修复和修建也建言不少，为蒲汇塘桥和老街修复撰写碑文，并撰有《七宝古镇巨变》、《重刊〈蒲溪小志〉前言》、《保护古镇就是保护历史文脉》等，提出古镇是中国历史文脉的聚合地，保护古镇就是保护文脉，保护历史遗产。由此，他深入地方史志研究，先后发表《乡镇志是研究上海人文历史的重要文献——以〈蒲溪小志〉为例》、《晚清村镇志纂修的成熟及其人文历史价值——以江南名镇志〈诸翟村志〉为中心的分析》等论文，提出晚清村镇志的修撰深受章学诚志学理论影响，已经越过明末清初村镇志纂修的草创阶段而趋于成熟。

先生晚年对历史科学面临的问题也有思考。发表《历史学科必须面对现实拓展研究领域》，指出历史学家应该而且必须对现实深切关怀，注意现实与历史的关系，并不断从现实的挑战中发现新的研究课题，形成新的学科理论生长点，以发挥史学的社会功能。并提出历史学应拓展研究的三个方向，一是大力加强科学社会学的研究，尽快推进这一新兴学科分支的形成和发展；二是利用历史学的优长，整合城市规划、城市功能、城市管理、市政建设、城市生态等诸多学科，形成一门自然科学与社会科学有机结合、理论与应用兼而有之的城市史研究新学科；三是引进社会史研究方法，加强社会形态、社会结构、社会转型等研究。撰写《史学三议》对史学界"通识、通才之难见"、"'纪念史学'之误导"、"史学研究辅助学科之缺乏"做出反思。

先生一生将学术视为生命，对他而言，没有思考与写作的生存毫无意义。先生在这样永不停息的思考中，走到了生命的尽头。先生为学术的一生，也留有不少遗憾。正如人不能抓住自己的头发离开地球一样，人也不能脱离他生活的时代。先生到复旦以后，立志作为一个"会通型"史家，他的最终目标是通过对整个中国近代史的整体与总体性把握，撰写一部充分反映自己思考、有自己思想理路和架构体系，像蒋廷黻《中国近代史》一样的中国近代史。随着他对近代史诸方面研究的深入，有了自己独到见解与理解后，这个愿望越来越强烈，也撰有厚厚两大本《中国近代史通论》。显然，他对自己的作品并不满意，但他更深知这个任务的难度，他晚年常常说他的话语体系已经固化，无论是思考与写作都不能突破这个体系，要更新中国近代史撰述体系，需要一种全新的话语体系。他虽然突破了革命史的近代史研究范式，但仍受制于时代局限，未能完成一生最大的愿望，这是他一生最大的遗憾。

（曾发表于《东方早报·上海书评》2015 年 5 月 24 日）

沈渭滨先生对近代史几个问题的见解

马　勇

出差在外，突然接到廖大伟先生的电话，告诉我沈渭滨老师不幸去世。电话中我好长时间不知说什么，沈老师的音容笑貌迅即在我脑海中浮现。

其实，我与沈老师的直接接触并不算多。在复旦读书时，由于我的专业是专门史，重点又在古代学术史，因而沈老师近代史课程仅仅出于爱好并没有系统地听过。与沈老师更多接触，还是毕业之后在一些会议上见面，聆听沈老师的高见，听取沈老师的教诲。又由于我毕业之后很快转向了中国近代史，因而沈老师的著作成为我的必读书。读其书想其人，往往事半功倍，所以在不知不觉中，我在许多问题上，接受了沈老师的判断，越来越信服沈老师对近代史许多问题的分析。

沈老师是那代人中比较具有特色的学人，在整个中国近代史领域，沈老师关注的问题相对较多，既能从宏大背景讨论中国近代史的整体框架，讨论中国近代通史究竟应该怎样做，更能在细节上进行深入细致的研究，宏大与细微，博大与精深，在沈老师那里犹如一体两面，自然和谐，熔为一炉，没有丝毫内在冲突。

在讨论宏大问题时，沈老师的代表作，在我看来应该是那篇蒋廷黻《中国近代史·导读》，这篇为蒋廷黻名著所写的专文，其篇幅几与原著等，论其人，导其书，进而讨论中国近代通史研究、写作的推陈出新。

沈老师接续乃师陈旭麓先生的讨论，对蒋廷黻及其近代史给予极高评价。在某种意义上可以说，过去20年中国近代史学界推崇蒋廷黻以及现代化研究模式，陈旭麓先生、沈渭滨先生是最重要的两位推手，学术界从他们两位那里获得了不少启示。

接续蒋廷黻的讨论，不能不承认近代中国的历史主题就是现代化，用蒋廷黻的话说：

近百年的中华民族根本只有一个问题，那就是：中国人能近代化吗？能赶上西洋人吗？能利用科学和机械吗？能废除我们家族和家乡观念而组织一个近代的民族国家吗？能的话我们民族的前途是光明的；不能的话，我们这个民族是没有前途的。因为在世界上，一切的国家能接受近代文化者必致富强，不能者必遭惨败，毫无例外。并且接受得愈早愈速就愈好。日本就是一个好例子。

这段话，陈先生、沈先生，都不止一次引证，足见其意义。

以现代化史观讨论近代中国，在许多问题上都可以得出很不一样的看法。沈老师在最近出版的《道光十九年》中，以编年史方法探究在资本主义全球化到来前夜，中国为什么没有踏准历史节奏，被抛弃出局。

沈老师认为，康乾盛世尽管不虚，但这个盛世与近代资本主义风马牛，根本不是一回事。第一，康乾时代GDP世界第一并不表明中国真强真大，因为经济总量背后是四亿人口，人均GDP与几个主要资本主义国家相比，微不足道。第二，世界历史发展到19世纪初年，资本主义浪潮已席卷了全世界，中国当时正确选择是利用自己的优势尽快加入世界一体化进程，主动引领国家从农业文明向工业文明、商业文明转型。沈老师指出，中国在鸦片战争之前沉醉在自己虚幻的繁荣盛世中，是闭目塞听使中国错过了和平进入近代世界的最佳时机。

中国在鸦片战争中付出巨大代价，但中国并没有迅速从失败中觉醒，走上一条新路。对于此间的原因，沈老师有很多探讨，他多年前出版的《困厄中的近代化》论文集，将鸦片战争前后直至辛亥革命的历史，放在“千年变局”大背景中进行处理，对近代早期许多问题都提出了自己独特的思考，论据充分，逻辑严谨，对我们这些学生辈的研究者，启发多多。

辛亥革命是沈老师毕生研究的重点之一，也是沈老师最负盛名的研究领域。在这个领域，沈老师有专门著作《孙中山与辛亥革命》问世，一版再版，一印再印，足见其价值、影响力。对沈老师的辛亥革命研究，我印象最深的有两点，一个是沈老师认为近代中国的开端不在明清之际，不是鸦片战争，甚至也不是洋务运动、甲午战争，而是辛亥革命。沈老师指出，只有辛亥革命开始改变中国社会结构，是中国社会转型的真正起点。沈老师的这个说法还不能成为学术领域的主流，但沈老师从社会转型角度定义辛亥革命，极具启发意义。

第二，由于沈老师从现代化视角观察历史转型，因而他在研究辛亥革命时并没有简单地评判革命与改良，更没有以孙中山的是非为是非。比如在谈到鸦片战争以来体制内不时涌现的“自改革”思潮、运动时，沈老师的观点比较柔性、温和，既看到了体制内改革的局限性，又能设身处地体会体制内的不易。

说到沈老师的温和，我觉得最值得提出的是沈老师对慈禧太后、宋美龄两位女政治家的解读。他的几篇相关文章，应该是过去几十年对这两位女政治家最具学术品质而又最具温情的解读。

关于慈禧太后，沈老师没有延续近代以来的阴谋论，而是将慈禧太后作为一个政治家，一个平常的母亲去研究。不论他的《晚清女主——细说慈禧》，还是他探讨慈禧太后与中法战争关系的专题论文，沈老师都根据可信史料还原一个具有生命气息的历史人物。比如慈禧太后与恭亲王在1884年的冲突，沈老师强调慈禧太后除了揽权、排斥异己，期待绝对权威外，也有为小皇帝光绪亲政铺平道路，防止恭亲王挟持的考量。这个判断不仅有史料支撑，而且更合乎历史逻辑，合乎日常伦理及人情、人性。

至于宋美龄，沈老师在几年前的一篇文章中也有令人耳目一新的讨论，他一反几十年来史学界对蒋宋联姻的狭隘分析、相互利用考量，而是用事实描述了蒋宋联姻主要还是基于爱情，蒋介石的不懈追求为主因，而宋美龄“美人爱英雄”也是一个不容忽视的重要因素。

沈渭滨先生在几十年的学者生涯中涉及诸多学术领域，在军事史、会党史、区域史、城市史领域都有很深造诣，丰富著述。这些方面，我个人均为门外汉，相信沈老师那些及门弟子一定会进行专门讨论。

读沈老师的文章、论著，是一种文化享受。他的叙事既蕴含哲理、明白流畅，极富神韵，又谋篇布局、环环紧扣，犹如文学作品的内在紧张。这既是沈老师的天赋、才华，也是沈老师刻意追求的结果。读沈老师为“细说中国历史丛书”写的长序，那里对史学作品的文与质，均有细致入微的分析，有不俗的学术追求，很值得品味、遵行。

沈老师离开我们远行了。但他的精神，他的学术贡献将永留人间，成为人类文明宝库中一笔丰厚的财富。

（马　勇　中国社会科学院近代史研究所研究员）

（曾发表于《文汇报·文汇学人》2015年5月22日）

也宜正史也亦谐

马　勇

2015年4月18日不幸因病过世的沈渭滨先生，为中国近代史领域著名学者，兴趣广泛，涉猎甚多，“会通”近代史诸领域：于近代史总论，有《蒋廷黻〈中国近代史〉导读》名篇；于现代化史，有《困厄中的近代化》；于鸦片战争，有《道光十九年——从禁烟到战争》；于太平天国，致力于军事、宗教诸层面，有《天国寻踪》、《太平天国史研究的十大问题》；于辛亥革命用功长达数十年，所著《孙中山与辛亥革命》为此领域名著，一版再版；于晚清史，承担“国家清史工程·传记·光绪朝（上）”项目，著有《晚清女主——细说慈禧》等。此外，在城市史、军事史、区域史、商会史、会党史等领域，沈先生都有极富创见的大量著述，影响巨大。这些成就已有师友做了详细介绍，这里只谈沈先生学术成就一个小小侧面。

在研究正史的同时，沈先生对野史考订始终抱有极大热情，通过精密考订，纠正了一些误传，重建了一些被曲解的史实。

早几年在香港出版的《太后与我》，是一个曾经旅居北京的英国人以自传体编造与慈禧太后的“不伦之情”、“跨洋之恋”，轰动一时。针对这本书的描述，沈先生从清代宫廷制度、紫禁城布局及警卫体制等层面否定其可信性，强调从中国史观点看，慈禧太后有些事情确实祸国殃民，但在“家天下”背景下，她的所作所为不可能背离爱新觉罗王朝的整体利益，作为爱新觉罗大家族的老太太，慈禧太后即便不能母仪天下，也不可能有机会伤风败俗，跨洋之恋。

慈禧太后是“晚清女主”，统治中国长达48年之久。这48年又是中国“数千年未有之大变局”中最关键的一段，一个纯粹的农业文明开始接纳了来自西方的工业文明，一个传统的中国开始向现代转型。研究慈禧太后，并不单纯为其绯闻、八卦所吸引，更不是为其辩护，而是为了更好地认识这段历史。为此，沈先生用了二十多年时间研究慈禧太后，除了那本雅俗共赏的名著《晚清女主——细说慈禧》，还有许多专题论文发表。

按照清代官书，慈禧太后亲生儿子同治帝死于天花；而根据稗史笔记，同治帝死于梅毒。这是百年疑案，许多学者依据清宫档案、现代医学，从各个层面进行过不少分析，但依然众说纷纭，各说各话。沈先生独辟蹊径，依据同治帝汉文师傅翁同龢日记，逐日分析同治帝病情演变，再参照公私文书，以为同治帝一方面被慈禧太后长期溺爱，养成了一些很不好的嗜好；另一方面由于慈禧太后过于干预小夫妻的私生活，使同治帝在婚后依然放荡不羁，时常微服私行。又由于身为君王，担心在那些高档妓寮与“同好”群臣撞见，有损尊严，只好在一二小太监护卫下混迹于内城低档私娼处，因此染上了脏病。不过，沈先生并不认为同治帝死于梅毒，他排比各项文献后的看法是，第一，同治帝确实因天花而病倒；第二，放浪纵淫确实掏空了同治帝的身子，使其抵抗力减弱。总之，同治帝不幸早逝是天花、梅毒综合并发，二者缺一或不至于迅速致死。这个结论既有充分史料依据，又合乎日常伦理、历史逻辑。至此，这个百年疑案大体可以结案了。

在对慈禧太后的研究中，沈先生关于中法战争及甲申易枢的研究也是一个典范。沈先生一方面注意到甲申易枢被郭廷以等前辈史家视为“慈禧太后的第二次政变”，对于清除异己、巩固权力至关重要，另一方面沈先生认为慈禧太后在中法战争中的举措大致得当，维护了清王朝的尊严、利益。至于甲申易枢，可能并不只是慈禧太后、恭亲王二人之间的叔嫂恩怨，而是包含了慈禧太后对未来政局的担忧。因为按照惯例，小皇帝光绪再有几年就要亲政，而她也将还政撤帘。太后担心幼弱的小皇帝面对一个强势的皇叔不好理政，更担心自己撤帘后小皇帝受到恭亲王挟制，有为小皇帝铺平道路的另一层深意。

沈先生是政治史研究大家，对近代中国一系列重大事件都有细致深入分梳，有独到心得，对历史人物，不论正反，在他那里都有体贴入微的考察，知人论世，深入人物内心。研究慈禧太后与晚清政局如此，研究民国也有很不一样的成就。谨举宋美龄为例。

在过往历史叙述中，宋美龄不过是一个配角，最大的肯定是蒋介石的贤内助，在抗战时期为中国争取美国援助出过大力。至于蒋宋联姻，很少有人肯定，多以为是一场没有爱情的政治婚姻，相互利用。

对于这些传统说法，沈先生给予谨慎讨论，通过大量史料重新解读，沈先生认为政治婚姻的判定只看到了表象，经不起分析。第一，蒋宋联姻经过五年爱情长跑，是英雄爱美人，美人爱英雄的结果。如果不承认蒋宋婚姻的爱情基础，就没有办法理解他们长达半个世纪的婚姻生活。第二，蒋宋成婚时，蒋不是政治巅峰期，甚至相反，因各派排挤，不得不辞去国民革命军总司令职务，退出政治漩涡，蛰居雪窦寺韬光养晦。第三，宋家也非论者所谓“上海最负盛名的资本家”，充其量，宋家不过一比较富裕家庭，衣食无忧，但说不上“财势”，因而不存在宋家对蒋事业的经济支持。据沈先生研究，蒋宋结合，主要是基于蒋介石对宋美龄长达五年之久不懈追求、真诚爱慕。沈先生为此提供了丰富史料，读者可以参照阅读。

历史研究有着不同的路数，各人都可以根据自己的爱好、积累、阅历，从事自己感兴趣的题目。沈先生在几十年学术生涯中依据个人兴致在近代史领域做出许多令人瞩目的成就，本文所举的例子，只是沈先生学术成就的一个小小的侧面，由此概见沈渭滨先生一个很不一样的学术特征。

〔曾发表于《财新周刊》2015 年第 17 期（2015 年 5 月 4 日）〕

沈渭滨先生与细说体

虞云国

2015年刚过年节，见到周育民兄，他说春节去拜访沈渭滨先生，情况很不好，我心里咯噔了一下。近年在应该现身的学术活动中，久未听到他犀利的议论与爽朗的笑声，才听说他身体欠佳。记得我最后一次见到他，似在王家范先生《中国历史通论》新版的座谈会上。满座王家子弟外，他是受邀的首席嘉宾，第一个发言，说了些什么，已记不太清。饭桌上，听说我将有新随笔出版，他便说，到时别忘了送我一本。而后亲昵地加了一句，你还是我的小师弟呢！

我是“文革”后恢复高考才进上海师院的，与他虽出自同校同系，但他毕业于“文革”前，1975年就调入复旦大学历史系，是我的师长前辈。入学不久，听说以我就读的一般院校毕业而能执掌复旦历史系教鞭的，当时他似是唯一的特例，我所在系的教师一说起，颇引以为荣的。但领域不同，迟至本世纪初与他才有学术交集。

当时，我受邀为黎东方的“细说中国历史丛书”续写《细说宋朝》，行将杀青前，责编崔美明女士告诉我：黎东方的几册“细说”由邓广铭先生作序，你们四册续作，因邓先生去世，准备请沈渭滨先生写序。我早知他的大名，由衷欣然期待。但责编接着说：有人表示，沈渭滨不是博导，言外之意怕压不住；我感到他水平很高，作序怎么不合适！崔女士不信这套，渭滨先生的大序照用不误。他在序里对拙著揄扬有加，说我“对宋史中不少相关问题提出了自己的见解，寓学术研究于深入浅出的叙述之中，正合细说体雅俗共赏的特点”，颇让我好一阵子与有荣焉。这且不说，让我关注的是，他对细说体提炼并论述了“融会贯通”、“取精用宏”与“深入浅出”三大“自有其要领可循”的标杆，绝非像有的作序者王顾言他、隔靴搔痒，确是甘苦自知、深解三昧的通人之论。

2007年春夏之际，“细说中国历史丛书”改为“黎东方讲史”推出新版，渭滨先生也出席了发布会。当时，崔美明女士再接再厉，推出“细说中国历史人物丛书”，“帝王系列”已粉墨登场，“后妃系列”也正在后台画眉深浅中。他在发言中，再提“细说体”的历史普及化功能，认为这是一项提高民族文化素质，涵养爱国情操的大业，称得上嘉惠当今、造福后代的大好事；而一个漠视自己历史的国家是没有前途的。接着，他说及正在撰写的《细说慈禧》，大意说，慈禧主政的几十年，正当世变之亟，身处这样的时代，位居那样的身份，她确有不容易与难能为之处，所以对她，该肯定处就肯定，该否定处就否定，不能像以往那样，一味妖魔化。他表示将积自己多年研究与思考，写出与以往漫画化截然不同的西太后。发言时的神态，一如素有的神采飞扬与自信满满。

这年岁末年初，他的《晚清女主——细说慈禧》问世，是倾向于重新评价慈禧的。但我相信，《晚清女主——细说慈禧》肯定是他经过全面研究与深入思考的成果，也必然贯彻了他所主张的细说体三大要领，应是“后妃系列”中最富新意与独秉已见的一种。后来，他在《上海书评》上有过一篇论慈禧的长文，似是这册“细说”的精华版。又后来，听说对这篇文章有不同意见，意谓怎能为这样的人物翻案云云。这让我有点戚戚然。就个人而言，仅凭向戊戌六君子大开杀戒，我对这位老佛爷绝无好感可言，但这种认识只是基于情感反激。在一个宽松的环境中，尤其作为史学研究的学术领域，对历代帝后的是非功过应该容许标新立异的言说自由，你可以不同意他的观点与结论，但必须确保其表达的权力，更不应动辄涉及政治立场。一次见面时，我表达了这层意思，他习惯地耸了耸肩，满不在乎说：“我管他呢！”

我于中国近代史，所知略限常识，对渭滨先生的专业成就，绝无置喙评骘的余地。他的著述，除了主编的《中国历史大事年表·近代卷》作为插架的工具书，读过的实在寥寥。印象最深的，也许是他为蒋廷黻《中国近代史》写的导读，洋洋洒洒五十余页，密密麻麻百来个注，让我这个门外者，也直觉其用力之博大，见解之精深，在“蓬莱阁丛书”诸家导言中无愧翘楚之列。他很重视历史普及化，除了《细说慈禧》，去年新出的《道光十九年——从禁烟到战争》与早年的历史随笔集《曾经沧海》，都是着力于普及的佳作。

在随意聊天时，包括为蒋著《中国近代史》所作导读中，看得出他对陈旭麓先生十分崇敬，也听到过自称私淑之类的话。传闻去世前，他正为陈先生写评传，力图以史家直笔写出其在各个转折期的思想历程与人生实相，实事求是，不阿私，不虚美。倘若这部传记能够完稿，足以为中国现当代知识分子史与学术文化史留下一个典型个例。但斯人已去，遗稿谁续？且借用他序“细说中国历史丛书”时追念黎东方的话，以寄托我的感悼：“大愿未竟，良可哀痛！”

（虞云国　上海师范大学历史系教授）

（曾发表于《东方早报·上海书评》2015年5月24日）

沈渭滨教授和清史传记修纂

潘振平

沈渭滨先生去世已经一年了。2015年他病重住院时，我正在上海侍奉住院治疗的母亲，无暇探视，不料竟成永诀。与渭滨先生相识已有三十余年，因为先师陈旭麓教授的缘故——渭滨先生以陈老师私淑弟子谦居，我们虽然接触不多，但十分亲近。近十年来，渭滨先生受邀主持国家清史纂修工程的传记项目，我才得以更加深入地了解他的学问和人品，受教良多。

清史工程于2002年启动，是当时国家投入最多、规模最大的文化项目。2004年3月，我奉总主持人戴逸教授之命加入，负责传记修纂的组织工作。此前传记组已经决定约请全国各地的专家试写一些稿件，以便搜集相关学术信息，了解工作的难点和问题。9月，稿件陆续完成，我们又约请各地另一批专家进行审读和修改，渭滨先生就在此列。

11月，渭滨先生的修改稿寄回，除了在原稿上改得密密麻麻的工整蝇头小字外，还另附几页说明。首先是“总体评价”，直指稿件中存在的问题，观点鲜明而尖锐：“样稿内容取舍不当，该简未简，该写未写，致使全文过于简略，仅属行状，缺乏史料价值”；“行文上下跳跃过大，难以衔接，致使读者无法理解其间之关联”；“命字措辞不够统一，口语化时有出现”；“时间概念模糊，行文中常不署年月，不合传记体例”；等等。

接着是说明如何修改的“修改原则”：

1. 我是在确认样稿依据正确无误资料编成的前提下着手修改的，所以没有对样稿所示资料进行核对。

2. 根据我对前举样稿总体评价中所列几点，就《清史稿》、《清史列传》两书中□□□传文，取其可以采纳者，予以适当补入，以期样稿不低于两书水平；细读样稿所附《长编》，觉得可入正文者，即补入之，以不违背作者原意为准。

3. 凡补文均标录出处，见所附《送审稿□□□修改出处注录》。

4. 我认为新修《清史》，应对《清史稿》、《清史列传》中可用内容（正确无误，能说明问题，有史料价值者）予以采纳。

5. 新撰传文不应受《清史稿》等书内容囿限，应尽力发掘传主行状、言论为该书不及载之内容，故样稿中有关□、□论用兵、勇利弊及□建议筹设水师等处，均予保留。

6. 样稿修改之处，皆属一孔之见，仅供作者参考，妄改及不当处，乞请恕罪。（□为作者所略）

所附一页半誊写工整的修改出处注录，详细注明修改稿增补的26处文字之史料出处。

在我的印象中，撰写和审改这批传稿的专家大都工作认真，但如此直言不讳，条理清晰，渭滨先生可谓第一人。当时清史工程刚刚起步，传记立项工作杂事纷乱，头绪繁多，颇有应接不暇之感。渭滨先生的认真负责，既使我们对依靠专家完成艰巨任务增添了信心，也为即将全面铺开的纂修工作如何保质保量敲响了警钟。在经过数次修改，并经戴逸主任审阅后，我们于次年初编定《〈清史·传记〉编写则例（试行）》，附有传文、资料长编和考异的试写稿，供各项目组撰稿人参考。

按照国家规定，清史纂修工程采用项目制拨款及管理，即需要将所撰写的内容分解为若干个项目，以公开招标或评议委托的方式确定主持人，并签订详细的合同。据此，清史传记初分为三十个项目，其中一半为各个朝代的重要政治、军事人物，一半为在其他领域有重要事迹和贡献的各行各业人物。每个项目多则二百余人，少则亦有六七十人，在三至四年内完成，所以需要由主持人组织一个团队。2005年2月7日上午，我受命专程赴上海七宝宝隆新村渭滨先生的寓所，委托他出任“清史·传记·光绪（上）”项目主持人。渭滨先生表示能够参与清史纂修工程非常高兴，人物传记也是他愿意做的事情，但也表示了一些顾虑，主要是身有腿疾，影响出门活动；已经退休，利用学校资源不便；时间紧任务重，一百多篇稿子需要负责，工作负担太大，等等。经过商量，最后他还是欣然接受了委托。

是年3月，清史编委会确认渭滨先生为这个项目的主持人，4月签订合同。渭滨先生在月底前已经组织起团队，成员主要有戴鞍钢、谢世诚、王立诚、邵雍、廖大伟等，另外特聘了姜鸣等人，均为年富力强的第一线中青年学者。根据传记组提供的工作名单，他们在5月4日和6月12日分别召开两次会议，研究入传名单的增删调整，确定初步分工及各传篇幅等级等等事宜。6月17日，“清史·传记·光绪（上）”第一次工作会议在上海举行，他们团队成员悉数到场，我和编委会传记组的几名专家也出席了。会议讨论了人物名单调整和具体分工，进展顺利。渭滨先生就是这样，严谨细心，责任感强，讲效率，重然诺，开始时可能会让人感到有点絮烦，一旦承诺，就可以放心。

清史编委会传记组的工作，开始时是组织立项，同时编辑入传名单初稿和撰写则例试行稿等材料，以后逐步转向各项目的联系和服务，评估阶段性成果。为了推动工作，我们除了参加各项目组的内部会议，组织全体成员出席的大型工作会议外，还设计了一些中型会议，称为“片会”，由若干时间或性质接近的项目组人员参加，便于交流资料和学术信息，以及撰写过程中遇到的问题。2005年10月，第三次传记项目工作会议在福建召开，道光朝、同治朝、光绪朝（上）、（下）四个项目主持人及部分课题组成员参加，各组报告进度和遇到的困难，交流了人物资料的重要发现和研究方面的突破。渭滨先生首先谈到，原来的中国近代史专家，在转入清史领域后，学术观念需要有所转变，史料掌握方面也要有新的开始，他自己已经把《光绪朝东华录》重读一遍，做成人物索引，接下来再做《清德宗实录》的索引。其次，他谈到传记的几个标准，一是没有硬伤，必须准确；二是重要资料不能遗漏，人物的主要事迹完整；三是人物特点要清晰，或长于思想，或长于管理，或长于专门领域，如河工等等；四是文字雅训。强调不要完全抛开《清史稿》和《清史列传》等旧传，而是应该纠正其错讹，补充其不足。再次，他坦言原先对困难估计不足，用了“心里没底”、“胆战心惊”等语词，称其他项目组成员手头工作繁多，如何保证投入到清史传记研究和写作的时间，亟待解决。最后他提出为保证质量，希望延长时间，不增加经费，五年完成工作任务。

渭滨先生的发言，平凡朴实，通篇没有豪言壮语，基调是实事求是，重视困难，在当时看来似乎还夸大了困难。但以后的事实证明，他所提及的几点，特别是兼职修史造成的时间和精力投入不足，不仅是他主持的项目，也是清史纂修工程进度和质量不能保证的严重问题之一。老马识途，是之谓也。

到了翌年春季，“清史·传记·光绪（上）”项目如期提交了第一批稿子。渭滨先生所撰“崇厚”一传，传文3000字，提交长编达五万字之多，详细搜集录入档案、实录、官书、新编资料集、日记、年谱等多种史料，堪称典范。2006年5月我们将之编入《清史传记资料长编选（一）》，供各传记项目组参酌学习。

此后，我与渭滨先生每年都会见面，特别是春节之前，我都会去七宝拜访，清史当然是主要话题。他的项目进展并不顺利，可以说状况不断，他的焦虑，他的烦恼，他的无奈，我都看在眼里。他的学生张剑，在最困难的时候加入撰稿者的行列，传记组联系专家马忠文也挺身而出，帮忙解决了不少困难。终于，在2012年，也就是合同签订的七年以后，“清史・传记・光绪（上）”初稿完成。他本是一个颇为潇洒之人，才华横溢，兴趣广泛，文史功力深厚，写得一手工整楷书，在当地也是文化名人，却把晚年的大部分时间献给了国家清史工程，用生命完成了自己的庄严承诺。

如今，清史纂修工程进入了最后的攻关阶段。譬如下围棋，在经过开局及中盘角力，进入收官阶段，更需仔细谋划，精心计算，一招不慎，满盘皆输。此时，我们更需要发扬渭滨先生的精神，实事求是，细心踏实，认真做事，争取交出一份人民满意的答卷。

（潘振平　生活・读书・新知三联书店原副总编）

沈渭滨老师与《中国近代军事史论文索引》的编纂

傅德华

沈渭滨老师的一生，除在中国近代史，尤其是太平天国史、辛亥革命史等领域有自己独到的见地外，在中国近代军事史领域亦有过不小的贡献，其中组织领导编纂《中国近代军事史论文索引》（沈渭滨主编，军事科学出版社1986年出版，以下简称《论文索引》）具有非常重要的意义与价值。他从七宝中学来到复旦后，曾创建师生结合的中国近代军事史的兴趣小组，每周活动一次，地点复旦大学第六宿舍60号楼下的笔者一室户寒舍，坚持数年之久，对培养学生的学术研究兴趣起了积极的推动作用。之后多位师生在刊物上发表有关近代军事史文章，与此不无关系。不仅于此，军事史兴趣小组曾围绕多个相关问题展开讨论，从而促使沈渭滨老师感到要进一步提高对近代中国军事史研究的兴趣和爱好，简单的讨论已很难再深入下去，必须使所有的人对前人的研究成果有所了解，在此基础上才可能发现新问题，拓展新思路。于是编纂一本“中国近代军事史论文索引”的设想，由此应运而生。

一

1985年，通过“拨乱反正”后，学术界越来越活跃，中国近代军事史的研究，正在日益引起更多的专家学者及同仁的重视。自1840年鸦片战争后，迄至20世纪80年代，在140余年的历史长河中，有关报刊上发表了数以千计的军事史学术研究成果。尽管部分文献资料已被整理出版，但远远满足不了国内外同仁对这领域研究的需求。学术界亟需一本回溯性反映中国近代军事史研究成果的工具书，以解学术界专家学者燃眉之急。沈渭滨老师当时提出编纂“中国近代军事史论文索引”工具书，是非常及时，具有高瞻远瞩之见。但当时除中国社会科学院历史研究所编的《中国史学论文索引》和《八十年来史学书目》、复旦大学历史系资料室编的《中国近代史论著目录》可供查阅外[①]，几乎没有一本专门可供查检中国近代军事史论文资料的参考书目。从这个意义上讲，《中国近代军事史论文索引》的编纂将这一领域的文献目录整理出来，并正式出版，公之于世，具有填补国内学术界空白的意义，这对推动以后的中国近代军事史的研究，必将起到积极的推动作用。

这项工作在沈渭滨老师的主持下于1985年开始启动。时年我已从中国近代史教研室毛遂自荐到历史系资料室工作整整五年。出于对笔者的信任，他曾专门找我详谈过一次，强调编纂本选题的意义和价值，一定要认真负责做好文献目录的搜集和整理学术界已刊载的军事史的学术论文的工作，让我协助中国近代史组的夏林根和中国人民解放军空军政治学院党史教研室的吴信忠同志，共同完成好这项工作。笔者那时刚过而立之年，身上有一股使不完的劲，说干就干，即带领兴趣组成员，在校生刘申宁、郭太风、何锡蓉等一起，从上海图书馆编纂出版社《全国报刊论文索引》中[②]，逐年翻检，嗣后又前往校图书馆、上海图书馆徐家汇藏书楼、空军政治学院（现改为南京政治学院）图书馆进行查找，一条一卡，共做了5000余张卡片。

在决定搜集有关中国近代军事史论文文献目录时，沈老师确定此书原则上只收录报纸杂志上的文章，因有关军事历史书目，将来出版的《民国时期总书目·军事》分册已收录[③]，本《论文索引》只搜集报纸期刊上发表的论文文献目录，以避免与其重复。这一点非常重要，5000余张卡片做好后，为确保文献目录的准确性，逐条由我来与原出处加以查考核实，统一著录标准，能找到实物的尽可能翻检一遍。这一全过程，都是在沈老师的指导下完成的。部分工作都是笔者与兴趣小组的同学利用节假日、晚间休息时间，历时一年多时间搞定的。30年弹指一挥间。回眸往事，聆听沈渭滨老师讲授中国近代军事史的课程，以及不少当年与兴趣组同学一同寻书探目的情景，一幕又一幕反复又浮现在眼前。

---

① 三书分别由中华书局出版社1979年出版、中国社会科学出版社1984年出版和上海人民出版社1980年出版。

② 上海图书馆《全国报刊索引》编辑部编，1955年3月创刊时刊名为《全国主要期刊资料索引》，初期为双月刊，1956年起改名为《全国主要报刊资料索引》，同年下半年起改为月刊。1966年7月因“文革”停刊。1973年10月复刊，更名为现名。

③ 此书由北京图书馆编，书目文献出版社1986—1997年陆续出版。

二

上述文献目录中不乏有珍稀学术价值极高的文献资料，对研究中国近代军事史具有重要的参考价值。如《论文索引》第一篇竹坞撰写，发表刊载于1910年3月出版的《国风报》上的《我国之陆军》、同年刊载的还有由海荣撰写的《我国海军现状》、刊载于《地学杂志》1卷5期上的《福建船政局考》；静观撰写刊载于《东方杂志》的1919年6卷6期上的《全国陆军之近况》，以及1922年19卷9期上刊载的宗淹撰写的《中国北方军队之近况》，以及吉翁撰写刊载于1934年14卷1期《钱业月报》上的《高昌庙兵工厂之创立人等》，上述文献目录比较早地叙述中国近代陆军、海军、中国北方军队和船政局近代兵工厂创始人的概况，其对进一步开展研究中国近代陆军、海军、中国北方军队和船政局近代兵工厂创始人传记，无不具有重要的参考价值。这些1949年前的文献资料，有的在国内只有少数图书馆有馆藏。除此之外，本《论文索引》中所收录的由王稼祥、朱德撰写、在《八路军军政杂志》1940年2卷1期上刊载的同一篇名的《中国共产党与革命战争》、刊载3卷3期上的由傅钟撰写的《论革命军队的建设》；郭化若在1957年7月30日《新华日报》上发表的《三十年的战斗道路——人民军队的诞生和成长》；还有1958年8月1日，贺龙在《人民日报》上发表的《南昌起义与我军建设——庆祝中国工农红军建军三十一周年》，以及陶铸在1943年5月17日《解放日报》上发表的《今天敌后的军事建设与正规化问题》等，都是难得一见的文献资料，有很高的史料价值。这是其一。

其二，本《论文索引》将中国的近代军事史以中国新旧民主主义革命为主线分为上下编。上编时间从1840年鸦片战争到1919年五四运动，下编从1919年至1949年新中国成立。前者又分为7章及附录，共26节。后者为9章28节，其细目详见其表一。

表一 《论文索引》细目表

上编（1840—1919）				下编（1919—1949）			
章节名称			章节小节	章节名称			章节小节
一	军制	（一）	总论	一	总论		
		（二）	八旗绿营	二	军制兵制	（一）	军制总论
		（三）	团练			（二）	第一次国内革命战争时期

续 表

上编（1840—1919）				下编（1919—1949）			
章节名称			章节小节	章节名称			章节小节
		（四）	太平军			（三）	第二次国内革命战争时期
		（五）	捻军			（四）	抗日战争时期
		（六）	湘军淮军			（五）	第三次国内革命战争时期
		（七）	新军	三	军事思想	（一）	总论
		（八）	军阀部队			（二）	毛泽东军事思想
		（九）	其他			（三）	瞿秋白的军事思想
二	海军	（一）	总论			（四）	周恩来的军事思想
		（二）	海军筹建			（五）	朱德的军事思想
		（三）	北洋海军			（六）	刘少奇的军事思想
		（四）	海战			（七）	刘伯承的军事思想
		（五）	民国初期海军			（八）	贺龙的军事思想
三	战争	（一）	总论			（九）	陈毅的军事思想
		（二）	鸦片战争	附：			蒋百里的军事思想
		（三）	第二次鸦片战争				杨杰的国防思想
		（四）	太平天国等农民起义	四	战略战术	（一）	总论
		（五）	中法战争			（二）	第二次国内革命战争时期
		（六）	中日甲午战争			（三）	抗日战争时期
		（七）	义和团战争与自立军起义			（四）	第三次国内革命战争时期
		（八）	辛亥革命战争	五	战争与起义	（一）	总论
		（九）	军阀战争及其他战争			（二）	第一次国内革命战争时期
四	战略战术	（一）	太平军战略研究			（三）	第二次国内革命战争时期
		（二）	资产阶级反清武装起义的战略研究			（四）	抗日战争时期
		（三）	其他			（五）	第三次国内革命战争时期
五	军队装备与军事工业	（一）	军队装备	六	教育训练与后勤保障	（一）	政治思想教育
		（二）	军事工业			（二）	军事教育
六	军事教育					（三）	黄埔军校
七	军事人物					（四）	其他军事学校
附：	地图与图片					（五）	生产与供给

续 表

上编（1840—1919）				下编（1919—1949）			
章节名称			章节小节	章节名称			章节小节
						（六）	医学与卫生
						（七）	拥军爱民工作
				七	根据地建设	（一）	总论
						（二）	第一次国内革命战争时期
						（三）	第二次国内革命战争时期
						（四）	抗日战争时期
						（五）	第三次国内革命战争时期
				八	军事人物	（一）	马、卫
						（二）	王、邓、毛、方
						（三）	古、左、龙、叶、白、冯
						（四）	吉、朱、任、刘、齐、关、羊、孙
						（五）	李、杨、肖、吴、张、陆、陈、何、邵
						（六）	苏、范、林、罗、周、郑
						（七）	项、赵、胡、段、俞、宣、贺
						（八）	袁、徐、陶
						（九）	黄、盛、康、阎
						（十）	粟、彭、董、蒋、韩、傅、鲁、曾、谢、程
						（十一）	廖、谭
						（十二）	薄
						（十三）	瞿、戴、魏
				九	其他		

如此分门别类的编排，充分体现了本《论文索引》实事求是，不求一统，条分缕析、次序井然，一检即得等编纂文献目录的基本准则。

其三，本《论文索引》不仅为中国近代军事史的研究，且为对中国的学术界有计划地整理中国近代军事史文献资料，提供了一部逐年可比的有学术价值报刊记载文献目录。

全书收录4800余条文献，是迄今为止有关这一研究领域最完善、最系统、最有价值的一部“目录”。上编7个大题，26个子目，几乎涵盖了所有中国近代军事史的重大问题。读者依据《论文索引》提供的子目，按图索骥，找到相关的全部资料后，即可对其中某一专题的全貌有一个比较全面的了解，可在此基础上做深入的研究。中国近代军事史因历史缘故，加上中国不断遭受外国帝国主义入侵，且时间比较长，比起其他国家来说，不知复杂多少倍。只要读者静下心来，设法找到其中某一类别的第一手资料，一定能发现，几乎每一个专题资料都有待作进一步的开发与利用，或有待作进一步的深入探究。笔者曾对其中的军事人物，从1981年始，先后撰写发表（包括待发表）了《鸦片战争时期的臧纡青》等10篇文章和出版了一本军事人物的画传（详见表二）。其中，有关《台湾袁世凯研究概述》被中国人大报刊复印资料全文转载（详见复印报刊资料《中国近代史》2004年第5期）。

表二　笔者相关军事史著述目录

篇　　名	作　者	刊名　出版社	时　　间
鸦片战争时期的臧纡青	傅德华	历史知识	1981年第6期
陕西靖国军与于右任	傅德华	军事历史研究	1988年第3期
陕西靖国军“进围西安”之战	傅德华	军事历史研究	1990年第3期
甲午中日战争史百年论著目录（海战、陆战及有关军事人物部分）	傅德华	军事历史研究	1994年第3期
抗战前后的于右任	傅德华	军事历史研究	1995年第4期
台湾袁世凯研究概述	傅德华	安徽大学学报	2004年第4期
中国近代军事人物传记资料研究概述——以《20世纪中国人物传记资料索引》为例	傅德华、褚若千、冯淑	军事历史研究	2012年第1期
戴克林将军画传	傅德华编著	上海书店出版社	2014年版
戴克林将军传记资料的整理与研究	傅德华	香港学术会议	2014年3月
戴克林将军在苏南苏北抗日根据地	傅德华	台湾学术会议	2015年8月
太平天国研究者的研究——以罗尔纲传记资料为中心	傅德华	学术界	2015年第1期

上述已发表的军事史人物传记资料，不少还有待作进一步研究。如罗尔纲参与编著的《太平天国史料丛编简辑》(共六册）中的人物①，至今没有很好地逐一加以研究。本《论文

① 此书由中华书局上海编辑所1961年出版。

索引》的编纂与出版，一定会对学术界有志于中国近代军事史研究的学者，开阔眼界、拓展思路、发现问题，起到积极的作用。

三

沈渭滨教授指导编纂的这部《论文索引》，迄至2016年恰好30年。其不仅填补了专家学者查检有关中国近代军事史研究成果，一检即得的空白，具有开创之功，且为学术界将来如何深入开展近代军事史的研究，提供了大量的信息及坚实的史料来源，其影响不言而喻。

本《论文索引》虽存在有待增补、改进的地方，但并不影响它作为国内外学术界研究中国近代军事史案头之必备工具书的开创之功，沈渭滨老师为此付出了诸多辛劳以及他对中国近代军事史研究所做的贡献（详见表三），将永载史册。

表三　沈渭滨老师军事史著述目录

篇　　名	作　　者	出　　处	时　　间
评《太平天国》（增订本）对洪秀全、李秀成的评价	沈渭滨、夏林根	复旦学报	1981年第1期
太平军水营述论	沈渭滨	太平天国史学术讨论会论文选集第2册	中华书局，1981年
太平军二破江南大营战役研究	沈渭滨	历史研究	1982年第3期
1853年太平军南京战役研究	沈渭滨	历史教学	1983年第9期
太平军水营“岳州成立”说质疑	沈渭滨	太平天国学刊	1985年第2期
常胜军血溅罗家塘	沈渭滨	蒲花	1985年第3期
中国近代军事史论文索引	沈渭滨主编	军事科学出版社	1986年1月
论中国近代军事史的研究对象与分期	沈渭滨	学术月刊、新华文摘	1986年第10期、1987年第2期
中国近代军事史研究述评	沈渭滨、夏林根	历史研究、新华文摘	1987年第2期、1987年第6期
1860年太平军二破江南大营图考	沈渭滨	太平天国历史与地理	中国地图出版社，1989年
龙旗飘扬的舰队——中国近代海军兴衰史·序言	沈渭滨	龙旗飘扬的舰队	上海交通大学出版社，1991年
中国近代军事史研究四十年	沈渭滨、苏贻鸣	历史教学	1992年第1期
上海小刀会起义战争	沈渭滨	中国军事百科全书·中国近代战争史分册	军事科学出版社，1994年

续 表

篇　　名	作　　者	出　　处	时　　间
军事近代化与中国革命·序言	沈渭滨、郭太风译	军事近代化与中国革命	上海人民出版社，1994年
太平天国军制	沈渭滨	中国军事百科全书·军制分册	军事科学出版社，1995年
《太平天国军事史》简评	沈渭滨	清史研究	1996年第4期
值得称道的十年——《军事历史研究》创刊十周年学者笔谈	沈渭滨	军事历史研究	1996年第3期
一部研究鸦片战争的力作——《鸦片战争史》简评	沈渭滨	文汇读书周报	1998年6月13日（总第694号）
警惕日本右翼势力复活日本军国主义	沈渭滨	探索与争鸣	2001年第12期
关于孙中山与黄埔军校的若干思考	沈渭滨	广东社会科学	2004年第5期（人大复印资料《中国近代史》2004年第12期）
半世雄图——晚清军事教育现代化的历史进程·序言	沈渭滨	晚清军事教育现代化的历史进程	东南大学出版社，2004年

（表格中资料来源于《沈渭滨先生著述系年》，特此致谢。）

沈渭滨先生与上海孙中山故居纪念馆

李　丽

2015年4月18日上午7点，疾病夺走了沈渭滨老师的生命。沈老师的年龄停留在78岁。沈渭滨老师是著名历史学家、复旦大学历史系教授，二十多年前就与上海孙中山故居纪念馆结缘，他对上海孙中山故居纪念馆业务工作的支持和帮助以及对年轻业务工作人员的关心之情，永远铭记在每一位故居人的心中。我们怀着沉痛的心情，撰文怀念沈教授与上海孙中山故居纪念馆交往的点点滴滴。

二十多年来，沈老师始终关注上海孙中山故居纪念馆的成长，不仅指导和帮助我馆开展学术活动，而且积极参与我馆的各种重要业务活动，奉献自己的思想和金点子。每逢孙中山、辛亥革命或相关历史事件的重要纪念日，上海孙中山故居纪念馆都要策划重大纪念活动。这个时候，馆领导都要邀请沈老师给予指导和帮助。沈老师总是有求必应认真对待，可以说，纪念馆的一些重要项目凝聚着沈老师的心血。从2001年的辛亥革命90周年到2011年辛亥革命100周年，从孙中山诞辰130周年到孙中山诞辰140周年，每次策划活动，沈老师都积极参与给予指导。我们每次送过去的稿子，沈老师总是逐字逐句的修改调整，无论是展览大纲的框架，还是展览内容的文字表达，沈老师都作了精心推敲和琢磨，帮助我们把好质量关。在每次专家论证会上，沈老师精彩的发言往往使纪念馆同仁受益匪浅。可以说，沈老师对我馆工作的悉心的指导，极大地提升了我馆的业务水平。

在与沈老师的交往中，除了他扎实的专业功底与思辨而又不乏幽默的谈话方式，给纪念馆同志们留下深刻的印象外，他待人接物、梳理事情时认真负责的态度也让我们久久难忘。每次有业务要请教沈老师时，事情无论大小，他总是本着对纪念馆负责的精神，十分认真地对待。每次在给展览大纲提修改意见时，他常常会说：“不要老是只提意见，也要拿出修改的具体方案来。”沈老师不仅这么说也是这么做的。有一次修改大纲，沈老师不仅提出了具体的修改意见和方法，还亲自动手重新拟定了展览的框架结构，密密麻麻地写了好几张 A4 纸，令纪念馆同志无不为之感动。

沈老师也非常乐意在学业上指导和奖掖年轻人。上海孙中山故居纪念馆年轻人不少，沈老师总是不厌其烦地在业务上指导他们，鼓励他们。沈老师指导他们如何选题，如何撰写学术论文，还告诉他们写文章要注意几个维度，一篇好的文章要有厚度、深度和广度，才是篇立体的文章。沈老师孜孜不倦的好学精神也鼓励着故居的业务人员。有一次，故居一位年轻的业务人员到沈老师家送稿件，当时，他拿出自己多年写的读书笔记给这位同志看，鼓励他要有锲而不舍的学术追求精神。在沈老师的关怀和谆谆教导下，我馆不少年轻人增强了孙中山研究的兴趣和信心。

斯人已去，但精神长存，沈老师认真负责诲人不倦的精神将永远鼓励着故居同仁不断前进不断成长。

（李　丽　上海孙中山故居纪念馆副研究馆员）

沈渭滨教授的魏晋风骨

——《探索与争鸣》编辑部沉痛悼念沈渭滨教授

《探索与争鸣》微信公众号

在灿若星河的中国史学界，又一颗百折不挠、艰辛探索的星座坠落。

著名历史学家、复旦大学历史系教授沈渭滨先生因病，2015年4月18日清晨于上海仙逝。关于沈先生的生平和学术贡献，广大读者可参见张剑研究员发表于4月19日澎湃网上的长文。我们谨以沉痛的心情，简要回顾多年来沈先生与《探索与争鸣》编辑部的交往。

沈先生家学渊深，平生以儒家的“修身·齐家·治国·平天下”为座右铭；以乃师著名历史学家陈旭麓先生的治史理念为楷模，做学问一贯遵循经世致用，遂对我刊的办刊风格情有独钟。将近30年来，先生始终关注我刊的点滴成长，不仅积极参与编辑部的各种学术活动，而且奉献自己的得意之作。每当先生看到一篇好文章，必予以点评和鼓励，乃至为本刊策划圆桌会议、推荐原创佳作……

值此世事纷繁、学术研究多元并举之际，回忆先生的音容笑貌，真是感慨万端——

20世纪80年代，中国史学界乘改革开放东风，高举思想解放大旗，成果斐然。斯时，北有黎澍，南有陈旭麓，可谓迎来了自梁任公以降的史学革命的春天。沈先生恭逢其时，既追随陈先生在合肥会议上倡导正确评价曾国藩、李鸿章等洋务领袖，又积极参与创办《书林》，与王元化先生创办的《新启蒙》并驾齐驱。由此，沈先生从宏观上为中国近代史的研究屡创新见，从微观上以马克思主义的过程论、两点论评价历史人物亦奇峰凸显。仅以先生发表在我刊的论文、访谈、会议发言来看，涵盖了中国近代转型、中国现代化路径、太平天国的功过是非、辛亥革命的历史功绩、警惕和平时代日本军国主义复燃、保护生态和历史文脉，以及对洪秀全、慈禧、孙中山、宋氏家族等历史人物的评价众多领域。

这里，略举几例，以彰显沈先生的魏晋风骨。

1993年早秋，在江南古镇朱家角，由本刊参与的关于旧中国帮会与黑社会的学术研讨会上，先生的发言振聋发聩。先生拍案而起，尖锐地指出，我们必须汲取历史教训，防止黑社会和政府官员相勾结。这，难道不是历史学家的深邃洞察力和斗士的大无畏精神吗？遗憾的是，一位爱国学者的大声疾呼如泥牛入海。当时，我刊编辑秦维宪与会后，撰写了综述，分别发表于《江汉论坛》、《党史信息报》、《社联通讯》等报刊，二十多年流星般逝去，如今一些贪官与黑社会狼狈为奸的丑闻，足以印证先生的卓越远见！

沈先生不仅在学术界敢发先声，而且敢于为同道仗义执言，敢于打抱不平。这里仅披露两件事。秦维宪于1983年秋从华东师大历史系毕业后，分进上海市七一中学当历史教师，该校史地教研组组长于伯铭乃陈旭麓先生的弟子，平生遵循乃师教导，悉心研究中国近代史，在20世纪80年代初，花了多年时间撰写《道光评传》。于先生身处仅8平方米的陋室，难以援笔，遂几年如一日在学校的一个小阁楼里做学问。历经数年磨砺，于先生以一只眼睛失明、一只眼睛几近失明的代价，终于完成了几十万字的《道光评传》，陈旭麓欣然作序。然而因于先生是一名中学教师，出版遇到了困难。后来，东北一位老编辑与于先生合作，总算由外地的一家出版社出版了，但那位老编辑的名字放在于先生前面。沈先生拿到《道光评传》很不高兴，曾当面问那位老编辑，为什么要将于先生名字放在后面，老编辑回答，如不这样，出版社不肯出，他也做了文字的润色；沈先生还多次向秦维宪表示，于先生是有学术水平的，吃亏的是中学教师，从而对学术界、出版界的一些失范现象耿耿于怀。

从2003—2005年之间，《探索与争鸣》开展了重评历史人物的学术争鸣，许多专家踊跃来稿，其中太平天国史的专家又将这门显学掀起了新的波澜。在来稿的作者中，复旦大学中文系潘旭澜教授是以一名文学评论家的身份，参与太平天国的评价的，他的文章观点鲜明，道前人之未敢言，诸如对洪秀全的评价、对《资政新篇》的评价、对太平天国妇女地位的评价等，在学术界引起强烈反响。他的文章在《探索与争鸣》发表后，也引起轰动，并掀起了一轮又一轮争鸣，吸引了国内老中青三代太平天国史专家。这番学术争鸣非常热烈，争论双方以君子风度摆事实、讲道理，恰似北宋司马光与王安石的政见之争，但惺惺相惜、互相尊重。沈先生不仅亲自撰文，力挺潘教授，而且在多种场合为潘教授鸣不平，甚至披露潘教授这样一位才华横溢的专家，一连当了二十多年的讲师，以致成为中国学术界的奇闻。沈先生敢于为朋友两肋插刀，气度不凡啊！

沈先生还是一位满怀乡愁、关注生态文明的爱国主义者。2007年晚秋，《探索与争鸣》编辑部与沈先生一拍即合，在他居住的上海七宝古镇召开现场研讨会，与会专家一致呼吁上自庙堂、下至江湖，都要保护中华文明的历史文脉，保护以秋风扫落叶之势凋零的古镇、古村庄。先生面对始建于明万历年间的蒲汇塘桥、面对潺潺东去的蒲汇塘水，深情地回忆昔日江南水乡清幽、飘逸的田野风光，抒发充满伤感的乡愁；在依傍蒲汇塘的古色古香的茶馆里，专家们纷纷挥毫，歌颂中国数千年文明，沈先生以其神来之笔，口中念念有词，一挥而就，使人联想起竹林七贤的飘逸与洒脱……后来，这组研讨文章被《新华文摘》转载，并得到了关爱传统文化的领导人的批示。

另一件趣事，也凸显了沈先生喜欢山水、花草虫鸟的雅性。2004 年秋天，七宝古镇举办“2004 首届金秋蟋蟀节”，其中有一项目，是蟋蟀专家为“虫迷”授课。当时，由上海地方志办公室推荐虫界号称蟋蟀教授的秦维宪出场，时任七宝古镇旅游总经理的冯纪康是沈先生的高足，他将此信息告诉乃师，直喜得沈先生高声叫绝，大伙在七宝老饭店举杯祝愿蟋蟀讲座成功！是年 10 月，秦维宪先后讲了两场，不仅技压群雄，令众多“虫迷”大呼过瘾，更接受“虫迷”挑战，当场点评恶虫大战的胜负，并一一验证点评之正确。事后，沈先生眉开眼笑，对秦维宪说：“你为七宝争光了，我这老夫也脸上添彩哟！”当然，沈先生对七宝这块曾经被皇帝钦点的名虫之乡，如今因城镇化导致田园、名虫消失而深感遗憾！

2006 年 4 月，沈渭滨教授（前排右四）在《探索与争鸣》组织的江西婺源笔会上，与上海部分著名学者合影于江湾村

沈先生的学术贡献之一，是对曾经臭名昭著的慈禧的正确评价。他用历史哲学的显微镜，将慈禧放在世界历史与中国中世纪向近代化转型的大背景下进行分析、评价。在叙述

慈禧一生的成败得失时，既凸显了她的独裁、冷酷、暴戾的一面，也展示了她平和、温情、慈祥的一面。由此，先生对慈禧推动的晚清新政予以较高评价，认为这是改革与革命赛跑的典型历史事件。今天，当我们得出晚清新政的主要目的是对抗革命，但新政的主要功能却是引来了革命的结论，再相较法国大革命的因缘与结果，能不感佩先生的睿智！2006年，当先生出版了《晚清女主——细说慈禧》之后，秦维宪在《北京日报》、《历史教学问题》上发表书评，想促成上海人民出版社早日出版先生的《慈禧大传》，惜此事未成。

先生一生勤奋，在学术上如痴如醉，然在生活上却十分随意，乃至糊涂到经常受欺骗，仅举一例。2006年仲春，《探索与争鸣》在江西婺源举办笔会，当先生在人杰地灵的江湾村买到掺了隔年茶的新茶时，喝着竟连连点赞："好茶、好茶！"

几十年来，低调的先生蜗居在七宝临街的陈旧小屋里，一边著书立说，一边认真地写日记，在他端庄的蝇头小楷下，流淌着一头老黄牛的血汗！他笑傲生活的不公，挺直一介书生的脊梁，紧援太史公之笔，挥就放射出独立之意志光芒的《春秋》……

最后，愿沈先生在天堂化作鲲鹏，自由呼吸、自由歌唱、自由飞翔！

（执笔人秦维宪：《探索与争鸣》原主编、编审、上海作家协会会员）

附注：2015年4月18日沈渭滨先生去世，《探索与争鸣》于4月20日在其微信公众号发文悼念先生。本次编辑纪念文集，又约请执笔人秦维宪先生予以补充。

纪念沈渭滨先生：君音犹在耳，君影无处寻

华东师范大学出版社微信公众号

2015年4月18日7时，著名历史学家、复旦大学历史系教授沈渭滨先生，因病抢救无效，于上海市中山医院去世，享年78岁。

沈先生1937年6月23日生于上海七宝镇。1953年初中毕业后，参军任福建军区干部文化学校教员。其间展露才华，1956年在《福建日报》发表《民间艺术的广阔前途》。1957年作为调干生，考入上海师范学院（今上海师范大学）历史系学习。师从魏建猷、陈旭麓等先生研究辛亥革命史，大学四年级在《学术月刊》发表《试论辛亥革命时期的社会主要矛盾——与夏东元先生商榷》。1961年毕业后，任七宝中学政治教师。

教学之余，仍不忘致力于历史研究，发表《论同盟会中部总会的成立》等论文，深得陈旭麓先生赏识。1975年底经陈先生推荐，调入复旦大学历史系，从事中国近代史、晚清史的教学与研究。1997年退休。

退休后的沈先生学术热情更为发抒，笔耕不辍，成果远超工作期间，主持并完成“国家清史工程·传记·光绪朝（上）”项目。曾任中国会党史研究会理事、中国太平天国史研究会常务理事、上海市太平天国史研究会副会长、上海中山学社理事兼《近代中国》丛刊编委等。

沈渭滨早年师从陈旭麓、魏建猷等先生，从辛亥革命史研究起步，在辛亥革命、太平天国、鸦片战争等领域取得了非常重要的成就，在军事史、会党史、区域文化史与社会史、地方史志、民族资产阶级及晚清人物研究方面也卓有成就。著作有《孙中山与辛亥革命》、《道光十九年——从禁烟到战争》、《蒋廷黻著〈中国近代史〉导读》、《困厄中的近代化》、《晚清女主——细说慈禧》等十余部，主编有《中国历史大事年表·近代卷》、《近代中国科学家》等，发表学术论文200余篇。

华东师范大学出版社有幸在2014年出版了沈老师的两本重量级的著作，一本是被公

认为中国近代史研究必读书的《蒋廷黻著〈中国近代史〉导读》，另一本是中国首部鸦片战争前史专著《道光十九年——从禁烟到战争》，未曾想，此书竟成先生绝唱。沈老师在书出版的过程中，其认真严谨的治学作风，给我们留下了深刻的印象，并被他的崇高精神所感动。如今沈老师已经离开了人世，我们深深地哀悼并追思这位史学大家，治学表率；并希望沈老师的研究成果能够流芳百世，造福世人。也希望沈老师的治学态度和精神，能够永远留在人间，成为后世学人之楷模。

愿沈渭滨先生一路走好！

六、亲情追念

沈渭滨，你和我今世夫妻缘，下世再续……

汤先华

沈渭滨，你走了，走得太早又太快了。所以，一直以来我总也不相信你真的已经离开我们去了另外一个世界了。每当我从外面回家开门时，我总感觉像往常一样，你不是在书房看书写文章就是坐在客厅沙发上看电视，正等着我回家呢。每当我一个人在家时，我总以为像往常一样你不是去市内开会就是去外地参加学术讨论会就要回来的，我只是在等你回家来……这样的感受不断地重复着，又不断地使我感觉到了失落、孤独、寂寞，甚至是一种恐惧。于是我才回到了现实，我才相信你真的已经走了，你将从我的生活中永远消失，再也不会回来了。可我还是坚信你一直在我身边，因为我感觉到了……

沈渭滨，我和你自1960年结婚至今，已过了整整55年之久，在这半个多世纪的岁月中，我和你度过了欢乐浪漫的青春期；经历了十年“文革”时期的风雨，体会了生死与共的患难。其间我们生育了三个孩子，上有父母，一家七口是个大户人家（“文革”前以人口多少分为大、中、小户），我们共同饱尝了生活的艰辛，苦中作乐，我们是个温馨的大家庭。三十余年来我们都尽心尽力地工作在各自的教育岗位上。在复旦的二十余年里，你不论是教学还是科研，都取得了一定的成绩，在历史学界有了你一席之地。我由衷地为你感到欣慰！自1992—1997年我俩先后退休在家，我们更是相依相伴，过着谁也离不开谁的两人世界的生活。记得2010年空政校张云教授和你的学生们为我们在蓝天宾馆举办了一场隆重的50周年金婚庆典。张教授当时还承诺再过十年要为我们再办一个60周年的钻石婚典。可惜，才过了五年，你就走了。我这辈子再也等不到这场庆典了，你为什么要那么急地离我而去呢？我想你……

沈渭滨，当你成了复旦的教授，也有了一定的社会地位时，不时有人会问我，你怎么找到那么一个优秀的男人当老公？其实我们结婚时就是大学同学，当初嫁给你并不是因为你比别人优秀，只是因为你会画画，当时我们都是上海师院美术组的成员。婚后长年的磨合确实让我感受到你有刚正不阿的品格、你对工作极端的认真、你对青年学子满腔热忱、你有思想不人云亦云、你能说会道幽默多情、你能写会画才艺出众，你确实是一个优秀的男人。找你我嫁对了！

沈渭滨，1953年你才16岁就参军入伍当上了志愿兵（区别于义务兵），在部队你当过地理教员、档案员、绘图员，因为你工作出色还曾被部队评为三等功臣。1957年你复员回到故乡七宝，考上了上海第一师范学院历史系（今上海师范大学）。在大学四年里，你是师院体操队员，又是美术组组长；学生时代就发表了较有质量的历史论文，四年级还去上海社科院历史研究所实习。1961年，你以优异的成绩毕业分配至当时的市重点七宝中学任政治教师。在七宝中学，不论是班主任工作还是教学工作你都极其认真出色，得到学生们的喜爱和崇敬。与此同时，你也从未放弃过自己所热爱和喜欢的历史专业，每晚等学生晚自修结束就寝后你回家，才开始在历史学园地耕耘，由此几乎没有一天你是在晚上十一二点钟之前睡觉的。长年累月耕耘在你那片历史学的田地里，你也从中享受到了愉悦和满足。我赞赏和支持你对理想追求的坚持和勤奋。1966年开始了“文革”，也是你我人生中重彩浓墨的一笔。在运动中你我被批斗，监督劳动，出逃避难，甚至对你近九个月的隔离审查。最后以没有问题，接受批评教育而不作结论。1973年2月，你被调配至华漕初级中学任政治教师。在华漕你依然以认真出色的工作态度受到了学校领导和师生们的认可和欢迎。“文革”结束前一年（1975），你从华漕中学被调入复旦大学任教。在复旦的二十二年里，你把自己修炼成一名出色的历史学者，你也为社会培养了不少历史学方面的人才，你得到了社会和学界的认可，朋友同学同事的好评，学生的爱戴。从1997年退休至2015年18年里，你退而不休，做出了更多、更不平凡的业绩，你给这个社会留下了自己的印记。你没有苟活，你有一个精彩的人生。我为你喝彩！

沈渭滨，你曾经对我说过：此生没有虚度，实现了自己的理想追求，又找到了一个终生为伴的好妻子，有了这两点此生足矣！回想起来还真是的，我55年来陪伴你左右，成就了你成为一名历史学家的理想。在生活中我是你的妻子，同时还是你的保姆、秘书、护士。我经常对你说：我是前世欠你的，今世来还债了。可是，还没有等我还清，你怎么撒手就走了呢？我知道，你也是无奈离我而去，但愿来世你我再相伴。

沈渭滨，你在2011年纪念辛亥革命100周年之际，由于忙于学术研讨会、座谈会、报告会，还要完成清史的编纂工作，又要在限定时间里完成《孙中山与辛亥革命》一书增订本的任务。在这本书的后记里面你写道：“经过四个月的紧张笔耕，备尝只能自知的艰

2008年春节，学生弟子前来团拜时我俩的合影

辛，紧张之后带来的疲劳，至今仍困乏着老弱之躯……”终于在2011年10月9日你为上海大学作报告的那天发病了，经瑞金医院医生诊断为急性脑梗轻度偏瘫，半月有余出院后竟无后遗症，医生说是运气好。但是身体状况终不如前，家人亲朋好友和学生们无不为之担忧。2013年3月20日你却在日记中写道：“化验结果知肾病甚重，近月足肿不退即是明证，老夫已是望八之人，不奢求长寿，亦不自奉戒律，我行我素，一仍其旧。人总有一死，何必长寿耶，寿而不健康，既增社会负担，又使家人受累。乘尚能读写，将手边应完之事完成，不亦一乐乎。”于是一如既往，在以后的三年间你又认真地完成了你应完之事。但是我知道你最想完成的任务是什么。2013年12月10日你在一次受访中，记者要求你对中国梦的理解结合自己的职业特点谈个人追求之梦想。当晚你在日记中写道：“谈两点，一为希望在有生之年完成恩师陈旭麓先生的年谱，在此基础上再写出传记……若在有生之年能完成此项工作，即可算梦想实现，死而无憾。”可惜，由于缺乏解放后的材料，年谱定稿只编写至1949年。在你的一生中，这是最大的遗憾，放心吧！相信众多陈门弟子会继续写好年谱，继而完成陈旭麓先生传记，从而帮你圆上这个梦！你应该含笑在天国等我和你相会……

沈渭滨，你和我今世夫妻缘，下世再续……

忆父亲

沈　沙

人生最最心痛的事情，莫过于以为只是暂别却成了永诀，那些还没有来得及说出的话，再也没有机会诉说。

4 月 18 日清晨，父亲病危，一路狂奔赶至医院，却已和父亲阴阳两隔天。握着父亲尚有余温的手，轻拂父亲瘦削的脸颊，泪水如断了线的珍珠，撕心裂肺的痛楚，无法呼吸，无法用言语表达。父亲，您知道吗？此刻女儿的心都要碎了，碎了……

父亲，女儿好想您，您的音容笑貌如电影般不断显现眼前。几十年前的时光，那些美好的片段，总是浮现在眼前。每周末，是我们三姐弟最开心的时间，我们可以聚在您的书房兼卧室听您讲故事，水浒、三国、基督山伯爵、四签名，等等。您总是绘声绘色描绘故事情节，讲到惊恐处，常常吓得弟弟不敢下楼上厕所，吓得我不敢坐沙发。每次给我们批阅一周写的毛笔字，在好的字上画上红圈，那时我就希望能多几个圈圈，可以得到您的赞许和肯定。您给我们做的纸质房子玩具，是一幢门窗都能开关自如的高楼大厦，给弟弟做的木刻手枪，为了弟弟参加画展的画上用肥皂篆刻的简易印章，点点滴滴，历历在目，给我们留下了永恒的、无法磨灭的记忆。

父亲，您是当之无愧的教师。当邻居的小孩，一个小学生，在长辈的带领下到家里来求教于您，您每周总是抽出宝贵的时间，用心去教他怎么写作文和学习英文。记得有次我回家，您声如洪钟正好为小孩讲解课文，等下完课看您那么累，我就对您说：爸爸，您堂堂一个大学教授，给一个小孩子义务讲课怎么也像上大课那样，您的劳累值不值得。您说，既然答应人家教他，就要竭尽全力，做老师不能有一点马虎，不能误人子弟。后来这个小学生进了七宝中学，最后成为复旦大学的毕业生。其间也有复旦的大学生或研究生要求您单独为他们辅导，同样也是每周一次，有的长达半年之久分文不取无私奉献。父亲，您教书育人，桃李满天下。您对学生如子女般关怀和爱护，有时候我们姐弟都会为此而嫉妒。

父亲，您是个做事极其认真的人，80 年代初期，我偶尔会去上海绍兴路 54 号上海人民出版社帮您送手稿。每次看到您的书稿，都会感叹您做事认真到了极致的地步。您的文章都是写在带有格子的稿纸上的，每一个字，每一个标点符号，都是一丝不苟。如有写错的字一定会剪下一个相同大小格子的空白纸黏上去，而后再工整地补上正确的字。手稿看上去整洁漂亮，简直是完美无缺的艺术品。对此，我总觉得不可思议，您是否太过于认真，有必要这样做吗？面对我的质疑，您总是这样说："编辑一天要看很多稿子，工作很辛苦，作为作者要懂得尊重别人的劳动，也可以让校对的同志看得清楚些，这样可以减少他们的负担。做人首先要懂得尊重自己，干净的、整齐的手稿也是对自己劳动的尊重，而后才能更好地，真正做到尊重别人。"您常常对我说："人活一世，总该在这个世上留下些什么。"所以，您总是这样很严格地要求自己，总是极尽全力地工作，每天都是超负荷的工作到深夜。您备课认真，思考问题严谨，写文章更是精益求精。从我记事起，不管严寒酷暑，不论休息节假日，总是看到伏案工作的您，您把一生贡献给了历史研究，贡献给了您的教学科研工作。由于太过劳累，积劳成疾，留下了终身不治之病，只有 78 岁就永远离开了我们。

与父亲晚年的合影

父亲，您多才多艺。记得小时候，我和妹妹都是学校文艺小分队队员，妹妹经常担任

父亲给母亲画的肖像

报幕员，需要穿漂亮的连衣裙。您就在妈妈缝制的裙子上，画上各色花样然后由母亲用丝线绣上。于是，一件带有绣花的连衣裙就非常别致漂亮了。在“文革”那段特殊的日子里，您在学校监督劳动中学会了油漆、木工活。后来还为家里打造了一只木制油漆的茶几。在被隔离审查期间，在没有纸张、没有任何参考资料的条件下，全凭自己过去看过读过的书的记忆，在手纸上写就了两本书稿:《七宝沧桑》和《辛亥革命史稿》第一章，两者相加有15万余字。最不可思议的是，您竟然用两根磨成尖头的钢丝针以粗棉纱线为自己织压发帽，可在之前您对此是一窍不通的。

父亲，您是个温柔和浪漫的人。幼时，看到您给母亲画肖像，画中的母亲年轻、美丽、高贵，眼神却是坚定和倔强的，母亲的个性跃然画纸上。那时真的很羡慕母亲。您对母亲的爱是深厚的，怀有敬意，又对母亲异常依恋。就在您去世前最后的两天，在医院当母亲和您告别时，您用尽力气举起手，给了母亲一个飞吻，也许您意识到自己已将不久于人世，所以以此表达对母亲深深的爱恋吧……

父亲，您虽然离开了我们，但我常常有种错觉，您没有离开我们，只是去了远方，过些时日就会回家来。所以我至今都不愿意点开追悼会的视频，不愿意相信您真的离开了。可是事实是残酷的，您永远都不会回来了，女儿好心痛。好想对您诉说，好想对您说声：“我爱您！”父亲，愿我们来世还是父女，来世再续父女情。

父亲，天堂很干净，天堂没有病痛，安息吧！父亲，女儿非常爱您，非常……

纪念父亲二三事

沈　磊

父亲离开我们已逾大半年，很多时候不能接受这个现实，常以为他只是外出开会去了，有时不经意还想摸出手机给他打电话，直至意识到这是一通无法连接的电话，眼泪凄然而下。

父亲一生辛勤耕耘他热爱的历史研究，从一名中学政治老师到一位著名学府教授，从历史研究业余爱好者到知名学者。其间的艰辛、快乐和跌宕，不仅伴随着他的一生，也时刻影响着我的人生。

从我出生的那天起直到童年，我和我的姐姐都因为父亲的原因承受了无数的委屈和恐惧。在我似懂非懂的年纪，我们姐弟三人很少见得到父亲，对于那时的我，父亲是一个严厉，甚至有些令我害怕的人物。

到我少年时期，除了感觉父亲一样的严厉、一样的畏惧之外，多了一份崇拜。在很多的夜晚，我们全家在简陋的客厅听父亲讲中国的《三国演义》、《水浒传》，国外的《四签名》、《威尼斯商人》。让我崇拜的不光是父亲有那么多精彩的故事，更是他描述故事时营造的气氛几乎可以让我感觉刀剑的寒光、侠客的义气，领略人群的熙攘、山水的雄浑，特别是惊悚故事几乎让我觉得那些隐隐的恐怖的声音围绕在身边，连厕所也不敢上。

记得有一年中秋，父亲重执教鞭不久，一家人聚在一起吃奶奶做的毛豆芋艿、妈妈买来的月饼，听着父亲讲嫦娥奔月的故事，第一次想象平时不曾注意的月亮是那么的奇幻和美丽。可惜那晚天公不作美，满天乌云，本想一起赏月，但月亮都被厚厚的云层覆盖。我和两个姐姐满脸失望，怎么也想看看月宫中嫦娥、玉兔、吴刚和桂花树。父亲笑而不语，只是取来剪刀将一张白纸剪成圆形，毛笔唰唰几笔，俨然有嫦娥和玉兔的形影，又涂抹几下，隐约是一棵巨树。我们姐弟几个还在疑惑之时，父亲已把这张白纸黏在电灯泡的黄色外罩上，并关掉了房间里其他的照明，搬来一张长凳，拉着我们一起坐到远离饭桌的过道口，不远处一个明亮又朦胧、美丽又诗意的月亮挂在眼前。这是我见过最真切、最好看、最温馨的月亮！我和姐姐们又开心又欢喜，爷爷奶奶，爸爸妈妈看到我们开心的样子也面露喜色，一起吃着月饼，一个难忘的中秋之夜。

以后，每当月色被乌云遮蔽，我心里一直有这个纸糊的月亮。

夏天的夜晚，我和姐姐、奶奶以及邻居一起扇着蒲扇，享受沟水弄的弄堂风时，望着父亲卧室兼书房的昏黄灯光，父亲汗流浃背伏案写作的模样直奔我的眼睛，这一画面，直到今天，依然栩栩如生。

冬天的夜晚，即使深夜一两点父亲依然会在那小小的阁楼，在那昏黄的灯光下读书写作，只是不时会跺起双脚，搓揉双手以驱散刺骨的寒冷。

每天、每周、每年，几十年如此，我在崇拜之余，多了一份尊敬。

少年时代，我开始喜欢上绘画。我总是急于求成，为了参加上海少儿绘画展，我画了一幅作品，其实准确地说是临摹组合了一幅作品，让父亲过目。父亲指着画中一圈一圈涂成绿色的树叶问我这是什么树？叶子到底长成椭圆的还是五角星的？我其实是依样画葫芦，根本就没有想过。父亲严肃地告诉我，绘画是观察的表现，如果没有观察事物的心和眼睛，画就没有了生气和灵魂。读书也一样，没有了探究事物本来面目的欲望，读书就像小和尚念经。之后，父亲带着我去西郊动物园，观察我要画的鸭子和水波，树枝和绿叶，教我明白真实和想象的关系。当我的画作进入上海市少儿绘画展并且获奖，赢得同学和老师赞誉的时候，我心里对我父亲多了一份骄傲。

直到中学，我在崇拜和尊敬父亲的同时依然感觉父亲的严厉和对他的畏惧。

大学毕业后，我去到遥远的澳大利亚，我对父母和姐姐们的思念一天胜过一天。父亲的频繁书信是我独自一人在异国他乡的精神食粮，更让我感到了他对我的深沉的爱。有一年的圣诞节，邮差送来了一张贺卡，那是母亲手绘，父亲书法的自制贺卡，看到父亲写的“磊儿”两字，泪水情不自禁地流了下来，也是在那时，隐约埋伏了最终回到上海，回到家的愿望。

阔别了十几年回到父亲身边，突然觉得严父已然是慈父，那种徘徊在我心里几十年的对父亲的畏惧荡然无存，崇拜变成了理解，尊敬变成了敬佩。

周末我们在小姐姐家里聚会，大姐姐总是准备丰盛的晚餐，一家聚在一起，尽享天伦之乐。周末常有中超足球比赛，每次他都会聚精会神地观看；如果有中国国家队的比赛，他观看的时候几乎像个少年球迷，有时大声叫唤，有时扼腕叹息。我们对他说这足球踢得那么烂，你怎么还是那么喜欢看，他郑重地回答：这毕竟是我们国家队，踢得好或坏是一回事儿，关心他们的进退才是要点。我们也经常一起观看电影，或者谈论一些焦点新闻，有时我会班门弄斧和父亲谈近代中国，父亲对我越来越包容，越来越理解，对于很多事物的看法和解释虽然不尽相同，有时甚至有争论，但是他看到了我的成长，而我看到了他的慈爱。

父亲自幼喜好绘画与书法，与书画界多有交往。图为吴颐人为父亲书房题名“抱墨轩”

父亲对我的慈爱都包含在著名书画家吴颐人为他书房所题“抱墨轩”三个字里。以前父亲的书房曾名“二窗斋”，何以改名“抱墨轩”？这普通的名称内中有一段令我感动的隐情。“抱墨”一词，在常人看来，联想到的是父亲一生用笔墨耕耘，以此命名他的书房也是实至名归，但是略显平淡而已。然而父亲的“抱墨”之“墨”还有另一层涵义，即澳大利亚的“墨尔本”之“墨”。我大学毕业不久，远渡重洋去墨尔本学习，并且在那里生活工作，父亲把对我的思念言简意赅地在这“抱墨轩”中表现得淋漓尽致。不仅如此，父亲的“抱墨”里除了有对儿子的眷爱更有他对我的一份期盼。平时不太流露情感的父亲就是这样把自己对儿子的一腔热爱和思念寄托在自己天天工作学习

父亲和母亲一辈子相濡以沫，互敬互爱。2015年3月5日妈妈生日时，身体极为虚弱的父亲坚持外出给母亲过生日，这是父亲最后一次与我们一同外出就餐。照片是当时我与父亲和母亲的合影

的书房里。

父亲，天上人间也隔不开我们的父子情深!

我偶尔也会写些文章让父亲过目，每次他都是分外的高兴，仔细读完后批评和建议之外更多的是鼓励。因为我对中东问题的特别兴趣，他总是希望我应该结合我英文能力的优势，好好地钻研，多读一些书，花十年的时间，去做这方面的学问也是为时不晚并且值得。在父亲的眼里，我看到了他对做学问的真诚。他的这份真诚，在我心里慢慢变成了可亲可爱。

父亲是一个做事认真的人，一个正直不阿的人，一个多才多艺的人，一个思路敏捷的人，一个爱家爱国的人，一个可亲可爱的人!

没有寄的信

李梦颖

外公：

真的想要去写些什么才是最难的，以前偶与别人谈起您的时候，总是能伴生出好许点点滴滴，但如今真要落在纸上却总觉有些肤浅。有些时候觉得这个世界不可思议，明明不久之前我们还坐在一起看一场电影，突然就有人告诉自己，您已经不在这个世界上了。

总是听人在交谈间说起您方方面面的样子，学生敬仰您的知识，同事敬佩您的刻苦，长辈敬畏您的威严，只有我们这些孙辈才能肆无忌惮地感受您作为一个外公的样子，没有那些繁文缛节或者条条框框，连话语间都能撒着娇，更何况您对我们从来只是摆出个家里老人的样子，内里不知对我们多少疼爱。我现在还能想到您对我和哥哥说要给我们煮大蒜面的样子……上天究竟是什么时候偷走了我们相处的时间，直到最后这句承诺也变成了回忆，而我好像一直在等那碗热腾腾的面条，觉得下个星期去就能吃到您做的面。

我记得小时候您陪我看法网决赛，记得您会和我打赌哪位选手赢球，记得您还会在看完比赛以后和我吃一碗方便面。记得您会表扬我画的向日葵，记得您用相框将它裱起来放在书架上，记得您会和别人说这是您最喜欢的作品。记得您会小心接过我亲手做的贺卡，和我说您很开心。

有一次撒起了娇，求您教我写毛笔字。您就先教我仔细地研墨，然后笔尖蘸上一点点墨汁，握着我的手，把着写下一笔一画。现在想来，即使是这么细枝末节的片段里，您教导我的样子也是一如既往的认真。

也记得长大了之后我们见面少了，记得您有时看着我闷头坐在电脑前无奈的样子。您不用手机，也不肯学电脑，这几年大家渐渐把注意力放在电子产品上，不知不觉冷落了您。您有时候一个人抱着遥控器坐在小沙发上看电视，抱怨我们被科技荼毒。有时候我也想些课上学到的东西缠着您和我讨论，您先是意思意思数落数落我，又兴致勃勃地和我交流起来，这一点上，您倒是从来没有冷落过我。有一回我和您说起“电车难题”，我们两个依着两边意见争执不下，但是最后不知怎的就笑了开来。悖论从来只有意见，重要的不是答案，是交流碰撞带来思维的火花。您笑着夸奖我真的在思考问题，又说您对我的期望很大，只是最后我也没有进您曾说过很多次的历史系，我也终究和您所想的样子相差了几分。想起您拍着我的肩膀有所失落的样子，但最后还是恭喜我考上了大学。

您的身体一向不算太好，可是最后的诊断却来得太快，所有的人都被敲了一记闷棍，措手不及。回过神来的时候我们只能隔着玻璃窗看到您被仪器围着，却无法在您身边陪伴您，手伸得再长也没法拉到您的手。

与外公、外婆的合影

如果您那个时候没有说“一个星期只能见你一次，很想你”，如果您不用那么落寞那么难过的眼神看我，这样我就不用每次都要强撑着笑脸去看您了，我就不用站在玻璃窗外看着您一天比一天虚弱下去，可是因为这是您第一次告诉我，您那么的想见我，所以我没有缺席过我本可以回避的难受画面。

假期的时候翻出了以前写的历史作业，文件夹里还有您给我修改后誊抄的一篇完好的手稿，即使是些很幼稚的问题，您也会陪着我一点点探讨细节，教我思考的方法，然后看着我进步。就和您说的一样，搞文字的人永远相信，文字能够承载着精神，将一代代延续的传统再一代代传承，记忆代替我们存在，文字使我们永生。您有那么多的文字留在人间，所以您不会真正离开我们。

可我现在只想和您说说话，想抱抱您，想哭，想撒娇，想您安慰我，并告诉我，长大了便不可以轻易地落眼泪了……

当时没有说出口的话，如今也再没有办法倾诉，可人就是这样，只能让这些怀念和爱随着灰烬飘散到您的身边。

忧从中来，不可断绝。

爱您的外孙女：李梦颖

忆沈渭滨叔叔二三事

沈　伟

我是叔叔沈渭滨的侄子。叔叔离世已整整一年了，他那可亲可爱的脸庞，往日生活中与他相处的一些平凡小事，却还如同发生在昨日一样，始终萦绕在我的脑海中，历历在目，鲜活地挥之不去。

在我的家庭中，我排行最小。我的父母可能出于工作及几个孩子难以照顾的缘故，3岁时就把我寄养在与叔叔同住的爷爷、奶奶家，直到8岁。因此，可以这么说，从我记事起，便与叔叔生活在一起了。

叔叔长我15岁。那时的他，在我的印象中，个子不高，但很老成，不胖不瘦的脸上架着一副眼镜。他平时说话不多，不知怎的，自小我就对他有一种莫名的敬畏感。

有件事，虽过去五十多年了，但我至今仍清晰地记得。当时，我大约6岁。一天清晨，我起得较早，只见叔叔一个人独自坐在家门口一处空地的椅子上认真看书，嘴里还不时发出一些声音。我便跑过去，好奇地问："叔叔，你在做什么？"他见到我，放下手中的书，轻轻地对我说："明其（我的小名），我讲个故事，你要听吗？"叔叔要给我讲故事，我高兴地从屋里搬了个小板凳坐在他对面。那时，他人大又坐得高，我人小又坐得矮，在清晨的阳光照射下，鲜明的对比恰似一幅动人的画面。记得他一面神情专注地看着书，一面嘴里叽哩哇啦地发出一些我根本听不懂的声音。我既好奇，又不敢打断他，只能呆呆地抬头望着他。他也丝毫不在意，自顾自地讲。过了一会儿，他开始用中文给我讲故事。事后，我问他："叔叔，为什么你前面讲的话我一点也听不懂？"他笑着告诉我说，你后面听懂的故事就是前面听不懂的话翻译过来的。那是外文，你还小，当然听不懂。后来我才明白，原来那时叔叔在自学英语。奶奶告诉我，那段时间，叔叔清晨基本天天如此。奶奶还笑称叔叔是个"书独头"（沪语，形容人书生气太足）。

这件小事，虽时隔半个多世纪，但叔叔当时那副一丝不苟的认真、勤奋的模样，却深深地印在我的脑海中。

8岁那年，我回到了父母的身边。但由于儿时的寄养经历，使我与爷爷、奶奶、叔叔一家始终保持着较为密切的联系。尤其一到学校放寒暑假，我基本上都会在他们那里住上一些日子。记得1966年七八月间的一个下午，叔叔对我说："明其，等会儿同我一起把整理出来的书拿到废品站卖掉。"我那时14周岁，开始懂事了，看着叔叔神态凝重地把一本本书籍从书架上拿下，从大木箱里翻出，扔到袋子里。好几个小时，他始终一言不发。当时，我虽不明白他为什么要一下子卖掉那么多书籍，也不敢问，但他的神态明明白白地告诉我，他是多么的无奈，多么的心痛。毕竟这是他多年来的积累，是他一生的最爱啊！我记得很清楚，几分钱一斤的价格，他那天竟卖得书款近20元，那得要多少斤书啊！反正那天我和叔叔来回跑了好几趟。

叔叔生活中的另一件小事，也使我至今难以忘怀。那时1968年或1969年的初夏，叔叔在我家小住几日。当时全国的学校都处于"停课闹革命"时期，上海也不例外。做老师的无学生可教，做学生无书可读，叔叔和我都闲赋在家。一天，他突然对我说："明其，延安西路、凯旋路口有一家卖废木料的门市部，一毛钱一斤很便宜的，你跟我明天早上去看看吧。"第二天早上，他带着我早早赶到那家门市部。门未开，但已有几十号人闹哄哄地围在门口等开门了。他带着我拼命往里挤，一面挤一面告诉我：进门后，不管木料好坏，先不要挑拣，抢抱一堆后再慢慢拣。我和叔叔的个子都较小且灵活，开门时已挤在较前面了。门一开，叔叔和我随着人流，蜂拥上去，只见他张开双臂，尽最大限度抱住了一堆木料。我也学着他的样抱住了一堆木料。叔叔顾不上擦汗，仔细分拣我们抱出的木料堆。记得当时在回家的路上，他兴奋地告诉我，要将这些旧木料带回七宝老家，做一个碗橱。

过了一段时间，我到七宝叔叔家，只见原来吃饭桌旁的墙壁上方多了一排整齐的壁柜。叔叔自豪地告诉我：这就是他用我们那天买回的旧木料亲手做的。望着这排虽不时髦，但有模有样的壁柜，我既惊奇又感叹。惊奇的是，叔叔何等聪明，从没有干过木匠活的他竟然能无师自通地把一堆旧木料变成了眼前的壁柜；感叹的是，环境捉弄人，一个书生气十足的教书匠居然也变成木匠……

几十年过去了，这些以往不起眼的生活小事，如今都化作了今日深深的怀念。在沈渭滨叔叔辞世一周年之际，用这些小事缅怀他谦虚、好学的为人，铭记他乐观、豁达的品格，学习他不畏困难、积极向上的精神。这些，不都正是我们当下活着的人应该去追求的吗？

斯人已逝，精神永存。叔叔，您一路走好！

七、大事年表

沈渭滨先生大事年表

1937 年

6 月 23 日　出生于上海县七宝镇，小学一年级曾用名沈惠钧。始居北大街 22 号，后迁沟水弄。

家无房产田地，自祖父起即依靠经营糰子店生活，传至父亲改营饭馆业。父亲沈士良，生于 1907 年 1 月 26 日，身材甚高，敦厚老实，曾上私塾，书法极好，以道士为生。母亲冯秀珍，生于 1908 年 12 月 26 日，精明能干，性格豪爽，是家里的顶梁柱。先生无论是身材、面貌，还是性格、动作都酷似母亲。大姐沈雅云、二姐沈雅妹、弟弟沈为民。

1944 年

9 月　入七宝明强国民学校读小学。

小学期间，先生上课发言积极，善于思考，功课优秀，并表现出书法、绘画才能。生性安静，很早就流连于隔壁杂货铺包东西的旧书报，也常常光顾小人书摊头，当然更喜欢临摹小人书上的人物画像。

1950 年

参加少先队，曾任中队长。

7 月　小学毕业，考取上海市农业职业学校普通科。

9 月　入上海市七宝农业职业学校普通科读初中。

其间深受美术、音乐教员，校少先队辅导员王瑜影响，对绘画产生强烈兴趣，技艺也大为增长，曾负责校墙报美术。

1952 年

“五反”运动中，家里饭馆被评为“守法工商户”。

1953 年

3 月　由校少先队推荐加入青年团，曾任小组长、支委。

7 月　初中毕业。考行知艺术师范学校美术专业落榜。

11 月　在学校和市郊团委的介绍下参军成为志愿兵，任龙岩福建军区干部文化学校文教队学员。

1954 年

1 月　任龙岩福建军区干部文化学校见习教员。

10 月　任龙岩福建军区干部文化学校干部处缮写员。

因工作积极，经福建军区党委批准，荣立三等功。

1955 年

其间与战友刘远“因在美术爱好的一致”而交好，结识龙岩地方青年画友谢耀承。

业余时间外出写生，喜欢速写、素描、水彩、水粉和油画。

1956 年

1 月　调福州福建军区干部队。

7 月 14 日　在《福建日报》发表处女作《民间艺术的广阔前途》。

本月　任福州福建军区干部队档案员。

10 月　任福州福建军区工程兵司令部设计科绘图员。

其间曾任福州军区报社驻军区首届体育文化大会特约记者。

社会主义改造中，家里饭馆公私合营。母亲作为职工在店里工作，领取工资；父亲因不适应，在家休息。

本年　听闻初中同学高中毕业纷纷考上大学，十分羡慕，申请复员，不准。

1957 年

5 月　任福州福建军区训练大队六中队学员。

同月　再次申请复员，终于获准。复员回家，准备高考。

报考中央美术学院华东分院（今中国美术学院），体检结果色弱，画家理想彻底破灭。

7 月　以调干生名义考取上海第一师范学院历史系。

9 月　入学，校址在明晏路。

开学结识同学汤先华。一年级为校体操队队员，因盲肠炎开刀而退队。为学生社团美术组成员，后任组长。

先生美术理想破灭后，立意研究美术史，可学校历史系无此专业，曾想转系和转学校，自然都没有结果，最终只得安心于历史系。

1958 年

第一师范学院与第二师范学院合并为上海师范学院，校址桂林路。随校搬迁到桂林路。

在校期间与同学和睦相处，并赢得“小老”的尊号，“小”指他个子不高也不胖，“老”讲他比较成熟，特别是学习好，被同学看作“小先生”、“不是助教的助教”。阅读不少马列著作，回答问题往往会引经据典，被取绰号“马列主义”。

先生初立志研究唐史，后转近代史。在这个转变过程中，魏建猷先生对他影响甚大，并建议他从事辛亥革命史研究。

本年　学校组织到南汇下沙劳动，美术组成员画宣传画。先生想方设法将汤先华接去一同绘画。回校后，两人确立恋爱关系。

1960 年

1 月 29 日　与同学汤先华领取结婚证，一切从简，未举办婚礼仪式。

6 月　被学校选派到上海社会科学院历史研究所合作研究，参加编写《上海人民革命斗争史》。在汤志钧等先生指导下，从事辛亥革命研究，开始实际从事史学科研工作。

1961 年

4 月　第一篇学术论文《试论辛亥革命时期的社会主要矛盾——与夏东元先生商榷》（《学术月刊》1961 年第 4 期）发表。论文发表对先生影响很大：“当自己手写的字变成铅字的时候，激动的心情可想而知。……这篇文章的发表对我是一个非常大的推动。”

6 月　与历史研究所合作研究结束回校。实习一年，先生科研水平提升很快，其间开始关注太平天国研究。

7 月　从上海师范学院历史系毕业，分配到七宝中学担任高中政治老师。汤老师也一同分配到七宝中学，先担任历史老师，后亦任政治老师。

10 月 20 日　大女儿沈沙出生。

本年　先生聆听陈旭麓先生关于辛亥革命史的分期与研究方法的演讲，将陈先生作为终身追慕的导师。

1962 年

工作后，先生也不能忘情于历史研究，每天坚持看三小时的专业书籍，做大量笔记。

蒲汇塘为七宝东西干流，历有疏浚，本年为新政权下第一次封河疏浚。先生为文《蒲汇塘的疏浚》介绍情况，发表于《新民晚报》1962 年 12 月 26 日。

1963 年

7 月 20 日　二女儿沈泥出生。

冬　先生任编剧之一、化妆、布景，汤老师任女主角的独幕话剧《补课》参加上海市教育系统汇演（在市工人文化宫），获得一等奖。

本年　曾报考陈旭麓先生研究生，未能考取。

1964 年

4 月　独幕话剧《补课》（署名上海市七宝中学沈渭滨、王根寿、陈佐鼎著，陈佐鼎执笔），由上海文艺出版社出版，反响甚大，6 月第 2 次印刷。

本年　与学生王孝俭等进行“历史是谁创造的”讨论。

1965 年

10 月　因印度尼西亚发生“九三〇”政变，在学校大礼堂举行关于这次政变的讲座，并回答同学们的提问。

1966 年

10 月 17 日　儿子沈磊出生。

10 月底 11 月初　与同事步行“串联”，经枫泾、嘉善、临平等地，到达杭州等地。

“串联”回校后，与汤老师组织“经风雨”教师战斗队，参与学校“文化革命”。

1967 年

12 月 1 日　七宝中学被迫离校的红卫兵组织“红三司”成员，半夜持械偷袭把持学校领导权的对立派红卫兵组织“革司”成员，是为震惊全市的“一二·一”事件。

本年　因学校两派斗争激烈，常有武斗发生，家里时时遭到对立派学生的打砸骚扰。全家不得不举家出走（只留下老父守家），分散寄居大学同学和大姐家。其间曾在浦东上钢三厂从事过宣传工作（画巨幅领袖像和宣传画）。

1968 年

本年　离家而且不能返校。

1969 年

学校全面复课后，才返校上课。

1970 年

学校办学习班，继续搞运动。

1971 年

2 月　以“炮打林副统帅的五一六反革命分子”罪名，被七宝中学校革委会非法隔离审查，关入禁闭室达九个月之久。隔离期间，在 6.3cm × 9.3cm 的草纸上，写就 5 万余字《七宝沧桑》两卷和 10 万余字《辛亥革命史稿》第一章。

11 月 1 日　结束隔离关闭，留校劳动改造，留宿学校，不得回家。

1972 年

12 月初　结束留宿学校两年之久的生活，可以回家睡觉，“阖家欣喜”。

在辛苦劳动之余，自学英语，购买、借阅书籍，撰写《辛亥革命史稿》。

1973 年

2 月　组织宣布“经过审查，问题已清，批评教育，不予处分，没有结论”。在先生与汤老师向上级领导主动要求调离七宝中学前提下，汤老师调号上小学任全科老师，先生调华漕初级中学任初三政治教师，重回讲堂。

上课之余，继续撰写《辛亥革命史稿》，往母校资料室、华师大资料室看阅资料，拜见陈旭麓、魏建猷、汤志钧、方诗铭等师辈。

党中央发起“批林批孔”运动，影射史学“儒法斗争”成为潮流，应少年儿童出版社邀请，与同学冯元魁、李茂高合作撰写《历史上劳动人民的反孔斗争》，参与撰写《法家人物故事》。

1974 年

8 月　参加由《文汇报》举行的工农兵与专业理论工作者相关儒法斗争座谈会，发言纪要发表于《文汇报》8 月 6 日。

继续在华漕中学任初三政治老师，继续撰写《辛亥革命史稿》、《法家人物故事》等。

1975 年

1 月　与冯元魁、李茂高合作在《文汇报》发表《西汉前期的反复辟斗争》。

9 月　借调到复旦大学历史系，试用期三个月。

12 月　由华漕中学陈仁明、吕仲汉介绍加入中国共产党，一年后转正。

同月　复旦试用期满，由华漕中学正式调入复旦大学，进入《中国近代史》编写组。

1976 年

本年　因写《中国近代史》一书，常常住宿上海社科院历史研究所，不时到学校参加活动。负责撰写《亚罗号事件》、《英法联军进攻与天津条约》等，参与盛宣怀资料整理工作。曾到市青年宫上“第二次鸦片战争”、“辛亥革命”等课程。

1977 年

8 月　不再到历史所上班，回学校。

10 月　开始修改《中国近代史》第一卷稿件，到翌年 1 月中旬完成。

1978 年

3 月 13 日　陈旭麓先生到校召集《中国近代史》编写组会议，以为书稿出版质量不够理想，若作为教材，内容又太多。

6月21日 在复旦大学第十二届科学报告讨论会报告《清代的闭关政策》。

11月25—29日 连续多天参加在华东师范大学举行的中国农民战争史讨论会。

本年 为本科生辅导中国近代史，主讲第二次鸦片战争与辛亥革命部分。

先生总结本年说：一年来所作工作主要是编写讲义，此外做了一些论文及读书笔记，累计约二十余万字，不可谓少。

1979年

5月25—6月2日 以《太平军水营述论》赴南京参加由中国太平天国史研究会、南京史学会主办的“太平天国史学术讨论会”，与会学者三百余人、论文二百余篇。提交论文获得广泛好评，后被收《太平天国史学术讨论会论文选集》。会下与军事科学院张一文等教授倡导中国近代军事史研究，促成了中国近代军事史会议的召开与中国近代军事史研究会的成立。

9月 本学期为本科生主讲“中国近代史”课程（两人合开）。

本年 晋升为讲师。

1980年

2月 本学期开始为本科生独立讲授“中国近代史”，并指导学生毕业论文。此课连续多届。

4月28日 应上海市社联史学会（武克全）邀请在社联会议室为广大中学历史教师演讲洋务运动研究若干问题。

5月初 为培养年轻教师成才，系里决定由先生指导夏林根、傅德华。

5月18—23日 赴南通商讨整理张謇资料事宜，并在南通图书馆抄写整理资料。此后多次前往南通，具体整理资料。

6月 与杨立强合作（排名第一）论文《上海商团与辛亥革命》在《历史研究》1980年第3期发表。

9月 新学期为外系主讲中国近代史，并指导青年教师从事教学与科研。此课连续多年。

本年下半年在历史系组织由青年教师和高年级本科生参加的军事史研究兴趣小组。

本年 因教学工作成绩优秀，经校批准获二等奖。

本年春节前应陈旭麓先生之约，开始写《洪仁玕》一书。

1981 年

3 月 6—25 日赴广州、桂林参加纪念太平天国金田起义 130 周年学术讨论会，在 3 月 8 日的广州大会上发言，谈金田起义的革命性质，陈旭麓先生评论。

自 3 月下旬起，受陈旭麓、方诗铭先生及出版社之邀，参与《中国近代史词典》定稿工作，每周一、三、四到出版社办公。

10 月　应邀为南汇县中学历史教师做相关“辛亥革命”的报告，以庆祝辛亥革命 80 周年。演讲深入浅出，激起强烈反响。

1982 年

3 月　与杨立强合作在《文汇报》发表《论五四运动前近代中国的时代中心》，引起关于“近代中国时代中心”的讨论。

5 月　所著《洪仁玕》作为陈旭麓先生主编“中国近代史丛书”之一，由上海人民出版社出版。全书 8 万余字，是为先生第一部学术性著作。

6 月 《太平军二破江南大营战役研究》在《历史研究》第 3 期发表。

9 月　本学期开始为本科生开设辛亥革命史选修课。该课此后连续开设多年。

11 月　开始为研究生开设中国近代史专题研究、经典著作研究。该课此后连续开设多年。

本年 《中国近代史通论》手稿讲义上下两卷撰成。

1983 年

3 月 14—19 日　赴南京参加纪念太平天国定都南京 130 周年学术讨论会。在会上提倡编撰多卷本太平天国史。

6 月　从沟水弄迁居浴堂街 19 号。

暑假　与王庆余带历史系 80 级学生赴西安实习，其间并额外加赴延安，因陈旭麓先生关系获得延安大学特别招待。此行师生融洽，关系更为深厚。

8 月　参与筹备由复旦大学历史系与《历史研究》编辑部合办的“近代中国资产阶级研究”讨论会在复旦大学举行。

9 月　本学期开始为本科生开设“太平天国史研究”选修课。此课此后连续开设多年。

12 月　与杨立强合作《“近代中国资产阶级研究”讨论会综述》在《历史研究》第 6 期发表，影响甚大，曾收入翌年出版《中国社会科学》(英文版)第 2 期。

1984 年

2 月　与杨立强、陈宗海、夏林根、傅德华参与选编，署名复旦大学历史系、《历史研究》编辑部、《复旦学报》编辑部编《近代中国资产阶级研究》由复旦大学出版社出版。

7 月 29 日　父亲去世，享年 77 周岁。

9 月　在《近代中国史论丛》(上海师范学院校庆 30 周年纪念“上海师范学院学报专辑”1984 年 9 月内部出版)发表《中国近代知识分子群体的形成及其政治觉醒》一文，是先生长期思考中国近代知识分子演化的结晶。

本年　参加中国会党史研究会，任理事。

1985 年

1 月　与杨立强合作(排名第一)在《复旦学报》1985 年 1 期发表《再论近代中国的时代中心》。

2 月　本学期开始为本科生开设“中国近代军事史”选修课。该课此后连续开设多年。

10 月 13—18 日　参加由中国史学会、福建省社联联合在福州举办的“纪念林则徐诞辰 200 周年学术讨论会”。

本年　晋升副教授(1987 年补评)：1986 年 12 月 3 日系学术委员会全票通过(学术委员会主任金重远)；1987 年 2 月 27 日文史学科评议组 8 票通过(全票 10 票，主任章培恒)；1987 年 4 月 29 日学校通过。

1986 年

1 月　领导青年教师和学生傅德华、刘申宁、何锡容等编撰的《中国近代军事史论文索引》由军事科学出版社出版。

5 月 21—30 日　参加“两广纪念太平天国起义 135 周年”学术研讨会。

10月　在《学术月刊》第10期发表《论中国近代军事史的研究对象与分期》，被《新华文摘》翌年第2期全文转载。

11月　参加在中国人民解放军军事科学院举行的，由该院与国防大学、革命军事博物馆、《历史研究》编辑部、复旦大学历史系等联合举办的第一次中国近代军事史学术讨论会。

参加中国近代军事史学会，任理事。

本年　因科研成绩突出，获复旦大学颁发荣誉证书。

《太平军二破江南大营战役研究》获上海市哲学社会科学优秀论文成果奖（1979—1985年）。

1987年

4月　参与整理张謇资料成果《张謇存稿》由上海人民出版社出版。

本月　与夏林根等合作（排名第一）《中国近代军事史研究述评》在《历史研究》第2期发表，被《新华文摘》第6期全文转载。

7月　因脉管炎开刀治疗及休养，请假一年。

参加上海中山学社，任理事。

本年　撰成《近代军事史研究》讲义手稿（一）。

1988年

1月　组织编纂的《近代中国科学家》由上海人民出版社出版。

4月　赴扬州师范学院参加祁龙威先生指导硕士研究生答辩，同时应邀出席的答辩委员还有金冲及等人。

5月20日　母亲去世，享年80周岁。

7月4—7日　参加由上海社会科学院历史研究所等主办的“租界与中国近代社会”学术讨论会。

9月　参加由上海社会科学院主办的“近代上海城市研究国际学术讨论会”。

10月14—18日　参加在上海空军政治学院举行的第二次中国近代军事史学术研讨会，作“中国近代军事思想概论”的发言。

10月21—23日　参加在上海师范大学举行的第二次中国会党史学术讨论会，在会上提出“会党文化”的概念。

12月1日　先生恩师、华东师范大学历史系教授陈旭麓先生因心脏病突发不幸去世。

本月16日　参加由上海历史学会主办“陈旭麓教授学术思想”研讨会。

与学生奚纪荣合作在《史林》第3期发表《中国近代军事思想概论》，翌年《新华文摘》第2期全文转载。

本年　获上海市社联1986—1987年度学会积极分子称号。

1989年

1月3日　参加上海历史学会举办的“黎澍学术思想”座谈会。

3月　在《探索与争鸣》第3期发表恩师陈旭麓先生史学体系论文《略论陈旭麓先生的中国近代史新体系》。

与陈旭麓先生学生周武共同撰文《薪尽火传——悼念恩师陈旭麓先生》，发表在《书林》第3期。

1990年

7月　在《文汇报》发表《海派文化散论》，先后被人大复印资料《文化研究》第4期、《社科信息》第9期转载。

8月3—6日　出席在中山市举行的由广东省孙中山研究会暨中山市孙中山研究会、日本神户孙文研究会联合主办的“孙中山与亚洲”国际学术讨论会。

8月12—14日　参加由上海中山学社举办的“孙中山与中国现代化”学术讨论会。

8月27—29日　参加由中国史学会等举办的、在北京举行的“鸦片战争一百五十周年”国际学术讨论会。

10月　在《江海学刊》第5期发表《睡眼方开与昏昏睡去——鸦片战争与中国士大夫散论》，被《新华文摘》第12期全文转载。

本年　因担任市妇联编写《上海妇女运动史》一书顾问，荣获上海市支持妇女工作“荣誉奖”。

1991年

4月　参与创办的、由上海中山学社主办、丁日初主编的《近代中国》创刊，在其上发表《“交通为实业之母”——孙中山交通思想初探》。

6月28日　参加中山学社主办的“孙中山与20世纪”学术讨论会，提交论文《20世纪初年孙中山与留日学生》。

9 月 21 日　参加由上海史学会和上海社科院历史所联合举办的“辛亥革命与近代国情——纪念辛亥革命 80 周年”学术讨论会。

11 月 13—16 日　参加由广州市社会科学院等主办，在广东茂名举行的“太平天国史”国际学术研讨会。

1992 年

本年　受系里委托，指导印度博士进修生布娜博士课程。

1993 年

6 月　与学生姜鸣合著《阿拉上海人——一种文化社会学的观察》由复旦大学出版社出版。

8 月 17—20 日　参加由上海社会科学院等主办的“城市进步、企业发展与中国现代化”国际学术讨论会。

11 月《孙中山与辛亥革命》由上海人民出版社出版，为先生生平最为重要的研究专著，也是先生大学就开始的辛亥革命研究的总结。

本年　被评为上海市社联学会活动积极分子。

1994 年

4 月　在《开放时代》第 2 期发表论文《1843—1847 年广州与上海对外关系的探讨》。

夏天　浴堂街拆迁，入居宝隆新村一临时住房。翌年初入住新居。

本年《中国近代军事思想概论》获得上海市哲学社会科学优秀论文奖三等奖（1986—1993 年）。

撰成《中国近代史纲要》手稿讲义。

1995 年

2 月　在《复旦学报》第 1 期发表《论陈宝琛与“前清流”》，被《新华文摘》第 5 期全文转载。

本年　因脉管炎入住长海医院，再截去一根脚趾头。

1996 年

5 月　晋升教授。3 月 25 日系学术委员会（主任邹逸麟）9 票中共 5 票同意；5 月 2 日文史学科组全票（13 人）通过（主任章培恒）。

6 月　赴澳大利亚墨尔本探亲 4 个月。

长篇论文《朝鲜“壬午兵变”与中韩关系述论》(上）发表在《韩国研究论丛》第 2 辑上；该文（下）发表在 1998 年出版的《韩国研究论丛》第 4 辑上。1997 年版《人物年鉴》曾专门刊载此事。

1997 年

8 月　在《复旦学报》第 4 期发表《上海城市民众与上海小刀会起义》，被人大复印资料《中国近代史》第 10 期全文转载。

本年　退休，返聘一年。

1998 年

1 月 《洪秀全与基督教论纲》在《学术月刊》第 1 期发表，被人大复印资料《中国近代史》第 4 期全文转载。

本年　返聘一年后，因脚疾不断，路途遥远，提出不再返聘。

1999 年

2 月　历时十余年，耗费先生不少心力的《中国历史大事年表・近代卷》终于由上海辞书出版社出版。

12 月 2—4 日　参加由上海档案馆主办的“档案与上海史”国际学术讨论会。

12 月　蒋廷黻《中国近代史・导读》由上海古籍出版社出版。先生导读近 5 万言，几乎与正文相当。该“导读”立时成为影响甚大的常销书，不断重印、再版。

2000 年

4 月 3 日　在上海社会科学院历史所召开陈旭麓先生传记讨论会，作为陈先生传记承担人，向与会者报告了《陈先生传》提纲及写作计划。

7 月　主编的《天国寻踪——太平天国一百问》由上海远东出版社出版。

10 月　确诊患糖尿病，也找到了脉管炎病因。

本年　因脉管炎入住第八医院，截去第三根脚趾头。

本年起，七宝老街分期修复由闵行区会同七宝镇政府成立修复指挥部，下设文化顾问小组，被聘为顾问。其间撰写《蒲汇塘桥重修记》、《修葺七宝老街碑记》。前者由沪上著名书法家戴小京书丹，立石于蒲汇塘桥北堍东侧。后者由七宝青年书法家杨耀扬书丹，立石于北首钟楼广场之碑廊。

2001 年

5 月 28—30 日　赴南京参加由中国史学会等单位发起的“纪念太平天国 150 周年暨罗尔纲诞辰 100 周年”学术研讨会，提交论文《太平天国研究需坚持实事求是的科学态度》。

6 月 《孙中山与辛亥革命》由上海人民出版社第二次印刷。

9 月　随笔、读书札记等结集为《曾经沧海》由上海教育出版社以“学人文丛”出版。

11 月 26—28 日　赴广东中山参加“辛亥革命与当代中国社会发展学术讨论会”，提交论文《辛亥革命与东南社会结构变迁论纲》。

12 月　部分学术论文结集为《困厄中的近代化》由上海远东出版社出版。

2002 年

3 月　在《学术月刊》第 3 期发表《乡镇志是研究上海人文历史的重要文献——以〈蒲溪小志〉为例》。

4 月 《论辛亥革命与东南地区社会结构的变迁——兼论中国近代史的开端》发表于《复旦学报》第 2 期，被《高等学校文科学报文摘》第 4 期转载。

12 月　郭太风评论先生随笔集《曾经沧海》文章《文史结合的魅力——读沈渭滨著〈曾经沧海〉兼论其学术风格》发表在《近代中国》第 12 辑。

2003 年

开始“退休日记”撰写，由此不间断直至去世。

3 月 17 日　参加七宝著名雕塑家“张充仁纪念馆”开幕仪式。

3月19日　参加由上海市民革、中山学社等主办的“宋教仁遇难九十周年纪念会”，并发言。

4月5日　参加“国家清史工程”编纂讨论会，并发言。

4月16日　《文汇报》记者电话采访央视热播剧《走向共和》观感。

4月　在《复旦学报》第4期发表《清史编纂体裁之我见》。

8月17—19日　参加由上海中山学社主办的“辛亥革命与东南社会思潮”国际学术讨论会。

9月17日　接受湖北电视台“往事中国”访谈。

10月12日　赴天津参加“梁启超与中国文化”国际学术讨论会。

11月7—9日　参与筹备组织的“东南社会与上海小刀会起义150周年”国际学术讨论会在嘉定南翔举行。

2004年

4月20日　受聘为东华大学客座教授。

5月18日　参加由上海中山学社等主办的“纪念光复会成立一百周年”学术研讨会，会上作报告，反响较大。

6月　《社会观察》发表张爱华访谈录《为历史乐此不疲——沈渭滨教授的学术人生》。

7月16—20日　参加在广州举行的“孙中山与世界”国际学术讨论会，报告《关于孙中山与黄埔军校的若干思考》。

9月21—25日　赴南京参加“翁同龢逝世一百周年”学术座谈会。

本月　在《广东社会科学》第5期发表《关于孙中山与黄埔军校的若干思考》，被人大复印资料《中国近代史》第12期全文转载。

10月13日　赴东华大学为新招研究生讲座“历史研究方法论”。

11月8—10日　参加由中国第二历史档案馆、浙江省社科院、安徽大学等单位召开的“光复会成立100周年暨第二届浙江民国史研究学术讨论会”，并作报告。

本月24日　赴上海展览中心主持“宋庆龄诞生地学术讨论会”，并作大会总结发言。

12月17—18日　参加在东华大学举行的“东南社会与中国近代化”学术讨论会，并对大会发言进行评点。

本月19—21日　参加由上海师范大学等主办的“中国近代社会与秘密结社史国际学术研讨会”。

本月　多年前组织参与整理的《上海总商会组织史资料汇编》(上下册)由上海古籍出版社出版，为副主编并应邀撰写前言。

2005年

5月　接受国家清史工程委托，担任“传记·光绪朝(上)”项目主持人。接受任务，立即与项目组成员讨论项目需撰写人物传记名单，最后决定增加3人(皆附传)，使传记名单由原119人改定为122人，同时对涉及人物等级进行调整。上报传记组得到同意，8月项目正式启动，分工写作。

7月29—31日　参加由上海中山学社等主办的“纪念中国同盟会成立一百周年”国际学术讨论会。

8月2—5日　参加由安徽大学等主办，在安徽省黄山举行的“辛亥革命与长江中下游暨中国同盟会岳王会百年纪念国际学术研讨会”，在会上宣读论文《论“三民主义”理论中国家与社会的关系》。

10月　在《复旦学报》第5期“复旦百年校庆特辑”发表《论“三民主义”理论中国家与社会的关系》，是为先生晚年对三民主义进行反思的主要作品，特别是其中提出“三民主义”作为一个思想体系存在“国家与社会”不可调和的矛盾。被人大复印资料《中国近代史》翌年第2期全文转载。

2006年

1月　在《探索与争鸣》发表《从〈翁同龢日记〉看同治帝病情及死因》，被人大复印资料《中国近代史》第5期全文转载。

3月20日　东华大学教授、弟子郭太风因心脏病突发在五官科医院去世。先生很是悲恸。

10月28—30日　参加筹备、由上海孙中山宋庆龄文物管理委员会、上海中山学社、上海宋庆龄研究会等共同主办的纪念孙中山诞辰140周年“孙中山：历史·现实·未来”国际学术研讨会，并做大会总结发言。

2007年

2月　在《探索与争鸣》第2期发表《清史纂修与太平天国的历史地位——对〈清史〉通纪纂修的几点意见》，被人大复印资料《中国近代史》第7期全文转载。

3月30日—4月1日　参加由上海档案馆等主办的“近代城市发展与社会转型”学术研讨会，并做大会总结发言。

4月　在《史林》第2期发表《晚清村镇志纂修的成熟及其人文历史价值——以江南名镇志〈诸翟村志〉为中心的分析》，被人大复印资料《历史学》第7期全文转载。

5月16日　本学期为东华大学学生开设三次讲座，此次为第一讲“写作论”。

本月25日　参加宋庆龄生平陈列展大纲讨论会。

本月30日　参加上海宋庆龄研究会会员大会，当选副会长。

6月11日　参加上海社科院历史所硕士论文答辩会，担任主席。

本月22日　参加上海人民出版社为南怀瑾《庄子諵譁》出版举行的“国学与经典上海学术论坛”。

7月14—16日　参加由上海中山学社主办的“清末新政与辛亥革命”国际学术研讨会，开幕式上作《清政府预备立宪》报告。

8月　在《江海学刊》第4期发表《“民生主义”研究的历史回顾——孙中山“民生主义”再研究之一》，被人大复印资料《中国近代史》第10期全文转载。

9月7日　参加由《探索与争鸣》编辑部召开的“现代化过程中古代集镇保护问题”学术研讨会。

本月21—23日　参加国家清史工程编纂委员会在承德举办的“国家清史纂修通纪学术研讨会”。

10月19日　在上海民革民主党派大楼报告厅作《临时政府前夕孙中山在上海》报告。

本月31日　参加宋庆龄基金会和中国福利会主办、在中国福利会少年宫举行的“宋庆龄思想实践与和谐社会建设”国际学术研讨会，作总结发言。

本月　在《安徽史学》第5期发表《平均地权本议的由来与演变——民生主义再研究之二》，被人大复印资料《中国近代史》第12期全文转载。

11月　参加孙中山基金会在澳门举行的“孙中山与华人世界”、在中山市举行的“孙中山思想与和谐社会”两个学术讨论会。做关于民生主义研究回顾的发言，肯定黄明同

1991年发表论文《孙中山民生主义性质的再探究》的观点，引起会议争论。

本月　在《探索与争鸣》第11期发表《慈禧在中法战争中的作为》，被人大复印资料《中国近代史》翌年第2期全文转载。

12月　《晚清女主——细说慈禧》由上海人民出版社出版。

2008年

1月26日　在上海图书馆演讲“盛宣怀与洋务运动”。

2月26日　参加闵行区区委宣传部专题策划会，提出打造七宝文化品牌。

3月1日　参加东华大学硕士论文答辩会，担任主席。

本月19日　参加南京政治学院上海分院硕士论文答辩会，担任主席。

本月23日　参加社联召开的建设文化大都市讨论会。

本月29日　赴上海电视台拍摄基地录制“宋教仁被刺”文献纪录片。

4月5日　出席宋庆龄杨杏佛文物捐赠仪式暨《啼痕——杨杏佛遗迹录》首发式。

本月23日　赴北京参加“国家清史工程・传记组”第二次工作会议。

6月2日　主讲《慈禧真相》在上海电视台艺术人文频道“世说新语”栏目开始播出，共22集。最后一集为节目主持人访谈“慈禧是怎样一个人”。

8月1—3日　参加由中山学社等主办的“孙中山《建国方略》”国际学术研讨会。

10月14—18日　参加在香港举办的“宋庆龄及其时代”国际学术讨论会，提交报告《蒋宋婚恋小议》。

11月3日　接受上海电视台纪实频道相关光绪之死采访。

本月11日　参加孙中山与日本友人梅屋庄吉文物展开幕式。

12月1日　参加近代中国社会的新陈代谢暨陈旭麓先生诞辰九十周年逝世二十周年纪念学术讨论会。

本月22日　赴北京参加“光绪之死”学术讨论会。

本年　参与策划的纪录片《刺客令》(共十集)由上海电视台纪实频道黄金段首播。

2009年

1月23日　参加七宝《黄金瓜》创刊首发仪式。

2月7日　接受新华社记者电话采访有关“高中学生文理分科”问题。

3月8日　参加东华大学历史研究所硕士论文答辩会，担任主席。

3月24日　参加民革召开的“马林文本展”评审会。

4月6—7日　参加由文昌市政府和海南省宋耀如宋庆龄研究会、上海宋庆龄研究会联合主办的“宋耀如及其时代国际学术研讨会”。

6月　被“孙中山与梅屋庄吉中心”聘为顾问。

7月27日　接受广东电视台“解密档案”项目采访。

8月17—19日　参加在山东大学举行的“清代的秘密结社与农民战争暨第二届中国秘密社会史”国际研讨会。

本月底　接受香港凤凰大视野频道访谈相关太平天国史。

11月19日　参加云翔寺修复落成五周年暨《云翔寺志》学术研讨会，做大会发言。

12月2日　复旦大学历史系为系庆85周年制作纪念片，录像采访若干退休教授作为资料，先生接受访谈。

本月8日　作为专家出席纪念国务院命名上海市国家历史文化城23周年暨孙中山铜像揭幕仪式并发言。

本月29日　接受深圳电视台采访拍摄“光绪之死”。

本月　参与筹办的《孙中山宋庆龄文献与研究》创刊，第1辑由上海书店出版社出版，在其上发表《孙中山与〈中华民国临时约法〉》。

本年　参与策划的《北洋军阀》(共十集)由上海电视台纪实频道黄金段首播。

2010年

1月2—3日　参加《七宝镇志》审稿会。

本月29日　在五角场蓝天宾馆二楼贵宾厅由学生举办金婚纪念庆典。

2月5日　参加浦东召稼楼秦裕伯、叶宗行铜像揭幕仪式。

本月25日　参加中央文史馆和上海文史馆联合举办的《世纪》杂志出版百期座谈会，建议今后多发表文论、书论、画论、诗论等文史研究小品。

3月19日　《新民晚报·民航新闻版》刊登记者访谈文章《著名历史学家沈渭滨为传承家乡历史文化贡献余热》。

6月　参加在广州举行的“从孔夫子到孙中山学术讨论会”，做大会发言《孙中山：推动中华文化转型的第一人》，激起讨论。

10月13日　参加由上海市文史馆、上海市精神文明办、上海市老年基金会共同主办的“敬老崇文与现代社会论坛”并发言。

2011年

3月　与陆建德、罗志田、许纪霖、杨国强、周武等在《东方早报·上海书评》举行的座谈会发表文稿《山雨欲来：辛亥革命前的中国》由上海辞书出版社出版。

5月28日—6月1日　参加由上海宋庆龄研究会和中福会等联合举办的“宋庆龄及其时代”国际学术研讨会。

8月26—29日　主持筹办的、由上海中山学社举办的“辛亥革命与上海暨纪念辛亥革命100周年学术研讨会”在衡山宾馆举行，与会并做报告。

10月　应邀到上海大学进行学术演讲，从出租车出来时突感不适，但仍坚持做完近两小时报告。后渐感身体手脚不灵便，几天后入医院检查，确诊轻微脑梗，乃入院治疗。

11月　《孙中山与辛亥革命》(增订本)由上海人民出版社出版。

12月　根据电视片演讲稿整理书稿《政治女强人慈禧》由浙江古籍出版社出版。

在《孙中山宋庆龄文献与研究》第2辑发表《孙中山：推进中华文化近代转型的第一人》。

本年　参与策划的纪念辛亥革命100周年特别节目《大辛亥》(共五集)由上海电视台纪实频道黄金段首播。

接受安徽电视台有关“淮军”的访谈。

2012年

3—4月　编订“著述系年初编”(1956—2011年)，详细记载了自1956年发表第一篇文章以来形诸文字的各种著述目录，为我们编撰先生著述系年提供了极大的方便。其“题记”云：“余自去岁十月脑梗以来，体力日衰，已基本封笔。自忖余生无多，为检阅一生著述，兹将历年发表文论及已写就尚未出版之书稿，自编系年目录如下。后人可按此索骥，汇编文集，昭示于世。”

8月　历时七年、极大损伤先生身体健康的“清史工程·传记·光绪朝(上)”项目结项。先生撰写了近5000字的结项报告，对项目开展以来出现的各种情况进行了总结，并对稿件质量(特别是资料运用方面)进行了分析。

12 月　参加由上海社会科学院历史研究所主办的“1949 年以来的上海”国际学术讨论会并发言。发言稿后整理为《当代上海学研究的三点希望》发表。

本年　先生在友人冯念康先生等的精心策划帮助下，将“文革”隔离期间撰成的《七宝沧桑》两卷整理，由学生杨勇刚资助影印（非公开出版，每页上半部为原文影印，下半部为整理铅印文字）。先生撰《隔离室中写春秋》代前言。

2013 年

3 月　闵行区《城市季风》杂志试刊号发行，接受访谈，刊载《沈渭滨——古镇深处的智者》，并在闵行电视台播放。

6 月 4—6 日　赴南通海门参加“纪念张謇先生诞辰 160 周年暨海门市张謇研究会成立十周年学术研讨会”。

9 月　参加《九星村志》评审，从地方志对史学研究所发挥的价值角度写了评议稿。

本年　参与策划的《科举》（共五集）由中央电视台纪录频道“特别呈现”首播。

2014 年

8 月　《道光十九年——从禁烟到战争》由华东师范大学出版社出版。这是先生关注近三十年的论题，大部分成稿于 20 世纪 80 年代。

10 月初　接受《东方早报》记者石剑锋访谈，访谈录以《鸦片战争的前兆在前一年就已呈现——历史学家沈渭滨谈新作〈道光十九年：从禁烟到战争〉》发表在《东方早报》本月 8 日。

10 月底　因感身体不适，入住上海第八人民医院。因过量输液等多种原因，造成先生心肌梗塞，虽经抢救从鬼门关回来，并通过在中山医院的救治而有所恢复，但经此大劫，身体受到极大的损伤。

2015 年

3 月　《当代上海学研究的三点希望》发表在周武主编《上海学》第 1 辑，是为先生生前发表的最后一篇文章。

3 月 24 日　入住中山医院重症监护病房，确诊为肝癌晚期。因先生年轻时曾患血吸虫病，病灶未除。

4 月 18 日　早上 7 时因病医治无效，病逝于上海市中山医院。

4 月 22 日　下午 2 时追悼会在龙华殡仪馆银河厅举行，前来给先生送行的各界来宾超过 300 人。

本月 《道光十九年——从禁烟到战争》由香港中华书局出版，样书未能见及。

5 月 22 日 《文汇报 · 文汇学人》开辟专栏纪念先生，发表姜鸣、马勇、王孝俭 3 人撰写的纪念文章。

本月 24 日 《东方早报 · 上海书评》开辟专栏纪念先生，发表虞云国、庄安正、张剑 3 人撰写的纪念文章。

6 月 21 日　上午 9 时，先生追思会在复旦大学历史系会议室举行。先生生前好友、同事、学生等六十余人与会，上午发言的有陈绛、刘其奎、杨志刚、武克全、赵建民、曹振威、韩晶、章清、金光耀、周育民、姚国玲、黄洋和先生公子沈磊等。下午继续进行，先后发言的有陈宗海、戴鞍钢、华强、徐有威（并代王维江）、朱玖琳、廖大伟、杨勇刚、陈同、段炼、周武、姜鸣等。

2016 年

1 月 《政治女强人慈禧》由华东师范大学出版社重新出版。

沈渭滨先生著述系年

1956 年

《民间艺术的广阔前途》,《福建日报》1956 年 7 月 14 日。

1961 年

《试论辛亥革命时期的社会主要矛盾——与夏东元先生商榷》,《学术月刊》1961 年第 4 期，第 30—34 页。

1962 年

《蒲汇塘的疏浚》,《新民晚报》1962 年 12 月 26 日第三版。

1963 年

《论同盟会中部总会的成立》,《江海学刊》1963 年第 8 期，第 31—35 页（辛亥革命史研究会编《辛亥革命史论文选（1949—1979）》(上)，三联书店，1981 年 6 月；林增平等编《辛亥革命》(中国专题史研究丛书)，巴蜀书社，1989 年 9 月）①。

1964 年

独幕话剧《补课》(署名上海市七宝中学沈渭滨、王根寿、陈佐鼎著，陈佐鼎执笔），"群众演唱小丛书"，上海文艺出版社，1964 年 4 月第 1 次印刷，6 月第 2 次印刷。

1965 年

《论"防鬼反为先"——驳李秀成问题讨论中的几种论调》(与冯元魁、李茂高合作署

① 论文转载或收入其他文集，直接以（ ）注明，楷体排印。

名，排名第三)，《历史研究》1965 年第 5 期，第 47—52 页。

《论农民政权的两重性及其转化变质的问题》(与章培昌合作，排名第一)，《文汇报》1965 年 12 月 2 日第 4 版。

1972 年

《七宝沧桑》2 卷（手稿）

1975 年

《西汉前期的反复辟斗争》(与冯元魁、李茂高合作，排名第一)，《文汇报》1975 年 1 月 2 日第 3 版。

《少正卯》、《吴起》、《荀况》，上海人民出版社编《法家人物故事》(1)，上海人民出版社，1975 年 1 月。

《李悝》，上海人民出版社编《法家人物故事》(2)，上海人民出版社，1975 年 9 月。

《历史上劳动人民的反孔斗争》(合著)，上海人民出版社，1975 年。

1976 年

《晁错》、《汉武帝》，上海人民出版社编《法家人物故事》(3)，上海人民出版社，1976 年 4 月。

1977 年

《江青与“三后”》(署名申兵)，《文汇报》1977 年 1 月 20 日第 3 版。

1979 年

《清代闭关政策有自卫意义吗?》(与夏林根合作，排名第一)，《复旦学报》1979 年第 6 期。

《阅卷有感》，《书林》1979 年第 2 期。

1980 年

《洪秀全创立“上帝教”质疑》，《北方论丛》1980 年第 4 期。

《一八九四年孙中山谒见李鸿章一事的新资料》,《辛亥革命丛刊》第1辑(1980年)。

《上海商团与辛亥革命》(与杨立强合作，排名第一),《历史研究》1980年第3期[复旦大学历史系编《近代中国资产阶级研究》,复旦大学出版社，1984年2月；武昌辛亥革命研究中心编《辛亥革命与近代中国(1980—1989年论文选)》,湖北人民出版社，1991年7月；金冲及选编《辛亥革命研究论文集》(下),三联书店，2011年11月]。

《孙中山的读书生活》,《书林》1980年第2期。

《末代大太监李莲英》,《书林》1980年第6期。

1981年

《略论洪仁玕》,《历史教学》1981年第1期。

《略论近代中国革命与改良的关系》,《江苏师院学报》1981年第3期(梁景和主编《中国近代史基本理论问题文献汇编》第221—232页，社会科学文献出版社，2013年12月)。

《评〈太平天国〉(增订本)对洪秀全、李秀成的评价》,(与夏林根合作，排名第一),《复旦学报》1981年第1期。

《太平军水营述论》,中华书局近代史编辑室编《太平天国史学术讨论会论文选集》第2册，中华书局，1981年10月。

《略论辛亥革命时期中国民族资产阶级的性格》(与杨立强合作，排名第二),《复旦学报》1981年第5期(《新华文摘》1981年第11期)。

《论资产阶级立宪派研究中的几个问题》,上海《社联通讯》增刊《纪念辛亥革命七十周年学术论文专辑》,1981年10月。

《论辛亥革命的胜利与失败》(与杨立强合作),《解放日报》1981年10月8日“新论”第50期。

《读〈古代白话小说选〉一得》,《书林》1981年第2期。

《孙中山所作序文漫论》,《书林》1981年第5期。

1982年

《洪仁玕》,上海人民出版社，1982年5月。

《中国近代史词典》(主要撰稿人之一，陈旭麓、方诗铭、魏建猷主编),上海辞书出版社，1982 年 10 月。

《辞海·百科增订本》(中国近代史部分)，上海辞书出版社，1982 年。

《论五四运动前近代中国的时代中心》(与杨立强合作),《文汇报》1982 年 3 月 8 日第三版“学术”第 111 期。

《论辛亥革命时期的满汉矛盾》(与杨立强合作),《社联通讯》(上海) 1982 年第 4 期。

《洪仁玕的宗教改革》，广东《中学历史教学》1982 年第 3 期。

《太平军二破江南大营战役研究》,《历史研究》1982 年第 3 期 (复旦大学历史系编《复旦史学：复旦大学历史系建立七十周年纪念 (1925—1995) 论文集》，内部出版)。

《新世界学报》(与杨立强合作)，丁守和主编《辛亥革命时期期刊介绍》第 2 册，人民出版社 1982 年 10 月。

《珍妃并非死于变法》,《书林》1982 年第 5 期。

《从秀女到太后——那拉氏别传》，上海人民出版社编《古今谈》(第 1 辑)，上海人民出版社，1982 年 6 月。

《为共和国殉难的第二健将史坚如》,《中国近代爱国者的故事》，上海人民出版社，1982 年 (宁国仕主编《名人之死》第 1 辑，辽沈书社，1990 年 3 月)。

《中国近代史通论》(手稿讲义，上下两卷)

1983 年

《“近代中国资产阶级研究”讨论会综述》(与杨立强合作，第排名第二),《历史研究》1983 年第 6 期 [《中国社会科学》(英文版) 1984 年第 2 期；复旦大学历史系等编《近代中国资产阶级研究》(续辑)，复旦大学出版社，1986 年 7 月]。

《1853 年太平军南京战役研究》,《历史教学》1983 年第 9 期。

《近代中国新觉醒的宝贵起点》,《文科月刊》1983 年第 3 期。

《关于辛亥革命的几个问题》,《文科月刊》1983 年第 4 期。

《〈张季子九录校补稿〉中关于通海垦牧公司的资料》(与杨立强、夏林根等合作，排名第二),《中国社会经济史研究》1983 年第 2 期。

《关于孙中山传记》,《书林》1983 年第 2 期。

《中国近代史复习资料》(与杨立强合编，排名第一)，上海广播电视《文科月刊》编辑室，1983 年 4 月。

1984 年

《中国近代知识分子群体的形成及其政治觉醒》,《近代中国史论丛》(上海师范学院校庆 30 周年纪念《上海师范学院学报专辑》(1984 年 9 月内部出版)。

《国内有关天地会起源与性质研究述评》,《历史教学》1984 年第 10 期。

《吟唎所记“芦墟”地名辨(一)》(与杨其民合署,排名第二),《中华文史论丛》1984 年第 2 辑(总第 30 辑)。

复旦大学历史系、《历史研究》编辑部、《复旦学报》编辑部编(与杨立强、陈宗海、夏林根、傅德华等选编)《近代中国资产阶级研究》,复旦大学出版社,1984 年 2 月。

1985 年

《再论近代中国的时代中心》(与杨立强合作,排名第一),《复旦学报》1985 年第 1 期(人大复印资料《中国近代史》1985 年第 3 期)。

《太平军水营“岳州成立”说质疑》,北京太平天国历史研究会编《太平天国学刊》第 2 辑,中华书局,1985 年 5 月。

《论鸦片战争前后林则徐的经世思想》,《历史教学》,1985 年第 9 期。

《1844—1858 年外国传教士对中国内地的渗透》(与杨勇刚合作),《贵州社会科学》1985 年 5 期(四川省哲学社会科学联合会等编《近代中国教案研究》,四川社会科学院出版社,1987 年 8 月)。

《胜保》、《刘丽川》,林言椒、苑书义主编《清代人物传稿》下编第 2 卷,辽宁人民出版社,1985 年 12 月。

《系列阅读书目——中国史部分》,《青年报》1985 年 8 月 30 日(总第 1768 期)。

《常胜军血溅罗家塘》,《蒲花》1985 年第 3 期。

1986 年

《中国近代军事史论文索引》(主编),军事科学出版社,1986 年 1 月。

《中国革命史纲》(与丁凤麟、杨立强、武克全等 8 人合编,撰写第二章,陈旭麓作序),上海交通大学出版社,1986 年 6 月第 1 版,7 月第 1 次印刷;1988 年 3 月修订版。

《论近代中国的时代中心》(与杨立强合作,排名第一),复旦大学历史系等编《近代中国资产阶级研究》(续辑),复旦大学出版社,1986 年 7 月。

《论中国近代军事史的研究对象与分期》,《学术月刊》1986年第10期(《新华文摘》1987年第2期;梁巨祥主编《中国近代军事史论文集:首届中国近代军事史学术讨论会论文专集》,军事科学出版社,1987年11月)。

《选题论——历史研究方法论之一》,上海市历史学会年会论文集《中国史论集》,(1986年11月内部出版)。

《中国近代军事史论文索引·前言》,《中国近代军事史论文索引》,军事科学出版社,1986年1月。

1987年

《张謇存稿》(与杨立强等4人合编),上海人民出版社,1987年4月。

《中国当代史问题一百题·前言》(撰于1985年11月),《中国当代史问答一百题》(主编,夏林根、吴信忠、朱金元、杨勇刚、吴申元等编著),河南教育出版社,1987年10月第1版,1988年3月第1次印刷。

《论辛亥革命时期的会党》,《复旦学报》1987年第5期。

《中国近代军事史研究述评》(与夏林根等三人合作,排名第一),《历史研究》1987年第2期(《新华文摘》1987年第6期;梁巨祥主编《中国近代军事史论文集:首届中国近代军事史学术讨论会论文专集》,军事科学出版社1987年11月)。

《魏建猷与会党史研究》,《文汇报》1987年4月7日“学术”第296期(施宣圆主编《中华学林名家访谈》,文汇出版社,2003年8月)。

《我研究太平天国史的引路人罗尔纲先生》,史式等编《罗尔纲与太平天国史》,四川省社会科学院出版社,1987年2月。

1988年

《近代中国科学家》(主编),上海人民出版社,1988年1月。

《辞海·中国近代史分册》(主要撰稿人之一),上海辞书出版社,1988年。

《论辛亥上海光复》,上海地方志编《上海研究论丛》第1辑,上海社会科学院出版社,1988年5月。

《中国近代军事思想概论》(与奚纪荣合作),《史林》1988年第3期(《新华文摘》1989年第2期)。

《近代中国科学家·前言》,《近代中国科学家》,上海人民出版社,1988年1月。

1989年

《太平天国历史地图集》(郭毅生主编,编者之一),中国地图出版社,1989年6月。

《太平军二破江南大营图考》、《上海小刀会起义形势图》等,郭毅生主编《太平天国历史地图集》。

《1860年太平军二破江南大营图考》,郭毅生主编《太平天国历史与地理》,中国地图出版社,1989年6月。

《辞海》1989年版("中国近代史"条目主要编写人之一),上海辞书出版社,1989年9月。

《略论陈旭麓先生的中国近代史新体系》,《探索与争鸣》1989年第3期。

《游民无产者是值得研究的一个群体——评蔡少卿著〈中国近代会党史研究〉》,《书林》1989年第10期。

《薪尽火传——悼念恩师陈旭麓先生》(与周武合著),《书林》1989年第3期。

《上海之崛起》(笔谈),《上海研究论丛》第2辑,上海社会科学院出版社,1989年2月。

《流氓无产者是值得注意的群体——沈渭滨副教授一席谈》,《社会科学报》1989年9月21日(总第172期)

《〈太平天国历史地图集〉、〈太平天国历史与地理〉相继出版》,《文汇读书周报》1989年10月21日(总243期)。

《游民无产者是值得研究的一个群体》(与杨勇刚合作),《书林》1989年第10期。

1990年

《中国社会发展论》,王国安主编《世界汉语教学百科辞典·专论》,汉语大词典出版社,1990年12月。

《鸦片战争与学习西方》(笔谈),《探索与争鸣》1990年第4期。

《1840年:中国从封闭走向世界的转折点》,《社会科学》1990年第6期。

《睡眼方开与昏昏睡去——鸦片战争与中国士大夫散论》,《江海学刊》1990年第5期(《新华文摘》1990年第12期)。

《海派文化散论》,《文汇报》1990年7月25日"学林"第390期(人大复印资料

《文化研究》1990年第4期；《社科信息》1990年第9期；施宣圆主编《中华学林名家文萃》，文汇出版社，2003年2月）。

《为近代中国革新派巨人画像——评〈康有为大传〉》，《历史研究》1990年2期（本社编《书茵寻芳：辽宁人民出版社图书评论集》，辽宁人民出版社，1991年1月）。

《评马洪林〈康有为大传〉》，《九洲学刊》（香港）1990年3卷4期（9月）。

《评〈上海史〉》（与许敏合著），《历史研究》1990年4期（黄美真主编《论上海研究》，复旦大学出版社，1991年10月）。

1991年

《会党与政党》，《革命史资料》第10期，上海人民出版社，1991年。

《析太平天国宗教"耶儒合流"格局》，《社会科学报》1991年5月9日（第255期）。

《"交通为实业之母"——孙中山交通思想初探》，上海中山学社主办《近代中国》第1辑，上海社会科学院出版社，1991年4月。

《辛亥上海光复记略》（与杨勇刚、杨柳青合作，排名第一），中国人民政治协商会议全国委员会文史资料委员会编《辛亥革命在各地：纪念辛亥革命八十周年》，中国文史出版社，1991年9月。

《龙旗飘扬的舰队——中国近代海军兴衰史·序言》，姜鸣《龙旗飘扬的舰队》，上海交通大学出版社，1991年7月。

《后生可爱——读姜鸣〈龙旗飘扬的舰队〉有感》，《文汇读书周报》1991年8月10日。

1992年

《中国近代军事史研究四十年》（与苏贻鸣合作），《历史教学》1992年第1期。

《海派文化生成的社会环境论纲》，《城市史研究》第7辑，天津教育出版社，1992年。

《上海人》（合著），《社会科学报》1992年1月16日起连载。

《来新夏与北洋军阀史研究》（与杨勇刚合作），《文汇报》1992年3月24日"学林"（施宣圆主编《中华学林名家访谈》，文汇出版社，2003年8月）。

1993年

《阿拉上海人—— 一种文化社会学的观察》（与姜鸣合著），复旦大学出版社，1993年

6 月。

《孙中山与辛亥革命》，上海人民出版社，1993 年 11 月第 1 版。

《读史偶记》，《大潮》文丛第 1 辑，复旦大学出版社，1993 年 12 月。

1994 年

《1843—1847 年广州与上海对外关系的探讨》，《开放时代》专号之一《现代与传统》1994 年第 2 期。

《上海小刀会起义战争》、《太平军》，《中国军事百科全书·中国近代战争史分册》，军事科学出版社，1994 年 2 月。

《甲午战争与翁同龢的士大夫本色》，《清史研究》1994 年 4 期（《大潮文丛》第 3 辑，复旦大学出版社，1994 年 9 月；常熟市人民政府、中国史学会编：《甲午战争与翁同龢》，中国人民大学出版社，1995 年 11 月）。

《我读〈近代中国〉》，《近代中国》第 4 辑，上海社会科学院出版社，1994 年 5 月。

《军事近代化与中国革命·序言》（中译本），〔澳大利亚〕冯兆基著、郭太风译《军事近代化与中国革命》，上海人民出版社，1994 年 4 月。

《中国革命史论·序言》，郭太风、杨勇刚主编《中国革命史论》，上海书店出版社，1994 年 8 月。

1995 年

《太平天国军制》，《中国军事百科全书·军制分册》，军事科学出版社，1995 年。

《论陈宝琛与“前清流”》，《复旦学报》1995 年 1 期（《新华文摘》1995 年第 5 期；唐文基等主编《陈宝琛与中国近代社会》，陈宝琛教育基金筹委会，1997 年 10 月）。

《大搏杀——第二次世界大战典型战例评析·序言》，奚纪荣主编《大搏杀》，国际展望出版社，1995 年 4 月。

1996 年

《朝鲜“壬午兵变”与中韩关系述论》（上），复旦大学韩国研究中心编《韩国研究论丛》第 2 辑，上海人民出版社，1996 年 8 月。

《〈太平天国军事史〉简评》，《清史研究》1996 年第 4 期。

《值得称道的十年——〈军事历史研究〉创刊十周年学者笔谈》,《军事历史研究》1996年第3期。

1997年

《〈南京条约〉与中国士大夫散论》,《史林》1997年第3期(俞明主编《〈南京条约〉与香港百年》,中国社会科学出版社,1998年2月)。

《上海城市民众与上海小刀会起义》,《复旦学报》1997年第4期(人大复印资料《中国近代史》1997年第10期;傅一峰、华强主编《东南民众运动与上海小刀会》,香港天马图书有限公司,2004年6月;复旦大学历史系编《切问集:复旦大学历史系建系八十周年论文集》,复旦大学出版社,2005年9月)。

《功力·识见·文采——〈被调整的目光〉读后》,《文汇读书周报》1997年2月22日。

《〈儒生与国运〉学术书评》,《文汇读书周报》1997年8月30日。

《中国近代铁路史·序言》,杨勇刚编著《中国近代铁路史》,上海书店出版社,1997年。

1998年

《洪秀全与基督教论纲》,《学术月刊》1998年第1期(人大复印资料《中国近代史》1998年第4期;《韩国研究论丛》第5辑,中国社会科学出版社,1998年2月)。

《朝鲜"壬午兵变"与中韩关系述论》(下),《韩国研究论丛》第4辑,上海人民出版社,1998年2月。

《戊戌维新与中国社会走向》(笔谈),《史林》1998年第2期。

《戊戌维新:民权与专制的冲突》(笔谈),《学术研究》1998年第9期。

《〈新陈代谢〉与当代中国史学》,《开放时代》1998年第7、8期。

《七宝古镇巨变》,《上海研究论丛》第12辑,上海社会科学院出版社,1998年。

《重视海派文化研究》,《文汇报》1998年7月24日"学林"第567期。

《一部研究鸦片战争的力作——〈鸦片战争史〉简评》,《文汇读书周报》1998年6月13日。

《从〈闭关到开放〉读后感悟》,《李时岳先生纪念文集》,辽宁古籍出版社,1998年1月。

1999 年

《中国历史大事年表·近代卷》(主编，并负责 1840—1854 年，参与编纂者有杨勇刚、华强、姜鸣、郭太风、夏林根、陈宗海、胡毅华、傅德华等)，上海辞书出版社，1999 年 2 月。

《中国近代史·导读》，上海古籍出版社，1999 年 12 月。

《蒋廷黻与中国近代史研究》,《复旦学报》1999 年第 4 期。

《也谈“上海学”》(笔谈),《史林》1999 年第 2 期。

《冲击——反应模式的始作俑者蒋廷黻》,《社会科学报》1999 年 12 月 2 日。

《中国历史大事年表·近代卷·前言》(1995 年 12 月初稿，1998 年 8 月定稿),《中国历史大事年表·近代卷》。

2000 年

《天国寻踪——太平天国一百问》(主编)，上海远东出版社，2000 年 7 月。

《漫谈太平天国的龙》,《复旦学报》2000 年第 2 期（鲁谆等主编《龙文化与民族精神》，上海人民出版社，2000 年 1 月）。

《太平天国研究需坚持实事求是的科学态度》,《复旦学报》2000 年第 5 期。

《辞岁感言》,《档案与史学》2000 年第 1 期。

《爱情戏冲淡了重大主题》,《文汇报》2000 年 8 月 27 日“影视版”。

2001 年

《孙中山与辛亥革命》，上海人民出版社，2001 年 6 月第二次印刷。

《曾经沧海》(学人文丛)，上海教育出版社，2001 年 9 月。

《困厄中的近代化》，上海远东出版社，2001 年 12 月。

蒋廷黻《中国近代史·导读》(大师小作丛书)，三联书店（香港）有限公司，2001 年。

《辛亥革命与东南地区社会结构的变迁》(笔谈),《史林》2001 年第 2 期。

《太平天国史研究的十大问题》,《史林》2001 年第 3 期（笔谈）。

《上海商业会议公所与上海商务总会》,《上海研究论丛》第 13 辑，上海社会科学院出版社，2001 年 1 月。

《辛亥革命与中国近代史的开端》(访谈论),《探索与争鸣》2001 年第 9 期。

《辛亥上海光复中的李燮和与陈其美》(笔谈),《学术月刊》2001年第9期。

《警惕日本右翼势力复活日本军国主义》(笔谈),《探索与争鸣》2001年第12期。

《吴淞开埠与城市建设》,《档案与史学》2001年第6期。

《蒲汇塘桥重修记》,《上海修志向导》2001年第2期(《上海历史博物馆馆刊》第2辑,上海社会科学院出版社,2004年)。

《历史上的纪晓岚与和珅》,《文汇报》2001年4月8日"影视版"。

《把握社会变迁与财政演变的双项互动——简评〈晚清财政与社会变迁〉》,《社会科学报》2001年7月26日。

2002年

《论辛亥革命与东南地区社会结构的变迁——兼论中国近代史的开端》,《复旦学报》2002年第2期(《高等学校文科学报文摘》2002年第4期;黄颂杰主编《光华文存:〈复旦学报〉(社会科学版)复刊30周年论文精选》(史学卷),复旦大学出版社,2008年5月)。

《乡镇志是研究上海人文历史的重要文献——以〈蒲溪小志〉为例》,《学术月刊》2002年第3期。

《关于历史与历史剧的思考》,《南京师范大学文学院学报》2002年第1期。

《重刊〈蒲溪小志〉前言》,《上海志鉴》2002年第2期(《蒲溪小志》,上海古籍出版社,2003年7月)。

《历史会记住您——唐公》,《文汇读书周报》2002年4月5日。

《民国第一家——孙中山的亲属与后裔·序》,《孙中山与宋庆龄研究消息资料》2002年第2期(总67期)(沈飞德《民国第一家:孙中山的亲属与后裔》,上海人民出版社,2002年10月)。

《〈晚清财政与社会变迁〉读后》,《上海师范大学学报》2002年第3期。

《〈中国近代军事思想史〉简评》,《近代中国》第12辑,上海社会科学院出版社,2002年12月。

2003年

《清史编纂体裁之我见》,《复旦学报》2003年第4期(国家清史编纂委员会体裁体例工作小组编《清史编纂体裁体例讨论集》,中国人民大学出版社,2004年4月)。

《宋教仁的历史定位》,《近代中国》第13辑，上海社会科学院出版社，2003年8月。

《〈走向共和〉中孙中山形象小议》,《文汇读书周报》2003年5月16日。

《〈细说秦汉〉、〈细说两晋南北朝〉、〈细说隋唐〉、〈细说宋朝〉·序言》，上海人民出版社，2003年。

《探索农民理想国的新著——〈太平天国职官志〉读后》,《近代中国》第13辑，上海社会科学院出版社，2003年8月。

2004年

蒋廷黻《中国近代史·前言·附录》(插图本)，上海古籍出版社，2004年7月。

《上海总商会组织史资料汇编》(上下册，副主编)，上海古籍出版社，2004年12月。

《历史科学必须面对现实拓展研究领域》,《安徽史学》2004年第1期。

《对一个历史论断的反思——以光复会与浙江农村为例》,《探索与争鸣》2004年第10期。

《关于孙中山与黄埔军校的若干思考》,《广东社会科学》2004年第5期（人大复印资料《中国近代史》2004年第12期；林家有等主编《看清世界与正视中国——“孙中山与世界”国际学术讨论会论文集》，天津古籍出版社，2005年8月；江中孝、王杰主编《跨世纪的解读与审视：孙中山研究论文选辑（1996—2006）》，天津古籍出版社，2006年11月）。

《为历史乐此不彼——沈渭滨教授的学术人生》,《社会观察》2004年第6期。

《半世雄图——晚清军事教育现代化的历史进程·序言》，王建华著，东南大学出版社，2004年12月。

《迈向现代化的沉重步履·序言》，郭太风著，学林出版社，2004年12月。

《蒲汇塘重修记》、《修缮七宝老街碑记》,《上海历史博物馆馆刊》第2辑，上海社会科学院出版社，2004年1月。

2005年

《浙江人文传统与光复会——从章太炎〈“兴浙会”序〉说起》，李永鑫主编《光复会与民族觉醒——纪念光复会成立一百周年学术讨论会论文集》，云南人民出版社，2005年。

《论“三民主义”理论中国家与社会的关系》,《复旦学报》2005年第5期“复旦百年校庆特辑”（人大复印资料《中国近代史》2006年第2期）。

《喧闹的历史剧　缺位的历史学——访历史学家沈渭滨教授》，《社会观察》2005年第4期。

《历史与历史剧》，载仇忠海主编《相约星期五：影响当代中学生的人生素质报告》，上海文化出版社，2005年7月。

《科学社团在近代中国的命运：以中国科学社为中心·序》，山东教育出版社，2005年10月。

2006年

《从〈翁同龢日记〉看同治帝病情及死因》，《探索与争鸣》2006年第1期（人大复印资料《中国近代史》2006年第5期；翁同龢研究会编《纪念翁同龢逝世一百周年文献专辑》，2005年2月）。

《社会主义新农村应该姓农》，《探索与争鸣》2006年第6期。

《清史纂修与太平天国的历史地位——在〈清史·通纪〉纂修工作会议上的发言》，《清史编纂通讯》2006年第9期。

《辛亥革命与东南地区社会变迁论纲》，梁川主编《辛亥革命与当代中国社会发展》，宁夏人民出版社，2006年12月。

《中国空军百年历程——〈中国空军百年史〉序》，华强、奚纪荣等著《中国空军百年史》，上海人民出版社，2006年1月。

2007年

《晚清女主——细说慈禧》，上海人民出版社，2007年12月。

《清史纂修与太平天国的历史地位——对〈清史〉通纪纂修的几点意见》，《探索与争鸣》2007年第2期（人大复印资料《中国近代史》2007年第7期）。

《“民生主义”研究的历史回顾——孙中山“民生主义”再研究之一》，《江海学刊》2007年第4期（人大复印资料《中国近代史》2007年第10期）。

《晚清村镇志纂修的成熟及其人文历史价值——以江南名镇志〈诸翟村志〉为中心的分析》，《史林》2007年第2期（人大复印资料《历史学》2007年第7期）。

《保护古镇就是保护历史文脉》，《探索与争鸣》2007年第10期（《新华文摘》2007年第11期)。

《慈禧在中法战争中的作为》,《探索与争鸣》2007年第11期(人大复印资料《中国近代史》2008年第2期)。

《平均地权本议的由来与演变——民生主义再研究之二》,《安徽史学》2007年第5期(人大复印资料《中国近代史》2007年第12期)。

《孙中山与上海三题》,《上海研究论丛》第18辑,上海人民出版社,2007年12月。

《纪念孙中山诞辰140周年"孙中山:历史·现实·未来"总结发言》,《近代中国》第17辑,上海社会科学院出版社,2007年6月。

《一部站得住、传得下去、有重要学术价值的好书——评新出版的〈宋庆龄年谱〉》,《孙中山宋庆龄研究动态》2007年第1期。

2008年

《清明文化中的民俗变易》,《探索与争鸣》2008年第4期。

《紫隄村志·前言》,上海古籍出版社,2008年3月。

《慈禧逝世百年祭》,《东方早报·上海书评》2008年11月16日。

《梅毅文集·总序言》,群艺出版社,2008年11月。

《孙中山:一切有情 众生平等》,慧禅主编《名人与佛教》(下册)第4—7页,上海人民出版社,2008年10月。

2009年

《孙中山宋嘉树首次会晤考辨》,《探索与争鸣》2009年第8期。

《蒋介石"生平未有之爱情"》,《东方早报·上海书评》2009年9月27日(《东方早报·上海书评》编辑部编《你想干什么》,上海书店出版社,2010年7月)。

《孙中山与〈中华民国临时约法〉》,《孙中山宋庆龄文献与研究》第1辑,上海书店出版社,2009年12月。

《蒋宋婚恋小议》,载胡春惠、陈红民主编《宋美龄及其时代国际学术研讨会论文集》,香港珠海书院亚洲研究中心,2009年12月。

《食南翔小笼感言》,严菊明、严健明主编《南翔小笼》,上海人民出版社,2009年8月。

2010 年

《“太平天国农民战争”说质疑》,《历史教学》2010 年第 6 期(上半月刊)(“社会问题研究丛书”编辑委员会编《会党、教派与民间信仰·第二届中国秘密社会史国际学术研讨会论文集》,知识产权出版社,2012 年 1 月)。

《民间传说与历史文化——以七宝传说为中心的考察》,《文汇报》2010 年 4 月 23 日。

《山雨欲来——辛亥前的中国》(座谈会),《东方早报·上海书评》2010 年 10 月 10 日。

《警惕和平时代日本军国主义复燃——基于日本对外侵略必然性的分析》,《探索与争鸣》2010 年第 10 期。

《徜徉其中·序言》,徐昭英著,上海书店出版社,2010 年 1 月。

2011 年

《山雨欲来:辛亥革命前的中国》,与陆建德、罗志田、许纪霖、杨国强、周武合著,上海辞书出版社,2011 年 3 月。

《孙中山与辛亥革命》(增订本),上海人民出版社,2011 年 10 月。

《政治女强人慈禧》,浙江古籍出版社,2011 年 12 月。

《史学研究三议》,《安徽史学》2011 年第 1 期。

《孙中山:推进中华文化近代转型的第一人》,《孙中山宋庆龄文献与研究》第 2 辑,上海书店出版社,2011 年(中国人民大学孔子学院、孙中山基金会等编《从孔夫子到孙中山:中华文化的传承与弘扬》,社会科学文献出版社,2011 年 6 月)。

《评价辛亥革命和孙中山应尊重历史事实》,《探索与争鸣》2011 年第 8 期。

2012 年

《隔离室中写春秋(代前言)》,《七宝沧桑》(自费影印版)。

《辛亥革命与晚清社会》,上海市社会科学界联合会等编《辛亥革命与中国近代化学术讨论会文集》,上海人民出版社,2012 年 6 月。

2013 年

《孙中山与临时约法论纲》,《近代中国》第 22 辑,上海社会科学院出版社,2013 年

2 月。

《简评〈九星村志〉》,《上海地方志》2013 年第 5 期。

《张謇：强国梦的不懈追求者——兼论张謇研究如何深入》，海门市张謇研究会《张謇研究》2013 年第 2 期（总第 33 期）。

《敬老崇文是构建和谐社会之必需》，载上海市文史研究馆等编《敬老崇文文集》，中西书局，2013 年 9 月。

《敬老崇文好传统》,《新民晚报》2013 年 6 月 9 日“夜光杯”第 468 期。

2014 年

《蒋廷黻著〈中国近代史〉导读》，华东师范大学出版社，2014 年 8 月。

《道光十九年——从禁烟到战争》，华东师范大学出版社，2014 年 8 月。

《鸦片战争的前兆在前一年就已呈现——历史学家沈渭滨谈新作〈道光十九年：从禁烟到战争〉》（访谈录）,《东方早报》2014 年 10 月 8 日。

《细说甲午战争前后的慈禧》（上、下）,《档案春秋》2014 年第 4、5 期。

《知遇之恩，永怀不忘——痛悼祁公仙逝》，载《朴学的守望者——纪念祁龙威文集》广陵书社，2014 年 10 月。

2015 年

《当代上海学研究的三点希望》，周武主编《上海学》第 1 辑，上海人民出版社，2015 年 3 月。

《道光十九年——从禁烟到战争》，香港中华书局，2015 年 4 月。

2016 年

《政治女强人慈禧》，华东师范大学出版社，2016 年 1 月。

后　记

2015年4月18日，是一个悲伤的日子。沈渭滨先生摆脱了尘世的桎梏，把无尽的哀恸和思念留给了他的家人、亲朋好友、同学、同事与学生。这本纪念文集就是先生生前的师长、朋友、同学、同事、学生与家人撰写的怀念文章的结集。

先生的逝世，在学术文化界激起强烈反响。第二天，"澎湃新闻•逝者"专栏发表长篇报道，回顾了他的一生及其学术成就。4月20日，"澎湃新闻•私家历史"开设纪念专栏，先后分五次推出9位学者的怀念文章，显现了互联网新技术革命的快捷与时效。同时，《探索与争鸣》编辑部、华东师范大学出版社等单位也在微信公众号发文纪念。5月22日，《文汇报•文汇学人》以专栏形式发表3位学者的纪念文章；5月24日，《东方早报•上海书评》专栏发表3篇纪念文章。同时，《解放日报》、《新民晚报》、《文汇读书周报》、《中国社会科学报》、《复旦青年》、《上海地方志》等报纸杂志也先后发表纪念文章。据统计，一时间通过各种渠道发表的纪念文章超过20篇。

6月21日，在复旦大学历史系召开了先生追思会，先生所在单位领导、生前好友、同事、同学和学生超过70人与会，先后有25人发言。

这些怀念文章和追思会发言，构成了本文集的基础。此后，先生的学生傅德华、姜鸣、杨勇刚、苏贻鸣、张剑具体负责文集的约稿、组稿、审读和编辑工作。文集的编撰得到先生朋辈与学生的极大支持，北京、南京、广州等地学者纷纷撰文，文章数量超过80篇，远远超出预期。这里首先感谢各位撰稿者，特别是先生的老师汤志钧先生，前辈茅家琦先生，好友陈绛、张一文、刘其奎、林家有、王家范、陈书林、武克全、盛永华、黄明同、杨国强、秦维宪等先生。感谢师母汤先华女士，她尽可能地提供先生材料，组织先生中学同学进行访谈，以了解先生少年时代的往事。并与张剑合作，编撰先生的大事年表。先生一生认真仔细，他留有非常详细的论著发表目录，张剑在此基础上编成了著述系年。

华中师范大学章开沅先生，年迈赐墨宝，为先生逝世周年纪念题词。

复旦大学文博系教授、民进中央副主席、上海市委主委蔡达峰先生，是先生生前挚友。他不仅亲自出席4月22日先生追悼会，这次又专门为纪念文集作序。复旦大学历史系刘金华、黄洋、陈雁、李春博诸位老师，为先生的身后事及纪念文集等，亦做了不少工作。

先生生于七宝镇，一生从未离开过七宝，被王家范先生誉为“最后的乡绅”，对七宝的文化建设有非常重要的贡献。七宝镇政府长期以来注重文化建设，珍视文化名人，这次，对文集的出版给予了大力支持，并有意编撰出版先生文集。马顺华先生更欣然为本书作序。

在此，向所有对先生身后事提供帮助的各界前辈、朋友表示衷心的感谢和由衷的敬意！

先生一生以教书育人为业，献身于学术，给我们留下了丰厚的学术遗产与精神食粮，希望本纪念文集的出版，能够加深我们对先生的进一步了解与理解，并希望将蒲溪学人的薪尽火传继续发扬光大。

图书在版编目(CIP)数据

沈渭滨先生纪念文集/《沈渭滨文集》编委会编.
—上海:上海人民出版社,2016
ISBN 978-7-208-13692-2

Ⅰ.①沈… Ⅱ.①沈… Ⅲ.①沈渭滨(1937～2015)
-纪念文集 Ⅳ.①K825.81-54

中国版本图书馆CIP数据核字(2016)第051553号

责任编辑 苏贻鸣 张晓玲
封面装帧 冯念康
美术编辑 傅惟本

沈渭滨先生纪念文集
《沈渭滨文集》编委会 编
世 纪 出 版 集 团
上海人民出版社出版
(200001 上海福建中路193号 www.ewen.co)
世纪出版集团发行中心发行
浙江新华数码印务有限公司印刷
开本 787×1092 1/16 印张 25 插页 22 字数 430,000
2016年4月第1版 2016年4月第1次印刷
ISBN 978-7-208-13692-2/K·2496
定价 180.00元